Inhaltsverzeichnis

Vorwort

Vor ein paar Jahren landete der Romanentwurf von Harriet auf meinem Schreibtisch. Je mehr ich davon las, desto mehr wurde ich hineingezogen in eine sehr persönliche Geschichte, in der die Autorin ihr Leben, ihre Ehe und ihren Glauben auf den Prüfstand legt. Ich bin überzeugt, dass das Buch seine Leser finden wird als spannende Geschichte und als seelsorgerliche Hilfe.

Albrecht Gralle

Dank

Mein allererster Dank gilt unserem großen Gott, der dieses Wunder in unserer Ehe gewirkt hat, als ich schon nicht mehr daran glaubte. Als nächstes danke ich Theo mit Ehefrau Helmy, Janna und Gisa sowie Albrecht, die mich in meinem Schreibprozess über Jahre begleitet und ertragen haben. Nicht vergessen möchte ich auch die Landespolizeidirektion Konstanz, denen ich viele komische Fragen stellen durfte.

Harriet Miller

Pfingsten 1988

Mein Freund ist weiß und rot,
auserkoren unter vielen Tausenden.
Hoheslied 5,10

„Ja, ich will – mit Gottes Hilfe." Magdas Stimme zitterte leicht. Würde sie Oliver treu sein können? Ein ganzes Leben lang? – *Gott, du kennst mich, auch meine Schwächen. Bitte hilf mir, mein Versprechen zu halten.*

Die Menschen, die in der Felsenkirche zu Idar-Oberstein zur Hochzeit von Oliver und Magda Bender versammelt waren, ahnten nichts von Magdas Zweifeln. Sie schoben das Zittern in ihrer Stimme, wenn sie es überhaupt bemerkten, auf die Aufregung der jungen Braut. Sie sahen eine junge Frau mit strahlenden Augen, ihr hellbraunes langes Haar kunstvoll aufgetürmt unter dem halbdurchsichtigen Schleier. Sicher, sie war etwas blass um die Nase, doch wer mochte ihr das verdenken an so einem Tag? Sie stand neben ihrem Bräutigam vor dem Altar, der unablässig die Hand seiner frisch angetrauten Ehefrau hielt und sein Glück kaum fassen konnte.

Ist es ein Wunder, dass wir in der Felsenkirche heiraten?, schoss es Magda Bender durch den Kopf. Es war Olivers Vorschlag gewesen, weil sie sich hier kennengelernt hatten. Sie hatte begeistert zugestimmt. Gott war ihr beider Fels. Das war für sie der Grund, hier heiraten zu wollen. Gesagt hatte sie nichts von diesen Gedanken. Oliver sollte nicht glauben, dass sie unsicher war. Aber seit einigen Wochen, je näher die Hochzeit rückte ...

„So erkläre ich euch nun zu Mann und Frau."
Der Gottesdienst war vorüber, und die Gesellschaft verteilte sich auf die Autos, die zu Füßen der Felsenkirche warteten.

***

Der Morgen kroch durch die Vorhänge ins Schlafzimmer. Magda erwachte, schlug die Augen auf und sah sich um. – Richtig: gestern hatten sie geheiratet. Neben ihr lag Oliver und schlief noch tief und fest. Oliver brauchte viel Schlaf. – Doch wer geht schon an seiner eigenen Hochzeit um zehn Uhr abends heim, wenn das Programm erst richtig anfängt? – Man heiratet schließlich nur einmal im Leben. Im Normalfall.
Magda schaute sich die Decke des Schlafzimmers an, die sie erst vorletzte Woche in Hellblau gestrichen hatten. – Wenn man genau hinschaute, sah man den Übergang von der einen zur anderen Farbmischung. Es war nicht einfach gewesen, genau dieses wunderschöne Himmelblau wieder hinzubekommen ...

Sie drehte sich auf die Seite und betrachtete ihren Mann. „Mein Freund ist weiß und rot ..." Immer wieder fiel ihr dieser Bibelvers ein. Olivers Schuppenflechte verlieh ihm dieses Aussehen, am ganzen Körper. – Magda schloss die Augen: und sah den Idarwald wieder vor sich.

Der Geruch feuchter Blätter, die nach dem Sommer zu Boden fallen, liegt in der Luft. Wir atmen kleine weiße Wölkchen aus beim Laufen. Oliver fragt, als ob es die normalste Sache der Welt wäre: „Was hältst du eigentlich davon, wenn wir heiraten?" So, wie wenn er sich erkundigte: ‚Sollen wir diesen oder jenen Weg nehmen?' Die Frage lässt mein Blut durch die Adern rasen, sodass mir ganz warm wird. Ich bleibe stehen. Meine Wölkchen haben sich vergrößert. „Keine schlechte Idee", sage ich und küsse ihn voll auf die Lippen.

„Und meine Krankheit? Macht dir das wirklich nichts aus? Schließlich weiß man nicht, in wieweit dies auf eventuelle Kinder übergeht."

Ich denke an Isabella, die auch Psoriasis hat. Wir teilen schon seit ich denken kann unser Zimmer miteinander. Und bei Eddie wurde vor Kurzem eine Zementlunge festgestellt. Oh ja, ich weiß, was Krankheit ist, auch wenn Eddie schon seit sieben Jahren verheiratet ist.

Oliver braucht eine Antwort. Und ich erwidere ihm: „Ich weiß, dass es in Gottes Macht steht, Gebet zu erhören. Wir können doch unsere Beziehung im Vertrauen auf den lebendigen Gott beginnen. Wenn wir ihm unser Anliegen sagen, wird er es bestimmt nicht unbelohnt lassen."

In die Richtung gingen ihre Gedanken auch in Bezug auf das, was an Ostern passiert war ... Aber darüber mochte sie jetzt nicht nachgrübeln! – Sie zeichnete mit dem Finger kleine Kreise auf die Bettdecke.

Nun tauchte Oliver aus seinen Träumen auf. Er räkelte sich und öffnete langsam die Augen. Als er Magda neben sich entdeckte, wie sie ihn betrachtete, lächelte er. Die Freude über dieses erste gemeinsame Erwachen war ihm anzusehen. Oliver rieb sich die Augen: „Hallo, Frau Bender", grinste er und streichelte ihren Arm.

„Hallo, Herr Bender", erwiderte sie leise, „hast du gut geschlafen?" Ihre Augen strahlten.

Er zog seine Hand zurück und fing an sich ausgiebig zu kratzen. Magda sah ihm befremdet zu. Sie bemerkte zwar die Schuppen auf seiner Haut und verstand auch seinen Juckreiz. Dennoch fühlte sie sich zurückgesetzt. Oliver griff nach der Cremedose. „Tut mir leid, Magda. Ich muss erst mein Make-up auftragen. Aber dann ...!" Verschwörerisch blinzelte er ihr zu. Ein unsicheres Lächeln überflog ihr Gesicht. Er schraubte die Cremedose auf und fragte: „War es sehr schlimm für dich, dass ich heute Nacht nur noch schlafen wollte?"

Sie nuschelte etwas Unverständliches und zuckte mit den Schultern. Dabei malte sie sich aus, wie schön es wäre, wenn ... *Aber kann ich es wagen, ihm das so zu sagen? Er kann doch nichts dafür!* Während Oliver die Salbe auf seinen Armen verteilte, musterte er sie; und sie überlegte unwillkürlich, ob er Gedanken lesen könne.

„Weißt du", setzte er erneut an, „Ich war einfach nur am Ende gestern Abend. Ich hätte es nicht für möglich gehalten, dass ich es noch schaffe, dich über die Schwelle der Wohnungstür zu tragen. Als ich dir allerdings half, dich aus dem Hochzeitskleid zu schälen, merkte ich, dass wenn ich jetzt keinen Schlaf bekäme, ich die ganze Nacht wach liegen würde. Kannst du das verstehen?"

„Ist doch okay. Ich fand es sehr zärtlich, wie du mir den Schleier vom Kopf genommen hast."

Nochmals streckte er die Hand nach ihr aus um sie zu liebkosen. Ein Schauer überlief sie. Gleich würden sie ... Oliver fuhr jedoch gleich darauf abermals mit dem Eincremen fort.

Während sie ihrem Mann bei der Behandlung seiner Beine zusah und wie er den Rest seines Körpers auf Auffälligkeiten hin untersuchte, sann sie über die Hochzeitsreise nach, die ihnen verwehrt war. *Das unterscheidet uns ebenfalls von anderen frisch verheirateten Ehepaaren*, dachte sie. *Keine Flitterwochen! Jeden Tag verkaufe ich Reisen in die schönsten Regionen der Welt, und wir können noch nicht einmal auf Hochzeitsreise gehen.* Magda schluckte. *Das ist nicht fair. Schließlich kann keiner was dafür, dass Oliver noch in der Probezeit ist.*

Oliver schraubte die Cremedose zu und rutschte zu ihr unter die Decke. Der Geruch der Salbe stieg Magda in die Nase und ließ sie die Luft anhalten. Doch jetzt würden sie endlich alles nachholen, wonach sie sich beide schon so lange sehnten. Sie umarmten sich im Licht des späten Pfingstsonntagmorgens und begannen sich zu entdecken.

***

September 1986

Die Nahe-Überbauung in Idar-Oberstein war abgeschlossen. Die Kehrmaschinen kehrten in ihre Garage zurück, die Stukkateure räumten das Werkzeug beiseite. Die Stadt hatte sich herausgeputzt zu Einweihungsfeier, Stadtfest und Informationsveranstaltungen über die Region, um den Tourismus anzukurbeln. Eine Woche lang wurde Interessierten aus der Reisebranche die Möglichkeit geboten, die Gegend und ihre Besonderheiten kennenzulernen. Es gab allerhand zu bewundern in der Stadt, ebenso wie jede Menge zu hören über Geschichte und Geschichten. Die Gäste konnten an kostenlosen Führungen im Edelsteinmuseum, der Felsenkirche und der Weiherschleife teilnehmen. Frei- und Hallenbad durften sie ebenfalls in dieser Weise nutzen.

Magda Ackelbein, eine junge Reiseverkehrskauffrau, war schon am Dienstagnachmittag angereist, um sich einen Vortrag zum Thema „Mythos und Realität des Schinderhannes" in der Göttenbach-Aula anzuhören. Das durfte sie sich nicht entgehen lassen. Denn als Kind hatte sie geglaubt, er sei nur eine Erfindung ihrer Mutter, die ihn ab und zu beim Namen nannte, wenn sie schimpfte. Nun entdeckte sie, dass es diesen Mann tatsächlich gegeben hatte.

Ein Stich fuhr ihr ins Herz, als sie den Redner sah. Er erinnerte sie an den Mann, den sie vergessen wollte – Urs. Vor einem halben Jahr hatte er ihr gesagt, dass er keine Gefühle für sie hegte. Nicht so wie sie für ihn. Sie hatte sich etwas vorgemacht. Seither stürzte sie sich ins Balletttraining, verlangte viel von sich bei der Arbeit; und Männer konnten ihr erst mal gestohlen bleiben. Doch dass dieser Mann so unverschämt Urs ähnlich sah ...

Der Dozent erklärte die Rechtssprechung zur Zeit des Schinderhannes und wie er die Dinge auseinanderklamüsert hatte um dahinterzukommen, welch ein Mensch der Räuber gewesen war. Magdas Gedanken schweiften immer wieder zu Urs ab.

Sie erhob sich um zur Toilette zu gehen. Als sie die Tür abschloss, dachte sie: Und genauso schließt du jetzt mit dem Thema Urs ab. Hörst du, Magda? Schließ ab!
Sie setzte sich auf die Toilette. Sie ballte die Faust, wie um sich zu bestärken: Du brauchst ihn nicht. Nicht mehr!

Sie hob das Kinn, trat aus der Kabine und blickte in den Spiegel. Kopf hoch, Magda! Wie im Ballett. Und lächeln! Du schaffst das. Wenn morgen die Straßenfreigabe für die Nahe-Überbauung vorbei ist, stürzt du dich ins Leben!

***

Magda hatte sich pünktlich bei der Festhalle in Oberstein eingefunden um dem großen Ereignis beizuwohnen. Es mochten fünf- oder sechstausend Leute sein, die mit ihr auf die Verkehrsfreigabe warteten.

Die Zeit zog sich in die Länge. Um fünf hätte es losgehen sollen. Sie standen nun schon eine geschlagene Stunde hier, und es geschah nichts. Was war nur los? –

Doch, jetzt: Das erste Auto fuhr unter der Brücke durch, auf der sie stand. Die Menschen jubelten und klatschten. Nacheinander kamen nun auch andere Autos, um die Straße einzuweihen. Ob die eine Spezialerlaubnis haben?, blitzte ein Gedanke in ihr auf. Welch ein Ereignis! Sie hatte noch nie etwas Derartiges miterlebt. Sechs Jahre Bauzeit waren zu Ende. Die Abgase der Staus würden zum Himmel stinken, sagten die Leute. Sie wollten, dass der Verkehr von nun an rollen statt stehen möge. Sie wünschte es ihnen von Herzen.

Sie ließ sich vom Trubel mitreißen, strandete an einem Weinstand und stieß mit einigen Umstehenden auf die Nahe-Überbauung an. Der Wein schmeckte und wärmte. Trotz aller Vorsätze spürte sie: Diese Art, sich ins Leben zu stürzen, ist nicht meine. Auch wenn ich mich noch so anstrenge. Oder empfinde ich diese Ausgelassenheit als oberflächlich, nur wegen des Mannes gestern Abend, der so verdammt nach Urs aussah? – Sie grübelte, glaubte aber nicht so richtig daran.

Sie fröstelte und wickelte sich fester in ihre Jacke, entschloss sich, im Hotel ihre Badesachen zu holen und ins Hallenbad zu gehen. Das Wasser würde ihr gut tun.

Seit einer halben Stunde zog sie ihre Bahnen. Das Wasser streichelte ihre Seele. Draußen dunkelte es. Magda liebte Hallenbadbeleuchtung, wenn der Abend kam. Das Licht drinnen und die Nacht draußen gaben ihr ein Gefühl von Behütetsein.

Sie schloss die Augen und tauchte so lange wie möglich. Ihre Kondition würde es ihr danken.

Sie genoss es, an die Grenzen ihrer Leistungsfähigkeit zu gehen. Doch mit der Zeit spürte sie, wie ihre Kraft nachließ. Noch einmal tauchen, und dann würde sie gehen.

Als sie nach oben kam und die Augen öffnete, fand sie sich fast in den Armen eines jungen Mannes wieder.

„Oh Entschuldigung", sagte sie und wurde rot. „Das ist mir aber peinlich."

Er war genauso überrascht wie sie und völlig verdattert. Seine mandelförmigen Augen erinnerten sie an einen drolligen Hund, und sein Haar klebte ihm am Kopf, dass es sie zum Lachen brachte.

Wenn sie sich begegneten, überkam sie immer ein Grinsen, das sie sich kaum verkneifen konnte. Sie mühte sich redlich, mehr zu lächeln als zu grinsen und entging einem weiteren Lachen nur, indem sie das Gesicht in die Fluten senkte. Es war etwas wie Freude in ihr, diesem Mann zu begegnen. Aber sie wusste nicht, was sie damit anfangen sollte.

***

Die restliche Woche lernte sie Idar-Oberstein näher kennen. Magda besuchte Vorträge und Führungen, kaufte Andenken aus Edelstein und verhandelte mit Hotels über Konditionen. Das letzte Gespräch würde am Montagvormittag stattfinden. Dann wollte sie nach Hause fahren.

Von Magdas Zimmer im „Schwan" aus konnte sie die Dächer zwischen Hotel und dem Riesen-Gebäude der Edelsteinbörse sehen. Die Sonne beschien die Stadt am Sonntagmorgen, als wollte sie sich bei den Menschen für die Kühle in diesen Tagen entschuldigen. An diesem Morgen waren zwar interessante Vorträge geplant, aber sie sehnte sich nach Gemeinschaft mit anderen Christen. Und sie hungerte nach dem Wort Gottes. – Sieh mal an, ging es ihr durch den Kopf, wie Redensarten zu erlebter Realität werden. Hunger nach dem Wort Gottes ...

Gestern war sie in der Felsenkirche zu einer Führung gewesen. Das Gotteshaus faszinierte sie innen wie außen. Es war in den Felsen hineingebaut und nur durch einen Tunnel zugänglich. Vor sechs Jahren wurde er wegen Steinschlaggefahr begonnen und vor zwei Jahren fertiggestellt. Selbst die Orgel war eine Sehenswürdigkeit.

Wenn sie die drei Kilometer zu Fuß zurücklegen wollte, musste sie zeitig losgehen. – Die Straße zog sich hin, und sie genoss die Stille mit allen Sinnen. Es waren nur wenig Leute unterwegs.

Auf einmal hielt sie erstaunt inne. Die Bäume schienen mit einem Hauch von Gold überzogen. – Bilde ich mir das nur ein, oder ist das schon der Herbst? – Auf dem Bergkamm zu ihrer Rechten stand eine weiße Kirche und wies mit ihrem Kreuz zum Himmel. Nicht als Mahnung empfand sie das, eher als Fingerzeig: Schaut da hin, von wo euch Hilfe kommt. Als sie näherkam, sah sie, dass der Kirchturm getrennt vom Gotteshaus stand. Den Zauber dieses Bildes nahm sie mit auf ihren Weg.

Sie war nun schon einige Tage hier und staunte immer noch über die vielen Edelsteinschleifereien. Das Wort „Schatzkästchen" schoss ihr durch den Kopf. Aber das traf es nicht ganz. Der Verkehr, der Idar-Oberstein immer wieder einen Verkehrskollaps beschert und somit die Nahe-Überbauung nötig gemacht hatte, war nicht spurlos an den Häusern vorübergegangen. Das war vor allem in Idar nicht zu übersehen; trotz aller Bemühungen der Stadt, sich von ihrer besten Seite zu zeigen.
Magda ging vorbei am Hallenbad, in dem sie am Mittwoch ihre Bahnen gezogen hatte und der Göttenbach-Aula, die ihr die Erinnerung an Urs wieder ins Gedächtnis rief. Sie ging schneller. Energisch bog sie einige Zeit später nach links ab und freute sich, als die Felsenkirche ins Blickfeld rückte. Sie atmete auf.

In der Kirche angekommen, setzte Magda sich in eine Bank und nahm die Atmosphäre in sich auf. Sie schloss die Augen und lauschte der Orgel. Ihr Klang stand dem Aussehen in nichts nach.

Sie spürte, dass sie jemand beobachtete und schaute sich um. Ein Typ, der ihr seltsam bekannt vorkam, starrte sie an. Ihr Gehirn arbeitete fieberhaft: Wo habe ich diesen Mann schon mal gesehen? – Sie war in den letzten Tagen einer Flut von Menschen begegnet. Aber was verband sie mit ihm? Hatten sie miteinander gesprochen?

Plötzlich fiel der Groschen. Sie riss Augen und Mund auf und konnte gerade noch ein „Aaaah" unterdrücken. Die haselnussbraunen Augen brachten die Erinnerung zurück. In Hose und Jacke besaß er kaum Ähnlichkeit mit dem Mann, dem sie vor ein paar Tagen in die Arme geschwommen war. Der ist ja ganz schön nervös, dachte sie, denn er rieb immerzu seinen Hals, der schon ganz rot war.

Die Predigt empfand sie als Gerede, das von Allgemeinplätzen nur so wimmelte. Doch sie hielt sich an den Liedern fest, die sie kannte. Sie sangen „Ein feste Burg ist unser Gott". Magda kannte es auswendig. Sie sang mit Leib und Seele mit und musste, weil sie sich eine Schlagzeugbegleitung vorstellte, aufpassen, dass sie die Orgel nicht überholte. Es steckt so viel Wahres in diesen alten Liedern, dachte sie. Man spürt ihnen ab, wie viel Not die Menschen, die sie schrieben, erlebt haben und welche Stütze der Glaube ihnen war.

Sie konnte sich nicht konzentrieren. Die Kirche, der Mann vom Hallenbad, die Orgel, die Stimmung und wie die Sonne gerade auf ihre Bank durchs Fenster fiel, nahm ihre Aufmerksamkeit gefangen.

Sie strich über die Bank vor sich, und ihr kam, wie es ihr immer wieder passierte, ein Lied in den Sinn: „Diese Bank ist uralt und steinhart, und sie knarrt ..." Magda grinste. Manfred

Siebald, der das Lied komponiert und getextet hatte, schien ähnliche Gedanken zu kennen. Wie beruhigend.

Beim Ausgang nahm sie eine Zeitschrift mit, die sie schon immer interessiert hatte. Magda bedauerte, dass sie noch nie dazugekommen war, in eine hineinzuschauen. Vielleicht klappt es ja mal?

Der Typ vom Hallenbad sprach sie noch während des Hinausgehens an. Magda betrachtete ihn, während er mit ihr sprach. Ein blonder Wuschelkopf mit einem Stich Kupfer darin. Sein Profil wirkte wie in Stein gemeißelt. Die schmalen Lippen und langen Augenwimpern begeisterten sie besonders. Wie viele Frauen würden sich wünschen, solche Wimpern in natura zu haben, schoss es ihr durch den Kopf.

„Das ist ja toll, dass ich Ihnen hier in der Kirche wieder begegne", sagte er, „erst treffen wir uns im Hallenbad und heute hier. Ich hab Sie noch nie hier gesehen. Sind Sie nicht von hier?"

Magda lachte. „Das heißt, Sie sind öfter hier?"

„Das kann man wohl sagen", erwiderte er, „ich bin meistens hier, wenn Gottesdienst ist. Denn ich mag die Kirche, und die Predigten sind gut. Nur heute ..."

Wieder lachte Magda. „Ich habe auch nicht viel mitbekommen. Ich bin nicht von hier, und da zog mich so manches andere in seinen Bann."

Sie waren unten am Tunnel angelangt. Jetzt war er es, der lachte. „Wahrscheinlich mussten Sie auch die ganze Zeit an Mittwoch denken."

„Nö, wieso?" Sie grinsten sich an, und er streckte ihr die Hand hin. „Ich bin Oliver Bender. Ich wohne ein paar Kilometer von hier."

Sie griff zu. „Und ich bin Magda Ackelbein aus Konstanz."

Er zog eine Augenbraue hoch. „Konstanz?"

„Ja, die Stadt Idar-Oberstein hat Leute aus der Tourismus-
branche eingeladen zur Feier der Nahe-Überbauung. Und da
es bei uns im Büro im Moment etwas ruhiger ist, nahm ich
das Angebot an."

„Und wie lange bleiben Sie noch?"

„Morgen Mittag fahre ich heim."

Er druckste herum und wagte es schließlich doch: „Wenn Sie
morgen schon fahren – darf ich Sie dann heute Abend zum
Essen einladen? Sozusagen als Wiedergutmachung für unseren Fast-Zusammenstoß im Hallenbad ...?"

Sie lachte: „Also mal ehrlich: Ich wäre diejenige die etwas
gutzumachen hätte, wenn ... - Aber Ihre Einladung nehme ich
mit Vergnügen an." Ihre graublauen Augen blitzten. „Besser,
als allein im Hotel zu sitzen. Die meisten Leute sind schon ab-
gereist ..."

Oliver atmete auf. Seine kranke Haut schreckte viele Menschen ab. Und deshalb machte er sich, was Frauen anbelangte, keine Hoffnungen. Doch dass er diese Frau in so kurzer
Zeit zweimal hintereinander traf und dann noch in der Kirche – wo sie doch gar nicht von hier war ... „Wow!", sagte er,
„Das freut mich! Darf ich Sie irgendwo abholen?"

„Melden Sie sich einfach im Hotel Schwan an der Rezeption."
Sie vereinbarten, dass er um sieben da sein würde. Magda
sah ihm hinterher. Er rieb sich schon wieder den Hals ...

***

Sie lernten sich an diesem Abend näher kennen und gingen
zum Du über. Beide entdeckten, dass der andere mit Gott
lebte. Ist es das, was jedes Mal diese Freude in mir auslöst,
wenn ich ihn treffe?, überlegte Magda. Sie erfuhr, dass Oliver vier Jahre älter war als sie und noch einen Bruder hatte.
Sie sah die roten Flecken auf seiner Haut, die ihr schon am
Morgen aufgefallen waren und die silbrigweißen Schuppen,
die sie an Isabellas Krankheit denken ließen. Und es stimmte:

Oliver litt ebenfalls unter Psoriasis. Er erzählte Magda, dass seine Mutter starb, als er zehn war und sein Vater sich in seine Arbeit als Arzt vergrub. „Ich glaube, ihn hat es wahnsinnig getroffen. Aber er sprach nie darüber. Mit niemand", sagte Oliver. Danach führte Merle, eine Freundin meiner Mutter, den Haushalt weiter. Merle war eine ältere Witwe aus der Nachbarschaft, die sich damit für die Freundschaft mit Olivers Mutter erkenntlich zeigen wollte.

Magda und Oliver beschlossen, in Kontakt zu bleiben und tauschten Adressen und Telefonnummern aus, bevor sie sich trennten.

„Wow! Was für eine Frau!", flüsterte er, als er in seinem Bett lag. Er war noch lange wach. Magdas große graublaue Augen vor sich, umkränzt mit den getuschten Wimpern. Und ihre hellbraunen Haare schimmerten über ihre Schultern wie ein Seidenumhang ... Dass Christus in ihrem Herzen war, erschien ihm wie eine Fügung Gottes. Er begann sich auszumalen, was werden könnte.

„Mensch, Oli, jetzt mach mal'n Punkt!" Er erschrak über seine Stimme und hoffte, dass sein Vater im Nebenzimmer in Morpheus' Armen ruhte. „Es ist noch lange nicht so weit, wie du es gerne hättest", flüsterte er sich selbst zu. „Das musst du schon Gott überlassen!"

***

Verzaubert hast du mich, Geliebte, meine Braut!
Ein Blick aus deinen Augen, und ich war gebannt.
Sag, birgt er einen Zauber, der Schmuck an deinem Hals?
Hoheslied 4,9

Magda liebte freie Wochenenden. Sie räkelte sich im Bett und öffnete ein Auge. Regentropfen rannen die Fensterscheibe hinunter. Sie schloss das Auge wieder und genoss die Wärme unter der Decke.

Magda hörte, wie die Tür ihres Zimmers aufging und stellte sich schlafend. Sie wusste wohl, dass es schon nach elf war. Etwas wurde ihr auf die Bettdecke geworfen. Es hörte sich nach Papier an. Sie besiegte ihre Neugier und ließ es bei der arglosen Miene auf ihrem Gesicht, von der sie hoffte, sie würde den Betrachter überzeugen. Sobald sich der Besucher verzogen hatte, setzte sie sich mit einem Ruck auf um zu sehen, was es war, das da auf ihrer Bettdecke lag. Ein Lächeln breitete sich auf ihrem Gesicht aus. Ein Brief von Oliver! Schön! Der Kontakt mit ihm tat ihr gut. Sie liebte den Austausch mit ihm über Glaubensdinge und fühlte sich ihm dadurch mehr und mehr verbunden. Seine Meinung zu Dingen wie Taufe interessierte sie, denn damit beschäftigte sie sich gerade. Oder auch zu lesen, was in der Teestube zurzeit los war. In den Briefen lernte sie seine Freunde kennen und bekam eine Vorstellung von ihnen. Auch wusste sie inzwischen, dass er Vögel über alles liebte und viel Zeit damit verbrachte, sie zu beobachten. Sie nahm teil an seiner Sorge um einen Arbeitsplatz. Die Firma, in der er als letztes gearbeitet hatte, gab es nicht mehr, und nun stand er auf der Straße. Er stand natürlich nicht wirklich auf der Straße. Wohnen konnte er bei seinem Vater. Aber was den Beruf anbelangte ...

Voller Vorfreude und ein wenig beunruhigt wegen Olivers beruflicher Lage riss sie den Umschlag auf. Was er diesmal schrieb? Sie zog drei eng beschriebene Blätter heraus. Magda schüttelte den Kopf: „Oliver, Oliver. Diesmal meinst du es aber gut mit mir. Du weißt wohl, wie neugierig ich bin." Sie stopfte sich das Kopfkissen in den Rücken und überflog die Seiten. Der Brief begann mit „Liebe Magda" und war auf den 01.01.1987 datiert. Sie pfiff sie leise durch die Zähne. So hatte er sie noch nie angesprochen! Nach den Neujahrswünschen erzählte er ihr von der vergangenen Nacht mit dem Jugendkreis. Er schrieb von einer Bibelarbeit, die ihn sehr berührte: der Messias im Alten Testament. Er streifte noch andere Themen, aber ihr Blick hakte sich am Schluss fest:

„Liebe Magda, was ich jetzt schreibe, ist Neuland für mich. Aber ich muss es endlich loswerden. Ein Vierteljahr gehen unsere Briefe schon hin und her. Und ich genieße den Austausch mit dir mehr, als ich in Worte fassen kann. Und ich möchte dich nicht im Unklaren darüber lassen, wie es um mich steht. Seit du von Idar-Oberstein weg bist, stehen ständig deine strahlenden Augen vor mir, als wenn es gestern gewesen wäre, dass wir uns trafen. Deine Augen begleiteten mich in so mancher schlaflosen Nacht seither. Ich war schon ein paarmal verliebt. Aber nie wagte ich es, mich zu offenbaren, weil ich Angst hatte, ich würde wegen meiner Psoriasis abgewiesen. Da du aber die Krankheit kennst, habe ich die Hoffnung, dass du dich nicht davon abschrecken lässt. Vielleicht empfindest du ähnlich wie ich? Deshalb wage ich es und halte doch den Atem an aus Angst, du könntest mir einen Korb geben.

Nun sitze ich an meinem Schreibtisch und schaue hinaus in die trübe Suppe vor meinem Fenster. Und da ist wieder dieses Gefühl, das mich drängt, dir alles zu schreiben. Ich glaube, ich könnte stundenlang mit dir reden, ohne dass mir langweilig würde. Und doch kann ich nicht einfach über dich verfügen. Du sollst wissen, dass ich dich nicht drängen will. Denke alles in Ruhe durch. Ich weiß, dass echte Liebe warten kann. Und dies ist wohl die Nagelprobe.

Ich möchte auf dich warten.

Dein Oliver"

Magdas Hände zitterten, als sie die Blätter zusammenfaltete und in den Umschlag zurückschob. Damit habe ich nicht gerechnet, dachte sie. Und doch – es musste so kommen. Irgendwie hatte ich es im Gefühl. Dieser ganze Austausch, die Übereinstimmung ...

Sie stand auf und machte sich für den Tag fertig. Doch jedes Mal, wenn ihr Blick auf den Brief fiel, setzte ihr Herz einen Schlag aus. Mein erster Liebesbrief ...

*** *

Der Brief lag in ihrer Nachttischschublade zuunterst. Seit Tagen fragte sie sich, wie sie Oliver antworten sollte. Ihr Traummann war es nicht. Nicht zu vergleichen mit Urs. Und Gemeinsamkeiten hatten sie außer ihrem Glauben auch keine. Zu Vögeln hatte sie keinen Bezug, und von Ballett verstand er nichts. Aber vielleicht ließen sich mit der Zeit Übereinstimmungen finden? Er könnte Vögel beobachten, während sie im Ballett war? Oder so ...
Es drängte sie danach, Oliver grünes Licht zu geben. Er hatte ihr sein Herz offenbart. Das bedeutete ihr unendlich viel. Sie wusste, wie es ist, wenn Liebe ohne Antwort blieb. Doch war das genug?

Je länger sich die Zeit hinzog, desto bewusster wurde Magda, dass sie dabei war, sich in Oliver Bender zu verlieben. Bei jedem Gedanken an ihn nahm sie dieses Gefühl in der Magenge-

gend wahr, das ihr sagte, dass auch er ihr nicht egal war. Die Würfel waren gefallen. Sie würde ihm zusagen.

***

Oliver und Magda wohnten zu weit auseinander, als dass sie sich oft sehen konnten. Alle drei Wochen fuhr Magda zu Oliver übers Wochenende oder er zu ihr. Dazwischen schrieben sie sich Briefe, um sich besser kennenzulernen. Oliver sprach in seinen Briefen davon, wie kostbar Sexualität sei und man das nicht verschleudern dürfe. Sie wollten beide bis zur Ehe warten.

Eine Leichtigkeit war das nicht. Vor allem, wenn sie sich besuchten und beide die Erfüllung ihrer Sehnsucht in den Armen hielten.

Magda hatte in der Zwischenzeit die Zeitschrift abonniert, die sie nach ihrem ersten Gottesdienst in Idar-Oberstein mitgenommen hatte. Das Magazin begeisterte sie mit seiner Themenvielfalt, aber auch vor allem, wie biblisch fundiert dort über ethische Dinge geschrieben wurde. Das bestärkte sie und Oliver in diesem Punkt, auch wenn es ihnen schwerfiel. Sie lieh ihm die Hefte, wenn sie sie gelesen hatte, und dann tauschten sie sich darüber aus.

Eines Freitagabends nach dem Abendessen saßen Oliver und Magda in seinem Zimmer beisammen. Er hatte seine schönsten Vogelbilder für Magda herausgesucht, um sie ihr zu präsentieren. Magda saß auf Olivers Bett und schaute sich ein Bild nach dem anderen an. „Oliver, ich verstehe nicht viel davon. Manche deiner kleinen Freunde sehen zwar ganz putzig aus. Aber ich glaube nicht, dass ich mir alles merken kann, was welcher Vogel ist. Ist das schlimm?"

Oliver, der hinter ihr saß, umfasste ihre Schultern und vergrub sein Gesicht in ihren langen Haaren. Wie das duftete ...! – „Nein, ist nicht schlimm. Ich werde es dir so oft erklären, wie du willst", murmelte er.

Sie lehnte sich an ihn und ließ sich von ihm liebkosen. Die Bilder rutschten von ihrem Schoß. „Oh! Jetzt hab ich alles durcheinandergebracht. Oh nein!"

„Kein Problem", flüsterte er, „ich sortier das wieder." Er küsste ihren Nacken, und ein Schauer überlief sie. Seine Hände glitten in ihr Dekolleté. Magdas Herz klopfte. So weit hatte er sich noch nie vorgetraut. Sie ließ ihn gewähren, auch als seine Finger sich unter die Träger ihres BHs verirrten. Sie spürte seinen Atem, der ihr Ohr streifte.

„Darf ich?", fragte er.

Sie nickte.

„Du musst sagen, wenn ich zu weit gehe."

„Ist schon okay." Sie wünschte es sich genauso wie er.

Oliver liebkoste sie so zart, dass sie meinte, ihr Herz müsste zerspringen. Als er an ihrem Schoß angelangt war, hörte er abrupt auf. Sie griff sich an die Stirn und wandte sich ihm zu. Er sah ganz erhitzt aus. „Magda, sei nicht böse. Aber du weißt, was wir ausgemacht haben. Und wenn ich jetzt weitermache, kann ich für nichts mehr garantieren."

Eine Woge der Zärtlichkeit durchströmte Magda. Welch ein Mann, dachte sie. Sie lächelte und streichelte sein Gesicht. „Das finde ich toll von dir, Oliver! Dass du die Gelegenheit nicht ausnutzt. Das bewundere ich an dir."

Es widerstrebte ihnen, sich voneinander zu lösen.

„Puh, gerade noch mal geschafft, was, Magda?", zwinkerte Oliver ihr zu.

„Ja ..." Sie musste erst einmal zur Ruhe kommen. Ein Sturm hatte ihre Gefühle in nie geahnte Wallung versetzt.

„Bist du mir böse?"

Erstaunt sah sie Oliver an. „Wieso sollte ich dir böse sein?"

„Weil ich zu weit gegangen bin …"

„Ach, was! Ich wollte es doch genauso wie du."

„Zumindest zeigt es, dass wir beide gesund und keine blutleeren Geisteswesen sind, wie es deine Kollegin manchmal vermutet.

Sie lachten, als sie Olivers Vogelbilder vom Boden aufsammelten.

„Hast du die Pyramide in dieser Zeitschrift gesehen?", fragte Magda.

„Du meinst, die über gesunde Partnerschaft?"

„Das hat mir eingeleuchtet. Dass die zwischenmenschliche Ebene die breiteste ist. Und wir können ja ganz gut miteinander, oder?" Sie war gespannt, was er dazu zu sagen hatte. Denn gemeinsame Hobbies hatten sie nach wie vor noch nicht entdeckt.

„Ja, wir können gut miteinander reden. Das schätze ich sehr an dir. Auch, weil ich sonst so wenige habe, mit denen ich mich in dieser Tiefe unterhalten kann. Das ist ein Gottesgeschenk. Findest du nicht?"

Magda nickte. „Und dass wir das als Geschenk von ihm sehen können, dafür sorgt die geistliche Ebene, die in der Mitte. Das ist eben bei wenigen Menschen der Fall, gell? – Ein richtiges Geschenk!" Ihr Blick tauchte in den seinen.

„Tja", sagte er lakonisch, „und die Spitze muss noch warten, …"

„Das Sahnehäubchen meinst du. So nannten sie es." Sie strich über seine Hand.

„Gehen wir an die frische Luft, bevor sie uns hier drin ausgeht. Kommst du mit?"

„Klar doch!" Sie strahlte und sprang auf die Füße. Sein Blick umschmeichelte sie, als sie sich bückte um ihre Straßenballerinas anzuziehen. Die Haare über ihren Schultern! Stunden könnte er sie so ansehen. Selbst im wahren Leben ist sie eine Tänzerin, schoss es ihm durch den Kopf, sie ist keine Traumtänzerin. Mit ihr will ich zusammensein – für immer!

– Was das in der Realität bedeutete, dessen war er sich nicht im Klaren ...

***

Alles dunkel. Wahnsinn! – Magda sah auf die Uhr und entdeckte, dass es schon gleich zwei war. Ihr kam es gar nicht so spät vor. Doch die Verabschiedung von Oliver hatte sich, wie immer, in die Länge gezogen. Und heute fiel es ihnen besonders schwer. Die Sommernacht trug das ihre dazu bei, dass sie noch einen Nachtspaziergang machten, bevor sie in ihr Auto stieg und gen Konstanz fuhr. Auf der Heimfahrt musste sie mehrmals anhalten, um sich die Abschiedstränen abzuwischen. Das Wasser in den Augen trübte die Sicht. Gut, dass niemand sehen kann, was ich für eine Heulsuse bin, dachte sie.

Auf Zehenspitzen stieg sie die Holztreppe zum ersten Stock ihres Elternhauses. Es knarrte. Sie schlich in ihr Zimmer, schminkte sich ab und kuschelte sich bald darauf in die Kissen. Sie schnupperte. Mutter hatte das Bett überzogen. Der Duft begleitete sie seit ihrer Kindheit und lullte sie ein.

Das Gefühl der Geborgenheit trug sie in Olivers Arme. Er hatte sie mitgenommen auf eine seiner Vogelexpeditionen in den Hunsrück. Dass sie beide so allein in diesem Waldstück waren, zog sie wie zwei Magnete zueinander. Sie umfingen einander und küssten sich, bis ihnen der Atem wegblieb und sie ins weiche Blätterbett fielen. Ihre Zärtlichkeiten verstrickten sie in einen Zauber, dem sie sich nicht entziehen konnten. Oliver öffnete Magdas BH, ihre Brust hob sich ihm entgegen. Er wagte sich in immer unerhörtere Regionen vor. Bald trugen sie nichts mehr auf der Haut. Ihr Herz raste, als wollte es aus ihr hinaushüpfen. Sie hörte, wie sich Kinder näherten. Oliver war so vertieft in sein Tun, dass er nichts um sich herum wahrnahm. Magda stieß hervor: „Oli ...". Die Kinder waren nicht mehr zu überhören, und er ließ von ihr ab. Oliver fuhr in seine Jeans, versuchte sich vor Magda zu stellen um sie vor den Blicken der Kinder zu schützen. Sie selbst versteckte sich hinter einem Baum. Und ihr schoss das Bild von Adam und Eva im Garten Eden durch den Sinn, die mithilfe von Feigenblättern ihre Nacktheit vor Gott verbergen wollten. Sie atmete so heftig, dass sie davon aufwachte. Ihr Herz klopfte noch immer bis zum Hals, als sie in die Dunkelheit ihres Zimmers starrte.

***

Ostern 1988

Magda legte den Kopf an Olivers Schulter. Sie hatten das Osterwochenende bei seinem Vater verbracht und befanden sich auf dem Heimweg nach Konstanz. Sie ließ ihre Gedanken Revue passieren, während sie durch die Nacht fuhren. Wie viel war geschehen während der eineinhalb Jahre, die hinter ihnen lagen. Vor zwei Jahren wusste sie noch nichts von Oliver, und nun standen sie vor der Hochzeit. An Pfingsten wäre es soweit.

Oliver bekam einen Arbeitsplatz als Assistent für Betriebsinformatik und fand eine Einzimmerwohnung in Konstanz. So war die Entfernung zwischen ihnen nicht mehr ganz so groß. Aber es drängte sie, ganz zu diesem Mann zu gehören, der ihr zum Vertrauten geworden war. Sie dachte daran, wie es immer schwieriger wurde, nicht miteinander zu schlafen, je öfter sie zusammen waren. Das bewog sie auch dazu, eine baldige Hochzeit anzustreben. Sie wollten von Herzen Gott gehorchen ...

Klar, dachte sie, die Unterschiedlichkeit von Oliver und mir ist nicht zu unterschätzen, und es ist manchmal ein Problem, auf einen Nenner zu kommen. Doch ich will darauf hoffen, dass es was werden kann.

Magda kuschelte sich in ihren Sitz. Die Autos erschienen ihr wie Lichtspuren. – Ist es ein Bild für meine Zukunft?, fragte sie sich, als ihr die Augen zufielen. Oder ...?
Sie dachte an die Wohnung, die sie am Wochenende angeschaut hatten. Vielleicht bekommen wir sie? Sie sah sich mit Oliver dort auf dem Balkon sitzen und frühstücken. Wir kaufen uns eine Hollywoodschaukel, auf der wir die Sonne genießen oder Bibel lesen und uns austauschen ... – Ich werde mir Mühe geben, Herr, Oliver eine gute Ehefrau zu sein, betete sie. In ihrer Erinnerung tauchte das Erlebnis vom Gründonnerstag auf.
Oliver und ich gehen zur Burg Bosselstein hinauf, in der sich das Obersteiner Standesamt befindet. Die Hochzeit dort wird alle Vorstellungen übertreffen. Und die kirchliche Trauung in der Felsenkirche. Oliver sagt: „Weißt du, dass sie als Sühnetat von einem Mann erbaut wurde, der seinen Bruder ermordet hat? Er soll tot darin zusammengebrochen und zusammen mit seinem Bruder in der Kirche beerdigt sein." – Eine Sühnetat für Brudermord. Kann es sein, dass ein einzelner Mann mit Hammer und Meißel so eine Öffnung in den Felsen schlagen kann? Wie muss er unter seiner Schuld gelitten haben, dass er so etwas tat? – Fragen, für die sie zu müde war um jetzt darüber nachzudenken. Magda versank in ihren Träumen.

Oliver hielt an, und Magda schlug die Augen auf. Sie erkannte das Haus, in dem Oliver seit einem halben Jahr wohnte. „Oh, sind wir schon da!?"

„Ja, es war nicht mehr viel Verkehr. Jetzt bin ich aber so was von am Ende. Es wird Zeit, dass ich ins Bett komme. – Hast du gut geschlafen, mein Schatz?"

„Jaaa." Sie räkelte sich. „Dann geh ich heim, dass du schlafen kannst. Oder soll ich noch mit reinkommen?"

Er stieg aus und lud ihren Koffer aus um ihn zu Magdas Auto zu tragen. „Ich hab morgen Frühschicht. Ist besser, du gehst heim und kommst morgen Abend. Ich kann für uns kochen. Oder?" Er kniff sie in die Wange.

„Oh ja, da freu ich mich. Soll ich was mitbringen?"

Er nahm sie in den Arm und strich ihr über den Rücken. „Ich geh einkaufen, mach dir keine Gedanken. Aber meinen Hausschlüssel kannst du mir geben, dass ich reinkomme."

„Deinen Schlüssel? Den hast doch du!?"

„Nee, den hast du. Erinnerst du dich? Du bist noch mal zurück, um auf die Toilette zu gehen. Da gab ich ihn dir."

„Hab ich ihn dir nicht zurückgegeben?" Magda wühlte hektisch in ihrer Handtasche, während Gedanken und Gefühle in ihr durcheinanderpurzelten. – Nichts! Sie griff sich an den Kopf, schloss die Augen und dachte nach. Oliver lehnte sich an Magdas Auto. „Kann es sein, dass du ihn im Haus gelassen hast?" Seine Augen verengten sich zu Schlitzen.

„Nein, nein. Ich weiß, dass ich abgeschlossen habe. Denn in der Eile fiel mir der Schlüssel runter, als ich ihn abzog. Schließlich wollte ich dich nicht warten lassen."

Oliver fasste sich in die Haare und kratzte sich. „Dann ist er bei meinem Vater! Du liebe Zeit!" Die Kratzattacke war von einer Heftigkeit, die Magda wegsehen ließ. „Dann werd' ich ihn anrufen müssen. Ach Scheiße, was mach ich nur? Ich sollte schlafen, morgen muss ich arbeiten, und jetzt komm ich nicht ins Bett!"

Magda legte eine Hand auf seine Schulter: „Du könntest …"

Oliver schlug die Hand weg. „Ich könnte gar nichts. Ich fahr zum Telefonhäuschen an der Kreuzung. Dort ruf ich meinen Vater an."

„Soll ich mitkommen?"

Statt einer Antwort ließ er sie neben Koffer und Auto stehen und machte sich auf den Rückweg zu seinem Wagen. Magda verstaute das Gepäckstück im Kofferraum und rannte Oliver hinterher. Der ließ den Motor an, als sie die Autotür aufriss und ins Wageninnere fiel. Sie keuchte. „Geschafft!"

„Was geschafft? Mich zu nerven?"

„Nein", jammerte sie. „Mit dir zu kommen."

„Und was erwartest du von mir? Dass ich mich bei dir bedanke?"

„Nein! Es tut mir einfach leid. Das wollte ich nicht."

„Es tut dir leid, es tut dir leid. Das sagst du immer, wenn du was ausgefressen hast. Und das nächste Mal machst du die gleiche Scheiße wieder." Sie hatten Fahrt aufgenommen, und sie waren in der Nähe des Telefonhäuschens. Oliver entdeckte einen Parkplatz und fuhr scharf rechts ran, sodass Magda zur Seite geschleudert wurde. „Jetzt mach mal halblang, Oli. Sooo musst du dich nicht reinsteigern, dass du noch einen Unfall baust."

„Ich hab keinen Unfall gebaut!", dröhnte er.

„Aber du fährst wie ein Verrückter."

Er machte den Motor aus und schlug mit der Faust aufs Lenkrad. „Ich bin nicht verrückt. Ich will nur ins Bett, und du hast meinen Schlüssel verschlampt."

„Jetzt wirst du aber kindisch." Sie sah ihn von der Seite an. Doch bevor sie nachdenken konnte, hatte er ausgeholt, und sein Handrücken landete in ihrem Gesicht. Sie konnte es nicht glauben. Ihre Hand bewegte sich wie in Trance zu ihrer Wange. Tränen schossen ihr in die Augen. Sie taumelte nach draußen. Nur weg hier.

Sie lief zu ihrem Auto, hastete den Berg hoch. Oliver sollte sich nicht erdreisten, hinter ihr herzukommen. An ihrem Wagen drehte sie sich um. Niemand folgte ihr. Sie wusste nicht, *ob sie aufatmen oder sich ärgern sollte. Eigentlich hätte er sich entschuldigen können – müssen.*

Sie ließ sich hinters Lenkrad ihres Käfers fallen und verriegelte die Tür. Dann legte sie Arme und Kopf aufs Steuer, und ihre Verzweiflung brach sich Bahn. „Gott, wie kannst du das zulassen?", rief sie ins Wagendunkle hinein. Sie weinte, bis keine Tränen mehr kamen. Bis sie sich selbst darüber wunderte, dass sie dasaß und heulte, wie eine Göre, die Haue bekommen hatte.
Müde startete sie den Motor und legte den Gang ein. Als sie an der Telefonzelle vorbeikam, war Olivers Auto weg. Sollte er doch bleiben, wo der Pfeffer wächst.

Zuhause konnte sie nicht einschlafen. Ihre Gedanken drehten sich im Kreis. Immer wieder landeten sie an den gleichen Stellen. – Gott, wie kannst du das zulassen? – Wir wollten doch heiraten! – Ich sollte die Verlobung lösen. Doch wie soll ich das machen? Da müsste ich allen, die wir eingeladen haben, sagen, dass Oli mich geschlagen hat. Aber ich liebe ihn doch. – Wenn ein Mann einmal schlägt, schlägt er wieder. Ich müsste ... - Ihr Schlaf glich einem Fieber, Schrecken durchzuckten sie, und sie kämpfte mit der Bettdecke. Am nächsten Morgen wachte sie mit einem Brummschädel auf.

***

Es fiel ihr schwer, im Reisebüro zu tun, als ob nichts geschehen wäre. Gott sei Dank, kamen wenig Kunden – die meisten waren in den Osterferien. Auch gut, dachte sie und überließ Eliane die Kundengespräche, während sie sich daran machte, Kataloge zu sortieren.
Abschalten konnte sie nicht. Magda ertappte sich immer wieder dabei, wie ihre Gedanken abschweiften. Sie fragte sich, ob

sie die Verlobung lösen sollte oder ob es eine Zukunft für sie und Oliver gab.

„Ich mach Frühstückspause", sagte sie mehr zu sich selbst als zu Eliane. Eliane blickte von ihrer Schreibarbeit auf. „Du gefällst mir heute nicht. Bist du krank?"

Magda winkte ab. „Nein, nein, hab schlecht geschlafen heute Nacht."

Eliane legte den Kugelschreiber zur Seite und sah sie mitfühlend an: „Sorgen?"

Magda zuckte mit den Schultern. „Weiß auch nicht. Ich muss mir Gedanken machen. Vielleicht hilft mir das. – Ich geh mal zum Bäcker. Okay?" Damit war sie zur Tür hinaus.

Die Frühlingssonne umgab sie mit Wärme, die ihr Herz höher schlagen ließ. Beim Bäcker kam sie gleich dran. Magda beschloss, ihre Brezel im Freien zu essen, anstatt ins Reisebüro zu gehen. Allein ließ sich besser nachdenken. Sie fand ein Plätzchen auf einer Bank, setzte sich und hob ihr Gesicht der Sonne entgegen. Ein Spruch kam ihr in den Sinn: „Wende dein Gesicht der Sonne zu, so treten die Schatten hinter dich."

Das Erlebnis vom gestrigen Abend wiederholte sich in ihrem Kopf. Hab ich was falsch gemacht? Natürlich: Ich hätte besser auf Olivers Schlüssel aufpassen sollen. Ob Olivers Vater ihn gefunden hat? Und wo Oliver letzte Nacht schlief? Auf der anderen Seite hätte er sich heute Morgen auch rühren können! Eine Ohrfeige ist kein Pappenstiel! – Magda fuhr sich über die Wange. Es erinnerte nichts mehr daran – fast nichts. Ihre Seele schmerzte. Eine Stimme in ihr erklärte: Du weißt, wenn Männer einmal schlagen ...! Eine andere Stimme hielt dagegen: Aber ich liebe ihn! – Das Gedankenkarussell wie am Vorabend begann. – Sie drückte die Brezeltüte zusammen. Aber als sie merkte, dass sie nichts gegessen hatte, aß sie dennoch, ohne Appetit. Sie warf die Tüte in den Papierkorb, beugte sich vor und faltete die Hände: „Lieber Gott", flüsterte sie, „du kennst meine Bedenken, und dass wir schon alle Gäste ein-geladen haben. Du weißt, dass ich Oliver liebe und ihn nicht bloßstellen will. Wir wollten doch heiraten! Es verwirrt mich, was passiert ist. Ich habe Angst, dass die Ehe in die Hosen gehen könnte, dass es eine schlimme Ehe wird. Aber mit dir in der Mitte muss es kein Desaster werden. Oder? Ich bin bereit, diese Ehe unter deine Führung zu stellen, das weißt du. Ich will dir zutrauen, auch wenn menschlich gesehen die Chance klein ist, dass das eine gute Ehe werden kann. Du kannst Wun-der tun. Du kannst diese Ehe auch unter erschwerten Bedin-gungen segnen. Ich will es glauben. Für Oliver und mich." Als sie geendet hatte, stand sie auf. Dabei ging ihr wieder durch den Kopf: Er hätte sich entschuldigen können. Bestimmt ruft er am Nachmittag an. – Sie sah auf die Uhr und erschrak. Eli-ane wartet seit fünf Minuten! Sie rannte los und kam außer Atem im Reisebüro an.

Sie riss die Tür auf und keuchte: „Tut mir leid, Eliane. Ich hab's verpennt." Nur gut, dass gerade keine Kunden da sind, dachte sie, oder schlimmer: Schlange stehen ...
Eliane lächelte: „Ist schon gut. Ich seh' ja, dass du nicht ge-rade auf der Höhe bist. Hoffentlich konntest du dich in der Sonne erholen. Und die zehn Minuten kannst du heute Abend dranhängen."

Oliver meldete sich nicht. Und sie wollten doch am Abend zu-sammen essen! Magda hörte auf jedes Klingeln des Telefons. – Kein Oliver. – Unter diesen Umständen würde sie nicht zu Oliver fahren. Oder ob sie beim Essen über die ganze Sache reden könnten? – Nein, wenn Oliver wollte, dass sie kam, wür-de er bestimmt nochmal anrufen.

Als sie abends die Tür des Reisebüros hinter sich zuzog, zwei-felte sie an sich selbst: Wäre es meine Aufgabe gewesen ihn anzurufen? Ist jetzt nicht er dran? So eine Sache mit dem

Schlüssel kann man klären. Aber für eine Ohrfeige sollte man sich entschuldigen. Oder ob er jetzt nichts mehr von mir wissen will? – Ihr Herz krampfte sich zusammen: Nein, ich werde ihm nicht hinterherlaufen. Er ist dran.

Der Abend zuhause zog sich wie Käse beim Fondue. Die Gespräche beim Essen erregten kein Interesse bei ihr, und nach Arbeit stand ihr nicht der Sinn. Ballett war heute nicht. Heute waren die Kleinen dran. Sollte sie etwas lesen? – Sie ging in ihr Zimmer, das ihre Schwester Isabella vor einem Jahr geräumt hatte, als sie heiratete. In der Ecke, wo Isabellas Bett war, stand nun Magdas Schreibtisch. Sie hatte jetzt mehr Platz. Aber Ordnung war keine eingekehrt.

Magda sah sich um wie eine Fremde. Bis vor Kurzem hatte sie gehofft, hier herauszukommen. Mit Oliver eine Wohnung zu beziehen war ihr wie das Paradies vorgekommen. Er hatte so viel Zartgefühl besessen. Diesen Eindruck hatte sie zumindest gehabt. Bis gestern. Und nun??? – Ist es ein Glück, dass wir noch keine Wohnung haben. Heute Abend blättere ich bestimmt keine Zeitung durch. Warum Oliver sich nicht meldet? – Sie räumte auf. Mechanisch, ohne Herz.

Am nächsten Tag hielt sie es nicht länger aus. In der Mittagspause rief sie Oliver an. Er war an seinem Arbeitsplatz. Sein Vater sei in der Nacht nach Konstanz gekommen und hätte ihm den Schlüssel gebracht. Er hätte bei ihm übernachtet, weil die Praxis seines Vaters diese Woche zu sei. Kein Wort zu der Ohrfeige. Magda war enttäuscht. – Ist es mein Fehler?, fragte sie sich. Soll ich ihn darauf ansprechen? – Ihr fiel ein, dass in Predigten oft gesagt wurde, es ist nicht gut, nur darauf zu warten, dass der andere den ersten Schritt tut. So wagte sie es: „Es tut mir leid, dass ich so achtlos mit deinem Schlüssel umgegangen bin und was daraus geworden ist."

„Mir auch", hörte sie am anderen Ende der Leitung. Es tönte halbherzig und kalt. War das alles? Magda schluckte. War ihm nicht klar, was er ihr angetan hatte? Sie beendete das Gespräch und ging nach draußen. Die Sonne wärmte wie gestern. Doch ihre Bank war besetzt. Da die Mittagspause zwei Stunden dauerte, machte sie sich auf den Weg zur Uferpromenade und setzte sich dort auf eine der Bänke.

Abermals überfielen sie ihre Gedanken: Ist es meine Schuld? Ich hätte mich zügeln müssen in meiner Wortwahl. Aber rechtfertigt das eine Ohrfeige? Ich bin doch keine Göre! – Sie kam nicht weiter. Sie konnte Oliver sein Versagen nicht klarmachen, wenn er es nicht sehen wollte. Das Problem lag bei ihr. Sie musste ihm vergeben, ob er seine Schuld einsah oder nicht. Sie wollte diese Last nicht länger mit sich herumtragen. „Herr, ich möchte ihm vergeben", flüsterte sie. „Du siehst: Meine Gefühle machen nicht mit. Ich will, dass alles wieder in Ordnung kommt zwischen Oliver und mir. Bitte, gib mir die Kraft dazu. Bitte mach mich unabhängig von seinem Schuldbewusstsein. Amen." Sie sah auf den See hinaus. „In die Tiefe des Meeres", murmelte sie.

***

KAPITEL 2

Dezember 1988

Typisch, der Feierabend im Reisebüro war zwei Tage vor Heiligabend nur mit Entschlossenheit durchzusetzen. Fünf Minuten vor Ladenschluss kam eine Stammkundin, die um diese Uhrzeit noch eine Extrawurst gebraten haben wollte. Da Oliver im Auto schon eine Viertelstunde auf Magda wartete, um mit ihr und den Veerkamps, einem befreundeten Ehepaar, in den Schwarzwald zu fahren, wimmelte sie die Frau nach zehn Minuten ab.

Magda freute sich auf die Tage bei Olivers Großmutter. Sie hoffte, es würde schneien. Ein paar Schneespaziergänge wären nicht zu verachten. Die Hoffnung blieb, auch wenn es regnete. Denn im Hochschwarzwald waren die Chancen auf Schnee höher als in Konstanz.

Sie fröstelte im Regen, aber Olivers Begrüßung war eine kalte Dusche: „Ich dachte, du kommst gar nicht mehr raus." Magda beschloss, das Gesagte nicht zu schwer zu nehmen. Sie wollten doch das Wochenende miteinander genießen. Also antwortete sie: „Den Eindruck hatte ich auch. Weißt du, die Frau ..."
„Ach was, die Frau", unterbrach Oliver sie. „Ihr hättet früher schließen können, dann hättest du das Problem nicht gehabt! Ihr habt morgen auch nochmal auf."
„Du weißt, dass Eliane zuschließt und nicht ich!"
Oliver ließ den Motor an und fuhr los um Cordula und Holger Veerkamp abzuholen. Auf der Fahrt durch Konstanz hing jeder seinen Gedanken nach.

Warum ist er so zu mir? Ich dachte, er freut sich auf das Baby! Das verstehe ich nicht.

Der Schwangerschaftstest! Meine Hand zittert beim Ablesen des Teststreifens. Das Ergebnis ist positiv, mein Herz sackt mir in die Kniekehlen. Meine erste Schwangerschaft! So weit bin ich noch nicht! Wie wird Oliver reagieren? - Ich weiß, ich bin auch manchmal eine harte Nuss. Aber diese Ohrfeige vor der Hochzeit ... Ja, ich bat Gott darum, die Ehe auch unter diesen Bedingungen zu segnen. – Hätte ich auf dem Standesamt doch Nein sagen sollen? Aber so was geschieht nur im Film, oder?

Ich – schwanger. Viel zu früh. Und Oliver freut sich. Damit habe ich nicht gerechnet. Ich kannte doch seine Bedenken. Er schüttelte zwar erst den Kopf, aber dann fing er sich, und seither schien die Sonne für ihn. Wir reden kaum über die Schwangerschaft. Und ich glaubte, es sei alles in Ordnung. Warum benimmt er sich jetzt so??? – Ich dachte, glaubte, er versteht mich. Was soll das? Magda konnte nicht glauben, dass der einzige Grund seines Ärgers die paar Minuten sein sollten, die sie zu spät aus dem Reisebüro gekommen war.

Oliver trommelte mit den Fingern auf dem Lenkrad. Seine Gedanken galten den Terminen, die sein Chef ihm für die Tage zwischen Weihnachten und Neujahr aufgebrummt hatte und dass er es nicht schaffen würde, sie alle abzuarbeiten. *Und jetzt lässt Magda mich warten! Zu einer Uhrzeit, wo lauter Verrückte unterwegs sind! Veerkamps sitzen bestimmt wie auf glühenden Kohlen!* Er bog wie im Tiefflug in die Straße ein, in der die Freunde wohnten, und wurde von einer Baustellenampel gestoppt. „Was ist denn jetzt wieder! Auch das noch! Dass die nicht warten können bis nächstes Jahr! Reine Schikane ist das", raunzte er. Sein Blick bohrte sich in die Ampel.

Magdas Magen rebellierte vom Ruck des Bremsmanövers. Der nächste Häuserblock war der, in dem Cordula und Holger wohnten. Sie wollte aussteigen und klingeln, doch wurde sie von Brechreiz überrascht, dem sie nicht standhalten konnte.

„Kannst du nicht aufpassen!?", schnauzte Oliver.

Sie jammerte: „Was hätte ich denn tun sollen, Oli? Das kam so schnell, dass ..." Sie würgte erneut, der Gestank war erbärmlich. Diesmal schaffte sie es, die Beifahrertür aufzureißen. Aber es kam nichts, es blieb beim Würgen.

Magda stieg aus. Die Autos hinter ihnen scherten aus und überholten. T-Shirt und Jeans waren voll mit Erbrochenem. Sie holte ein Päckchen Papiertaschentücher aus ihrer Handtasche und säuberte notdürftig ihre Kleidung, während Oliver zur Seite fuhr, damit die anderen Autos vorbeikamen. Nun stieg auch er aus.

„Was ist los? Bist du krank?"

„Es geht gleich wieder. Bestimmt! Vielleicht ist es das Baby ..."

„Jetzt schon?"

„Wann sonst?"

„Ich fahr dann mal rüber zu Veerkamps", überlegte Oliver. „Vielleicht können die mir einen Eimer Putzwasser geben. Sonst krieg ich den Gestank nicht mehr aus dem Auto."

Magda füllte ihre Lungen mit Frischluft und ging mit wackligen Beinen zum Haus von Veerkamps. Die Übelkeit ließ nach, doch wohl war ihr nicht. Cordula und Holger wünschten sich schon so lange ein Kind. Magda verspürte ein Gefühl, als hätte sie ihre Freundin hintergangen. Wie sollte sie es ihr sagen, ohne ihr wehzutun?

Cordula fackelte nicht lange: „Magda! Du wirst doch nicht krank!?"

Magda winkte ab. „Nein, nein, geht schon. Wahrscheinlich hab ich zu wenig gegessen ..."

Cordula sah ihr ins Gesicht: „Sag mal, bist du schwanger?"

Magda sah zu Boden. „Ja."

„Was?", rief Cordula. „Ich glaub's ja nicht!"

Cordulas Miene und ihre klaren blauen Augen verrieten Magda, dass Cordula sie keineswegs ablehnte. Magda konnte es nicht fassen. Sie hatte ihre Freundin total falsch eingeschätzt und zerbrach sich den Kopf darüber, wie sie es Cordula beibringen konnte! Und nun löste sich das Problem in Wohlgefallen auf. So was konnte nur Gott hinkriegen!

Holger kam aus dem Wohnzimmer und rieb sich die Hände. „Klasse, dass ihr da seid. Dann können wir los, oder?"

Magda zögerte. „Öhm, wir bräuchten noch etwas ..."

„... Putzwasser", ergänzte Oliver, der die Treppe hochkam.

„Mir wurde schlecht unterwegs", beeilte Magda sich zu erklären.

Cordula eilte in die Küche und kam mit einem Eimer Wasser heraus. Oliver trug ihn zum Auto. Holger kam nach: „Ich helf dir, dann sind wir schneller fertig, was Oli?"

Sie beseitigten das Malheur so gut es ging. Holger meinte: „Oli, wir könnten doch mit unserem Auto nach St. Blasien fahren. Dann kannst du dein Auto in meine Garage stellen. Wir lassen die Scheiben runter, und es kann lüften."

Oliver freute sich über das Angebot. Sie luden das Gepäck um und versorgten das Bendersche Auto, während die Frauen nach oben gingen, damit Magda sich umziehen konnte.

Magda sagte: „Mensch Cordula, bin ich erleichtert, dass du dich freust! Ich hab' mir die ganze Zeit Gedanken gemacht, weil ihr schon so lange auf Kinder wartet. Irgendwie fühle ich mich schuldig ..."

„Dass wir auf Kinder warten, heißt nicht, dass ich mich nicht mit euch freuen würde! Mädchen, du ...!" Sie umrahmte Magdas Gesicht mit den Händen und drückte ihre Nase gegen die der Freundin. „Wir lassen die Bombe aber erst bei Olivers Oma platzen, oder?"

Magda nickte. „Dann haben wir noch ein wenig unser Geheimnis für uns."

Olivers Großmutter, Frau Huttersberger wohnte in einem Schwarzwaldhaus mit schindelgedecktem Walmdach. Geschneit hatte es auch hier nicht. Das Licht in den Sprossenfenstern hieß sie willkommen.

„Schön, dass ihr gekommen seid!" Frau Huttersberger rieb die Hände an ihrer Schürze ab. „Ihr könnt Euch in die Küche setzen. Das Essen ist gleich fertig." Sie brachte Bratkartoffeln mit Eiern und Schwarzwälder Schinken. Zum Nachtisch gab's Weihnachtsgutsle im Wohnzimmer.

Oliver legte den Arm um Magda. Sie schmiegte sich an ihn und genoss seine Wärme. *Welch ein Abend nach so einem Nachmittag,* dachte sie. Zärtlichkeit lag in ihren Augen, als sie ihn anschaute. Doch Oliver nahm keine Notiz von ihr. Er begann wiederholt sich zu kratzen. *Bin ich wieder Nebensache ...* Sie rückte von ihm ab. *Er merkt es nicht einmal. Schade ...*

Olivers Großmutter erzählte von der Zeit, als sie im Alter ihrer Gäste war: „Mein Mann arbeitete vor dem Krieg als Rechtsanwalt. Leider gingen die Geschäfte mehr schlecht als recht. Die Leute hatten ja nichts. Doch es reichte zum Leben. Unser Sohn Gerhard blieb im Krieg, und mein Mann", Frau Huttersberger räusperte sich, „kam als Kriegsversehrter heim. Sie haben ihm den linken Arm weggeschossen. Zeitlebens litt er unter Phantomschmerzen. Vor drei Jahren ist er gestorben. Er hat Tanja, Olivers Mutter, um fünfzehn Jahre überlebt. Wer hätte das gedacht? Jetzt hat er seine Ruhe. Keine Schmerzen mehr! Aber dass deine Mutter", sagte sie zu Oliver und wischte sich über die Augen, „dass sie so früh hat sterben müssen ... Darüber komm ich nicht weg!"

„An was starb sie denn?", erkundigte sich Cordula.

„Sie hatte Krebs", antwortete Oliver. „Sie starb, als ich zehn war."

Magdas Gedanken hakten sich an Herrn Huttersberger fest. *Ich hätte ihn gern kennengelernt. So wie Olivers Oma von ihm schwärmt ...*

Ein Vogelpark im Winter war für Veerkamps und Magda kein Anlass in Ekstase zu verfallen. Doch Oliver pries die Wärmehalle des Vogelparks Wiesental in den höchsten Tönen. Deshalb machten sie sich tags darauf auf den Weg dorthin, wo Olivers Liebe zu den Vögeln begonnen hatte.

„Ist es nicht toll, wie unterschiedlich sie sind, die ganzen Vögel – kleine, große, bunte, schwarz-weiße, einfarbige ... Alles, was du denken kannst!" Oliver geriet in Fahrt, als er den Freunden seine Lieblinge vorstellte. „Allerdings sind sie mir inzwischen in Freiheit lieber."

„Ist das der Grund, warum du dein Spektiv zuhause gelassen hast?", fragte Holger.

Oliver sah ihn belustigt an. „Soll ich Gefangene hinter Gittern mit der Videokamera überwachen?"

Holger zuckte mit den Schultern. „Hätte ja sein können ..."

Frau Huttersberger war ganz aus dem Häuschen über Magdas Schwangerschaft. „Dass ich das erleb, Mädchen", sagte sie, „das hätt ich nicht gedacht! Mit meinen über achtzig Jahren. Das ist ein Weihnachtsgeschenk! Ich mach' dir morgen früh was besonders Gutes zum Kaffee, gell? Und jetzt langst kräftig zu bei den Gutsle."

***

Februar 1989

„Du glaubst es nicht, aber ich bin totschlagkaputt nach dieser Knochenarbeit heute", bemerkte Magda, als sie den Abendessenstisch abräumte.
„Mir geht es genauso", antwortete Oliver, „Ich geh mich schon mal umziehen."
„Aber es ist doch erst sieben!"
Doch die Tür war schon zu.

Nach zehn Minuten kam er im Schlafanzug ins Wohnzimmer, und legte Mozarts Kleine Nachtmusik auf. Magda liebte das Knistern der Schallplatte. Sie entspannte sich und streckte ihre Beine auf dem Sofa aus. Oliver nahm gegenüber Platz. Innigkeit lag in seinem Blick. „Langsam sieht man dein Bäuchlein."
Sie lächelte. „Wie es sein wird, das kleine Menschlein im Arm zu halten?"
„Hast du nicht bei deinen Nichten geübt?"
„Wo denn? Bei Viola ist es elf Jahre her, und Gela – so oft sehe ich Lilli auch wieder nicht." Lilli, Magdas Schwester, wohnte in Litzelstetten, was zwar nicht aus der Welt war, aber jede hatte ihr Leben ...
„Aber du hättest die Möglichkeit gehabt, oder?" Oliver entging dem Gespräch indem er die Augen schloss und sich der Musik hingab. Magda sann über das Kind in ihrem Bauch nach: *Ob es ein ruhiger Vertreter wird oder ob es vor Leben übersprudelt?* – Sie brachte die Gedanken vor Gott: *Herr, ich lege dir dieses Baby hin. Du kennst es. Das beruhigt mich. In deinem Wort steht, dass du uns kanntest, ehe wir im Mutterleib gebildet wurden. Also kennst du auch mein Kind. Gib du ihm ein Gemüt, mit dem ich klarkomme. Danke, dass ich meine Sorgen vor dir ausbreiten darf.*

„Träumst du?" Olivers Stimme war nicht laut, doch schrak Magda zusammen. „N-nein. Ich hab gebetet."

„Ach so. Du sahst so abwesend aus." Er lächelte, schloss seine Augen und gab sich wieder der Musik hin

.

Beide genossen den Frieden, der zwischen ihnen herrschte. Magda griff nach ihrer Bibel, die auf dem Tisch lag. *Herr, hast du ein Wort für mich? Gib mir hörende Ohren.*

Oliver begann leise zu schnarchen. Magda schmunzelte und blätterte in der Bibel. Ihre Blicke hakten sich fest an der Überschrift „David und Abigail" fest. *Eine Liebesgeschichte?* Sie hatte nie von Abigail gehört. *Was sie für eine Frau war?*

Sie las, dass Abigail die Ehefrau eines reichen, aber groben Mannes war. David hatte mit Nabal, Abigails Mann, noch eine Rechnung offen, da er in der Wüste mit auf dessen Besitz achtete, als er mit Nabals Hirten zusammen war. Nun forderte David Proviant für sich und seine Männer. Davon wollte Nabal nichts wissen und gab vor, weder David noch seine Männer zu kennen. Unverrichteter Dinge kehrten Davids Leute zu ihm zurück. Da hörte der Spaß für David auf, und er schwor Rache.

Von einem Knecht erfuhr Abigail, was passiert war. Sie erkannte, dass sie und ihre Familie in Gefahr waren. Es war an fünf Fingern abzuzählen, was David vorhatte. So nahm sie alle Lebensmittel, die sie auf die Schnelle auftreiben konnte, lud sie auf ihren Esel um David entgegenzureiten und ihn zu besänftigen.

Als sie ihn traf, warf sie sich vor ihm zu Boden und flehte um Gnade für sich und ihre Familie. Sie nahm sogar die Schuld ihres Mannes auf sich, was Magda sehr verwunderte. *Welch eine Frau – Abigail!*

Als Abigail ihrem Mann erzählte, was sie getan hatte, regte er sich so auf, dass sein Herz wie ein Stein wurde. Zehn Tage später starb Nabal.

Daraufhin warb David um Abigail, und sie wurde seine Frau.

Eine ungewöhnliche Liebesgeschichte, ging es Magda durch den Kopf, über die es sich nachzudenken lohnt.

Was die Bibel unter einem rohen und boshaften Mann versteht? Magda wusste, dass viele Geschichten im Alten Testament von Brutalität geprägt waren. Und wenn hier von „roh und boshaft" die Rede war, hieß das nichts Gutes. *Ob Nabal Abigail schlug? Oder Schlimmeres?*

Die Erinnerung an die Ohrfeige erneuerte sich zum x-ten Mal. *Warum denk ich nur die ganze Zeit daran? Es ist doch vorbei! Gott macht alles gut. Ich vertraue ihm, und er wird mich nicht im Stich lassen.*
Ein kleiner Zweifel schlich sich in ihr Herz: *Was ist, wenn Oliver mich doch noch mal schlägt?* Der Gedanke saugte sich an ihr fest und ließ sie nicht los: *Was, wenn er mich noch mal schlägt???*
Magda wusste keine Antwort. *Gott, du wirst doch nicht zulassen, dass...?*
Sie sah auf ihren schlummernden Mann und nahm wieder ihre Bibel. Es interessierte sie, wie Abigail mit ihrer Situation umging.

Da Abigail reich war, hatte sie bestimmt die Möglichkeit, Nabal zu verlassen. *Ob es so etwas damals überhaupt gab? Ob Frauen, die das taten, eine Chance hatten?* Von Abigail wurde nichts von derlei Überlegungen berichtet. Es stand nur da, wie sie gehandelt hatte um ihre Familie zu retten. Nicht zuletzt sich selbst. Anstatt davonzulaufen, tat sie alles in ihrer Macht Stehende um das drohende Unheil abzuwenden.
Welch eine Frau, dachte Magda wieder, *eine Frau, die Entschlossenheit, Kraft und Mut besaß.*

Ein Entschluss wurde in ihrem Herzen geboren: *Wenn es ein Mädchen wird, soll es Abigail heißen. Dieses Mädchen soll mich an die Frau Nabals erinnern. Die Abigail in der Bibel verdient es, dass ich sie mir zum Vorbild nehme! Und Charme hat der Name auch.*

„Abigail." Magda flüsterte den Namen und ließ ihn sich auf der Zunge zergehen.

Am nächsten Morgen fragte Magda Oliver, ob er sich schon einen Namen für das Baby überlegt hätte. Oliver kratzte sich am Kopf. „Wir haben doch noch Zeit, oder?"

„Wir könnten ja mal darüber nachdenken."

„Hast du schon …?"

„Ein bisschen."

„Und?"

„Wir könnten es ja so machen, dass du den Jungennamen raussuchst und ich den Mädchennamen, oder?"

„Gute Idee. Wie lange hab ich Zeit?"

***

Begegnungen 1974

Mimis Freundinnen umkreisten sie wie Planeten die Sonne. Magdalena bemühte sich redlich, auch einen Platz in diesem System einzunehmen, doch wurde sie meistens kaum wahrgenommen. Und nun hielt sie eine Einladung zu Mimis zehntem Geburtstag in der Hand. Sie konnte es kaum fassen.

Im Nachbarhaus war eine Familie aus der Schweiz eingezogen. Der Sohn der Familie hieß Urs und war so alt wie Magdalena. Er ging in die Parallelklasse und hatte jeden Morgen um die gleiche Zeit Schule wie sie. So legten sie in der Regel ihren Weg gemeinsam zurück.

Sie erzählte Urs von der Einladung, und er hatte die Idee, sie könne Mimi einen Haarreif schenken: „Mädchen mögen das doch, oder?" Er grinste.

„Haarreif? So ein Plastikding?"

„Du kannst ja was Extraschönes raussuchen."

„Hmmm – mal sehen ..."

Magdalena kratzte ihr Erspartes für einen silbernen Haarreif zusammen. Am liebsten hätte sie ihn für sich behalten. Aber Mutter sagte ja: „Die Geschenke, die einem am meisten gefallen, kommen am besten an." Und das tat er auch. Mimi steckte sich den Reif ins Haar und ließ ihre hellblonden Locken darüberfallen. Sie sah fabelhaft aus.

Der Nachmittag bei Mimi war voller Lachen und Spielen. Nie hatte Magdalena so einen Kindergeburtstag erlebt. Das Haus, in dem Mimi wohnte, kam ihr vor wie ein Schloss, umgeben von einem Zaubergarten. Nach den Spielen saßen die Mädchen um den großen Tisch im Speisezimmer, und jede durfte so viele Mohrenköpfe essen, wie sie wollte. Plötzlich verspürte Magdalena ein dringendes Bedürfnis. Sie ging vorbei an Mimis Zimmer – sie zögerte: Auf Mimis Bett saß eine Prinzessin! Eine Porzellanpuppe, die aussah, als wenn sie gleich lachen müsste. Wow, so ein lebendiges Gesicht bei einer Puppe. Sie strich ihr übers Haar. Die fühlten sich an wie echt! – Jetzt musste sie aber wirklich dingend. Sie setzte die Puppe an ihren Platz zurück. Doch sie hatte die Puppe wohl zu herzhaft hingesetzt. Sie kippte um und fiel kopfüber auf den Holzfußboden. Das Geräusch zerspringenden Porzellans drang ihr durch Mark und Bein, und sie meinte, die anderen kämen jeden Moment um zu sehen, was geschehen war. Doch alles blieb ruhig. Nur von Weitem drangen Gesprächsfetzen und Lachen aus dem Esszimmer. Hauchdünne Porzellanscherben lagen zu Magdalenas Füßen. Was soll ich tun? Ich muss aufs Klo! Sie schwitzte. In einem Handstreich schob sie die Bruchstücke auf einen Haufen unter Mimis Bett. Sie würde es beichten, wenn alle weg waren.

Es war Zeit, nach Hause zu gehen. Magdalena trödelte herum, und Mimi wollte wissen: „Was los, Magdalena? Willst nicht nach Hause, was?"
„Doch, schon ..." Magdalena nestelte an ihren Schuhbändeln.
Soll ich jetzt?, blitzte ein Gedanke in ihr auf. Aber die anderen – vor ihnen kann ich das nicht.
So verabschiedete sie sich und ging mit den anderen heim. Morgen würde sie es Mimi erzählen.

***

„Magdalena, wie war's beim Geburtstag?", fragte Urs auf dem Weg zur Schule. „Warum erzählst du nichts?"
„Ach, weißt du: Mir ist da was Blödes passiert."
„Ja, was denn?"
„Ich hab aus Versehen Mimis Porzellanpuppe runtergeschmissen."
„Und jetzt? Ist sie sauer? Hat sie dich rausgeschmissen?"
„Sie weiß es noch gar nicht."
„Wie das denn? Das fällt doch auf!"
„Ich musste aufs Klo und hab die Scherben einfach unter ihr Bett geschoben."
„Au weia! Da hast du was vor dir. Ich möchte nicht in deiner Haut stecken."
„Ich auch nicht. Tu ich aber."
„Weißt du was? Ich bet für dich."
„Beten?" Magdalena wog den Kopf hin und her. „Meinst du, das bringt was?"
„Ich denk schon. Schaden kann es nichts, oder?"
In der ersten Stunde schrieben sie eine Sachkundearbeit. Da wollte sie es Mimi nicht sagen. – Nach der Arbeit! Wobei Mimi natürlich die kaputte Puppe in der Zwischenzeit entdeckt

hatte und sämtliche Freundinnen fragte, ob sie wüssten, wer das getan haben könnte. Magdalena erfuhr, dass die Puppe von Mimis Oma gewesen war mit tatsächlich echtem Haar. Es war ein Geschenk zu Mimis Geburtstag. Magdalena fühlte sich wie eine Totalversagerin.

Petra konnte sich auch an die Puppe erinnern: „Ja, ihr Gesicht war einfach ein Traum!"
Mimis Blick blieb an Petra hängen. Ihre Augen verengten sich. „Du warst es, stimmt's?"
Petra wurde kreidebleich. „Aber nein, wie kommst du darauf?"
„Nun, wenn du so genau weißt, wie ihr Gesicht aussah …!"
Petra hielt drei Finger in die Höhe. „Ich war's nicht! Ich schwör's!" Doch es half nichts. Mimi blieb bei ihrer Meinung.

„Und? Hast du's ihr gesagt?", wollte Urs am nächsten Morgen wissen.
„Nee, hat sich nicht ergeben. Sie glaubt, Petra war es."
„Aha. Und du hast Mimi nicht gesagt, dass du es warst?"
„Ich trau mich nicht." Sie schwieg einen Moment. „Auf der einen Seite ist es mir recht, dass sie glaubt, dass Petra es war. Aber wohlfühlen tu ich mich nicht dabei."
„Du musst es ihr sagen, Magdalena."
„Ich weiß. Morgen."

Sie verschob es ein ums andere Mal. In ihrem Innern drehte und wendete sie die Sache hin und her und kam nicht zur Ruhe. Je mehr Zeit verging, desto weniger wurde von der Puppe gesprochen. Und Petra wurde wie Luft behandelt. Mit jemandem, der seine Schuld nicht zugeben konnte, wollte Mimi nichts zu tun haben.

***

Die Sonne schien ins Esszimmer, Schulhefte und Bücher bedeckten den Tisch. Isa und Magdalena saßen einander gegenüber und lernten. Magdalena übte für das Diktat, das morgen stattfinden sollte. Und Isabella bereitete ein Referat für Bio vor. Sie liebte Kaninchen und spielte gern mit ihnen. Aber ein Referat darüber ...? Ihre Hände bearbeiteten ihre Handgelenke, und sie starrte ins Leere in der Hoffnung, einen Erleuchtungsblitz zu bekommen. Doch als er ausblieb, hakte sich ihr Blick an Magdalena fest. „Sag mal, hast du Lust, heute Abend mit in die Jungschar in der Steinstraße zu kommen? Ich war letzte Woche mit Xandra dort, sie hat mich eingeladen. Und es war echt toll."

„Ist das nicht da, wo Urs und seine Eltern auch hingehen? – Ich glaube, er hat mal so was erzählt." Magda malte Strichmännchen an den Rand ihres Vokabelhefts. Nach einer Weile sagte sie: „Aber wenn es dort so langweilig ist wie bei uns in der katholischen Jungschar, dann ..."

„Nein, ist es nicht! Die haben ein Detektivspiel gemacht."

„Echt? Und was machen die sonst noch so?"

„Komm einfach mit. Dann siehst du es."

Sie machten sich am Abend mit Xandra auf den Weg in die Steinstraße. Die Mädchen, die sich dort trafen, waren alle in Magdalenas und Isabellas Alter, anders als in der katholischen Jungschar, in die Magdalena ab und zu ging. Dort war sie mit Abstand die Jüngste, und das ließen sie sie spüren. So etwas hasste sie. Hier fühlte sie sich von Anfang an wohl. Sie genierte sich erst ein bisschen, weil sie niemanden außer Isa und Xandra kannte; aber sie spürte, dass die Mädchen sie nicht ablehnten. Das machte ihr Mut.

Die Jungscharstunde begann mit Liedern, von denen sie die meisten nicht kannte. Danach spielten sie Wattepusten. Dabei mussten sie einen Wattebausch über den Tisch pusten mit dem Ziel, dass er auf der anderen Seite auf den Boden fiel.

Diejenige, die die Watte nicht vor dem Hinunterfallen bewahren konnte, musste ausscheiden. Die Siegerin bekam ein paar Süßigkeiten. Magdalena ging aufs Ganze, sie pustete so fest, dass sie hinterher einen knallroten Kopf hatte. Aber irgendwann landete auch bei ihr der Bausch auf dem Schoß. Sie schluckte, ließ sich aber nichts anmerken.

Das Spiel gewann Nanette, ein Mädchen mit rabenschwarzem Haar und deren Augen zu lachen schienen. Bevor sie mit den Stühlen einen Kreis bildeten, steckte sie Magdalena zwei Kaugummis von ihrer Beute zu. Magdalena wusste nicht, wie ihr geschah, doch Nanette sagte: „Ist schon okay. Du hast dich bewährt."
Bei so viel Freundlichkeit wurde es Magdalena ganz warm.

Nanette hatte Magdalenas Herz erobert. Allein ihretwegen lohnte es sich, weiter in die Jungschar zu kommen, fand Magdalena. Mit der Zeit wuchs sie mehr und mehr in die Gruppe hinein, und sowohl sie als auch Isabella genossen diese Montagabende.

Urs war begeistert, dass Magdalena in die Jungschar in der Steinstraße ging, auch wenn es nicht die Gruppe war, in die er ging. Die Jungscharen waren in Jungen und Mädchen getrennt.
„Dann kommt ihr gewiss mal sonntags zum Gottesdienst, oder?"
„Ich glaube nicht. Du weißt, wir sind katholisch. Ich kann mir nicht vorstellen, dass meine Eltern da mitmachen."
„Ich bete mal dafür. Okay?"
„Was du immer hast mit deinem Beten …!"

Einige Wochen später kamen die beiden Schwestern von der Jungschar heim, und es sprudelte aus Magdalena heraus: „Mama, du glaubst nicht, wie toll es heute in der Jungschar war!" Sie zog ihre Jacke aus, während Isa im Hausflur noch mit Xandra redete.

„Ja, was habt ihr denn gemacht?" Frau Ackelbein schaute von der Bügelarbeit auf.

„Wir basteln ein Schwein!"

„Ein Schwein?" Das Gesicht der Mutter war ein Fragezeichen.

„Erst haben wir einen Luftballon aufgeblasen und ihn über und über bekleistert und mit Papier beklebt. Die Füße sind aus den Dingern vom Eierkarton. Das Kleistern hat sooo Spaß gemacht. Das war ein Gemantsche!" Magdalena kam ganz außer Atem beim Erzählen, ihre Augen und Wangen leuchteten.

Die Mutter lächelte. „Das kann ich mir vorstellen, dass dir das gefallen hat, Lenele." Sie befeuchtete ein Taschentuch um es auf Vaters Sonntagshose zu legen, damit die Bügelfalte stärker wurde. Das Bügeleisen zischte, Dampf stieg auf. „Sag mal", nahm Frau Ackelbein den Faden wieder auf, „was ist das für ein Verein, diese Gemeinde in der Steinstraße?"

„Keine Ahnung. Ich weiß nur, dass mir die Jungschar gefällt. Und dass Urs und seine Eltern auch hingehen."

Frau Ackelbein bügelte das andere Hosenbein. „Ist das eine Kirche, oder was?"

„Das Haus nicht. Aber das, was die da drin machen, ist so ähnlich wie in der Kirche."

„Das wird hoffentlich keine Sekte sein", flüsterte Frau Ackelbein mehr zu sich als zu ihrer Tochter. „Ich glaube, ich geh da mal vorbei und schau, was das ist."

„Darf ich mit? Urs sagt, da ist sonntags Gottesdienst."

„Ich will mir erst selber ein Bild machen. Vielleicht häng ich mich einfach an Urs' Mutter dran. Dann freut sie sich."

Frau Ackelbein hing nicht sehr an der Kirche. Doch sie hatte Angst vor einer Falle. Frau Ihly war ganz nett. Aber wenn es eine Sekte war? Wenn nur meine Kinder nicht in was reinrutschen, dachte sie. Heutzutage wird Jagd auf Kinder gemacht, und schwups sind sie in einer Sekte gefangen. Ich muss hingehen und mir ein Bild machen!

***

Am nächsten Tag ging sie zu ihrer Nachbarin und befragte sie. Frau Ihly freute sich, wie erwartet, und bot an, sie am Sonntag mitzunehmen.
„Ich will noch mit meinem Mann sprechen, ob er mitkommt. Ist das in Ordnung?"
„Klar, kommen Sie einfach rüber und sagen mir Bescheid!"

Sophia Ackelbein bearbeitete ihren Mann, damit er sie begleitete. Aber er wollte davon nichts wissen. Er wollte am Sonntag ausruhen. Während der Woche war genug Stress in der Schreinerei. Doch er ließ sich dazu breitschlagen, am Sonntagmorgen mit Lenele zur Kirche zu gehen, während seine Frau sich Ihlys anschloss um sich den Gottesdienst in der Steinstraße anzuschauen.

Magda ging gern in die Maria-Hilf-Kirche am Rand von Petershausen. Dort gab es ein Fenster zum Himmel. Der Vater unterhielt sich mit jemandem, den sie nicht kannte, so ging sie schon mal hinein. Sie genoss es, in der Bank zu sitzen und die Atmosphäre in sich aufzunehmen. Da sie früh dran waren, konnte sie die Ministranten in Augenschein nehmen. Sie liebte es zu beobachten, wie sie sich auf den Gottesdienst vorbereiteten. Heute war eine Neue dazugekommen. Eine der Älteren kümmerte sich um das Mädchen und zeigte ihr, was zu tun war. Jeder Knicks, jede Bewegung wurde einstudiert. Magdalena blickte nach oben zur Lichtöffnung im Dach, die sie an die Sonne denken ließ. Sie war froh, dass es keine Pflicht war Ministrant zu sein, obwohl es sie faszinierte sie zu beobachten. Sie hatte vor einiger Zeit darüber nachgedacht. Doch *als sie sich vorstellte, in diesen Gewändern umherzuwandeln ... Nein, für sie war das nichts.*

Sie blätterte im Gesangbuch und schlug die Lieder auf. Gleich ging es los. Vater kam auch. Er bekreuzte sich, kniete nieder und setzte sich neben sie. Der Gesang der Gemeinde hüllte sie in einen Mantel der Geborgenheit. Von der Predigt verstand sie nichts, aber den Ornat des Priesters bewunderte sie schon immer. Kein Wunder, dass manche Leute ihn „Hochwürden" nannten. Wenn das Glöckchen bei der Wandlung ertönte, fühlte sie sich in die Märchenwelt ihrer Schallplatten zuhause versetzt. Dort klang auch ein Glöckchen, wenn die gute Fee ein Wunder vollbracht hatte. So fühlte sie sich bei der Eucharistiefeier, nur dass diese Glocke unendlich schöner klang, fast himmlisch.

Beim Mittagessen richteten sich aller Augen auf die Mutter. „Jetzt sag schon!" Magdalena hielt es nicht länger aus. Sie spürte ihr Herz klopfen. Wenn Mama diese Gemeinde nicht gut fand oder wenn ihr die Gegend nicht gefiel, konnten sie und Isa die Jungschar vergessen. Sie wollte ihr Schwein fertig sehen!
„Eins muss ich denen lassen", begann Frau Ackelbein, „der Prediger weiß, wovon er redet. Wie es aussieht, hat er auch Kinder. Nur, wie er mit der Bibel umgeht, ist für mich ungewohnt. So selbstverständlich – ganz anders als bei uns. Aber man spürt ihm ab, dass er sie irgendwie ... na ja – liebt vielleicht."
„Ja, das hab ich auch gemerkt", pflichtete Magdalena bei. „Rosas Bibel ist ganz zerfleddert. Und sie nimmt sie in die Hand wie ein ganz normales Buch. Dabei ist die Bibel doch heilig, oder?"
„Natürlich ist sie heilig. Aber vielleicht haben die nur eine andere Vorstellung von heilig."

„Und wer bestimmt, was die richtige Vorstellung von heilig ist?", warf Golda ein.

„Gute Frage, nächste Frage", konstatierte Lilli.

Die Mutter schwieg und aß ihre Suppe, während die Familie auf profanere Dinge zu sprechen kam.

Plötzlich verkündete sie: „Also, ich geh noch mal hin! Und wenn du nicht mitwillst, Zacharias, geh ich allein. Aber die Leute haben was."

Der Vater ließ den Löffel sinken ob der Forschheit seiner Frau. „Wer sagt, dass ich nicht mitgehe? Schließlich war ich heute Morgen mit Lenele in der Kirche und hab mich nicht beklagt!"

„Und?", fragte Urs am nächsten Morgen. Die Spannung stand ihm im Gesicht. „Hat es ihr gefallen?"

Magdalena spielte die Ahnungslose. „Wem hat was gefallen?"

„Na, du weißt doch! Tu nicht so!" Er grinste.

„Aaalso: Meiner Mutter hat es anscheinend gefallen. Sie will wieder mitkommen. Und Vater auch."

„Echt? Dein Vater?"

Sie sprühte vor Freude. „Und das Allerschönste: Isa und ich können weiter in die Jungschar gehen!"

Seither gingen Ackelbeins öfters mit Ihlys in die Gemeinde in der Steinstraße. Sogar dem Vater gefiel es, wenn er auch nicht darüber sprach. Genauso wenig, wie seine Frau über die Freundschaft mit Irmela Ihly erzählte, die sich entwickelt hatte. Die Frauen tranken ab und zu einen Kaffee miteinander. Der Austausch, der dabei stattfand, war für beide eine Wohltat. Doch das Reden über „Inneres" – das war nicht die Sache der Ackelbeins. Aber zuweilen schimmerte durch, dass sie es als eine Art Geschenk betrachteten, sich gefunden zu haben.

Meistens gingen Isabella, Magdalena und Viktor, die drei Jüngsten mit. Die vier Älteren interessierten sich nicht für den frommen Kram, wie sie es nannten. Manchmal kam auch Edgar mit, wenn Magdalena ihn dazu drängte.

***

Der Sommer war gekommen, und die Mädchenjungschar traf sich zum Grillen. Sie fuhren mit dem Bus aus der Stadt und stiefelten zu der Feuerstelle, die Rosa für sie ausgesucht hatte. Während die Jungscharleiterin das Feuer entfachte, suchten die Mädchen nach Stöcken im Wald. Wenn sie ihre Ausbeute zu Rosa brachten, bekamen sie von ihr ein Taschenmesser zum Anspitzen.

Als alle ihre Würstchen ins Feuer hielten, begann Rosa mit der Andacht: „Ich möchte über ein Thema reden, das sehr wichtig ist."
Die Flammen flackerten über ihr Gesicht.
„Dazu lese ich euch einen Abschnitt aus der Bibel vor. Er steht in 1. Thessalonicher 4, ab Vers 13: ‚Wir wollen euch nicht im Unklaren lassen, Brüder, wie es mit denen steht, die gestorben sind.'"
Magdalena war ganz Ohr. Das interessierte sie schon immer.
Rosa fuhr fort: „‚Dann braucht ihr nicht traurig zu sein wie die anderen, die keine Hoffnung haben. Wir glauben, dass Jesus gestorben und auferstanden ist. Ebenso gewiss wird Gott auch die, die im Vertrauen auf Jesus gestorben sind, mit Jesus zusammen zu sich holen.' – Über dieses Ereignis will ich mit euch reden. Ich lese weiter: ‚Ihr könnt ganz ruhig sein: Die, die schon gestorben sind, werden gegenüber uns, die beim Kommen des Herrn noch am Leben sind, nicht benachteiligt sein. Ich kann mich dafür auf ein Wort des Herrn berufen, das besagt: Wenn Gottes Befehl ergeht, der oberste Engel ruft und die himmlische Posaune ertönt, wird der Herr selbst vom

Himmel kommen. Zuerst werden dann alle, die im Vertrauen auf ihn gestorben sind, aus dem Grab auferstehen. Danach werden wir, die noch am Leben sind, mit ihnen zusammen auf Wolken dem Herrn entgegengeführt, um ihn zu empfangen. Dann werden wir für immer mit ihm zusammen sein. Macht euch damit gegenseitig Mut!'" Rosa legte eine Pause ein, dann sagte sie: „Darauf warten Christen, seit ungefähr zweitausend Jahren. Damals sagten Engel den Jüngern, dass dieser Jesus, den sie zum Himmel auffahren sahen, genauso wiederkommen wird. Dieses Ereignis ist hier beschrieben. Die Zeit, wann das sein wird, weiß niemand. Aber es wird geschehen. Daran glaube ich. Und ich finde es für euch wichtig zu wissen. Denn das Ereignis gilt nur für die, die ihr Leben Jesus anvertraut haben. Alle anderen müssen zurückbleiben."

Magdalena zog mit der freien Hand ihre Strickjacke vorn zusammen. Sie erschrak, als ihr Blick auf die Wurst fiel, die fast schwarz war. Sie riss den Stock aus dem Feuer und kratzte die Asche ab. Dabei bekam sie jedes Wort von Rosa mit. So etwas hatte sie nie gehört.

Nanette fragte: „Wie geht das: das Leben Jesus anvertrauen? Ich kann es doch nicht nehmen und ihm in die Hand drücken."

Rosa lächelte. „Ich glaube schon, dass das geht, Nanette. Weißt du, wenn Menschen ihr Leben selber in die Hand nehmen, wollen sie bestimmen, was in ihrem Leben abläuft. Und wenn so jemand sein Leben Jesus anvertraut oder: ,ihm in die Hand drückt', gibt er die Verantwortung für sein Leben, die er bis dahin für sich beanspruchte, an Jesus ab. Das heißt: Ab jetzt ist Gott dafür verantwortlich, was in meinem Leben geschieht. Aber das ist noch nicht alles."

Magdalena biss abwechselnd in ihr mitgebrachtes Brötchen und die Wurst. Sie ließ Rosa nicht aus den Augen und nahm kaum den verbrannten Geschmack der Wurst wahr.

Rosa fuhr fort: „Es ist nicht damit getan, dass Gott ab da die Verantwortung für unser Leben übernimmt. Es gilt auch, das Recht an ihn abzutreten, über unser Leben zu bestimmen.

Und das ist gar nicht so einfach. Denn wir Menschen wollen doch selber das Sagen haben, nicht wahr?"

Die Welt bestand für Magdalena in dem Augenblick nur aus Rosa und ihr. Sie nickte.

"Aber wenn wir Gott das Recht geben, über unser Leben zu bestimmen, dann hat er auch das Sagen über unserem Leben. Das heißt, dass ich mich danach richten muss, was er von mir will."

"Wie kann ich das wissen?", wollte ein Mädchen auf der anderen Seite des Feuers wissen.

"Das können wir in der Bibel lesen. Wir können sie als einen Brief Gottes an uns verstehen. Darin erkennen wir, dass er uns liebt und was er von uns will. Wenn ihr die Bibel lest, merkt ihr, dass euer Leben nicht so ist, wie Gott sich das vorstellt. Das heißt: Ihr erkennt, dass Sünde, man kann auch Schuld dazu sagen, in eurem Leben ist. Sünde ist nicht, wenn man mal ein Stück Kuchen zu viel isst, wie manche meinen. Schuld trennt. Wenn ihr was ausgefressen habt, zum Beispiel eine teure Vase eurer Mutter aus Versehen runtergeworfen – ist es nicht so, dass dann etwas zwischen eurer Mutter und euch steht?"

Magdalena sah die Splitter der Puppe vor sich. Konnte Rosa hellsehen?

"Ich vermute, ihr werdet der Mutter aus dem Weg gehen. Schuld treibt einen Keil zwischen Menschen. Und auch zwischen Gott und Menschen. Wenn wir etwas anstellen, haben wir garantiert keine Lust zu beten, die Bibel zu lesen oder uns mit Jesus zu beschäftigen. Die Verbindung mit Gott bricht ab. Und dieser Bruch hält so lange an, bis ihr Gott gesagt habt, was passiert ist und ihn bittet, die Schuld wegzunehmen. Dafür ist er am Kreuz gestorben, und ihr dürft das annehmen, weil er es euch anbietet. Ihr könnt beten und Jesus alles sagen, was schiefgelaufen ist in eurem Leben. Ihr dürft ihn um Vergebung bitten und darum, dass er ab jetzt euer Leben re-

gieren soll. Er wird es tun, weil er es versprochen hat in der Bibel, seinem Wort."

Magdalena war wie vom Donner gerührt von dem, was sie gehört hatte. So eine Entscheidung hatte sie noch nicht getroffen, auch wenn sie gern in Kirche und Jungschar war, auch wenn ihre Eltern und Isabella in die Gemeinde gingen. Und Schuld, ja die hatte sie auch im Leben. Erst gestern war es, dass sie sich hässlich mit Isabella stritt. Es fielen bitterböse Worte. Und die Sache mit der Puppe ... Die lag wie ein Felsklumpen in ihrem Herzen.

Auf der Busfahrt zurück nach Konstanz versank sie in ihren Gedanken. Isabella fiel es erst auf, als sie sich mit ihrer Schwester auf den Heimweg machte. „Was los, Lenele?", fragte sie. „Du bist stumm wie ein Fisch. Hat jemand was Blödes gesagt?"

„Nein, nein. Ich muss nur darüber nachdenken, was Rosa erzählte."

„Ach, du meinst das mit der Entrückung?!"

„Hmmm ... so was hab ich nie gehört." Nach einer Weile fragte Magdalena: „Hast du das schon gemacht?"

„Was gemacht?"

„Na, das ... mit deinem Leben. Jesus übergeben."

Isabella zögerte. „Nein ... noch nicht."

„Findest du, dass es wirklich darauf ankommt?" Magdalena zupfte an ihren Ärmeln.

„Hmmm, weiß nicht. – Du?"

„Ich glaub schon. Aber das müsste man mit Rosa besprechen, oder? Und ich trau mich nicht."

„Du meinst, weil sie Jungscharleiterin ist?"

Magdalena nickte. Auf dem weiteren Heimweg schwiegen sie beide. Ob Urs etwas darüber wusste? Morgen wollte sie ihn fragen.

Im Bett kehrten Magdalenas Gedanken zu Rosas Andacht zurück. Sie wälzte sich von einer Seite zur anderen und fand keine Ruhe. *Was, wenn Jesus heute Nacht wiederkommt? Dann bin ich nicht dabei. Was mach ich nur? Ob es auch geht, wenn man das allein macht, das Leben übergeben?*

Sie legte sich wieder hin. *Ich glaub, ich probier's einfach. Hinterher kann ich immer noch mit Rosa und Urs reden.*

Sie kroch unter die Bettdecke und faltete ihre Hände: „Lieber Gott, ich habe viel Schlechtes gemacht. Du siehst die Sache mit Mimi und der Puppe und auch den Streit mit Isa. Du weißt, dass ich nicht den Mut habe, Mimi Bescheid zu sagen. Und wie stehe ich dann vor Petra da? – Es tut mir alles so leid. Komm bitte in mein Leben. Bitte hilf mir zu leben, wie es dir gefällt." Oh Mann, jetzt kamen ihr auch noch die Tränen! *Ob das immer so ist, wenn man sein Leben Gott übergibt?*, fragte sie sich. Sonst spürte sie nichts Besonderes. *Ob Gott es gehört hat?*

Sie war sich im Klaren darüber, dass sie sich bei Isabella entschuldigen musste für ihre bösen Worte. Aber das mit der Puppe ... *Auf was hab ich mich eingelassen?*, fragte sie sich. *Oh Mann!*

In Magdalena begann sich trotz der Furcht, wie Mimi und Petra reagieren würden, leise Freude auszubreiten. *Ich werde es tun! Morgen. Und Urs erzähle ich es auch. Er wird Augen machen!*

Sie erneuerte ihre Bitte an Gott, ihr bei ihrem Vorhaben zu helfen. Sie spürte ihr Herz klopfen. Schnell schloss sie die Lider, als Isabella das Zimmer betrat. Lange, nachdem ihre Schwester eingeschlafen war, übermannte auch sie der Schlummer.

***

Am Morgen erzählte sie Isabella von ihrer Entscheidung für Jesus.

„Boah, Lenele! Das hätt' ich nicht gedacht."

„Ja, und ich muss dir noch was sagen."
Isabella forschte in Magdas Gesicht nach einer Antwort.
„Ich wollte mich entschuldigen."
„Entschuldigen?"
„Für die doofe Ziege vorgestern und was ich sonst noch alles
zu dir gesagt habe."
Isa bekam kugelrunde Augen. „Das ist doch alles vergessen!
Lenele!" Sie nahm ihre Schwester in den Arm.
„Und du bist mir nicht mehr böse?"
„Ach wo! Jetzt mach mal halblang!"

Das war gutgegangen. Das Erlebnis machte ihr Mut, auch die
Sache mit Mimi anzugehen.
Und Urs strahlte, als er hörte, dass Magdalena einen Anfang
mit Jesus gemacht hatte. „Toll!" Er breitete die Arme aus und
hätte sie fast umarmt. Dann fiel ihm ein, dass Magdalena das
nicht gefallen könnte, und er drückte sie stattdessen an den
Schultern.
Magdalena sah ihn überrascht an. Sie nahm ihn plötzlich
ganz anders wahr. Urs war mehr als ihr Schulbegleiter geworden. Ein richtiger Freund.

„Da vorne läuft Mimi. Schau, sie ist allein. Meinst du, ich soll
...?"
„Geh, hol sie ein. Ich lauf allein und bete für dich."
„Was du immer mit dem Beten hast!", schnarrte sie.
„Du wirst dich auch noch daran gewöhnen. Es hilft wirklich!"

Magdalena sputete sich. Welch ein Zufall, schoss es ihr durch
den Kopf. Oder hatte Gott ihr Mimi auf den Weg geschickt?

Sich darüber Gedanken zu machen, blieb Magdalena keine
Zeit. Mimi erzählte ihr von dem Segelkurs, den sie tags zuvor begonnen hatte. „Das ist interessant, sag ich dir. Hätte ich
mir nie vorgestellt. Aber mein Vater hatte recht!"

„Hmmm."

„Interessiert dich nicht, was?"

„Hmmm – ich muss dir was sagen." Magdas Herz klopfte zum Zerspringen.

„Echt? Was denn?" Mimi schaute sie gespannt an.

„Hmmm – weißt du ..." Sie druckste herum, bekam kein Wort mehr heraus und wurde feuerrot.

„Was ist? Bist verknallt, oder was?"

„Nein", jammerte Magdalena. Sie rieb die Hände aneinander. Es musste raus. Jetzt! „Ich wars."

„Du warst was?" Mimi sah sie an, als wäre sie nicht ganz bei Trost.

„Das mit der Puppe."

„Was mit der Puppe?!" Mimi blieb stehen, Magdalena ebenfalls und blickte zu Boden. Nach einer Pause, die Magdalena wie eine Unendlichkeit schien, fragte Mimi gefährlich leise: „Du meinst ..."

Magdalena nickte.

„... die Porzellanpuppe meiner Oma!?", zischte Mimi. Ihre Augen funkelten.

Magdalena wiederholte ihr Nicken. Ihr war kalt, so kalt. Wie durch einen Nebel hörte sie Mimi: „Das wirst du mir büßen!" Nun schossen Magdalena die Tränen in die Augen. „Was soll ich tun? Ich krieg kein Taschengeld!"

„Mir fällt schon was ein." Mimi schaute auf ihre Armbanduhr. „Scheiße!", entfuhr es ihr. „Ich komm zu spät! Nur weil du ..." Sie rannte los. Magdalena kam nicht hinterher. Mimi war nicht nur im Aufsatz gut, sondern auch in Sport. Mimi war nicht einzuholen. Nirgends.

Fortan war sie Luft für Mimi. Und Magdalenas vergessen geglaubter Schimpfname „Ackelbein – Kackelbein" machte wieder die Runde. Urs beobachtete in der Pause, wie Mimi Magdalena, die versuchte zu erklären, was geschehen war, einfach stehen ließ. Es tat ihm leid, dass Magdalena so eine

Erfahrung machen musste. Aber er kannte das. Das war wohl der Preis dafür, wenn man zu Gott gehörte.

Petra kehrte in den Kreis um Mimi zurück. Sie wusste nicht, wie ihr geschah, doch blieb sie Mimi gegenüber auf Abstand. Ab und zu wartete sie nach der Schule auf Magdalena und begleitete sie nach Hause. Sie erzählte ihr, wie Mimi über sie herzog. Und Magdalena zog sich zurück. Sie konnte, sie durfte sich nicht einmal verteidigen.

Eines Tages saß sie an ihrem Schreibtisch und schrieb:

„Liebe Mimi,

es tut mir sehr leid, dass ich deine Puppe kaputtgemacht habe. Ich will dir sagen, dass es keine Absicht war. Ich strich ihr übers Haar, als ich aufs Klo ging. Dann setzte ich sie zurück auf dein Bett, und sie rutschte auf den Boden und ging kaputt. Es tut mir wirklich sehr leid. Wenn du willst, schenke ich dir auch etwas von meinen Lieblingsspielsachen. Wenn du willst, komm einfach vorbei.

Magdalena Ackelbein"

***

Magdalena bemerkte über mehrere Tage keine Reaktion von Mimi. Sie sprach mit Urs darüber. Aber der wusste ebenfalls keine Lösung. Doch allein, die Sache sich von der Seele zu reden, tat gut.

Nach einer Woche sagte Mimi zwischen zwei Schulstunden: „Wenn du glaubst, dass eins deiner Billigspielzeuge das gutmachen kann, was du verbockt hast, hast du dich geschnitten."

„Aber, aber ... das meinte ich gar nicht!" Magdalena blieben die Worte im Hals stecken. Mimi wandte sich Petra zu um zu fragen, ob sie ihr einen ihrer Stifte ausleihen könnte.
Nur gut, dass das Schuljahr bald vorbei ist!, dachte Magdalena. Noch eine Woche ...!

***

Anna Pawlowa 1978

Frau Ackelbein legte das Besteck zur Seite: „Lenele, räumst du den Tisch ab, solang ich meine Gartenklamotten anziehe? Die Kirschen müssen runter, bevor sie am Baum verfaulen."
Lenele, Lenele, immer nur Lenele, dachte Magdalena. Wie ich das hasse! – Sie war die Zweitjüngste von allen, aber immerhin dreizehn. – Ich werde langsam erwachsen, verd... - Durfte ein Gotteskind so etwas denken? Mama sagte mal, sie dürfe nicht so reden. Das würde bedeuten, dass man andere in die Hölle wünscht.
„Lenele!" Mamas Stimme holte sie zurück. „Schläfst du? Räumst du bitte den Tisch ab?" Diesmal war die Stimme der Mutter nachdrücklicher.
„Warum immer ich? Kann doch auch Viktor machen! Oder Isa!"
„Der Jo kommt aber, und dann bauen wir an der Seifenkiste weiter", meldete sich Viktor zu Wort, während Isabella zur Tür hinausschlüpfte. Magdalena bemerkte es und dachte an eine Maus, die vor der Katze flüchtet.
„Ich hab es Lenele gesagt, und die macht es. Du kommst morgen dran!"
„Ja, ja", maulte Viktor. Und damit war auch er weg. Zurück blieb Magdalena an einem Tisch mit dreckigem Geschirr und Essensresten. Ein paar Spätzle mit Soße waren noch da. - Ob

Golda das isst, wenn sie von der Arbeit kommt?, überlegte Magdalena. Ihre Schwester kam nicht mehr oft heim. Salvo und sie wollten heiraten und renovierten zurzeit eine Wohnung. Golda erwartete ein Baby, und der Vater sagte dazu oft: „Hochzeit ist die hohe Zeit. Manchmal ist's auch höchste Zeit". Danach kam meist eine bedeutungsvolle Pause, bevor er weitersprach.

Magdalena stapelte die Teller aufeinander, als die Mutter den Kopf hereinsteckte: „Bist du soweit, Lenele? Wir sollten gehen."
„Ich bin nicht euer Lenele! Ich heiße Magdalena!", rief sie, „Ihr könnt ohne mich gehen. Bin doch nicht euer Geherda!"
Die Mutter kam vollends ins Esszimmer und schloss die Tür. „Wie redest du denn mit mir? In diesem Ton nicht! Du räumst jetzt den Tisch ab, und dann kommst du mit. Die Kirschen müssen runter. Heut Nacht soll es regnen!"
„Wenn ich immer nur das Lenele bin, bin ich auch zu klein, bei den Kirschen zu helfen. Wieso fragst du niemand von den Großen, Lilli, Zarah oder Isa? Außerdem muss ich Hausaufgaben machen."
„Von mir aus kannst du hierbleiben", sagte die Mutter, „Aber dann ist das Geschirr gespült, bis ich komme, und die Hausaufgaben fix und fertig. Ist das klar?"
„Okay. Und ich bin Magda und nicht mehr das kleine Lenele. Ist das auch klar?"
Die Mutter zwinkerte ihr zu. „Wie Kloßbrühe." Damit verließ sie ihre jüngste Tochter.

***

Magdalena steckte mit beiden Armen im Spülwasser, zu ihrer Rechten das schmutzige Geschirr, zu ihrer Linken stapelte sich das saubere, gekrönt mit Schaumbergen, die sich langsam auflösten. Edgar kam herein, über und über mit weißem Staub bedeckt.

„Ah, mein Heimchen am Herd", neckte er die kleine Schwester.

„Nix Heimchen am Herd! Ich hab ... Meine Güte, wie siehst du aus??? Du strotzt ja vor Dreck!"

„Ich musste mit der Flex schaffen. Das war eine Sauerei!"

„Du siehst aus wie ein Maler oder Bäcker."

Er knuffte sie in die Seite. „Und du siehst aus wie eine Waschfrau ... oder besser Spülfr..."

„Das hat mir Mama aufs Auge gedrückt, weil ich nicht mitwollte zum Kirschen Runterholen!"

„Aber Kirschen Runterholen macht doch Spaß!?"

„Ständig sagt sie Lenele zu mir. Ihr braucht euch gar nicht einzubilden, dass man mit mir alles machen kann. Bloß, dass du's auch weißt."

„Ist ja gut, Lenele", sagte er und legte den Arm um sie.

Sie entwand sich ihm, und ihre Augen blitzten. Doch bevor sie etwas sagen konnte, fragte er: „Und wie soll ich jetzt zu dir sagen? Magdalena vielleicht?"

„Magda. Gefällt mir besser."

„Okay, Magda, bist wirklich ein bisschen groß für Lenele. – Und jetzt geh ich duschen."

„Nötig hast du's!" Sie wischte sich den Betonstaub von der Schulter. Edgar verließ die Küche, drehte sich aber noch einmal um und schob nach: „Wenn ich soweit bin, trockne ich dir ab, dass du schneller fertig bist, ja?"

Magda drehte sich um und strahlte. „Ich wusste doch, dass du mein allerliebster Eddie bist!"

„Na, das will ich hoffen", versetzte er und grinste.

Als sie das Geschirr versorgt hatten, zündete sich Edgar eine Zigarette an und ließ sich auf einen Küchenstuhl fallen. „Aaah! Endlich ausruhen!"

„Eddie, du weißt, dass du im Haus nicht rauchen sollst!"

„Soll ich in der Schreinerei rauchen? Vater würde mir was erzählen! Ich geh sowieso gleich zu Wera." Er stand auf. „Dann mach's mal gut, Len... - äh Magda!", feixte er, und sie boxte ihn am Arm.

Edgar war gegangen, und sie setzte sich an den Esszimmertisch. Magda genoss die Sonne auf ihrem Rücken. Ihr Blick schweifte im Zimmer umher. Aus der Küche hörte sie den Kühlschrank surren; die Plastiktischdecke, auf der vorher sieben Gedecke standen, zeigte ihr Blümchenmuster. Die Balken knackten, und ihr schien, als stünde die Zeit still. Das Mädchen seufzte und trollte sie sich in ihr Zimmer um die Hausaufgaben zu machen. Wie kalt es hier ist, dachte sie. – Magda schauderte und packte ihre Schulsachen. Dabei fiel ihr Blick auf das Buch, das sie am Abend zuvor auf ihren Nachttisch gelegt hatte: „Anna Pawlowa" von Hubatius-Himmelstjerna. In der Bücherei lag es in einem Stapel zum Mitnehmen, weil es so alt war. Das ließ sie sich nicht zweimal sagen.
Lesen oder Hausaufgaben machen? Und zu Urs raus wollte sie auch. Sie hatten ein Baumhaus in Ihlys Garten gebaut. Viktor kam manchmal auch mit rüber. – Sie schnappte das Buch und legte es zu den Schulsachen.
Im Esszimmer räumte sie ihre Tasche aus. Nur eine Seite lesen, bevor ich Mathe mache. Das Buch entführte sie in die Welt der Kaiserlichen Tanzakademie in Petersburg. Es versprach interessant zu werden.
Mathe empfand sie dagegen als eine einzige Qual. Sie schmierte die Aufgaben ins Heft, kaum bei der Sache.

Geschafft! Wie konnte Frau Döring es wagen, so viel aufzugeben!
Sie besah sich das Titelbild: Anna Pawlowa auf Zehenspitzen vor einem Korb, der ihr bis an die Hüfte reichte – wohl ein Reisekorb, der ihre Garderobe beinhaltete – mit ihrem Namenszug darauf.

Wie es ist, auf Zehenspitzen zu stehen? Das muss doch weh tun!

Magda versuchte es, aber ihre Zehen gaben nach. Und es schmerzte. – Anna Pawlowa lächelte. – Das musste doch zu lernen sein!

Sie nahm das Buch wieder zur Hand um zu erfahren, in welchem Alter die Frau auf dem Titelbild tanzen lernte. Nach einigem Blättern fand sie es. Elf Jahre alt war Anna Pawlowa, als Cecchetti sie als Schülerin aufnahm. Ob zwei Jahre Unterschied viel ausmachten? Sie wollte üben, bis sie es auch konnte. Sie würde Ballett lernen!

***

Magda klappte „Anna Pawlowa" zu und stellte sich vor dem bodenlangen Spiegel auf die Zehenspitzen. Es fügte ihr Schmerzen zu, wie beim ersten Mal. Ihr Blick fiel auf den Stuhl am Schreibtisch. Sie holte ihn und probierte es erneut. Sie konnte sich abstützen, doch je mehr sie das Gewicht auf ihre Zehen verlagerte, desto mehr Mühsal bedeutete es. Du musst nur üben, repetierte sie.

Magda hörte nicht, wie sich Schritte näherten. Wie aus den Wolken gefallen stand der Vater im Raum. „Was machst du denn da?"

Sie fuhr herum. „I-ich übe", sagte sie und wurde puterrot.

„Aber was übst du denn? Mit dem Stuhl?"

„Papa?" Sie wagte die Flucht nach vorn. „Darf ich Ballett lernen?"

„Was???", entfuhr es ihm. „Wie kommst du denn darauf!?"

„Es sieht so schön aus", versuchte sie zu erklären und schaute zu Boden.

„Ach, was, ‚schön'! Du weißt, dass wir für so was kein Geld haben. Das Geld, was ich mit der Schreinerei verdiene, muss für uns alle neun reichen. Klar, Golda heiratet bald, und Edgar

verdient auch. Aber es reicht gerade so. Ich kann mir keine Hirngespinste erlauben. Wenn du das machen willst, musst du warten, bis du selber Geld verdienst."

Magda stand vor ihm wie vom Blitz getroffen. Ein Ruck ging durch ihren Körper, und sie hob das Kinn. „Okay, Papa, mach ich!"

„Das schaffst du sowieso nicht."

Der Vater erzählte noch irgendwas; sie hörte seine Stimme und sah, wie er den Mund bewegte, aber sie verstand die Worte nicht. Ihr war, als spräche er eine andere Sprache. Als sie allein war, ließ sie sich auf den Stuhl fallen. Ihre Hand ballte sich zur Faust, und sie schwor sich: „Und ob ich das schaffe!"

Draußen brauten sich dicke Wolken zusammen – als wüsste der Himmel, wie es in ihr aussah.

***

Trotz allem schlich sich Unsicherheit in Magdas Herz, und Urs musste einmal mehr dafür herhalten, ihr Klarheit zu verschaffen. Sie nahm „Anna Pawlowa" mit ins Baumhaus und überrumpelte ihren Freund mit der Frage: „Glaubst du, dass man das lernen kann?"

„Warum nicht? Wenn die Frau auf dem Bild das hinkriegt ..."

„Siehst du! Das meine ich auch. Mein Vater behauptet, dass ich das nicht schaffe."

Urs sah sie von der Seite an. „Du bist ja nicht fett, dass deine Zehen das nicht aushalten könnten. Und gelenkig bist du auch. Sonst wärst du nicht in unser Baumhaus hochgekommen. Also ich könnte mir das vorstellen bei dir."

„Ich weiß halt nicht, wie ich es anstellen soll. Mein Vater hat für sowas kein Geld."

„Kommt Zeit, kommt Rat."

Wie gut, dass sie mit Urs alles besprechen konnte. Seine Gutherzigkeit baute sie auf. Sie hatte ihn ins Herz geschlossen. – Ins Herz geschlossen? Ein warmer Strahl durchfuhr sie, als sie es erkannte. Ihr war heiß, und sie wusste nicht, ob es vom Wetter herrührte oder ob sie rot geworden war. Sie nestelte an ihren Sandalen herum, als ein Donnerschlag sie zusammenfahren ließ. Tropfen fielen auf das Baumhausdach, und es war ihr fast ein willkommener Anlass, sich von Urs zu verabschieden. Sie musste nachdenken.

„I-ich glaub, ich mach die Fenster drüben zu, sonst krieg ich Ärger, wenn meine Mutter heimkommt." Die Leiter wackelte, als sie nach unten kletterte. Urs sah ihr erhitztes Gesicht verschwinden und wunderte sich, was in sie gefahren war.

***

Das Gewitter war vorbei. Die Familie saß beim Abendessen, als es klingelte, und Magda ging öffnen.

„Dein Buch!" Urs hielt es ihr entgegen. „Du warst ja in einer affenartigen Geschwindigkeit weg, dass du mich gar nicht mehr gehört hast, als ich dir nachrief."

Magdas Herz klopfte, sie fühlte wieder Blut ins Gesicht steigen. „Oh", brachte sie nach einer kleinen Pause heraus und sah auf den Boden. „Hab ich vergessen. Tschuldigung."

„Kein Problem. Jetzt hast du's ja."

„Ja." Immer noch sah sie nach unten, als ob der Boden plötzlich ein anderes Muster bekommen hätte.

„Ist was?" Urs' Stimme ließ sie nach oben schauen. Ihr Blick landete direkt in seinen Augen. Doch er schien nichts zu merken, und sie sah schnell zur Seite.

„Nee, wieso?" Ihr Herz hämmerte. Das kannte sie gar nicht.

„Du bist so komisch."

„Hmmm …, nicht dass ich wüsste."

„Na dann …" Urs drehte sich um und ging zurück ins Nachbarhaus. Magda sah ihm nach. Seine Schritte federten wie die eines Athleten, und ihr Blick umschmeichelte ihn.

„Wer war's?" Fragte der Vater.

„Ach, nur Urs. Er hat mir ein Buch vorbeigebracht." *Magda
ließ es neben sich gleiten, mit der Rückseite nach oben.*
„Was hast du denn da?" *Eddie, der an ihrer Seite saß, drehte
das Buch um.* „Oh! Eine Primaballerina! – Und so was bringt
Urs dir???"
Magda rutschte auf ihrem Stuhl hin und her. „N-nein, ich
hab's bei ihm vergessen."
Der Vater horchte auf. „Primaballerina?", *echote er,* „Da hast
du dir aber einen schönen Spleen in den Kopf gesetzt. Jetzt
kommst du auch noch mit Büchern darüber."
*Der Rest der Familie tauschte verwirrte Blicke aus, sodass
Herr Ackelbein sich zu einer Erklärung genötigt fühlte.* „Heute Mittag komm ich zu Lenele ins Zimmer. Da stand sie mit
dem Stuhl vor dem Spiegel und machte irgendwelche komi-
schen Verrenkungen. Und dann erzählte sie mir noch, dass
sie Balletttänzerin werden will." *Um seinen Mund zuckte es.*
„Erstens bin ich nicht euer Lenele, sondern Magda. Und zweitens werde ich Ballett lernen, ob dir das gefällt oder nicht.
Und wenn ich so lange warten muss, bis ich selber Geld verdiene." *Magdas Augen blitzten.* „Urs hat auch gesagt, dass ich
das kann."
„Urs? Wie kommt der dazu!?" *Vaters Stimme erinnerte an
entferntes Donnergrollen.*
Magda wurde puterrot. „Ich hab ihn gefragt, ob er meint,
dass ich das könnte und gesagt, dass du glaubst, ich schaff'
das nicht."
„Was!?" *Der Donner schwoll an.* „Jetzt machst du uns auch
noch bei Fremden schlecht?!"
„Urs ist nicht fremd!"
„Aber es geht ihn nichts an. Was hier geredet wird, bleibt
hier! Ist das klar?"
Magda nickte. Und wieder bin ich das Lenele, dachte sie.
„Und wenn das nochmal vorkommt, raucht's."

***

KAPITEL 3

Mai 1989

Noch eine Woche bis zum Mutterschutz. Magda war gespannt, ob es das Kind eilig hatte zu kommen oder sich Zeit lassen würde. Sie jedenfalls wollte es hinter sich bringen! Inzwischen war die Schwangerschaft eine Belastungsprobe.

Sie sah aus dem Fenster. Der Frühling hielt Einzug, während ihr Bauch immer dicker wurde. Die Sonne lockte, und sie beschloss, das Frühstück auf dem Balkon zu richten. *Ein bisschen Sonne wird uns gut tun,* dachte sie.

Doch Oliver gefiel die Idee nicht. Er schwitzte, und nichts war ihm recht. Magdas Traum von einem entspannten Essen im Freien schmolz wie die Butter auf dem Toast.

Nach dem Mittagessen kam Oliver in die Küche: „Hast du Lust, einen Spaziergang zu machen?"
Magda hatte keine. Der Tag versprach mehr Sonne, als ihr lieb war. Die Waschmaschine schleuderte, und außerdem war sie dabei, das Geschirr zu versorgen, bei dem er mit Hand anlegen könnte ... Aber wenn er so nett fragte ... Sie zögerte. „Okay, ich komm mit. Vorher sollte ich allerdings die Wäsche aufhängen."
„In Ordnung, ich leg schon mal mein Fernglas zurecht und les' Zeitung, bis du fertig bist."
Magda rollte heimlich mit den Augen. *Auf die Idee, mir zu helfen, kommst du nicht!? Er war doch früher so voller Hilfsbereitschaft ... Wo ist sie geblieben ..?* Aber sie schmunzelte darüber, dass er, was Vogelbeobachtung anbelangte, über-

haupt nicht vergesslich war. *Oliver ohne Fernglas – das wär ein Wunder. Ein Wunder, dass er nicht auch noch das Spektiv mitnimmt ...*

Die Menschen schlenderten durch die Stadt, und der Verkehr floss träge dahin. Sie selbst rührte sich auch nur, wenn es nicht zu vermeiden war. – *Ich glaub', ich brech' in Freudentaumel aus, wenn das überstanden ist.* – Sie erinnerte sich daran, wie der Gedanke an eine Geburt sie immer belastet hatte. Das spielte jetzt keine Rolle mehr. – *Egal, wie weh es tut, raus muss es!*

Sie gingen die Uferpromenade entlang. So konnten sie jederzeit einen Bus zurück nehmen, sollte es Magda zu viel werden. Magda genoss die Sonne, wenngleich die Hitze ihr zusetzte. Oliver legte den Arm um ihre Schultern. „Na? Freust du dich, dass du ein bisschen rauskommst?"
„Ach weißt du – es strengt mich schon an. Aber jetzt können die Wehen ja kommen." Sie grinste und schmiegte sich an ihn. „Hast du dir inzwischen Gedanken gemacht, wie das Baby heißen soll, wenn es ein Junge wird? Abigail hab ich ja rausgesucht."
Er setzte das Fernglas an die Augen und fixierte eine Bachstelze, die am Ufer entlangtrippelte. „Ja, hab ich."
Als weiter keine Nachricht von ihm kam, fragte sie: „Und?"
Die Bachstelze flog davon, und er setzte das Fernglas ab. Er legte erneut den Arm um sie. „Ich denke, Gerd ist ein schöner Jungenname. Kurz und prägnant."
Magda schluckte.
„Was ist? Du sagst gar nichts." Oliver sah sie an.
„Gerd Bender", murmelte sie.
„Klingt gut, oder?"
„Ach, weißt du – ganz mein Geschmack ist es nicht. Aber wenn ich schon auf Abigail bestehe, kann ich nichts gegen Gerd sagen, oder?" Sie grinste. „Also, ich hoffe, dass es ein

Mädchen wird!" Der Entschlossenheit ihrer Stimme nahm ein strahlendes Lächeln den Wind aus den Segeln.

Sie krönten den Nachmittag mit einem Eis in der Stadt und machten sich gegen vier auf den Rückweg. Oliver legte sich aufs Ohr, während sie vor dem Haus nach der Wäsche sah.

Sie hatte nach dem Aufhängen den Wäschekorb ins Haus getragen, weil sie noch eine Maschine laufen lassen wollte. Doch es reichte nicht für eine Füllung, und nun musste sie ins Schlafzimmer um den Korb zu holen. – *Zu dumm, dass Oliver jetzt schläft! Aber wenn ich auf Zehenspitzen reingehe...?*

Als Magda die Klinke hinunterdrückte, stieß in dem Moment ein Flugzeug durch die Schallmauer. Vor Schreck riss sie die Tür auf. Oliver fuhr zusammen und knurrte: „Musst du immer so hier reintölpeln? Was denkst du dir eigentlich?"
„Ach Oli, ich hab doch Acht gegeben, aber ..."
„Von wegen Acht gegeben! Dann wärst du nicht so hier reingestürzt!"
„Ich erschrak, wegen des Flugzeugs. Es tut mir leid. Ehrlich, Oli."
Oliver sagte nichts mehr, und sie beeilte sich, mit dem Korb das Zimmer zu verlassen.

Als Magda mit dem gefüllten Wäschekorb in die Wohnung zurückkam, war die Schlafzimmertür immer noch geschlossen. Diesmal wollte sie ihren Mann nicht noch einmal stören und stellte die Last neben der Zimmertür ab. Ihre Blase drückte schon wieder, und sie dachte: *Hört das nie auf? Ständig muss ich aufs Klo! Wenn es nur nicht immer so eine Anstrengung wäre, die Miederhose runter- und wieder hoch zu machen. Eigentlich lohnt sie sich ja, sonst hinge mein*

Bauch wohl zwischen meinen Knien. – Welche Plage ...! – Das hat man davon, wenn so ein Winzling wie ich meint, er müsse Kinder haben ...

In das Brausen der Spülung mischte sich ein Geräusch, das sie nicht einordnen konnte. Dann vernahm sie Olivers Schritte im Gang. *Vermutlich hat er ausgeschlafen,* urteilte sie. *Aber was bedeutet das Gepolter?*

Als sie kurz darauf am Schlafzimmer vorbeikam, fiel ihr Blick auf den Berg Wäsche, den sie unter Kraftaufwand von der Leine genommen hatte. Nur lag die Kleidung nicht mehr im Korb gestapelt, sondern auf verstreut dem Boden.

„Was ist denn das???" Ihre Stimme überschlug sich.

Oliver kam aus dem Wohnzimmer.

„Das kommt davon, wenn man keine Rücksicht nehmen kann!"

„Rücksicht?! Aber ich hab doch ..."

„Genau, du hast ...! Erst kommst du ins Schlafzimmer gepoltert, und dann stellst du den Korb genau so hin, dass man drüber fällt."

„Ich hab den Wäschekorb nur vor die Tür gestellt, weil ich dachte, du schläfst noch, und ich dich nicht wieder wecken wollte!"

„Wer da schlafen kann bei dem Krach!"

„Aber ich wollte doch nur ..."

„Ja, du willst immer nur ... Dabei merkst du nicht, welchen Mist du machst!" Seine Stimme dröhnte und schüchterte sie ein. „Immer denkst du nur an dich ..." Olivers Hand ballte sich zur Faust und traf Magdas Schulter, dass sie taumelte. „Jetzt tu nicht so hilflos und räum lieber die Wäsche dahin, wo sie hingehört!"

„Ich glaub's ja nicht!" schrie sie, „Ich soll das aufklauben, was du ausgekippt hast? Das kann wohl nicht dein Ernst sein! Kannst du selber machen!" Sie wollte sich umdrehen, als Olivers Hand in ihrem Gesicht landete.

Magda fuhr sich mit der Hand über die Wange. Sie fühlte sich heiß an. Sie öffnete den Mund, brachte aber keinen Ton heraus. Stattdessen füllten sich ihre Augen mit Tränen. Sie hatte allen Ernstes geglaubt, Gott würde ein Wunder tun. Und nun?

Sie stürzte ins Schlafzimmer und schloss die Tür hinter sich zu. Oliver war ihr, Gott sei Dank, nicht gefolgt. Magda ließ sich rückwärts aufs Bett fallen und zitterte an Leib und Seele. Hier konnte sie ihren Tränen freien Lauf lassen, und sie drückte sich das Kissen aufs Gesicht.
Es war, als sei es gestern gewesen. Letztes Frühjahr, vor der Hochzeit – der Streit mit Oliver wegen des Schlüssels. Die Erinnerung ließ sie aufstöhnen.

Warum hab ich nur damals die Verlobung nicht gelöst? Ich hätte es wissen müssen! Wieso war ich so ein Feigling? Jetzt ist es zu spät … - Gott, du siehst doch, dass ich dir vertraute. Du weißt, dass ich Oliver nicht bloßstellen wollte. Herr, ich habe dir ein Wunder zugetraut, dass du in unserer Ehe ein Wunder tun kannst! Warum tust du es nicht? Wo bist du? Schau: Er schlägt mich, eine hochschwangere Frau! Herr Jesus, ich halt das nicht aus. Soll so unsere Ehe aussehen?
Sie drückte den Kissenzipfel auf die Augen um den Tränenfluss aufzuhalten. Aber immer wieder quoll das Nass hervor. – Nach einer Ewigkeit, wie es ihr schien, versiegte das Nass, und sie konnte das Kissen weglegen. Neben dem Bett sah sie die Wiege, in der sie einmal gelegen hatte. Ihr Vater hatte sie für Golda gemacht. Und dann lagen sie alle sieben darin. Das Bettzeug und den Vorhang hatte sie in den letzten Tagen fertiggenäht. Und nun das! – *In welche Umgebung wird mein Kind hineingeboren? – Jesus, du weißt es. Bitte gib mir die Kraft, das durchzustehen. Du bist doch der Fels, auf den ich mich an unserer Hochzeit verlassen habe.*

Eine Ahnung stieg in ihr auf, dass kein Spaziergang vor ihr lag.

***

Die Morgensonne strahlte vom Himmel, als Magda an ihrem letzten Arbeitstag ins Büro kam. Sie freute sich auf den Mutterschutz. Der Bauch spannte, der Rücken schmerzte. Sie sehnte sich danach, dass sich das Baby den Weg in die Welt bahnen möge. Eliane und Fritzi, die seit einem Monat eingelernt wurde, hatten Magdas Schreibtisch mit Blumen, Geschenken und Karten geschmückt.

Viel zu tun gab es heute nicht mehr. Fritzi machte ihre Sache gut, und Magda blieb vor allem, mit Kunden und Geschäftspartnern zu reden und sich alles Gute wünschen zu lassen.

Bevor sie endgültig die Filiale verließ, half Eliane, ihre Habseligkeiten in Tüten und Taschen zu packen. „Oliver holt dich ab, oder?"

„Ja, er kommt um halb acht, damit wir genug Zeit zum Verabschieden haben."

„... weil wir sonst den ganzen Tag zu nichts gekommen sind, was?"

Magda lachte. „Könnte man so sagen."

Eliane drückte ihr die Hand. „Ich wünsch dir, dass das Baby gesund ist und ihr eine glückliche Familie werdet."

„Danke, Eliane. Das können wir ..." Magda hielt den Atem an. *Was sag ich da? Das geht sie doch gar nichts an! ... Obwohl, wieso eigentlich nicht? Warum sollte Eliane mir keinen Rat geben können? Wenn ich der Meinung bin, dass es mir nicht hilft, was sie sagt, muss ich es ja nicht annehmen.*

„Stimmt was nicht, Magda?" Eliane ließ sie nicht aus den Augen.

„Ach weißt du, Oliver ist manchmal so ..." Magda wusste nicht, wie sie sich ausdrücken sollte. Eine Pause entstand, die Eliane mehr störte als Magda, die mit gesenktem Kopf dastand und nachdachte. Eliane versuchte die Lücke schnell wieder zu schließen, indem sie sagte: „Ja, Männer sind bisweilen so."

„Nein, du irrst dich. Es ist kein Pippifax."

„Was ist denn? Hat er eine Andere? – Das kann ich mir nicht vorstellen!"

„Nein, ist es auch nicht. – Ach, vergiss es."

„Nein, ich vergess es nicht. Schlägt er dich?"

Magda war versucht, auf die Frage einzugehen, als Eliane weiterfragte: „Du willst doch nicht alles hinschmeißen, oder? Jetzt, wo das Kind kommt!? Ihr wolltet doch eine glückliche Familie sein!? – Hast du Angst vor der Geburt?"

Ihr wolltet doch eine glückliche Familie sein!? Es hallte in Magdas Kopf nach. *Ja, wir wollen, aber ist das die Antwort? Dass wir es wollen??? – Hoffnung! Mehr kann ich von ihr nicht erwarten ...*

„Hast recht", murmelte sie, kramte ein paar Sachen zusammen und stopfte sie in eine Tüte.

„Angst vor der Geburt – hmmm. Da kann ich dir nicht helfen. Bis jetzt hatte ich ja nicht das Glück Mutter zu werden. Aber du kriegst das hin. Da wette ich drauf! Kopf hoch, Magda! Du bist eine starke Frau."

Magda sah sie an und dachte: *Starke Frau ... hmmm ... Ob ich das wirklich bin??? - Schade. Du warst nur eine Haaresbreite entfernt.* Ein bisschen fühlte sie sich geschmeichelt von Elianes Einschätzung. Ob das reichte?

***

*Die frischgebackene Mutter streichelte die Hand ihres Mannes, der bei ihr auf dem Krankenhausbett saß. Für beide war dieses Menschlein, das gestern zur Welt gekommen war, ein Wunder zum Anfassen. Magdas Augen glänzten beim Anblick ihrer Tochter, und Oliver ging es genauso. Die hauchzarten Lippen des kleinen Mädchens und die winzigen Fingerchen – jedes Detail en miniature. Ihr erstes Kind, *Abigail.*

Oliver neigte sich vorsichtig über seine Tochter, die in Magdas Armen lag. Sein Zeigefinger glitt über die warme Wange Abigails. Der Unterschied zwischen seiner Hand mit den Verdickungen an den Gelenken und diesem zerbrechlich anmutenden Geschöpf wurde ihm hier erst richtig bewusst. Abigails Haare waren hell. Es würde sich zeigen, ob sie ein Blondschopf wie er werden würde oder dunkler wie Magda. Er liebte sie schon jetzt, obwohl sie noch keinen Tag alt war, ja hatte sie bereits liebgewonnen, als er während der Schwangerschaft durch Magdas Bauchdecke immer wieder mit Abigails Arm oder Bein Bekanntschaft machte.

„Lass sie schlafen", raunte Magda ihm zu.

„Tu ich doch", flüsterte er zurück.

Mit einem Lächeln sah er hoch, als es klopfte und die Tür aufging. Es waren Magdas Schwester Golda, ihr Mann Salvatore und Viola, die Tochter der beiden. Salvatore strahlte, als er Oliver sah: „Oliverr, schön, dass du da bist! Gute, dass ich habe eine Mann zu Reden, und vor alle, eine Vogelfrreund! Wie geht es dir, Amico? Aber lass erst mal bella Mamma begrrüsse. Dann reden wir." Er beugte sich über Magda, küsste sie einmal rechts, einmal links und noch einmal rechts und links. Magda war nicht so heißblütig wie ihr Schwager, obwohl sie gerade das an ihm mochte. Vielleicht war es das, was Golda an ihm faszinierte?

„Viola, gib das Geschenk und begrrüsse deine Tante." Salvatore fuchtelte aufmunternd seiner Tochter zu. Die holte das Paket aus Goldas Korb und überreichte es Magda. „Herzlichen Glückwunsch, Magda", sagte sie und schlug die Augen nieder.

„Danke, danke", erwiderte Magda und freute sich. „Ich bin gespannt, was ihr mir mitgebracht habt." Sie öffnete das

Papier und enhüllte einen winzigen Rock mit passender Bluse. Ihr stockte der Atem. „Das sieht ja richtig erwachsen aus."

„Damit deine Püppi garantiert alle Mädchen aussticht", kokettierte Golda. „Doch lass dich begrüßen." Auch sie küsste Magda zwei Mal rechts, zwei Mal links. „Und jetzt lass mich die Kleine bewundern." Sie beugte sich über Magdas Arm. „Hat die einen Charme", rief sie aus. „Und deine Haare, Oliver, was?"

„Ich glaube, ich hab sie noch", erwiderte er und kratzte sich am Kopf, was allgemeines Gelächter hervorrief.

„Haben nicht alle Babys Charme?", stichelte Magda.

„Na, ich finde, es gibt auch hässliche Kinder", versetzte Golda. „Wenn ich mir überlege, wie verschrumpelt manche Säuglinge sind ..." Sie schüttelte sich. „Ne! – Ich bin froh, dass Viola auch so eine Schönheit war wie Abigail." Sie strich über Violas Haare. „Oder stell Dir vor, sie hätte rote Haare gehabt. Hätte ja auch sein können bei Salvo und mir! Da hätte ich ein Pumuckl großgezogen! – Nein, ihre schwarzen Haare sind okay. Da kann man was draus machen!"

Viola strich über Abigails Händchen. Sie hielt ihr den Finger hin und war ganz aus dem Häuschen darüber, wie sich die Kleine daran klammerte. Viola kicherte.

Golda warf ihre blonde Mähne nach hinten und klimperte mit den Wimpern. Sie nahm ihre Schwester in den Arm. „Na, Lenele: wie war's? Wie lang hat's gedauert? Herzlichen Glückwunsch übrigens."

Magda verkrampfte sich. *Das „Lenele-Image" werde ich wohl nie los! Nicht bei Eltern und Geschwistern.* Sie straffte sich und erwiderte: „Genau neun Monate."

„Nein, nein, das hab ich doch anders gemeint. Das weißt du, oder? – Also: Wie lange zog sich die Geburt hin?"

„Sechs Stunden. Wieso, ist das von Bedeutung?"

„Hast du sehr leiden müssen, du Arme? – Ich weiß noch: Als Viola auf die Welt kam, bin ich fast gestorben!"

„Na ja, nix ganz", schaltete sich Salvatore ein, der sich mit Oliver abseitsgestellt hatte um mit ihm die Probleme seines Kanarienvogels Pedro zu besprechen. „Du hass geschriee, als ob du ..." Seine Hand machte eine Hals abschneidende Bewegung. Dabei riss er die Augen auf, dass Magda aus vollem Halse lachte und Abigail zu weinen anfing.

„Was du wieder behauptest. Du hast keine Ahnung! Stimmt's Magda?" Sie schaute ihre Schwester, die Abigail zu beruhigen versuchte, verschwörerisch an. Aber Salvatore hörte die Worte seiner Frau nicht mehr. Pedros Krankheit lag ihm am Herzen, und wenn Oliver schon mal zugegen war ...

„Ich geh mal wickeln." Magda hatte keine Lust, sich mit Golda über Geburt und Schwangerschaft auszutauschen.

„Darf ich mitkommen?", erkundigte sich Viola.

So machten sie sich auf den Weg zur Säuglingsstation, während die anderen im Zimmer zurückblieben. Magda trug das Baby, und Viola schob das Bettchen.

Magda staunte, welches Interesse Viola am Wickeln zeigte und wollte ihr gerade anbieten, dass sie Babysitten kommen könne, als Golda hereinwehte. Nach etlichem Hin und Her über Violas angeblicher Unfähigkeit mit Babys umzugehen, gab Golda ihren Widerstand gegen Magdas Vorhaben auf. Violas Gesicht leuchtete, als sie zu den anderen zurückkehrten.

***

April 1991

„Abby, ich geh kurz raus und leere den Mülleimer, ja? Bleibst du hier und spielst ein bisschen, bis ich wieder komme?" Die Mutter stand mit dem Abfallbehälter in der Tür.

„Aus, aus, Abby komme."

„Nein, Abby, ich bin gleich wieder da."

Abby rannte los und holte ihre Schuhe.

„Nein, das lohnt sich nicht. Bitte warte hier. Es dauert wirklich nicht lang."

„Mit, mit. Abby mit", bettelte die Kleine.

„Nun gut", murmelte Magda, „dann eben anders."

Sie gab vor, in der Küche zu tun zu haben. Währenddessen verzog sich Abby in ihr Zimmer um Ina-Baby, ihre Puppe, für draußen fertigzumachen. Magda zog Mantel und Schuhe an und schlüpfte in einem unbemerkten Augenblick zur Tür hinaus, den Mülleimer in der Hand.

„Puh, das wäre geschafft!" Sie lehnte sich an die Wand, um auf der Stelle mit Abbys einsetzendem Gebrüll loszurennen und den Müll zu entsorgen. Händchen patschten gegen die Tür, und sie dachte: *Die Kleine schreit Haus und Hof zusammen. Das kann ich nicht verantworten. Die Leute müssen denken, ich misshandle mein Kind!*

Als sie mit dem leeren Eimer zurückkam, machte sie sich Gedanken über ihre Lage. Es war nicht das erste Mal, dass Abby sich so verhielt. *Dass sie nicht einen Augenblick ohne mich auskommen kann ...! Irgendetwas muss ich tun. Wenn ich hier nicht rauskomme, verblöde ich vollends. Einen Job kann ich vergessen. Mein Schwerpunkt soll auf Abbys Erziehung liegen. – Und wenn ich wieder mit dem Ballett anfange? Es fehlt mir schon ...* – Doch sie verwarf die Idee. Letzten Endes hatte sie damit aufgehört, als sie die Wohnung einrichteten. Es wäre zu viel geworden. Und ihre Leistungsgrenze war auch erreicht. Das merkte sie, als sie mit dem Spitzentanz anfangen wollte und ihr hoher Spann dieses Ziel in weite Ferne rücken ließ. Außerdem waren die zweiten Zehen länger als der große Zeh; und es wäre Knochenarbeit gewesen, damit auf der Spitze tanzen zu wollen. So hing sie schweren Herzens das Ziel ihrer Jugend an den Nagel. Ballett war ein Teil ihrer Jugend und somit Vergangenheit. Doch die Zukunft mit Oliver lag ja vor ihr ...

Sie schloss die Wohnungstür auf, und Gebrüll schlug ihr entgegen.
„Ja, ja, ist ja gut. Ich bin doch wieder da, Abigail."
Die Kleine beruhigte sich kaum. Sie schniefte und schnupfte und barg ihr nasses Gesichtchen in Magdas Mantel. Magda strich ihrer Tochter über die blonden Locken. Ein Stich Rot war darin, wie bei Oliver ...

***

März 1992

Cordula und Holger verbrachten mit ihrer Tochter Tina einen gemütlichen Abend bei Benders. Die Kleine, drei Monate jünger als Abigail, quengelte seit halb zehn, bis die Erwachsenen das Gespräch abbrachen. Auch wenn Veerkamps sich wie zuhause fühlten, Tina war es nicht gewohnt, woanders zu schlafen.

Die Tür schloss sich hinter den Freunden. Magda und Oliver atmeten durch.
„Ein Glück, dass sie gegangen sind, was Magda?"
„Ja, Tina war sehr überdreht." Sie griff nach den Gläsern um sie in die Küche zu tragen.
„Lass stehen. Kannst auch noch morgen abräumen."

„Aber warum? Es ist doch noch nicht mal zehn! Und ich will nicht mit einer solchen Unordnung ins Bett gehen."

Oliver begann sich zu kratzen. „Der Tag war eine einzige Tretmühle. Ich muss ins Bett."

„Aber der Besuch hat dir doch Spaß gemacht, oder? Du kannst dich ja im Bad fertigmachen, während ich aufräume. Ich komm nach."

„So, wie du rumpolterst, lass ich mich darauf gar nicht ein. Dann schlage ich mir wieder die Nacht um die Ohren. Und morgen muss ich arbeiten! Du kommst mit mir, basta!"

Sie versuchte noch ein paarmal ihn umzustimmen, aber es war nichts zu machen. Ein Wort gab das andere. Am Ende gab sie klein bei und legte sich mit Bitterkeit im Herzen neben ihren Mann.

Am Morgen beseitigte Magda zuerst das Schlachtfeld auf dem Tisch. Mit spitzen Fingern sammelte sie die Reste des vergangenen Abends ein. Ihr Magen grummelte. *Wieso muss man das auf Gedeih und Verderb bis morgens stehen lassen?!* Sie räusperte sich und versuchte, den Kloß in ihrem Hals hinunterzuschlucken. Doch er blieb.

Sie setzte sich an den Tisch und stützte den Kopf in ihre Hände. Oliver war bei der Arbeit. Er war sofort eingeschlafen gestern Abend. Sie drehte sich noch um Mitternacht von einer Seite auf die andere. Der Bibelvers: „Lasst die Sonne nicht untergehen über eurem Zorn" brannte in ihrem Gedächtnis. *Spielt es für Oliver keine Rolle? Oder denkt er nicht an solche Dinge?,* fragte sie sich.

Abigail spielte in ihrem Zimmer. Jetzt konnte sie Kraft schöpfen. Sie versuchte es wenigstens. Sie schaute auf die Bäume der anderen Straßenseite. Das erste Grün entspross den Zweigen. Dahinter war irgendwo der See, aber sie sah ihn nicht. Nicht von hier. Zu viele Häuser befanden sich dazwischen. *So ist es auch im Leben,* schoss es ihr durch den

Kopf; *wir wissen: Hinter allem ist Gott. Aber wir sehen ihn nicht. – Wo bist du, Herr?*

Ihr Blick fiel auf den bestückten Wäscheständer in der Ecke. *Ist das alles, Jesus?,* fragte sie. *Soll ich mich Tag für Tag mit all dem Kram rumärgern?* Sie seufzte. *Ich muss hier raus,* dachte sie, *ich muss hier raus! Sonst krieg ich einen Koller!*

Sie griff zum Telefon und rief Frau Radke an. Die freute sich wie ein Schneekönig, wieder von Magda zu hören. Sie ließ sich bereitwillig Wochentag und Uhrzeit entlocken, an dem die Leistungsstufe, die für Magda passte, tanzte.
Adrenalin schoss Magda durch die Adern. Singend und tanzend erledigte sie an diesem Tag ihre Aufgaben. Und Abigail sonnte sich im Glück der Mutter.

Oliver sagte wenig zu Magdas Vorhaben. „Kannst es ja mal ausprobieren", meinte er zwischen zwei Abendbrotbissen. Über den Vorabend verlor er kein Wort.

***

Wie Wein in einer Karaffe füllte die Vorfreude aufs Ballett die Tage und wärmte Magda. Eine Woche später radelte Magda zur Ballettschule im Paradies, wo sie vor neun Jahren das Tanzen gelernt hatte. Sie trat in die Pedale, weil sie spät dran war. Sie war von der Arbeit aufgehalten worden. Wie so oft, wenn sie voller Erwartung war. Sie durfte sich nicht zu sehr abmühen, wenn sie noch etwas leisten wollte. Sie keuchte, als sie kurze Zeit später das Fahrrad in den Ständer stellte und hastete zur Ballettschule, erschöpft, aber glücklich. Es roch nach Arbeit und Schweiß. Magda atmete tief ein. *Wie lange ist es her, dass ich diesen Geruch bewusst wahrnahm?* Sie lächelte.

Frau Radke kam ihr entgegen und nahm sie in die Arme. „Magda! Ich freu mich, dass du da bist. Lass dich anschauen!" Sie hielt die junge Frau auf Armeslänge von sich. „Dein Mädel scheint dir gut zu bekommen. Wie heißt sie nochmal?"

„Abigail." Mit Bedacht sprach Magda diesen Namen aus.

„Abigail – so heißt nicht jeder."

„Ja, da haben Sie recht."

„Magda, da wir wieder mehr miteinander zu tun haben, schlage ich vor, du sagst du zu mir, okay? Ich freu mich so!"

Sie tanzten auf halber Spitze. Magda liebte das Geräusch schleifender Ballettschuhe auf dem Parkett. Schweiß brach sich Bahn und manifestierte sich im Spiegelsaal. Die Klaviermusik von der CD und die Bewegung entrückte sie in eine andere Welt. Manche Übungen kannte ihr Körper noch. Bei anderen merkte sie, dass sie nicht mehr trainiert war.

Rita hatte einige Jetés ausgesucht – Sprünge, bei denen ein Bein herausgeworfen und dann wieder in der Ausgangsposition gelandet wird – die Magda viel Kraft abverlangten. Magdas Knie zitterten, doch die Pause nahte. Sie rollten Matten aus und absolvierten ein paar Übungen um zu entspannen und den Körper warmzuhalten.

Am Schluss der Ballettstunde war Magda am Ende ihrer körperlichen Kräfte, aber sie fühlte sich wie im Himmel. Sie würde wiederkommen.

***

Rita Radke 1983

Zarah Ackelbein, Magdas Schwester, hatte mit einigen Gärt-
nerkolleginnen auf der Insel Reichenau eine Vierzimmer-
wohnung mit Balkon und Gartenanteil gemietet. Nun war
Einweihungsfest; Eltern, Geschwister und Freunde waren
auf die abendliche Grillparty im Garten eingeladen. Magda
war nicht zum Feiern zumute, doch Zarah würde es sich zu
Herzen nehmen, wenn sie nicht käme ... Dass Urs in ihr nur
seine Freundin aus Kindertagen zu sehen schien, machte ihr
zu schaffen. Ihre Gefühle für ihn waren ihm wohl nicht klar,
oder sie spielten keine Rolle für ihn. Er sagte ihr, dass er sie
schätzte, und sie erlebte eine gewisse Vertrautheit zwischen
sich und ihm. Aber dann schwärmte er ihr von anderen Mäd-
chen vor, und sie verstand die Welt nicht mehr. Diese Unge-
wissheit verschlug ihr jeden Appetit, und sie marterte sich,
ohne es zu merken.

Nach der Arbeit fuhr Magda nach Hause, um ihren zwei Jah-
re jüngeren Bruder Viktor abzuholen. Sie fühlte sich wie eine
Königin mit ihrem neun Jahre alten himmelblauen Käfer, ih-
rem ersten Auto, für das sie vor zwei Monaten ihre letzten
Kröten zusammengekratzt hatte. Der Zahn der Zeit nagte an
ihm, aber Käfer hatten den Ruf, eine Menge auszuhalten. Und
so etwas brauchte sie. Mit ihm stand ihr die Welt offen, und
ihr Traum vom Ballett rückte in Reichweite. Jetzt musste sie
nur herausfinden, wo sie Tanzen lernen konnte. In Konstanz
schien es keine Möglichkeit dazu zu geben.

„Wieso fährst du in der Stadt im dritten Gang? Der packt das
doch im vierten!", fragte Viktor nach kurzer Zeit.
„Klugscheißer! Das lernt man in der Fahrschule so."
„Zumindest würdest du Sprit sparen."
„Und nachher lachst du mich aus, wenn die Karre ausgeht!"
„Ich lache nicht! Ehrenwort!"

„Na, dein Ehrenwort ...!" Sie schaltete in den vierten Gang.

„Und? Was sag ich!? Geht doch!"

„Klugscheißer!", versetzte sie erneut und deutete einen Boxhieb an.

„Reicht mein Wissen, um im September beim TÜV anzufangen?"

„Ich frage mich, was die dir beibringen wollen, wenn du alles weißt!"

Als sie ausstiegen, berauschte der Geruch von Fisch, Fleisch und Gemüse ihre Sinne; Salate in den unterschiedlichsten Farben und Zusammenstellungen leuchteten ihnen beim Näherkommen entgegen. Weingläser klangen, man hörte, wie Bierflaschen geöffnet wurden, und Kinder tollten ausgelassen herum.

Zarah bemerkte die beiden erst, als sie an den Tisch traten, an dem sie Getränke bereitstellte. „Oh, tut mir leid, dass ich euch nicht gesehen habe. Ich war beschäftigt ..."

„Wir haben dich gefunden. Herzlichen Glü... - Oh, was ist ..."
Ein fremdes Kind war ihr in die Arme gerannt und war ebenso überrascht wie sie. Der Ball, dem es nachgelaufen war, hatte mit knapper Not den Tisch mit den Gläsern verfehlt.

„Fabian, was machst du wieder für'n Quatsch!?", kreischte eine Frauenstimme.

„Aber ich wollte doch gar nicht ..." Der Junge befreite sich.

„Klar, immer da, wo du bist, ist Chaos!" Eine Frau löste sich aus einer Gruppe und kam auf Fabian und Magda zu.

Magda wurde es flau im Magen. Sie hatte den ganzen Tag über nichts gegessen. Und jetzt das! Sie griff nach der Tischkante.

„Magda, du bist ja ganz bleich!" Zarah rannte und holte einen Stuhl. „Setz dich! Oder willst du dich hinlegen?"

„Zarah, beruhige dich. Ich brauch keinen Notarzt. Hab nur zu wenig gegessen, und jetzt diese Überrumpelung." Sie ließ sich auf den Stuhl nieder und stützte den Kopf in ihre Hände. Alles drehte sich. Sie schloss die Augen. Frieren und Schwitzen hielten sich die Hand.

Zarah kam mit einem Glas Sprudel. Magda trank es in einem Zug leer.

„Mehr?", fragte Zarah.

„Hmmm, ich glaube, ich könnte noch was vertragen."

„Jetzt entschuldige dich!", hörte Magda die Frau von vorhin keifen. Sie öffnete die Augen und sah, wie die Frau den Jungen schüttelte.

„'Tschuldigung", quetschte er hervor.

Magda lächelte matt und zwinkerte ihm zu. „So eine Katastrophe war's auch wieder nicht."

Erleichtert trollte er sich.

„Ich bin übrigens Frau Bäuerle", stellte sich die Frau vor. „Ich wohne im ersten Stock. Wenn sich mein Sohn nicht benimmt, sagen Sie's ruhig."

„Ist schon okay", gab Magda zu verstehen. Muss man wegen eines Zusammenstoßes so viel Aufhebens machen?, fragte sie sich. Sie malte mit dem Finger Strichmännchen auf ihre Jeans, bis Frau Bäuerle sich umdrehte und zu ihrer Gruppe zurückging.

„Ich glaube, es geht wieder", sagte Magda zu Zarah, „vielleicht wird es vollends gut, wenn ich was esse."

„Das wird es sein", erwiderte Zarah.

„Ich kriege halt, wenn ich aufstehe, nichts runter. Und heute überflutete uns die Arbeit geradezu. Das einzige, was ich zu mir genommen habe, waren ein paar Tassen Kaffee! Und jetzt knurrt mir der Magen."

„Na, dann hau rein!"

Viel kann ich nicht verdrücken, überlegte Magda. Aber eine Kleinigkeit muss ich essen, damit sich der Magen beruhigt. – Sie bediente sich und ließ dann ihre Blicke nach einem Sitz-

platz durch den Garten schweifen. Golda war natürlich auch da, wie aus dem Ei gepellt – und das für eine Grillparty!

„Hallo, Magda!" Viola zupfte am Rock der Tante. Sie sah in leuchtend blaue Kinderaugen, umrahmt von rabenschwarzem Haar.
„Viola! Ich hab dich gar nicht gesehen!"
„Geht es dir wieder gut?"
Magda lächelte und strich ihr über die Wange. „Ich musste mich nur kurz hinsetzen. Ist schon wieder okay."
Die Kleine strahlte, drehte sich um und rannte zum Sandkasten zurück.

Magda ließ ihren Blick weiterwandern und entdeckte ein Sonnenplätzchen. Sie ließ sich nieder und dankte Gott für das Essen. Als sie aufblickte, sah sie, dass eine Frau, die ihr gegenübersaß, sie beobachtete. Die Frau nickte ihr zu, und sie nickte zurück. Ihre Blicke begegneten sich immer wieder. Magda fielen die meergrünen Augen der Frau auf. Die dunkelblonden Haare umschmeichelten ihre Schultern. Sie mochte um die vierzig sein. Offene Haare in dieser Länge empfand Magda als eine Besonderheit bei Frauen dieses Alters. Sie stand auf und ging auf Magda zu, als sie sah, dass ein Platz frei wurde. „Darf ich?"
„Aber ja doch."
„Ich bin vor einem Monat hergezogen, begann sie, „wohne auch hier im Haus. Und Sie haben schon mit Frau Bäuerle Bekanntschaft gemacht, was?"
Nun bekam Magdas Gesicht etwas Farbe.
„Sie brauchen nichts zu sagen, ich weiß! Die Vermieterin des Hauses. Hat alles und jeden im Griff! Oder glaubt es zumindest. Ihr Mann kommt nur zum Schlafen heim. Er fährt mit dem Laster durch die Gegend und verkauft Gemüse. Aber sie!"
Die Augen der Frau verdunkelten sich um eine Nuance. „Jedes

Mal, wenn die Haustür aufgeht, steht sie am Guckloch ihrer Wohnungstür!"

„Au weia! Das muss ja sein, als wenn ..." Magda drückte sich mit den Händen den Hals zu.

„Am besten lässt es sich leben, wenn man sie grüßt und sonst einen Bogen um sie macht."

„Ich vermute, Sie haben recht."

„Mein Name ist übrigens Rita Radke."

Magda streckte ihr die Hand entgegen. „Ich bin Magda Ackelbein, die Schwester von Zarah, bei der ich vorhin um Haaresbreite einem Kollaps entgangen bin."

„Haben Sie Probleme mit dem Kreislauf?"

„Das auch. Aber ich habe heute einfach zu wenig gegessen."

„Das ist nicht gut!"

„Ich weiß. Aber ich kam den ganzen Tag nicht dazu. Hab nur was getrunken."

„Machen Sie Sport?"

„Nein, bedauere. Ein Problem sind meine Arbeitszeiten, und zweitens träume ich davon, Ballett zu lernen, aber ich habe keine Ahnung, wo."

„Wie kommen Sie auf Ballett?" Die meergrünen Augen musterten sie voller Interesse.

Magda rutschte hin und her, „Als Kind las ich ein Buch über eine russische Tänzerin. Das hat mich so fasziniert, dass ich seither fest entschlossen bin, das zu lernen."

„So so, und Sie wollen dann eine Berühmtheit werden wie diese russische Tänzerin!?"

„Ich schätze, dazu bin ich zu alt." Magda dachte einen Moment nach. „Ich möchte mich einfach toll bewegen können."

„Und Sie meinen, das könnte man so geschwind lernen?"

„Ich glaube, mit achtzehn geht das nicht mehr so einfach. Aber ich würde hart trainieren, wenn ich die Möglichkeit hätte."

„Wissen Sie, was hartes Training bedeutet?"

Magda zögerte. „Vielleicht kann ich das nicht einschätzen. Aber versuchen würde ich es – so viel steht fest!"

Es entstand eine Pause. Magda spürte, wie ihr Herz pochte. Wie komm ich dazu, wildfremden Menschen von meinen Träumen zu erzählen?, fragte sie sich.

„Ich möchte Ihnen einen Vorschlag machen", riss Rita Radke sie aus ihren Gedanken und richtete sich auf. Magda sah sie gespannt an.

„Ich bin Ballettlehrerin und möchte in Konstanz eine Ballettschule eröffnen. Allerdings brauche ich noch Räumlichkeiten. Es muss ja alles passen. Aber Sie könnten in einer Klasse mit einsteigen."

„Aber ..."

„Wenn Sie das wirklich durchziehen wollen, kommen wir überein.

***

Ballettschule im Paradies

Bald mietete Frau Radke Räumlichkeiten im Konstanzer Paradies, einem Stadtteil in der Nähe der Altstadt, und eröffnete dort eine kleine Ballettschule. Ihre Schüler kamen zum Großteil vom Theater in der Nachbarschaft; und am Nachmittag gab sie Ballettkurse für Kinder.

Magda war schon ein paarmal bei den Proben gewesen, und jedes Mal, wenn sie vor der Tür der Ballettschule stand, klopfte ihr Herz bis zum Hals. Freude erfüllte sie, wenn sie ans Training dachte, und ihre Augen strahlten. Beim Tanzen dachte sie nicht an Urs. Welche Erleichterung! Ballett fesselte sie nach wie vor. Daran änderte auch die Ausübung ihres Traumes nichts.

Sich die verschiedenen Positionen der Arme und Beine zu merken, empfand sie immer noch als Herausforderung, aber sie besaß ein Lehrbuch für klassisches Ballett und studierte es in jeder freien Minute. Und ihre Muskeln kräftigten sich! Das erfüllte sie mit Stolz.

Heute war wenig los im Reisebüro, und so konnte sie Überstunden abbauen. Sie schlenderte durch die Altstadt ins Paradies, genoss die Sonne und befand sich unversehens eine halbe Stunde zu früh vor der Tür der Ballettschule. Ob Frau Radke da war? Unschlüssig drückte sie die Klinke der altertümlichen Holztür nach unten. Magda konnte eintreten.

„Hallo? Wer ist da?", klang es aus einem der hinteren Zimmer.
„Magda Ackelbein. Bin die Vorhut heute."
Frau Radke erschien halb umgezogen in Strümpfen. Sie streckte Magda die Hand entgegen. „Ich freu mich, dass du da bist, Magda." Die meergrünen Augen schienen eine Nuance heller zu werden. Magda lächelte. Es war wie Nachhausekommen.

Mit der Zeit trudelten die anderen ein. Sie war mit zehn Mädchen in der Gruppe, alle im Alter von ungefähr zwölf bis fünfzehn Jahren. Da tanzte sie mit neunzehn auffällig aus der Reihe. Aber im Gegensatz zu den Kindern, deren Mütter wollten, dass ihre Töchter Ballett lernten, kam Magda aus eigenem Antrieb.

Immer wieder erinnerte Frau Radke ihre Schülerinnen: „Vergesst nicht euch auszustrecken. Stellt euch vor, ihr wärt an einem Faden aufgehängt. Die Schultern nicht hochziehen, Bauch rein, Brust raus. – Ja, das kann sich sehen lassen."
Sie stand abwechselnd an der Wand oder tanzte selbst mit. Dabei gab sie ihre Kommandos: „Un, deux, trois, Grand Plié!" Sie spreizten ihre Knie.

„Und der Rücken wie mit dem Lineal gezogen! Denkt dran: Wir üben an der Stange, uns aufzurichten. Das Ziel ist, zu jeder Zeit loslassen zu können, ohne das Gleichgewicht zu verlieren. Ein Körper, der nicht gerade auf den Beinen steht, wird nie Standfestigkeit bekommen."

Als sie am Abend ins Bett ging, hallte es in ihrem Kopf wider: „Achtet darauf, aufrecht zu bleiben." Glückseligkeit bemächtigte sich ihrer, lächelnd schloss sie die Augen und hörte nicht einmal mehr, wie Isabella sich beim Einschlafen wundkratzte.

***

KAPITEL 4

November 1992

Tanzpause im Spiegelsaal – fünf Frauen machten Lockerungsübungen auf der Matte und am Boden, während die Klavier-CD „Super Trooper" spielte. Eine der fünf war Magda, die sich sieben Wochen vor der Geburt ihres zweiten Kindes befand. Euphorie erfüllte sie über ihre Elastizität, die sie außerhalb der Schwangerschaft nicht in dem Maß besaß. Sie spreizte die Beine und blinzelte vor Überraschung: „Wow, Rita, ich komm ganz runter beim Männerspagat!" Schweiß bedeckte Gesicht und Oberkörper, aber sie strahlte. Die anderen Frauen hielten inne. Ungläubiges Staunen machte sich breit.

Rita Radke lächelte. „Warte nur, bis nach der Rückbildungsgymnastik alles wieder gefestigt ist ..."

„Wow", sagte Magda ein ums andere Mal. Sie genoss ihre letzte Ballettstunde vor der Geburt. Ritas Kommandos klangen wie Musik in ihren Ohren. *Wie lange werde ich aufs Ballett verzichten müssen?*, überlegte sie, während sie von relevé ins Grand plié ging. *Und wie wird es gehen – mit dem Baby, mit Oliver ...* - Sie wollte nicht darüber nachdenken. *Es gibt sowieso keine Lösung. Magda, schwing das Tanzbein, genieße es, solange du das Ballett noch hast. Die Sorgen kannst du aufschieben...*

Rita gab die Anweisungen: „Demi plié, Erste, Schleife, öffnen."

Magda schwitzte und gehorchte. Es verschaffte ihr Befriedigung, sich den Bewegungen hinzugeben.

Als sie nach ihren Exercices auf dem Weg zum Umkleideraum waren, sagte Lena: „Mensch, Magda, wie du das

durchziehst ... Trotz Schwangerschaft hast Du Körperbe-
herrschung und Ausstrahlung ..."

„Wenn du wüsstest, wie ich manchmal um meine Haltung
kämpfe ...", erwiderte Magda. *Besser: Ich ringe darum,* dachte sie ... „Von außen sieht das so leicht aus, gell?" Sie zwinkerte Lena zu.

„Du kannst dir kein Lob gefallen lassen, was, Magda?",
schaltete sich Rita Radke ein.

Magda löste ihr Haar, eine schweißdurchtränkte Gemenge-
lage. „Ja, hast wohl recht", gab sie zu.

„Ich dachte du machst Witze, als du mir nach zwei Wochen
sagtest, du bekämst wieder ein Baby. Aber das ist das Gute
am Ballett, dass man es fast immer praktizieren kann!"

„Ja, das empfinde ich auch als Geschenk."

Sie verabschiedeten sich voneinander; Gedanken um Vergangenheit und Zukunft beherrschten ihren Heimweg.

***

Januar 1993

Nun war Gedeon also da, das zweite Kind der Familie Ben-
der. Vor einem Monat war er im gleichen Krankenhaus wie
Abigail zur Welt gekommen. Zwei Wochen später schenkte
Isabella dem kleinen Erik das Leben. Gerade noch im alten
Jahr.

Es nieselte seit Tagen. *Bei diesem Wetter schickt man keinen Hund auf die Straße,* dachte Magda, *doch was tut man
nicht alles, wenn seine Schwester auf einem Treffen besteht?*
Magda schloss, mit dem Baby auf dem Arm, ihr Auto ab und
spähte Richtung See. Der Regen schien in den um diese Jah-
reszeit unvermeidlichen Konstanzer Nebel, überzugehen.
Die zweieinhalbjährige Abigail presste die Wickeltasche

an sich und erklomm die Stufen zur Haustür an der Rückseite des Mehrfamilienhauses. Yannic, wenig älter als seine Cousine, strahlte, als er sie entdeckte. Hinter ihm erschien seine Mutter. „Kommt nur rauf! Was für ein Sauwetter!"
„Ja, und der Nebel will sich mal wieder nicht verziehen!"
Isabella wohnte mit ihrem Mann Ferdinand und den drei Kindern Yannic, Alessa und Erik in Staad, einem Konstanzer Stadtteil, in der Nähe des Bodenseeufers. Von Staad ging die Fähre nach Meersburg. Im Sommer war es ein Paradies für Schiffsbesitzer und Liebhaber von Fischgerichten.

Magda entledigte sich ihrer Jacke und blickte sich um. Sie liebte den rustikalen Stil in der Wohnung ihrer Schwester. Bei ihr daheim herrschte Funktionalität. Sie schnupperte Richtung Wohnzimmer. „Aaah, hast Kaffee gemacht!", rief sie, „Ich riech's schon."

Jedes der Kinder bekam eine Brezel, und nach dem Tischgebet verzogen sie sich damit in Yannics Zimmer. Die beiden Schwestern hofften, ein bisschen Ruhe zu haben. Magda genoss das Zusammensein mit Isabella. Deshalb war sie der Einladung trotz des Schlechtwetters gefolgt. Isa schien etwas auf dem Herzen zu haben. Mit ihr und Edgar verband sie mehr als mit den anderen Geschwistern. Dass Isa mit ihr das Zimmer geteilt und sie in die Jungschar mitgenommen hatte, schweißte zusammen. Und Edgar besaß den gleichen Humor wie sie. Sie lachten wegen derselben Dinge und verstanden sich ohne Worte.

„Schwangerschaften tun deiner Haut einfach gut, was?", sagte Magda.
„Ja, was das anbelangt, könnte ich ständig schwanger sein."
„Vielleicht stellt sich dein Körper ja dadurch auf Dauer um? – Ich wünsch' es dir. Oli hat wieder Probleme damit. Die nasse Kälte tut ihm gar nicht gut."

„Apropos Oliver", nutzte Isabella die Gelegenheit, „als wir letzte Woche telefonierten, machtest du mir den Eindruck, als ob dich irgendwas fertigmacht. Ich wusste nicht, ob du reden kannst. Deshalb lud ich dich ein. – Kommst du zurecht?" Sie sah Magda unverwandt an, doch diese konnte Isabellas Blick nicht deuten. Isa kannte sie zu gut, als dass sie das mit einem Augenzwinkern abtun konnte. Gedeon bekam Hunger, und Magda legte ihn an. Sie neigte den Kopf zu Gedeon um Zeit zu gewinnen. Vaters Spruch stand ihr vor Augen: Was bei uns geschieht, geht keinen was an! – Wie Häcksel kamen die Worte aus ihrem Mund: „Ja, ich erinnere mich." Ihre Stimme zitterte ein bisschen. „Mir hing ein Streit mit Oli vom Abend vorher nach ..."

„Ach, das kenne ich."

„Nicht wie du denkst! – Oliver schreibt mir vor, wann ich ins Bett zu gehen habe. Es ist zum Davonlaufen. Ich fühle mich behandelt wie eine Zwölfjährige. Und wenn ich was sage, rastet er aus." Eine Träne bahnte sich den Weg über ihre Wange.

Isabella legte den Arm um ihre Schwester; Magda ließ es geschehen. Gedeon war eingeschlafen, und sie legte ihn in die Tragetasche. Dann wischte sie mit Entschiedenheit die Tränen weg. Die Sanftheit von Isabellas Berührung veranlasste sie zu bemerken: „Geht schon wieder, Isa." Es klang unfreundlicher als sie wollte. So setzte sie noch hinzu: „Ich muss einfach lernen, damit umzugehen!"

„Mami, gehen wir auf den Spielplatz? Uns is' langweilig." Abby stand im Türrahmen.

„Ach, Abby, du siehst doch, dass es regnet."

„Ich *will* aber!" Abby stampfte mit dem Fuß auf.

„Abby, man sieht ja kaum die Bäume vor dem Fenster. Und vorhin haben dir vor Kälte die Zähne geklappert."

„Gar nicht", widersprach Abby.

Doch Magda ließ es nicht gelten. „Ihr könnt doch hier in der Wohnung Verstecken spielen, oder?"
„Au ja!" Damit war Abby zur Tür hinaus.

Mit der Zeit erwachten Erik und und seine Schwester Alessa vom Mittagsschlaf. Und nach einer kurzen Schmusephase wollte Alessa zu Boden gelassen werden. Doch die Spielsachen, die dort herumlagen, interessierten sie nicht. Ihr Ziel waren die Schubladen des Bauernschranks. Sie spielte mit einem Hängegriff und zog immer wieder daran. Dieses Geschäft betrieb sie mit Feuereifer, ihre dunkelblonden Haare standen nach allen Seiten ab. Nach einer Weile hatte sie es geschafft, die Schublade ein wenig herauszuziehen, zog sich hoch und griff hinein. Sie förderte den Hörer von Yannics rotem Plastiktelefon zutage, den sie in den Mund steckte um daran herumzukauen.
„Bin ich froh, dass ich das Besteck hochgeräumt habe, als Yannic in dem Alter war", bemerkte Isabella, „schon eine Weile macht sie das so."

„Um auf letzte Woche zurückzukommen, Magda – Ich hab' ja auch Augen im Kopf. Und manchmal siehst du aus, als ob du Kummer hättest."
Magda erschrak. „Wirklich?" Unwillkürlich straffte sie sich. *Lächeln!*, hörte sie Rita sagen, *keiner darf die Anstrengung sehen!* „Weißt du, wie es Eddie geht?", wechselte sie das Thema.
„Iiiech??? Wie käme ich dazu?"
„Ich dachte, weil es ihm letztens schlechter ging. Wera rief an und erzählte, dass er Sauerstoffflaschen braucht und einen Rollstuhl. Sie gehen aber immer noch regelmäßig raus. Hätte ja sein können, dass du was weißt."
„Ach Mensch, der Arme. Welches Leid muss das sein?"
Die Frage hing im Raum.

„Sag mal!" Isabella wurde stutzig. „Aus dem Kinderzimmer hört man keinen Piep. Ich schau mal, was die machen."
Magda stand auf. „Hoffen wir, dass es nicht so schlimm ist."

„Abby? Yannic?" Magda hörte, wie sich in den spielerischen Ruf ihrer Schwester immer mehr Aufregung mischte.
Isabella riss die Wohnzimmertür auf. „Die Kinder sind weg, und die Wohnungstür steht offen. Ach, du Sch..."
Magda sprang auf und stürzte hinaus.
„Jacken und Schuhe sind da", sagte Isa.
„Dann sind sie hoffentlich nicht weit", murmelte sie.

Isabella legte Erik in seine Tragetasche um ihn in die Bäckerei zu stellen. Es widerstrebte ihr, das Neugeborene herzugeben. Und Hunger würde er auch bald bekommen. Aber sie konnte nicht untätig herumsitzen, während Abby und Yannic womöglich etwas Schlimmes zugestoßen war.

***

Der Tag war eine Strapaze. Fünf Kunden hatte Oliver besucht, und allen steckte wohl das Wetter in den Knochen. Einer nörgelte an allem herum, ein anderer wollte die Rechnung nicht unterschreiben; und so ging es weiter.
Endlich Feierabend! Oliver schloss die Wohnung auf und hörte von Weitem das Telefon klingeln. *Warum geht sie nicht dran?*, schoss es ihm durch den Kopf. – Beim Abnehmen des Hörers sah er einen Zettel liegen und nahm ihn auf, während er sich meldete. „Bin bei Isa – Magda", las er.
Eine Frauenstimme war am Apparat, Kindergeschrei im Hintergrund. Ob er Herr Bender sei.
„Ja, warum?" Oliver legte die Stirn in Falten.
„Was sagen Sie ... die Kinder sind weg? Wie weg!? Geben Sie mir mal meine Frau!"
„Wie Kinder suchen!?"

"Also sie kann nicht mal ans Telefon? ... Bin sofort da!"

„Ja, ich kenn' den Weg."

Oliver legte auf. Er fuhr sich in die Haare und bearbeitete die Wunde auf seinem Kopf. *Freilich komm' ich! Was die denken!?*

Der Weg von Litzelstetten nach Staad schien sich zu Stunden zu dehnen. Ein ums andere Mal legte er Gott seine Gedankensplitter hin: *Abigail und Yannic weg! Und das bei dem Nebel! Oh, mein Gott, hilf!* Die Gedanken flatterten in Olivers Schädel wie gefangene Schmetterlinge. Es kostete ihn Mühe, sich auf den Verkehr zu konzentrieren. *Können die Weiber nicht auf zwei Kinder aufpassen?* Im selben Augenblick schimpfte er sich selber aus: *Du warst nicht dabei. Du kannst dir kein Urteil erlauben!* Bei der Jugendherberge drückte sich ein Bus vor ihn. Um ein Haar wäre Oliver ihm reingefahren. Er hupte und gestikulierte wie ein Wilder, was seine Aufregung noch steigerte. Immer wieder fuhr seine Hand in seine Haare und kratzte. Der Bus fuhr – auch das noch – ebenfalls nach Staad!

Er fühlte sich, als ob ein Mühlstein an seinen Hals gehängt wäre, und Schweiß stand ihm auf der Stirn, als er sein Auto vor der Bäckerei abstellte. Dunkel und Kälte kamen ihm vor, als ob sie sich gegen ihn verschworen hätten. *Wo sollen wir die beiden finden??? Jesus, zeig' uns, wo sie sind! Bitte!*

In der Bäckerei fand er seine Frau; Alessa kauerte zu ihren Füßen, Gedeon schlief auf ihrem Schoß; und eine Verkäuferin war dabei, den jammernden Erik in Magdas Arme zu legen.

„Gib mir Geddi, Magda", raunte er ihr zu um seinen Sohn nicht aufzuwecken, „dann geht's leichter."

Magda sah ihn an. Die Augen glänzten und schwammen in Tränen.

Seine Gedanken im Auto taten ihm leid. *Du bist krank, Mädchen,* schoss es ihm durch den Kopf, *auch das noch!* Er strich ihr über die Wange. „Du glühst, Magda. Du gehörst ins Bett!"
„Glaubst du, ich kann in so einer Situation ins Bett!? Wenn ich nicht weiß, was mit den Kindern ist!?" Ihre Zähne klapperten trotz der Wärme in der Backstube.

Er nahm Gedeon entgegen, der tatsächlich weiterschlief. „Der ist ja total fertig!", entfuhr es ihm.

Sie lächelte schräg, „Das ist ein Wunder bei dem Chaos. Gott muss ihm einen Bombenschlaf verpasst haben ..."

Draußen klingelte die Ladentür, und Isa erschien völlig aufgelöst. „Die Kinder sind weg, die Kinder sind weg!", presste sie hervor und schlug die Hände vors Gesicht. „Wenn sie nur nicht zum See ..." Sie rieb sich die Stirn, aus dem Reiben wurde ein Kratzen.

Die Verkäuferin streichelte ihr über die Schultern. „Die Polizei findet sie bestimmt! Sind sie schon da?"

Isa machte eine Kopfbewegung zur Tür hin. Draußen blinkte es gespenstisch blau. „Die haben mich reingeschickt, die Anoraks der Kinder holen. Für die Spürhunde", erklärte sie und verschwand.

„Beim Suchen helfen kannst du auf keinen Fall", stellte Oliver fest. „Du holst dir den Tod im Freien. – Wie wär's, wenn du in die Wohnung hochgehst und nochmal alles auf den Kopf stellst? Und wenn du nicht mehr kannst, legst du dich auf die Couch."

Magda nickte und streckte die Hände nach Gedeon aus. Doch Oliver sagte: „Ich trag' ihn."

„Gute Idee", bekräftigte Isabella, die mit den Anoraks der Kinder zurückgekehrte, „du kannst ihn ins Ehebett legen. Ich komm mit meinen beiden auch und versorg sie, bevor ich suchen helfe."

Alessa lag im Kinderbett, Erik im Stubenwagen. Magda sollte auf sie achten, solange die anderen suchten. Nachdem sie einem Polizisten Fragen zu Abigails Aussehen und Kleidung beantwortet hatte, tigerte sie in Isabellas Wohnung hin und her, schaute unter dieses Bett und in jenen Schrank, lüpfte hier eine Decke und dort ein Kissen. *Das ist verrückt,* dachte sie, *das sieht ein Blinder, dass da keine Kinder sind.* Aber Oliver hatte recht. Draußen würde sie vor die Hunde gehen. Und wer kümmerte sich um die Kleinen? Sie fand keine Ruhe. Was sollte sie tun? Unschlüssig stand sie am Fenster und schaute in den blau leuchtenden Nebel. *Das ist alles nicht wahr, Gott; sind Abby und Yannik im Nebel ertrunken?*

Oliver war froh, sich an der Suche beteiligen zu können, doch es erschien als ein Ding der Unmöglichkeit, die beiden zu finden. Vor der Bäckerei bildete sich eine Menschentraube. Er fragte einen Polizisten nach der Vorgehensweise der Suche.

„Wir suchen das Haus und das Gelände drum herum mit Spürhunden ab und stoßen dann in die Umgebung vor", klärte er ihn auf.

„Aber wenn sie zum See ..."

„Dort ist schon jemand und sucht das Ufer ab. Aber Sie können helfen. Bei dem Wetter sind wir für jedes Augenpaar dankbar."

In Olivers Gesicht stand die Anspannung, und er begann wieder zu kratzen. „Sie wissen, dass es meine Tochter ist, die fehlt!?"

„Das sagten Sie schon. Sie waren nicht im Haus, als die Kinder verschwanden?"

Oliver schüttelte den Kopf und kratzte noch mehr.

„Sie können beim Campingplatz fragen, ob die Kinder gesehen wurden."

„Natürlich!" Oliver machte sich sofort auf den Weg. Der Polizist sah ihm nach und drückte ihm die Daumen.

Der Campingplatz lag in einsamer Finsternis. Wattenebel schluckte alles Hör- und Sichtbare. Lediglich ein schwaches Licht konnte er ausmachen. *Wohl ein Unentwegter,* vermutete Oliver, *aber vielleicht trinken die beiden bei einem freundlichen Finder heiße Schokolade? Vielleicht bei jemand weniger Freundliches?* Seine Fantasie ging mit ihm durch. Er musste sich zusammenreißen, er schrie seine Verzweiflung hinaus: „Äääby? – Yaaanic?" – Keine Antwort. Seine Stimme drang nicht weit. – „Äääby? – Yaaanic?"

„Was schreien Sie hier rum?" Die Stimme kam von dem Caravan, in dem das Licht brannte, und der dazugehörige Mann stand in der Türöffnung. Er trug einen Zopf, der Oliver an einen alternden Esel erinnerte. *Und da will ich Kinder suchen!,* blitzte es in Olivers Hirn auf. „Ich bin Oliver Bender und suche meine Kinder. Haben Sie sie gesehen?"

„Hier sind keine Kinder. Bei dem Wetter schon gar nicht."

„Sie meinen ...?"

„Keine Chance. – Bitte schön, kommen Sie rein und schauen selber. Nicht, dass ich noch der Kindesentführung bezichtigt werde. Die Polizei kommt noch, oder?"

Als ob sie auf das Stichwort gewartet hätten, tauchten sie begleitet von ihren Hunden aus der dunklen Watte auf.

Schnell stellte sich heraus, dass die Kinder hier nicht sein konnten. Oliver brannten die Augen vor Kälte und dem Suchen. Zweiundzwanzig Uhr dreißig! Um diese Zeit war er normalerweise im Bett! Die Müdigkeit juckte, seine Haare standen nach allen Seiten ab. „Ich kann nicht mehr", flüsterte er. Er ließ die Arme sinken und machte sich auf den Weg zur Bäckerei.

Die Haustür stand sperrangelweit offen, Uniformierte gingen ein und aus. Die Scheinwerfer der Polizei erleuchteten den Garten wie blaues Milchglas. Ihm war alles zu viel. Er musste ins Bett. Die Kälte trieb ihn zu Isabellas Wohnung hinauf.

Er fand Isabella am Küchentisch, den Kopf auf die Arme gestützt. Ihre Augen waren rot und sahen ins Leere. „Ihr könnt hier schlafen", gähnte sie, „Magda liegt mit Gedeon im Wohnzimmer. Ich hab ihr Bettzeug gebracht."

„Und Ferdinand? Ist er da?"

„Er hilft suchen. Als er hörte, dass Yannic und Abby verschwunden sind, war er nicht mehr zu halten. Ich glaube, er durchkämmt mit der Polizei den Lorettowald ..."

Sie fanden keine Ruhe in dieser Nacht. *Was, wenn sie Abby und Yannic nicht finden? Was, wenn ... Unterkühlt? Tot? Wurden sie womöglich entführt?* – Fragen über Fragen. Olivers und Magdas Hände fanden sich zum Gebet. „Herr, du weißt, wo sie sind und wie es ihnen geht. Lass ihnen nichts zustoßen. Bitte gib uns unsere Kinder wieder." Magda dankte Gott im Stillen, dass Oliver ihr keine Vorwürfe machte. Trotz allem war an Schlaf nicht zu denken. Oliver kratzte sich, die Couch bewegte sich im Takt seiner Hände und versagte Magda das Abtauchen in den erlösenden Schlaf. Irgendwann fielen ihr die Augen doch zu. Ab und zu schreckte sie in die Höhe – ebenso Oliver. Und wenn er aufwachte, ließ sein Kratzen die Couch erbeben. Ihr kratzte der Hals, die Nase war dicht, und die Augen brannten.

Um vier schlich sie in den Flur um die Polizei nach dem Stand der Dinge zu fragen. In dem Moment taumelte Isa gleichfalls aus dem Schlafzimmer. „Kannst du auch nicht schlafen?"

Das Telefon klingelte, die beiden trauten ihren Ohren nicht. Isa schüttelte den Kopf und meldete sich. Die Polizei teilte ihr mit, die Kinder seien gefunden. Isabella stieß einen Freudenschrei aus, und dann lagen sie sich in den Armen und weinten vor Erleichterung. In den Türrahmen tauchten die zerknitterten Gesichter der Familienmitglieder auf. Oliver fielen Zentnersteine vom Herzen, auch wenn sein

Nachtschlaf gestört war. Die Kinder waren da! Eine alte Frau hatte sie auf der Straße aufgesammelt. Sie nahm sie mit nach Hause und ließ sie in ihrem Wohnzimmer ein Lägerchen zum Schlafen bauen. Dann gab sie ihnen ihren Tee. Die Alte war der Meinung, sie hätte ihre Geschwister mit heimgenommen.

Die beiden Familien knieten nieder und dankten Jesus von Herzen, dass die Kinder heil aufgetaucht waren. Er hatte eine demente Frau benutzt, Erik und Abigail zu retten.

Magda schüttelte den Kopf und hatte den Eindruck, als ob er platzen würde. Isabella legte ihrer Schwester die Hand an die Wange. „Meine Güte, du glühst! Geh mal schnell wieder ins Bett. Jetzt kannst du ja in Frieden einschlafen." Sie umarmten sich zitternd. Magda ging schlafen, aber zur Ruhe kam sie immer noch nicht. Die Anspannung fiel nur langsam von ihr ab.
Mit Tränen der Erlösung in den Augen schlossen sie ihre Kinder am Morgen in die Arme.

***

Idar-Oberstein 1972

Oliver kratzte sich am Kopf, als er auf den Schulhof hinaustrat. Diese Stelle am Hinterkopf würde wohl nie heilen. Sie war entzündet und schuppte, seit er denken konnte. Von hier aus hatte die Psoriasis alle möglichen Teile seines Körpers erobert – Schuppen-Flechte eben. Diese kleine Platte im Haar war eine Art Lieblingswunde von ihm. Hier kratzte er sich, wenn er Stress hatte oder einfach traurig war. Dieser Ort – Spiegel seiner Gefühle. Und das Wetter spiegelte heute ebenso seine Stimmung. Grau und schwer hingen die Wolken über der Schule. Oliver schloss den olivgrünen Parka bis unters Kinn.

Heute war Stress angesagt. In Französisch hatte er eine Vier-bis-Fünf bekommen. Wie er das Merle beibringen sollte, wusste er nicht. Sie würde ihm eine Extra-Portion Französisch verordnen und keine Ruhe geben, bis sie sicher war, dass er begriffen hatte. Er kickte einen Stein vor sich her und wünschte sich, er könnte seine Probleme ebenso von sich stoßen. Dass Vater sich keine andere Haushälterin holen kann als Merle Nadler. Sie ist zwar nett, dachte er, und trotzdem nervt sie manchmal. – Er konnte verstehen, dass Vater – nach Mutters Tod vor zwei Jahren – ihr Angebot, im Haus nach dem Rechten zu sehen, erleichtert angenommen hatte. Schließlich hatte er eine Arztpraxis und außer Oliver noch Thorsten zu versorgen ... Merle war Mutters Freundin gewesen und gab ihr, soweit er wusste, damals das Versprechen, nach der Familie zu sehen, wenn sie einmal nicht mehr war ...

„Ah, da kommt unsere Wahnsinns-Sportskanone!" wurde er an der Bushaltestelle begrüßt. „Hast heute wieder Eckfähnchen gespielt, was?" rief ein anderer von hinten.
„Sag', wie fühlt man sich, wenn man sich so wenig bewegt? Wie Gott in Frankreich, oder?"
„Lasst mich in Ruhe. Ich hab' euch nichts getan."
„Du willst sagen, du hast nichts getan, oder? Nämlich in Sport!"
„Und in Franz. Sonst hätte er keine Vier-bis-Fünf. Ich hab's gesehen." Natürlich! Adi mit seinen Stielaugen! Der kannte den Inhalt von Olivers Heften besser als sein eigenes Geschreibsel. Und für sich behalten konnte der sowieso nichts!
Bevor Oliver etwas dazu sagen konnte, war der Bus schon da. Er stellte sich zuhinterst, damit er nicht angerempelt wurde. Es war klar wie Kloßbrühe, dass er stehen musste. Wenn der Bus um diese Zeit hier vorbeikam, war er gerammelt voll.

Als er sich im Bus nach hinten hangelte, stellte Adi ihm ein Bein, und Oliver fiel beim Anfahren der Länge nach hin. Seine Tasche entglitt ihm. Bücher und Hefte bildeten eine Schlitterbahn im Gang. Die Menge johlte, schließlich bekam man solch ein Spektakel nicht jeden Tag geboten.

Oliver setzte sich auf und rieb sich die Knie. Dann presste er seine Lippen zusammen, klaubte seine Sachen zwischen den Füßen der anderen, die stehen mussten, auf und verstaute sie in der Tasche. Seine Augen wurden zu Schlitzen. Irgendwann würde er sich rächen, sobald sich die Gelegenheit dazu bot. Er würde sie nutzen. Irgendwann!

Endlich kamen sie in Mittelbollenbach an. Ein Mädchen aus der Parallelklasse war noch mit ihm im Bus.

Oliver befühlte Hals und Wangen. Seine Haut dampfte wegen der Aufregung vorhin, und er spürte schon wieder, wie es anfing zu jucken, was das Zeug hielt. Er musste sich unbedingt kratzen, aber er wusste, wenn er jetzt damit anfing, wäre er nicht mehr in der Lage, den Halteknopf für den Busfahrer zu drücken.

Als der Bus hielt, ging er im Laufschritt an dem Mädchen vorbei und hörte trotzdem, wie sie eine Idee zu laut murmelte: „Der arme Junge!" – Mitleid – wie er das hasste. Dass man ihn nicht normal behandeln konnte …! Auf dem Gehweg beugte er den Kopf nach vorne und begann, die Schuppen, die ihn so piesackten, von seiner Haut zu entfernen. Er konnte und konnte nicht aufhören. Es floss wieder Blut.

Resigniert wischte er sich die Finger am Taschentuch ab und machte sich auf den Heimweg. Er trödelte. Je länger der Heimweg dauerte, desto mehr Zeit blieb ihm zu überlegen, was er Merle sagen wollte. Sollte er die Vier-bis-Fünf verschweigen, sagen, dass sie die Arbeit noch nicht zurückbekommen hätten? Schließlich hatten sie die Arbeit vor nicht einmal einer Woche geschrieben! Aber was half das? Merle würde so oder *so fragen. Dann lieber gleich hinter sich bringen. Das Wetter taugte sowieso nicht zum Fahrradfahren und Vögel Beobachten. Es war am besten, in den sauren Apfel zu beißen ...*

Oliver fingerte den Schlüssel aus seiner Hosentasche. So leise er konnte, schloss er auf, zog noch an der Haustür seine Schuhe aus und schlich durch den Flur. Konnte er das Unausweichliche hinausschieben? Durch die Küchentür strömte Kuchenduft. Oliver lief das Wasser im Mund zusammen. Er würde sich alle Mühe geben, die Französischvokabeln irgendwie in seinen Kopf hineinzubekommen! Vorher würde es keinen Kuchen geben.

„Hallo, Merle", meldete er sich mit den Schuhen in der Hand, als er die Küchentür erreichte.

„Hallo, Oliver. Freut mich, dass du die Schuhe ausgezogen hast. Hast du gesehen, dass ich den Flur gewischt habe?"

„Jja", log er. „Und Kuchen hast du gemacht! – Hmmm, wie das riecht!" Er reckte die Nase in die Höhe.

„Ja, gell? Der schmeckt bestimmt, wenn er ausgekühlt ist. – Wie geht's denn? Hast was zurückbekommen?"

Oliver zögerte einen Moment und zog seinen Anorak aus. „Ja, Franz."

„Und? Was gab's? Hat sich das Lernen gelohnt?"
Er druckste herum. „Nnnein, nicht besonders."

„Warum, was haste denn gekriegt?" bohrte sie.
Zerknirscht erwiderte er: „Vier-bis-Fünf."

„Wie bitte? – Das musst du mir erklären! – Woran lag's?" Sie legte das Besteck zur Seite, das sie gerade auf den Tisch legen wollte und sah ihn an. Nun war sie ganz Ohr. Er legte es als Überwachung aus, blickte zu Boden und schwieg.

„Du bist doch noch am Anfang! Das sollte eigentlich von selbst gehen. Wie kommt das denn? Wir haben doch zwei Stunden lang geübt!"

„Weiß auch nicht. Irgendwie war mein Kopf leer, als das Blatt vor mir lag. – Ach, ich kapier das einfach nicht!"

Merle Nadler atmete durch. „Weißt du was? Jetzt essen wir erst einmal zu Mittag. Thorsten müsste auch gleich von der Schule kommen. Und danach setzen wir uns hin und sprechen alles noch mal durch. Okay?"

„Okay." Resignation drückte seine Schultern nach unten. – Das war zu erwarten. Anstatt zu trösten, wusste sie nichts anderes, als sich hinzusetzen und mit ihm zu pauken, bis ihm die Vokabeln zu den Ohren herauskamen. Lernen, lernen, lernen ...! Wie das nervte! – Auf der anderen Seite: Getröstet werden wie ein Baby wollte er auch nicht. Schließlich war er elf! Und Mitleid brauchte er keins. Er wollte nicht immer der kleine Waisenjunge sein, wie Merle ihn sah...! Wie sagte Vater immer? Das Leben ist ein Kampf. Und dieser Bockmist von Krankheit machte es auch nicht besser. Oliver fühlte sich wie ein Aussätziger. Überall, wohin er kam, fiel er auf und hinter- ließ eine Silberschuppenspur.

Er sehnte sich danach, sich den Frust von der Seele zu weinen. Aber ein elfjähriger Junge tat das nicht mehr. In der Schule lachten sie zur Genüge über ihn.

„Gehst rüber in dein Zimmer und cremst dich ein, ja?" Merles Worte drangen durch seinen Gedankenschleier.

„Ja, mach ich", antwortete er.

Er trollte sich, setzte sich auf sein Bett und holte die Creme- dosen. Dann befreite er sich von den Schuppen um seine Haut ordentlich versorgen zu können. Er durfte nicht zu sehr krat- zen, sonst würde es im Nu wieder bluten. Er versuchte die Sal- be so sacht wie möglich aufzutragen Dadurch zog sie zwar im Schneckentempo ein, aber das war ihm jetzt egal.

Ein Blatt Papier lag auf dem Tisch, als Oliver nach dem Mit- tagessen mit seiner Schultasche ins Esszimmer kam. Er kr- amte umständlich die Französischarbeit heraus, als Merle das Zimmer betrat.

„Ach, du bist schon da." Sie lächelte, Oliver sog es in sich auf. „Nun zeig mal deine Arbeit." Sie nahm die Blätter in die Hand und runzelte die Stirn. „Das sieht nicht gut aus."

„Was hast du denn erwartet bei einer Vier-bis-Fünf?"

„Da hast du auch recht. – Dann schauen wir mal, was wir machen können, was?"

Sie zog einen Stuhl an seine Seite. Oliver holte die Schulsachen, die er noch brauchte, hinzu.

„Na, dann lies mal vor." Sie legte die Blätter vor Oliver.

Der gab sich Mühe, den Satz so zu betonen, wie er es von der Schule her in Erinnerung hatte: „N' oubliez pas de conjuguer le verbe!"

Merle wiegte den Kopf, ließ es aber durchgehen. „Und was heißt das?"

„Irgendwas mit Verben."

„Ich glaube ‚conjuguer' heißt konjugieren. Kann das sein?"

Oliver nickte.

„Gut. Und was steht dann da?"

„Dass wir die Verben konjugieren sollen?"

„So ähnlich. Ich glaube, wir müssen das mal ganz von vorne aufrollen. – Mensch, Oliver, wo soll das hinführen, wenn du in der sechsten Klasse schon nicht mitkommst? Bitte knie dich rein! Du verlierst den Anschluss. Und dann ist alles verloren. Dann kannst du das Gymnasium vergessen."

Oliver starrte auf das Papier. Es kam ihm vor wie Chinesisch. Nachdem Merle ihm alles noch einmal erklärt hatte, verstand er den Satz: „Vergesst nicht, das Verb zu konjugieren!" Immer wieder murmelte er vor sich hin: „N' oubliez pas de conjuguer le verbe!"

„Es hört sich immer besser an, Oliver. Weiter so! Jetzt machen wir uns an die Verben. Du schaust sie dir an und schreibst sie der Reihe nach auf. Ich bügle solange. Und wenn ich fertig bin, frage ich dich ab. Ist das okay?"

„Okay."

Sie verschwand im Bügelzimmer und machte sich über den Wäscheberg her. *Es muss dem Jungen doch zu helfen sein. Aber wie soll ich das anstellen?*, fragte sie sich. *Mit meinen Französischkenntnissen kann ich ja auch keinen Hund hinterm Ofen vorlocken. Lange kann ich Oliver nicht mehr helfen. Die heutigen Anforderungen auf dem Gymnasium sind nicht zu vergleichen mit dem bisschen Französisch, das ich in meiner Kindheit von dem Zwangsarbeiter auf unserem Hof aufgeschnappt habe. Wie hieß er noch mal? Armand oder Arnaud?* - „Tja, lang, lang ist's her", seufzte sie und ließ das Bügeleisen in die Falten von Herrn Benders Arztkittel gleiten. Währenddessen begann Oliver zu lesen: „aller – je vais, tu vas, il va, elle va, on va ..." Am Ende hatte er das Infinitiv wieder vergessen und begann von vorne. *War es besser, gleich zu schreiben?* Er holte sein Heft und schrieb. Nebenan hörte sein Bruder Thorsten Creedence Clearwater Revival in Rekordlautstärke.

Oliver schlug mit der Faust gegen die Wand. Thorsten drehte die Musik leiser und rief von drüben, was los wäre. Oliver brüllte: „Bei der Lautstärke kriegt man keinen Gedanken zusammen."

„Und ich kann ohne Musik nicht lernen", kam die Antwort von nebenan.

„Hört, hört! – was ist denn hier los?" Merle kam herbei. „Thorsten, stell die Musik leiser!" An ihrem Tonfall hörte Oliver, dass sie sich ärgerte. Dann kam sie ins Esszimmer: „Und du, Oliver, mach weiter und lass dich nicht ablenken!" Damit verschwand sie wieder.

Oliver schrieb und lernte vor sich hin, versuchte, sich die Wörter einzuprägen. Im Nebenzimmer wurde die Musik wieder lauter, es klappte nichts. Gegen Thorsten kam er nicht an. Das war immer so. Der brauchte diesen Geräuschpegel. Und ihm, Oliver, entfielen die Wörter, gerade wie in einem Speicher ohne Puffer, in den man vorne neue Wörter hineinschiebt und hinten fallen sie wieder raus. Er hoffte, dass Thorsten bald mit seinen Hausaufgaben fertig war!

Der Nachmittag zog sich hin. Irgendwann war Thorsten Mofa fahren gegangen. Jetzt war Ruhe. Die Melodien schwirrten in Olivers Kopf, ließen sich nicht ausschalten. Er knallte sein Heft auf den Tisch und den Füller hinterher. Tintenspritzer, wo man hinsah. Er barg den Kopf in seinen Händen, Tränen schossen ihm in die Augen. Seine Hände wanderten zu der Stelle an seinem Hinterkopf. Es hatte sich eine Kruste gebildet. Er kratzte, bis es blutete. Tränen tropften auf das Blatt. Hastig wandte er den Kopf, versuchte das mit Tinte und Tränen verschmierte Blatt in seiner Schultasche zu verstecken, als Merle ins Zimmer trat.

„Bist du fertig? Soll ich dich abfragen?" Dann sah sie, dass es zwischen seinen Haaren blutete. „Hast du wieder gekratzt? Du warst dich doch gerade Eincremen. Das Lernen sollte dich ablenken, dann brauchst du nicht zu kratzen."

Die hatte doch keine Ahnung! Als ob das damit zu tun hätte!

„Ich krieg das nicht in meinen Kopf. Es ist zum Mäusemelken." Oliver spürte, wie die Tränen wiederkehrten. Aber niemand würde ihn weinen sehen!

„Die ganze Zeit hat Thorsten Musik gehört und nicht die Bohne leiser gemacht ..."

„Jetzt lass mal sehen." Sie nahm das Heft in die Hand. – „Oh, das ist ja voller Tintenspritzer."

„Seh ich selber. Kann dir doch egal sein! Du verstehst sowieso nichts. Gar nichts!"

Oliver schleuderte seine Schultasche durchs Zimmer. Die Schulsachen flogen, wie im Bus, über den Boden.

Merle Nadlers Blick sprach Bände. Mehr als „Soso!" konnte sie nicht sagen, denn Oliver rannte aus dem Zimmer und knallte die Türe hinter sich zu.

Er ging hinaus. Ließ seinen Tränen freien Lauf. Ein Glück, dass es nieselt, dachte er, so sieht wenigstens keiner, dass ich heule. – Er sprang auf sein Fahrrad und trat sich die Wut aus dem Körper. Er fuhr und fluchte, trat in die Pedale, als wollte er die Welt zertreten. Mit der Zeit verlangsamte er seine Fahrt, der Wind legte sich und mit ihm der Regen. Er schaute sich um. Am Himmel glitt ein Bussard dahin. So frei wollte er sein. Wie die Vögel davonfliegen können. Die Welt von oben beobachten ...

***

Davos 1973

Wie lange dauert eine Nacht?, fragte sich Oliver zum hundertsten Mal. Sie wollte kein Ende nehmen. Seit gestern war er in Davos zur Kur. Ein Psoriasisschub, wie nie zuvor erlebt, hatte ihn und seinen Vater samt Merle in den letzten zwei Wochen in den Wahnsinn getrieben. Alles probierten sie aus, was Linderung versprach. – Nichts. Und jetzt war er hier, das Aufnahmechaos lag hinter ihm; ein Mann, der sein Vater hätte sein können, bewohnte mit ihm das Zimmer. Clark hieß er, war Amerikaner. Der schnarchte, als ob er einen Wald kleinsägen wollte. Und diese Plastiktüte auf dem Kopf ... – Immer, wenn er wegduseln wollte, knisterte sie. – Und dann konnte er wieder nicht schlafen. Er wusste ja, dass die Tüte sein musste, damit die Kortisonsalbe auf seinem Kopf ganze Arbeit verrichten konnte und das Kissen nichts abbekam. Aber Knistern und Schnarchen förderten keinen Schlaf. Es juckte entsetzlich. Er hoffte, dass die Zeit hier in Davos, wenn schon keine Heilung, wenigstens Besserung bringen würde.
Oliver strich sich über die Arme. Die Haut war geschwollen, fühlte sich an wie ein Fell. Die Pso blühte, vor allem am Ellbogen. Das Jucken folterte ihn, und wenn er kratzte, brannte es

wie Feuer, und die Haut riss auf. Ein Teufelskreis. Er konnte doch nicht schon wieder Salbe draufschmieren! Die Hände strichen weiter, die Finger krümmten sich. Er konnte nicht anders, er musste kratzen.

Irgendwann dämmerte er weg. Der Schlaf brachte keine Erholung und glich eher einem Zustand schwerer Erschöpfung. Seine Arme waren aufgekratzt, als er erwachte, Blut und Schuppen begannen sich unter seinen Fingernägeln festzusetzen. Oh Mann, dachte er, was mach' ich nur? Die Schwester wird schimpfen, wenn sie sieht, dass das Bettzeug verschmiert ist! Er stand auf und ging ins Bad. Dort machte er Waschlappen mit kaltem Wasser nass und breitete sie auf den Wunden aus. Das Bett wollte er sich lieber nicht ansehen. So lag er eine Weile, bis sich die Waschlappen erwärmt hatten. Er deponierte sie auf dem Nachttisch. Sein Blick fiel auf den Wecker. Fünf Uhr. In eineinhalb Stunden musste er beim Blutabnehmen sein, dann war Frühstück. Im Nachbarbett rührte sich nichts. Clark schlief wie ein Lamm. Konnte der nicht morgens zum Aufwachen schnarchen, anstatt mitten in der Nacht?

***

Der Wanderführer der Klinik schlug ein Tempo an, dass Oliver Hören und Sehen verging. Um drei Uhr morgens waren sie mit ein paar Autos zum Flüelapass gefahren und dann zu Fuß aufgebrochen um den Sonnenaufgang auf dem Gipfel des Schwarzhorns zu erleben. Er war jetzt schon müde. Oder noch? – Rast würden sie erst auf dem Gipfel machen ... Oliver schaute in die Nacht und hoffte, dass seine Haut im Lauf des Tages von der Julisonne profitieren konnte. Zwei Wochen seiner Kur in der Schweiz lagen hinter ihm, und es hatte sich im Grunde nichts gebessert. Die Schuppen rieselten nach wie vor, nur dass die roten Stellen heller wurden. Das war's. In zwei Wochen sollte er nach Hause, und der Wahnsinn fing von vorne an.

Der Schein von Olivers Stirnlampe zitterte wie ein Blatt im Wind über den Rücken seines Vordermanns und den Weg, je nachdem, wohin er sah. Besser, er schaute nicht so sehr nach links und rechts! Er liebte Wanderungen – das war der Grund, warum er sich zu dieser Tour zum Schwarzhorn angemeldet hatte. Ab und zu marschierte er mit Vater und Thorsten im Hunsrück. Aber was die hier abzogen ...! – Mensch, stell dich nicht an, meldete sich eine Stimme in ihm, du bist doch kein Opa. Nur noch ein wenig anstrengen. – Ihm war, als stünde Merle neben ihm um ihn anzuspornen. – Er konnte nicht mehr. Die Füße wollten ihren Dienst versagen, der Rucksack wog eine gefühlte Tonne. Seine Stimmung setzte zum Sinkflug an. Ein Steinchen hatte zu allem Überfluss den Weg in seinen linken Schuh gefunden. Um es herauszuholen, müsste er anhalten. Und das kostete Zeit. – Er könnte sich einen Schluck Limo genehmigen ... Wenn die anderen warten würden, könnte er es wagen. Aber er war nicht einmal schnell genug, dem Wanderführer zu sagen, dass er eine Pause benötigte.

Endlich auf dem Gipfel! Vier Uhr neunzehn. Er setzte sich auf einen Stein und holte als Erstes die Limo aus dem Rucksack. Er war hundemüde. Über ihm spannte sich ein azurner Himmel, der sich zum Horizont hin rosa färbte. Bald würde die Sonne kommen. Während er sein Brötchen aß, beobachtete er die anderen. Sie standen und schauten, plapperten und alberten herum. Ihn beachtete niemand. Er war ja auch ein Niemand. Er hielt die Nase in den Wind. Die anderen Berge lagen im blauen Dunst um ihn herum – Blaue Stunde nannte man das. Die Zeit, in der die Sonne noch nicht oder nicht mehr da war. Seine freie Hand strich über den Hals und begann, die neuen Schuppen zu entfernen.

Jetzt kam sie! Ein Blick zur Uhr zeigte ihm: Eine Minute nach fünf. – Ganz hinten, hinter ein paar niederen Bergspitzen blitzte sie wie ein Diamant auf und ließ das Dischmatal unter ihm als graue Niederungen erscheinen – die Sonne. – Ja, er wusste, dass es sich ändern würde. Aber es entsprach auf den I-Punkt dem, wie er sich fühlte, in einem Jammertal. Jeder von ihnen trug sein Päckchen. Trotzdem war er auch hier ein Außenseiter, wie zuhause. Jeder hier hatte eine Krankheit, aber es gab keinen, der war wie er. Er stellte sich vor, wie es wäre zu fliegen, vom Gipfel weg, nichts mehr zu fühlen als Freiheit und Luft. Nichts und niemand könnte ihn aufhalten. Keine Begrenzungen, keine Schuppen, niemand, der jedes Haar in der Suppe fand, kein Desaster in der Schule. – Frei ... Wenn die Gruppe nicht um ihm gewesen wäre ... Er wäre gesprungen.

Als der Wanderführer zum Aufbruch rief, hatte Oliver Hals und Beine blutig gekratzt. Er keuchte vor unterdrückter Anspannung, während er seine ausgelüfteten Schuhe anzog. Oliver versuchte sein Tempo den anderen anzupassen. Ehe er sich versah, war er wieder das Schlusslicht. Trotzig hob er den Kopf. Er erblickte die Sonne, die die Bergwelt in orangenes Licht tauchte. Der Diamant grüßte, und das Jammertal sah nicht mehr ganz so bedrohlich aus.

***

KAPITEL 5

Sommer 1993

Victoria Bender, Thorstens Frau, hatte Oliver mit Familie nach Tiefenstein, in der Nähe Idar-Obersteins, eingeladen. Der Bau ihres Landhauses war abgeschlossen, und nun sollte das Domizil besichtigt und bewundert werden.

„Herzlich Willkommen in unserem neuen Heim", flötete sie, als sie die Haustür öffnete.

Abigail, inzwischen fast vier Jahre, die an der Hand ihres Vaters ging, schaute sich interessiert um. Magda trug Gedeon auf dem Arm. Im Flur hingen schwere Teppiche an den Wänden.

„Mama, schau, die haben Schuhabstreifer an der Wand. Und was für schöne! Da passen viele Leute drauf, gell?", rief Abigail.

„Nein, Abby, das sind Perserteppiche. Die sind sehr wertvoll. Die nimmt man nicht zum Schuhe abputzen", beeilte Magda sich zu sagen und konnte sich ein Grinsen nicht ganz verkneifen.

Ledersohlen tänzelten die Marmor-Wendeltreppe herunter. „Hallo, da seid ihr ja", begrüßte Thorsten die Familie.

„Lange nicht gesehen. Wie geht's?"

„Man lebt", antwortete Oliver.

„Hört sich nicht so überzeugend an."

„Na, mit dir kann ich nicht mithalten. Aber man tut, was man kann."

„Recht hast du", entgegnete Thorsten.

„Soll ich euch das Haus zeigen, oder wollt ihr euch erst ausruhen?", fragte Victoria.

„Ich glaube, etwas Bewegung tut gut nach der Fahrt", sagte Magda, „vor allem Abigail."

„Aber ihr passt auf sie auf, dass sie nichts anstellt, oder?"

„Was denkst denn du?"

„Nun, ich weiß, wie Kinder sind! Als Lawrence noch zuhause war ... - Nun, jetzt ist er im Internat. Da lernt er sich zu benehmen!"

„Ist er nicht hier? Es sind doch Pfingstferien, oder?"

„Nein, er ist mit der Basketballmannschaft des Internats zu einem Turnier nach England gefahren für eine Woche."

Victoria zupfte mit ihren knallroten Fingernägeln eine Fussel von der Hose, und Magda fragte sich: *Warum komme ich mir in der Nähe dieser Frau nur immer wie ein Krümel in der Zwickmühle vor?*

Die Führung durchs Haus begann. Magda staunte über die terracottagefliesten Räume, die Platz zum Tanzen boten, und über die Möbel, über deren Kaufpreis sie lieber nicht nachdenken wollte. In den Vorhängen, mit Bändern an den Seiten gehalten, spielte der Sommerwind und lenkte vom Übermaß der Fenster ab. Olivers Hand schloss sich um Abigails. Und immer, wenn sie stehen blieben, trippelte Abby von einem Bein aufs andere.

„Musst du aufs Klo?" Magda beugte sich zu ihr, und ihr Blick bat Victoria um Verständnis. „Weißt du, sie wird zurzeit sauber und mag die Windel nicht mehr."

„Oh Gott", Victoria hielt die Hand vor den Mund. „Heißt das, sie hat gar keine Windel an???"

„Wenn Oliver ihr keine angezogen hat nach der Fahrt, nein. Auf der Fahrt hatte sie keine und hat es immer rechtzeitig gesagt."

„Wieso sollte ich ihr hier eine anziehen, wenn es unterwegs geklappt hat?", schaltete Oliver sich ein.

„Dann flitz mit ihr aufs Klo. Wenn das auf den Boden geht, kriegt meine Putzfrau einen Koller. Dieser Boden nimmt alles auf!" Victorias Blick irrte von einem zum anderen, und Magda dachte bei Victorias Tonfall: *Ich gaube, vorher kriegst du einen Koller.*

„Keine Angst, im Normalfall meldet sie sich. Selbst im Auto sagte sie es drei Mal." Oliver lächelte entwaffnend.

„Mama, ich muss Pippi." Die Dringlichkeit war Abigail in die Augen geschrieben. Sie trat von einem Bein aufs andere und kniff die Oberschenkel zusammen. Da bahnte sich ein Bächlein den Weg an ihren Beinchen hinunter.

„Oh Mann!" Oliver schnappte seine Tochter. „Wo habt ihr das Klo?"

Thorsten wies auf die letzte Tür am Ende des Flurs. Und Oliver trug seine tröpfelnde Tochter so schnell er konnte, dorthin.

Während die beiden auf der Toilette waren, beäugte Magda die Tröpfelspur und versuchte ihre Schwägerin zu beruhigen. „Na ja, die paar Tropfen ... Sieht man kaum, oder?"

„Ein paar Tropfen? Ich bitte dich!" Victorias Stimme überschlug sich. „Das kriegt meine Putzfrau nie wieder weg!"

Die wird noch manches wegputzen dürfen im Lauf der Jahre ..., schätzte Magda insgeheim. "Jetzt wart's mal ab."

„Ja, bis es schön eingetrocknet ist, was?"

Magda drückte ihrer Schwägerin Gedeon auf den Arm. „Ich hol frische Klamotten für Abby." Damit war sie draußen.

Abigail schrie, was das Zeug hielt, als ihr Vater versuchte, ihr die Windel zwischen den Beinen durchzufädeln und über dem Bauch zusammenzukleben. „Da ist nichts zu machen, Abby. Das muss jetzt sein", erklärte Oliver ihr. Victoria jammerte über ihren Terracottaboden, und es hörte sich an, als ob sie ein Schicksalsschlag getroffen hätte. Sie zog sich in die Küche zurück und schnitt die Sahnetorte an. Das war ihre Art, sich abzureagieren. Der Kaffeetisch war gedeckt, Stoffservietten lagen in Silberringe gerollt auf den Tellern. Als sie den Kuchen auftrug, war sie wieder die alte.

„Hmmm, dein Kaffee schmeckt hervorzüglich," lobte Magda, bemüht, gut Wetter zu machen.

„Das will ich hoffen! Ich hab den besten gekauft!"

Oliver stieß Magda an: „Trink nicht zu viel, ja?"

„Ja, ja, ich übertreib's schon nicht."

„Wieso sollte sie übertreiben? Das ist Schonkaffee! Oder hast du Angst, dass du wegen ihr unterwegs auch anhalten musst?" Victoria verzog das Gesicht zu einem Lächeln.

„Nein, nein, es ist … der Arzt sagte, ich soll nicht so viel Kaffee trinken. Er weiß halt, dass ich gern und viel davon trinke. Im Normalfall."

Victoria zog die Stirn in Falten. „Hast du Herzprobleme, oder was? Aber da dürfte dieser Kaffee nichts ausmachen. Oder bist du womöglich wieder schwanger?!"

„Genau." Magda strahlte. „Vorgestern bekam ich das Ergebnis."

„Was??? Und das, wo Gedeon noch kein Jahr alt ist? Wie stellt ihr euch das vor?" Victorias Gesicht war ein einziges Fragezeichen.

„Wieso, ist doch schön, oder? Und manchmal kann man es halt nicht ganz einrichten, wie es einem passt."

„Na, das glaubst du selber nicht. Noch nie was von der Pille gehört?"

Nun schaltete Oliver sich ein: „Wir freuen uns auf das Kind!"

„Aber, aber …" Victorias Blick flackerte. „Ihr könnt doch nicht einmal für zwei Kinder sorgen. Wie wollt ihr dann für …"

Magda keuchte, und Thorsten, der sich bis jetzt in Schweigen gehüllt hatte, fiel seiner Frau ins Wort: „Genug, Vicky! Das ist ihre Entscheidung!"

Magda stürzte zur Toilette. Sie schloss sich ein und hielt die Hände vors Gesicht und stöhnte: „Gott, warum ist sie so? Ich hab ihr nichts getan. Warum behandelt sie mich so?"

Sie öffnete den Wasserhahn und kühlte Stirn und Wangen. Dann atmete sie durch. *Lass sie, Magda, sie weiß es nicht besser. Sie ist auf irdische Dinge fixiert. Aber du weißt, dass Gott keine Fehler macht. Er hat sich was gedacht, als er dieses Leben in dir entstehen ließ.* Ein Liedvers schlich sich in ihren Sinn:

Wenn über ungelöste Fragen
Dein Herz verzweiflungsvoll erbebt,
An Gottes Liebe will verzagen,
Wenn sich der Unverstand erhebt,
Dann darf ich all mein müdes Sehnen
In Gottes Hände legen sacht
Und dieses sprechen unter Tränen,
Dass Gott nie einen Fehler macht.

Das half. Der Friede Jesu legte sich auf ihr Herz. In aller Ruhe konnte sie den anderen entgegentreten. Auf ihrem Weg ins Esszimmer hörte sie Oliver sagen: „Ich greif dich auch nicht an, weil du nur ein Kind hast, oder? Für Magda und mich ist ein Kind ein Geschenk Gottes."
Wow, dachte Magda, *das hätte ich nicht gedacht, dass er sich so ins Zeug legt für mich.* Sie lächelte. *Manchmal ist er ein Goldstück.* Sie trat ein, als Victoria den Mund öffnete um etwas zu sagen. Doch angesichts Magdas klappte sie ihn wieder zu.

Der Rest des Besuches verlief ohne Besonderheiten. Jeder achtete darauf, in kein Fettnäpfchen mehr zu treten.

***

Magda blätterte in der Zeitschrift. Ihr Blick fand keinen Ankerplatz. Unruhe wühlte ihre Seele auf. Gestern hatte sie auf der Toilette entdeckt, dass sie blutete. Das Baby würde doch nicht ... *Nein, ich darf nicht drüber nachdenken, mich nicht selber noch fertigmachen! Ruhig Blut, Magda.* Sie blätterte weiter. Nichts weckte ihr Interesse. *Ich hoffe, die Kinder benehmen sich bei Mutter,* dachte sie. *Die wissen ja nicht, was abgeht. Da muss ich alleine durch.*

Sie quälte sich durch das fünfte Magazin, als sie aufgerufen wurde. Die Ärztin hörte sich alles an und untersuchte sie. „Also, das Herzchen schlägt. Ich würde sagen, wir beobachten das. Und wenn die Blutungen übermorgen noch andauern, kommen Sie wieder. Schonen Sie sich, und dann sehen wir weiter."
„Aber wie soll ich das machen? Ich habe zwei Kinder. Der Kleine ist gerade mal sechs Monate."
„Sie müssen es eben anderen überlassen, ihn rumzutragen. Oder soll ich Sie ins Krankenhaus einweisen?"
„Hmmm, vielleicht ist es das Beste. Zuhause kann ich für nichts garantieren."

In der Klinik war sie allein in einem Zweibettzimmer. Aber das konnte sich im Nu ändern. Im Moment freute sie sich über die Atempause, die ihr vergönnt war und sich von dem Trubel zuhause abhob. Die Blutungen hielten an trotz der Bettruhe, und nach zwei Tagen wurde die Ausschabung vorgenommen.

Magda erwachte nach der Narkose im Krankenzimmer. Ihre Zunge klebte am Gaumen, der Hals kratzte. Sie klingelte um Tee. Die Schwester brachte ihr kalten Kamillentee, und Magda wunderte sich über den Genuss, mit dem sie ihn trinken konnte. *Dass man nach einer Stunde Operation so ausgetrocknet sein kann ...*
„Wenn Sie aufs Klo müssen, klingeln Sie", unterbrach die Schwester ihre Gedanken. „Allein gehen Sie noch nicht. Okay?"

Magda blinzelte. „Haben Sie Angst, dass Sie mich auf dem Weg dorthin zusammenkehren müssen?"

„So ähnlich, ja." Die Schwester wandte sich zum Gehen.

„Äh, Schwester!"

„Ja, bitte?"

„Sah man eigentlich, ob es ein Junge oder ein Mädchen war?"

„Dazu darf ich nichts sagen."

„Wie bitte?"

„Das ist leider so."

„Aber ..." Bevor ihr einfiel, was sie sagen könnte, war die Schwester verschwunden. Magda starrte auf ihre Bettdecke, eine Träne löste sich aus einem Auge und rollte ihre Wange hinunter. *Wie gut, dass ich allein im Zimmer bin. Hier kann ich sein, wie ich bin und brauche nicht die starke Frau spielen.* Sie ließ den Tränen Freiraum. *Oh, tut das gut!* Sie schloss die Augen. Nach einer Weile entspannte sie sich und musste nicht mehr in einem fort nach dem Taschentuch fummeln.

Es klopfte und die Tür öffnete sich. Oliver kam und küsste sie auf die Stirn. „Hallo Motte." Er sah sie genauer an. „Was ist los? Hast du geheult?"

Magda nickte.

„Aber wieso? Tut es weh?"

„Nee, äh doch, äh ..."

„Was jetzt?"

„Die Operation tut nicht weh, oder besser die Wunde davon. Das andere schon."

Oliver verstand nicht. „Wie, ,das andere'?"

„Na, das Drumherum halt." Sie schwieg einen Moment. Dann fuhr sie fort: „Zum Beispiel fragte ich vorhin die Schwester, ob man gesehen hat, ob es ein Junge oder ein Mädchen war."

„Und?"

„Nun ja, anscheinend dürfen sie es nicht sagen." In ihrem Gesicht wetterleuchtete es, und sie presste die Lippen aufeinander.

„Das gibt's doch nicht", entfuhr es ihm, „Ich geh raus und ..." Gesagt, getan – doch es dauerte nicht lange, bis er wieder kam. Er schnaubte: „Unmögliche Tussies, da draußen." Mit Kopfstimme und verdrehten Augen äffte er die Schwester nach: „Tut mir leid. Wir haben Übergabe!"

Magda musste trotz ihres Kummers lachen. Doch sie wurde schnell wieder ernst. „Hast du eine Ahnung, von was eine Fehlgeburt kommt?"

„Wer, iiiech? Wie kommst du denn darauf?"

Magda schlug die Augen nieder und murmelte: „Ich dachte ... Es könnte sein ..."

„Nee, woher auch?"

„Keine Ahnung. Vielleicht von deinem Vater oder so."

„Von meinem Vater", prustete Oliver, „nee! Nur weil der Arzt ist, weiß ich noch lange nichts über Fehlgeburten."

„Hätte ja sein können. Aber du hast recht. Wie sollst du auch." Sie verfiel in Schweigen. Oliver hob mit einer Hand ihr Kinn, sodass sie gezwungen war, ihn anzusehen. „Und über was brütest du jetzt, Motte?", fragte er sanft.

Sie hasste es, wenn er sie so anfasste, obwohl sie wusste, dass es als Aufmunterung gemeint war. Aber sie fühlte sich wieder wie die kleine Magda, mit der man machen kann, was man will. Deshalb nahm sie seine Hand in ihre und legte sie auf der Bettdecke ab. „Ich frage mich, ob vielleicht der Streit mit Victoria am Wochenende schuld an dem Ganzen sein könnte. Wenn ich mich richtig erinnere, können psychische Belastungen eine Ursache sein. Und ich hab mich da so reingesteigert."

Oliver kratzte sich am Kopf. „Hmmm, keine Ahnung."

Die Schwestern sagten auch zu diesem Thema nichts Verwertbares. Magdas Gedanken drehten sich mehr und mehr im Kreis. *War es ein Junge oder ein Mädchen? Hab ich mich zu sehr reingesteigert, als Victoria mich so anmachte? Die blöde Kuh, die doofe …* - Ey, Magda, was geht in dir vor? Du steigerst dich schon wieder rein! Sie glättete die Bettdecke, wie um ihre Gedanken zu zähmen. *Was kann ich tun, Gott? Wenn ich zulasse, dass dieser Groll weiter in mir frisst, kann ich Victoria das nächste Mal nicht mehr unbefangen begegnen, und ich trage ihr das womöglich ein Leben lang nach! – Zwei Laststeine. – Herr, wie kann ich sie loswerden?* Sie knetete ihre Hände. Nach einer Weile betete sie: *Herr, ich schaff das nicht. Ganz gleich, ob Victoria schuld daran ist oder nicht. Ich trage es ihr nach. Und das ist nicht in Ordnung. Willst du mir helfen, ihr zu vergeben?*

Sie ließ das Oberteil des Bettes nach unten. Sie hatte das Essen nicht angerührt. *Komisch, wie Groll den Appetit beeinflusst …* Kurz darauf schlief sie ein.

Als sie aufwachte, spürte sie Frieden im Herzen, und sie wusste, dass Jesus ihr Gebet erhört hatte. „Danke, Herr", flüsterte sie, „danke!" Sie lächelte und dachte: Das *kann nur Gott hinkriegen!*

***

Juni 1994

Ein Jahr später schlossen Oliver und Magda ihr drittes Kind in die Arme. Noch ganz benommen war Oliver von dem Wunder, das gestern in ihr Leben getreten war: Enrica, ein Überraschungskind. Er erinnerte sich daran, wie Magda unter der Fehlgeburt gelitten hatte. Dieses Kind war ein besonderes Geschenk Gottes und Balsam für die Seele seiner Frau.

Er klopfte an die Krankenzimmertür mit einem Riesen-Blumenstrauß im Arm. Abigail und Gedeon, die beiden Großen, machten zwei Tage Urlaub bei Cordula und Holger, deren Kinder ebenfalls vier und zwei Jahre alt waren.

„Oh, da kommt ein Strauß durch die Tür!", hörte er, als er ins Zimmer trat. „Und was ist das dahinter? – Ah, ich glaube, die Hose und die Schuhe kenne ich. – Hallo Oliver!"

Was für eine Frau, dachte er, *die solche Schmerzen durchsteht und schon wieder Humor hat.* Er legte die Blumen auf dem Tisch ab und kam zu ihr ans Bett. „Gut siehst du aus, Motte", sagte er und küsste sie auf den Mund, „Noch blass, aber sonst ... Scheinst dich erholt zu haben."

„Während dir so schlecht war, dass du dich neben das Kreißbett gelegt hast, was?" Sie grinste. „Männer ...!"

„Du weißt, dass ich kein Blut sehen kann. Und als ich hörte, dass Enrica die Nabelschnur um den Hals hat ..." Er sah auf seine Tochter in Magdas Armen.

„Hättest ja nicht so genau hinschauen müssen." Ihr Grinsen wurde breiter.

„Auf jeden Fall war die Geburt etwas Besonderes für mich." Stolz stand ihm ins Gesicht geschrieben. „Donnerwetter", sagte er. Er strich über seine Arme, und die Finger fanden auch sofort eine Stelle, von der sie nicht mehr loskamen.

Oliver nahm Magdas Hand und streichelte sie. *Dieses winzige Bündel Mensch ...!* Die Kleine war eingeschlafen.

„Wie zart sie ist", flüsterte er. „Das bringt mich bei jedem Kind neu zum Staunen."

Die unschuldigen Lippen der Kleinen bewegten sich kaum wahrnehmbar. Wenn Enrica ab und zu einen tieferen Atemzug nahm, schien es das ganze Menschlein zu beanspruchen. Sonst rührte sich nichts an ihr. Die feinen Fingerchen hatte sie leicht geöffnet ...

Oliver dachte daran, wie er Enrica nach der Geburt auf den Arm bekam. „Waren die beiden Großen tatsächlich auch so winzig?"

„Kaum zu glauben, was?" Magda strich ihrer Tochter sanft über die Ärmelchen. Doch bevor Oliver antworten konnte, riss das Telefon die beiden aus ihrer Betrachtung.

Er las Entzücken aus Magdas Augen, als sie den Hörer abnahm. Ihr Lächeln bezauberte ihn und rief die Zeit ihres Kennenlernens in ihm wach. Sein Blick hing an ihren Haaren, dessen Farbe ihn an Buchenholz erinnerte. Magdas Mutter war dran.

Ich hätte erwartet, dass sie ins Krankenhaus kommt, statt anzurufen ..., schoss es Oliver durch den Kopf.

Das Lächeln verschwand aus Magdas Gesicht, und sie hielt die Hand vor den Mund. In ihren Augen schwammen Tränen. „Mama", schluchzte sie ins Telefon, „wieso jetzt!?"

Oliver verstand nicht, was los war. Es kam ihm vor, als ob eisiger Nebel auf ihn zugekrochen käme. – *Was hat sie gesagt? Edgar tot? Das kann nicht sein! Nicht jetzt!* – Doch je länger er dem Gespräch zuhörte, desto klarer wurde ihm, dass es stimmte. Sie presste die Lippen zusammen. Er kannte das. Das war ihre Art, nicht zu weinen.

Er kramte nach einem Taschentuch und hielt es Magda hin.

Als sie auflegte, sank sie in sich zusammen. Enrica rutschte ihr fast aus den Armen. Oliver nahm seine Tochter und legte sie vorsichtig ins Babybettchen. Sie schlief unbekümmert weiter.

Magda ließ das Kopfteil des Krankenhausbettes herunter und drehte sich zur Seite um ihren Tränen freien Lauf zu lassen. Sie konnte es nicht fassen. Das Bett schien mit ihr Karussell zu fahren. Edgar, der zwanzig Jahre unter dem

Würgegriff seiner Zementlunge litt! Und das einen Tag nach Enricas Geburt! Lag Anfang und Ende des Lebens nur eine Haaresbreite auseinander?

Oliver streichelte Magda um seine Unruhe zu vertreiben. Es wollte ihm nicht gelingen. „Wie ist es denn passiert?", fragte er nach einer Weile.

Magda schniefte. Zwischen ihren Schluchzern hörte er einzelne Wortfetzen: „schlimme Atemnot ... gaben ihm nicht genug Morphium ... muss jämmerlich erstickt sein".

Sie schlug die Hände vors Gesicht. Sie konnte und wollte sich das nicht vorstellen, und trotzdem sah sie in ihrem Inneren Bilder wie im Horrorfilm. *Eddie, Eddie ...* Sie klagte und wimmerte. Der Schmerz bohrte in ihr wie ein Messer. Nie wieder mit Eddie reden können, nie wieder würde er anrufen, sie nie wieder necken, nie wieder ... - *Großer Gott, wo bist du?,* fragte sie immer und immer wieder. Die Krankheit hatte ihren Tribut gefordert. Es war abzusehen gewesen. Aber dass es gerade jetzt sein musste!

Sie war so in ihren Schmerz versunken, dass sie Oliver vergaß, der sie immer noch streichelte. Plötzlich gewahrte sie seine Hand auf ihren Schultern und schämte sich ihrer Tränen. „Ist schon gut!", betonte sie, ließ das Kopfteil hoch und wischte sich die Augen. Wieder fühlte sie sich wie ein Kind. Und schon drückte sie sich das Taschentuch wieder an die Augen.

***

Drei Monate waren seit der Beerdigung vergangen. Gela, die älteste Tochter von Magdas Schwester Lilli, wurde eingeschult. Da Lilli sowohl ihre Eltern als auch sämtliche Geschwister dazu eingeladen hatte, überlegte Magda, wie sie am nächsten Tag, an dem das große Ereignis stattfinden sollte, alles schaffen könnte.

Sie deckte den Frühstückstisch. Die Kinder waren noch im Bett, und Oliver wollte früh los, da er viele Kunden besuchen musste. Er hatte ihr beim Aufstehen erzählt, wie ihm vor diesem Tag graute. Angriffslust blitzte aus seinen Augen, aber sie wollte noch die Dinge für den morgigen Tag mit ihm abklären, damit alles seinen Gang gehen konnte. Morgen war es zu spät.

Sie holte Luft. „Meine Mutter hat angerufen."
Oliver setzte sich an den Tisch. „Deine Mutter? Was wollte sie denn?"
„Fragen, ob wir sie morgen mitnehmen könnten zu Gelas Einschulung. Mein Vater hat noch in der Schreinerei zu tun und will in die Kirche nachkommen."
„Hmmm – typisch! Und, was hast Du gesagt?" Er lehnte sich nach hinten.
„Ich hab gesagt, dass wir sie mitnehmen. Was hätte ich sagen sollen? Absagen geht ja schlecht!"
„Hast du dir überlegt, wie wir das mit den Kindern machen sollen?"
„Ich dachte, ich gehe mit Rica spazieren während des Gottesdienstes."
„Nein, ich meinte, wegen dem Fahren!"
„Ach so! Du hast recht. Es gibt ja keinen Schwiegermuttersitz mehr."
„Schön! Und jetzt?"
„Tja – absagen können wir wohl schlecht."
„Und wie stellst du dir das vor???" Er hieb mit dem Teelöffel seinem Frühstücksei auf den Kopf.
„I-ich könnte ... euch vor der Kirche absetzen und dann meine Mutter holen? Oder andersrum?"

„Ne! Zehn Kilometer hin, fünf Kilometer zu deiner Mutter und fünf zurück? Du bist ja bescheuert! Was da Sprit in die Luft geblasen wird."

„Ja, was soll ich machen?"

„Jemand anders fragen!"

„Aber sie hat mich gefragt. Die andern werden bestimmt das Auto voll haben."

„Woher willst du das wissen? Hat sie das gesagt?"

„Nnnein, ich denke mir das halt so. – Ich werd' Golda mal anrufen."

„Wirst du nicht! Deine Mutter soll selber rumtelefonieren. Wenn dein Vater an Gelas erstem Schultag unbedingt noch was in der Schreinerei machen muss."

Magda strich sich Butter aufs Brot. *Ganz ruhig, Magda, nicht aufregen. Beschäftige dich mit dem Naheliegenden, ohne den Gesprächsfaden abreißen zu lassen. – Marmelade oder Honig, oder lieber Käse?* Sie langte nach der Marmelade und drehte ihr den Hals um. „Aber das hat sie bestimmt schon. ... Wie ich sie kenne."

„Donnerwetter, werd nicht frech!" Er knallte den Löffel auf den Tisch. „Wetten, dass sie es noch bei niemand anderem probiert hat? Bei uns probiert sie's immer. Wir springen doch gleich, wenn sie pfeift. Das mach ich nicht mehr mit! Und verlassen kann man sich auf sie auch nicht. Ich wette, die ist nicht mal fertig, wenn du kommst."

„Das braucht dich nicht zu kratzen, wenn du in der Kirche bist!"

„Tut es aber! – Mit deiner Familie würde ich am liebsten manchmal im Boden versinken! Die sind unpünktlich und nutzen einen aus."

Magda holte Luft. „Und du nutzt niemanden aus, was?"

„Nun mach mal'n Punkt, Magda!", polterte er.

„Schhhh, die Kinder ..."

„Die Kinder, die Kinder! Sollen sie aufwachen! Der Tag hat angefangen."

„Ja, ist dir doch egal, was?"

Er ergriff ihre Schultern und schüttelte sie, bis ihr schwindelig war. Verstört blickte sie ihn an und rieb die Stellen, an denen gerade noch seine Hände gewesen waren. Ihre Augen füllten sich mit Tränen. „Was bist du für ein Aas, Oliver Bender!" Sie dachte: *Mal bist du so lieb und dann wieder so ... - Halt besser den Mund!* Sie stand auf und wandte sie sich der Tür zu, doch er hielt sie zurück.

„Wenn du das noch einmal sagst, dann ..." Er ließ sie los. Sie taumelte in Richtung Flur.

„Nun ruf schon bei deiner Mutter an, dass sie weiß, dass sie's bei den andern noch probiert!"

„Ich ruf sie nachher an", sagte sie halbherzig, „ich muss erst die Kinder ..."

„Du rufst sie jetzt an! Ich will wissen, was ist, bevor ich zur Arbeit fahre!"

„Hast du Angst, dass ich zu viel erzähle?" Magda erschrak über ihren eigenen Mut. „Vielleicht ist sie noch gar nicht auf!"

„Papperlapapp!"

Frau Ackelbein meldete sich.

„Hallo Mama, ich bin's." Ihre eigene Stimme kam ihr vor, als gehörte sie einer Fremden.

„Hallo Magda. Was ist los mit dir in aller Herrgottsfrühe?"

„Du, ich muss Dir absagen – wegen morgen."

„Warum denn das?"

„Oliver meint, es geht nicht – mit den drei Kindern hinten drin." Sie biss sich auf die Lippe.

„Oh, schade. Dann muss ich mit Papa reden, dass er früher Schluss macht. Die andern sind alle voll. Die hab ich schon gefragt. – Vielleicht lässt er sich erweichen ..."

„Ja, kannst es ja versuchen." Magdas Stimme schwankte.

„Was ist mit dir, Mädchen?"

„Ach, nichts."

„Nichts???"

Magda schwieg und presste die Lippen aufeinander.

„Habt ihr gestritten?"

„Ja."

„Schlimm?"

„Ach, ich weiß nicht."

Es entstand eine Pause. Zu guter Letzt sagte Frau Ackelbein: „Mädchen, wir sehen uns morgen, ja? Dann reden wir."

„Mal sehen." Zögernd legte sie auf.

„Und? Alles klar?", wollte Oliver wissen.

Magda atmete tief durch. „Alles klar."

„Und? Ruft sie noch die anderen an?"

„Nee, hat sie schon." Sie klang resigniert.

„Na, dann muss sich eben dein Vater beeilen. – Okay, ich geh jetzt. Mach's gut."

„Ja, du auch", schnappte sie.

Die Wohnungstür schloss sich hinter ihrem Mann; sie setzte sich an den Tisch und barg den Kopf in ihren Händen. *Wie soll ich nur mit der Situation umgehen? Will Gott im Ernst, dass ich das alles mitmache? Gibt es einen Weg für mich mit den drei kleinen Kindern? In welchen Schlamassel bin ich hineingeraten? Ich muss wieder ins Ballett. Wenn ich Rica abgestillt habe, muss ich es in Angriff nehmen. Anders halte ich das nicht aus!*

***

Alex 1980

Matthias Bender warf seine Arztkleidung in die Wäschetonne, riss die Terassentüren auf und sog die Abendluft ein. „Oliver" rief er über die Schulter ins Zimmer, „schau, was für ein herrlicher Abend. Und ich vermodere in meiner Praxis. – Diese Luft!" Er schnupperte. „Weißt du was?! Wir essen auf der Veranda. Was meinst du?"

Oliver schaute von seinen BWL-Büchern auf: „Klasse Idee. Vielleicht krieg ich dann eine Erleuchtung."

„Mensch Junge, du sitzt über deinen Büchern, seit du hier bist. Der Kopf muss dir doch qualmen." Matthias Bender ließ den Blick auf seinem Sohn ruhen. In den Spitzen von Olivers blondem Haar leuchtete die Abendsonne, während er es mit seinen Fingern durchpflügte. *Wenn ich nur wüsste*, dachte der Arzt, *wie ich einen Zugang zu ihm finde. Und seit seine Mutter ...* Er verbot sich weiterzudenken. „Die frische Luft wird dir guttun", fügte er langsam hinzu.

Olivers Vater machte sich auf den Weg in die Küche. „Ich schau mal, was da ist."

Oliver hörte ihn im Kühlschrank rumoren. Geschirr klapperte. Nach einer Weile rief Herr Bender: „Stell dir vor, Merle hat Brot gebacken!"

„Stimmt: Ich hab's gerochen, als ich kam."

Matthias Bender trug Teller und Besteck auf die Terasse. „Ich glaube, sie hat sich gefreut, dass du kommst. – Wie war die Fahrt? Hast du Lust auf Wein?"

„Die Fahrt war gut. Drei Stunden von Düsseldorf hierher an einem Freitagnachmittag ist wenig. Und Wein muss nicht sein; du weißt, dass ich mich nicht besaufen will, oder?" Er klappte die Bücher zu und stand auf.

„Also Oli, ich weiß, dass du eine Abneigung gegen Alkohol hegst. Aber wegen eines Glases besäuft man sich nicht. Ich rate dir, auf deine Wortwahl zu achten. Ich hatte auch keinen *faulen Tag und darf mich nicht gehen lassen." Er wandte sich dem Gemüse zu und sagte: „So, und ich schnippel mal."*

„War nicht so gemeint", räumte Oliver zerknirscht ein.

„Ich weiß. Lernen musst du's trotzdem."

Wortlos beteiligte Oliver sich an den Vorbereitungen des Abendessens.

Nachdem alles angerichtet war, setzten sie sich und prosteten einander zu.

„Ich freu mich auf jeden Fall, dass du hier bist und ich Zeit habe. Wie geht's mit der Ausbildung?"

Oliver zuckte die Schultern. „Ich komm zurecht. Ist halt anders als Gymnasium." Er lehnte sich zurück und befühlte seinen Hals nach Besonderheiten. Die neuen Schuppen kratzte er ab.

„Hast du eine Menge zu lernen?"

„Klar. Aber ich hab Zeit, von daher ... Und ich geh kaum weg."

Der Vater schob Salat in den Mund. Nach einer Weile fragte er: „Und die UV-Bestrahlungen in der Klinik? Bringen sie was?"

„Ja, war ein guter Tipp. Danke." Oliver biss von Merles Brot ab. „Mmmh! Ein Gedicht ist das. Krümelt ein bisschen, aber sonst ..."

„Dann haben die Spatzen was zum Fressen." Olivers Vater lächelte. „Schau, sie kommen schon."

Ein Draufgänger von ihnen wagte sich auf den Tisch. Matthias Bender verjagte ihn mit der Hand. Doch er flog nur zu Boden, blieb neben einem Stuhlbein sitzen und blickte mit Argwohn auf die Menschen. Oliver musste lachen. Er schob mit der Hand die Krümel zusammen und warf sie dem Vogel hin. Der stürzte sich darauf, was seine Kollegen ermutigte, sich mit ihm um die Brotkrumen zu streiten. Zu viert hockten sie am Boden und taten sich gütlich. Der Vater beobachtete Oliver und die Spatzen und meinte wie zu sich selbst: „Im-

mer, wenn ich dich mit den Vögeln sehe, fällt mir ein, wie du als Zweijähriger hier an der Terassentür standest, mit deinen Händchen gegen die Tür platschtest und riefst: ‚Vo-l, Vo-l!‘ Weißt du das noch?"

„Natürlich weiß ich das nicht mehr. Aber du erzählst es ja mit eiserner Beharrlichkeit."

„Na, jetzt übertreibst du! Es kommt einem halt – ab und zu." Herr Bender versank in Gedanken.

„Weißt du eigentlich, dass das Skelett des Albatros höchstens hundertfünfzig Gramm wiegt?", holte Oliver seinen Vater aus den Gedanken. Der setzte das Glas ab, das er vorhatte zum Mund zu führen. „Nee, wie kommst du darauf?"

„Ach, ich dachte eben an die Hohlknochen von Spatzen, und stellte mir vor, wie es wäre, wenn sie mit Mark gefüllt wären. Dann könnten sie nicht fliegen. Genauso wie der Albatros. Nur, weil ihre Knochen hohl sind, können sie Luft aufnehmen, sind leicht und trotzdem stabil."

„Junge, was du alles weißt. Das beeindruckt mich." Der Vater hob das Glas erneut und trank einen Schluck. „Aber findest du nicht, dass du mehr Energie in Deine Ausbildung stecken solltest?"

„Ich kann nicht rund um die Uhr BWL und Informatik büffeln. Irgendetwas Schönes braucht man im Leben!" Er kratzte sich am Kopf.

„Schon, aber …"

„In einer Tour reitest du auf Schule und Beruf rum. Torsten hat das Glück, dass er ausgezogen ist, dann muss er sich das nicht die ganze Zeit anhören."

„Oli, es geht um deinen Beruf. Ist dir das klar?"

„Beruf ist nicht alles." Oliver stand auf und stieß in der Aufregung den Stuhl um. Hart stellte er ihn auf, sodass der Vater zusammenzuckte. „Der Beruf, der Beruf! In den hast du dich nach Mutters Tod zurückgezogen wie ein Kaninchen in seinen Bau. Torsten und ich waren Nebensache."

„Das stimmt nicht", kam es tonlos von Matthias Benders Lippen.

„Und ob es stimmt! Du hattest Glück, dass Merle die Güte in Person ist und sich um uns gekümmert hat."

„Irgendjemand musste Geld herschaffen. Das scheinst du zu vergessen." Der Mund des Vaters wurde zu einem Strich.

„Schade, dass Mutter nicht mehr lebt. Sie hätte mich verstanden. Sie wusste, dass man auch was Schönes im Leben braucht." Es gab ihm einen Stich ins Herz, den er sehr gut kannte. – Mutter ... Du fehlst mir. Warum musstest du sterben, als ich dich noch so sehr brauchte? Warum, warum? – Oliver vergrub die Fäuste in den Hosentaschen um dem Schmerz keinen Raum zu geben und merkte gar nicht, dass es seinem Vater genauso ging.

„Für dich steht also fest, dass mir das nichts ausmacht?" Matthias Benders Stimme ließ Oliver aufmerken. Er war dabei, seine Arme zu begutachten und schaute nun auf. „Was meinst du? Mutters Tod oder dass ich darunter leide?"

„Beides, verdammt noch mal. Ich staune, dass du glaubst, ich stecke den Tod meiner Frau mit links weg, und ihr hättet all die Jahre eine Nebenrolle für mich gespielt? – Ich finde das reichlich unfair, wie du mit mir umgehst."

„Ich bin nicht unfair. Das ist Realität."

„Das glaubst du."

„Das ist so." Oliver stand auf. „Ich glaub, ich geh ins Bett. Es ist neun, und ich bin totschlagkaputt."

Der Vater blieb zurück und schaute zum Himmel, an dem mit der Zeit die Sterne in Erscheinung traten. Dann schenkte er sich noch ein Glas Rotwein ein und zündete eine Zigarette an.

***

Am nächsten Morgen ging Oliver nach dem Frühstück in die Stadtbibliothek. Der gestrige Abend saß ihm noch in den Knochen. – Ein Phänomen, wie viel Aufhebens Vater machte. Es *sieht so aus, als hätte ich ihn im Ernst verletzt mit meinen Unterstellungen. – Er schob den Gedanken von sich. Unwahrscheinlich, dass Vater den Schmerz ermessen konnte, den er, Oliver, empfand. Er schlenderte durch den Sonnenschein, der die Seele wärmte und noch keinen Schweiß auf der Haut verursachte. Ein Glück, dachte er, bei solchem Wetter Urlaub zu haben ...! Vielleicht haben sie in der Bibliothek was Neues über Vögel.*

Dort war jedoch alles beim alten. Die Vogelbücher im Regal kannte er alle. Ohne es beabsichtigt zu haben, fand er sich vor der Trauerliteratur wieder. – Das gibt's nicht, dachte er und krampfte die Hände zu Fäusten. Was ist los mit mir? Warum tut es auf einmal wieder so weh? – Abrupt drehte er sich um. Ich muss einfach lernen, damit klarzukommen. Er seufzte. „Oli, es wird Zeit, dass du erwachsen wirst!"

Er machte sich auf den Weg nach draußen. Zum Bibliothekar sagte er: „Über Vögel könntet ihr wieder was Neues anschaffen. Das sind durch die Bank alte Schinken, die da stehen." „Ich werd's weiterleiten." Als Oliver an der Tür war, rief er ihm hinterher: „Hey, wart' mal einen Moment." Oliver hielt inne. „Meinst du mich?" „Ja, genau." Der Typ stand vom Tisch auf, und Oliver musterte ihn, während er auf ihn zukam. Er mochte eine Idee älter sein als er selbst. Leise wollte der Bibliothekar wissen: „Darf ich mal was fragen?" „Aber natürlich." „Du warst vorhin bei der Trauerliteratur und machtest mir so einen hin- und hergerissenen Eindruck. – Kann ich dir helfen?" Langsam schüttelte Oliver den Kopf. „Nein, es war Zufall, dass ich da stand. Ich staune, wie viele Bücher es darüber gibt. Meine Mutter starb vor zehn Jahren."

Der Typ musterte Oliver. „Vor zehn Jahren ...! Du musst ja noch ein Kind gewesen sein!“

„War ich auch.“

„Und hast du es verarbeiten können?“

Oliver zögerte und bearbeitete gedankenverloren einen Arm mit den Fingernägeln. Als er innehielt, sagte er: „Um die Wahrheit zu sagen: nicht ganz. Ich frage mich, ob man jemals in der Lage dazu sein kann.“ Er sah durch den jungen Mann hindurch. „Sie wird mir immer fehlen. Sie war die Einzige, die mich in wirklich verstand ...“

Der Bibliothekar legte ihm eine Hand auf die Schulter. „Wenn du jemanden zum Reden brauchst, können wir uns auf einen Tee in der Teestube treffen? Weißt du, wo die ist?“

Oliver grübelte: „Teestube, Teestube ... hmmm ...“

„In der Hauptstraße, ein hübsches Häuschen in einem Hinterhof.“

„Ich glaube, ich weiß, welches du meinst. Ich überleg's mir.“

„Okay, komm vorbei, wenn es dir passt. Die haben ab halb acht abends auf.“

Oliver schaute noch am gleichen Abend in der Teestube vorbei. Die Einrichtung gefiel ihm. Bunte Tücher lagen auf allen Variationen von Tischen. Ein Sofa stand an der Wand, und alle erdenklichen Sitzmöglichkeiten gaben sich ein Stelldichein. Er vermutete, dass das meiste von Wohnungsauflösungen stammte oder von Opas und Omas zusammengeschnorrt war. Auf jedem Tisch stand eine Kerze und Knabberzeug. Die Vielfalt des Mobiliars spiegelte die Verschiedenheit der jungen Leute, die hier ein- und ausgingen oder plaudernd zusammensaßen, wieder. Und der Bibliothekstyp war auch da. Der freute sich wie Harry und stellte sich ihm als Alex vor. Sie zwängten sich zwischen einigen Leuten hindurch auf der Suche nach einem freien Tisch. Sie fanden einen Zweiertisch, und Alex besorgte Teepunsch.

„Arbeitest du schon lange in der Bücherei?", wollte Oliver wissen. „Ich hab dich dort noch nie gesehen. In letzter Zeit war ich allerdings seltener da."

„Nö, ich hab Semesterferien und bessere mir mit dem Job mein Taschengeld auf, wenn man das so nennen kann." Alex grinste.

„Ah, und was studierst du?"

„Ich bin auf einer Bibelschule."

„Bibelschule?" Oliver zog eine Augenbraue in die Höhe. „Was ist denn das? Hab ich ja noch nie gehört." Er trank einen Schluck von seinem Teepunsch. Seine Augen leuchteten. „Macht ihr immer so leckeren Punsch?"

„Ja, klar", strahlte Alex. „Wir sind hier Spezialisten für alles, was mit Tee zu tun hat."

„Okay, aber jetzt erklär mir, was eine Bibelschule ist. Ich hab ja keine Ahnung."

„Eine Bibelschule ist eine Schule, in der man eine theologische Ausbildung machen kann. Das dauert im Schnitt um die drei Jahre und hat das Ziel eines theologischen Berufs."

„Du meinst Pfarrer oder so?"

„Nö, Pfarrer kann man werden, wenn man Theologie studiert. Dazu braucht man eine Uni. Aber man kann Missionar werden oder Prediger in einer Gemeinde ..."

Jetzt verstand Oliver gar nichts mehr. „Was, bitteschön, ist der Unterschied zwischen einem Prediger und einem Pfarrer?"

Alex grinste. „Die Ausbildung, Oliver, die Ausbildung. Die ist bei einem Pfarrer viel hochgestochener und theoretischer. Und wenn man studieren will, braucht man Abitur. Für eine Bibelschule braucht man das nicht."

Oliver staunte.

„Ja, und meistens predigen Pfarrer in der Kirche. Leute, die aufgrund ihrer Ausbildung Prediger sind – es gibt ja auch Prediger ohne Ausbildung – predigen in der Regel in christlichen Gemeinschaften oder Freikirchen."

„Das sind alles böhmische Dörfer für mich." Oliver knabberte an einem Keks.

„Ist ja auch nicht von Bedeutung. Zumindest für dich. Oder?"

In Oliver arbeitete es. Nach einer Weile sagte er: „Und du willst auch Prediger oder so was werden?!"

„Missionar."

„Missionar? Gibt's so was überhaupt noch?"

„Ja, klar! Wieso sollte es das nicht geben?"

Oliver zuckte mit den Schultern. „Keine Ahnung, ich dachte halt ..." Er prüfte mit den Händen die Haut an seinem Hals. „Und dann gehst du in absehbarer Zeit zu den armen, schwarzen Negerlein und erzählst ihnen von Adam und Eva?"

Alex zuckte mit den Schultern. „Ganz so platt würde ich es nicht ausdrücken. Da gehört noch was anderes dazu, als so ein naives Menschen- und Weltbild."

„Okay, okay, ich wollte dich nicht verletzen."

Alex lächelte. „Schon gut. Willste noch 'ne Tasse Tee?"

Oliver sah auf die Uhr. „Nee, ich sollte mich auf die Socken machen. Ich bin hundemüde und muss noch heimfahren."

„Oh, schade. Gleich kommt unsere Andacht. Und die ist immer Gold wert, finde ich."

„Andacht? Was ist das denn? Versenkt sich da jeder ins Gebet?"

„Du könntest es dir anschauen, dann weißt du es." Alex zwinkerte ihm zu.

„Das nächste Mal vielleicht. Ich bin hundemüde, das ist kein Scherz. Und wenn ich müde bin, hat es meine Haut in sich."

„Dich hat's ja nicht zu knapp erwischt, was? Was für eine Krankheit ist das denn? Neurodermitis?"

„Psoriasis. Hab ich von Geburt an. Und manchmal ist es zum Davonlaufen." Seine Finger bekamen Eigenleben. Er rieb und kratzte, dass es Alex fast beim Zusehen weh tat.

„Oh, das tut mir leid." Alex schaute ihn mitleidig an.

„Braucht dir nicht leid zu tun. Ist halt so. Und da hilft leid tun nichts. Da muss man cremen, schlafen und so weiter. Und jetzt muss ich gehen, sonst ist die Nacht gelaufen."

„Und du kommst auf Ehr und Gewissen wieder? Heißt das, es hat dir gefallen?"

„An sich schon. Ich gehe zwar im Normalfall abends nicht aus, aber ihr scheint 'ne nette Truppe zu sein."

„Freut mich. Hast du es weit nach Hause?"

„Nach Mittelbollenbach. Also nicht allzu weit."

***

„Wenn du Missionar werden willst, kannst du mir mit Sicherheit erklären, wie Gott, wenn es ihn geben sollte, es zulassen kann, dass ich meine Mutter mit zehn Jahren verliere." Oliver war seither immer wieder zur Teestube gekommen. Er verbrachte mehr Wochenenden bei seinem Vater als vorher. In Düsseldorf hielt ihn nichts außer seiner Ausbildung als Assistent für Betriebsinformatik. An den Wochenenden litt er unter seinem Exil im Herzen der Großstadt. Er verbrachte zwar eine Menge Zeit im Hofgarten um die exotischsten Vögel zu beobachten, doch es zog ihn auf eine Weise, die er sich nicht erklären konnte, in die Teestube und zu seinem Vater. Wenn Oliver heimkam, versuchte Matthias Bender die Wochenenden für seinen Sohn freizuhalten, auch wenn er bis dahin meistens die Wochenenddienste übernommen hatte seit dem Tod seiner Frau. Die Mittelbollenbacher wussten, dass Dr. Bender im Notfall zu sprechen war.

Alex spielte mit den Blättern der Blume, die auf dem Tisch stand. *„Oliver, ich hab keine Ahnung, wieso Gott das macht. Aber fragen wir oft nicht erst nach ihm, wenn Probleme auftauchen? Auch wenn wir ihm erst mal nur die Schuld für die Misere zuschieben?"* Er zeichnete die Fäden des bunten Tuchs nach.

Oliver schluckte. „Wieso sollte ich nach ihm fragen, wenn er mir solche Schmerzen zufügt?" Die Finger krampften sich um sein Glas, sodass die Knöchel hervortraten.

Alex schaute auf und betrachtete sein Gegenüber. „Oliver, ich kann dazu wenig sagen. Ich habe noch beide Eltern, und ich freue mich darüber. Aber ich weiß, dass in der Bibel steht, dass Gott uns trösten will, wie einen eine Mutter tröstet und dass er ein Gott der Witwen und Waisen ist. Das kannst du für dich in Anspruch nehmen – wenn du willst." Er nahm einen Schluck aus seiner Tasse.

Oliver kratzte sich heftig an den Armen. „Wieso nimmt er mir erst die Mutter weg um mich hinterher zu trösten? Er müsste mich doch gar nicht trösten, wenn ich sie noch hätte!?"

„Ja, siehst du! Er will eine Beziehung zu dir haben. Und deshalb will er dich trösten."

„Wenn er so scharf auf eine Beziehung zu mir ist, könnte er das auch anders machen, als einem die Mutter wegzunehmen ...!"

Alex sah, wie Oliver die haselnussbraunen Augen zusammenkniff und sein Blick hart wurde. Wie Kieselsteine, dachte er. Er schloss die Augen und überlegte. Als er sie wieder öffnete, sagte er: „Vielleicht ist das die einzige Möglichkeit, dich in der Tiefe deiner Seele anzusprechen?" Nach einer Weile fuhr er fort: „Du leidest sehr, Oliver. Unter deiner Krankheit, unter dem Verlust deiner Mutter ... Vielleicht will Jesus dir zeigen, dass nur er in der Lage ist, dieses Loch in deinem Herzen auszufüllen?"

„Aber das könnte er auch anders!" Olivers Antwort hörte sich an wie das Wimmern eines Tieres.

Alex drehte das Glas in seinen Händen. „Wo kann Christus uns so tief ansprechen wie dort, wo wir unsere existenziellen Bedürfnisse haben? Er kennt uns bis in unser Innerstes und weiß, was wir nötig haben und wo er ansetzen kann. Ich habe eine andere Vergangenheit als du. Meine Eltern sind Christen und haben mir von klein auf von Gott erzählt. Da wurde ein

Fundament für den Glauben gelegt. So brauchte Jesus vielleicht nicht so starke Geschütze um mein Augenmerk auf sich zu lenken."

„Ich bin auch Christ. Ich bin katholisch. Ich wurde getauft, hatte Kommunion und Firmung. Ein bisschen was weiß ich auch."

„Ich glaube, dass das weniger eine Sache des Wissens ist, als die einer persönlichen Beziehung."

Oliver schüttelte den Kopf: „Das kapier ich jetzt nicht."

Alex sah ihn ruhig an: „Ich nehme an, dass du keine persönliche Beziehung zu Gott hast."

„Braucht man das denn?

„Die Bibel sagt: ‚Wer Jesus hat, der hat das Leben. Wer Jesus nicht hat, der hat das Leben nicht.'"

„Also, das glaubst du wohl selber nicht. Du siehst doch, dass ich lebe."

„Glaubst du, dass es das Leben schlechthin ist, was du lebst?"

„Hmmm" Oliver rieb sich die Stirn. „An dieser Frage ist was dran. – Das Leben schlechthin ..." Er trank sein Glas leer. „Also, was die Lebensqualität anbelangt, würde ich sagen: nein. Meine Krankheit ... - Ach, du weißt sowieso inzwischen, was mir zu schaffen macht!"

Alex lächelte leise. „Noch was zu trinken?"

„Nee, nee. Ich muss heim. – Aber die Frage, die du aufgeworfen hast – darüber muss ich nachdenken."

„In Ordnung. Darf ich dich nächstes Mal nach dem Ergebnis fragen?"

Oliver hielt erstaunt inne. „Interessiert dich das wirklich?"

Alex' Lächeln verbreitete sich. „Du interessierst mich. Und somit das, was du denkst."

„Okay, ich halt dich auf dem laufenden." Oliver stand auf: „Mach's dann mal gut."

Auf dem Nachhauseweg stand ihm der Bibelvers, den Alex zitiert hatte, vor Augen: „Wer Jesus hat, der hat das Leben; wer Jesus nicht hat, der hat das Leben nicht."
Ist es wirklich das Leben schlechthin, wenn man fromm ist? Stimmt es, dass ich das Leben gewinne? Ist das nicht alles Krampf, wenn man sich keine Schnitzer erlauben darf?
Mist, jetzt hatte er eine rote Ampel übersehen. Und geblitzt hatte es auch noch! Mist, Mist …! Oliver schlug auf das Lenkrad. Hoffentlich war der Film voll, dachte er. Das kommt davon, wenn man nicht bei der Sache ist und das Gehirn von anderen Dingen überläuft!

Er stellte seinen Polo in der Doppelgarage ab und ging ins Haus. In Vaters Arbeitszimmer brannte Licht. Aber ihm war nicht nach Reden, obwohl er dessen Meinung schätzte. Das hier musste er allein durchdenken.

Oliver schlich die Treppe hinauf in sein Zimmer und überlegte, ob er überhaupt wusste, wie sein Vater über Glaubensdinge dachte. Er hatte sich nie richtig darüber geäußert. Ob es für ihn Unsinn war? – Auf der anderen Seite hatte er Wert darauf gelegt, dass Mutter die letzte Ölung bekam und vom Priester beerdigt wurde. Und seine Firmung … oder war das auf gut Deutsch, weil „es sich gehörte"?
Er setzte sich aufs Bett und rieb die Schuppen ab um sich ordentlich eincremen zu können. Dabei fragte er sich, ob er, wenn er sich entscheiden würde, das mit Jesus zu versuchen, verdammt sein würde, alle Gebote zu halten. – Und wenn ich sündige … - Ich kann ja zur Beichte gehen. Das gehört wohl dazu. – Aber ob das ein so bombastisches Leben wird?
Er dachte an die jungen Leute in der Teestube. Nach Scheuklappentypen sahen sie nicht aus …

***

Eine lange Geburt

Am nächsten Wochenende blieb Oliver in Düsseldorf. Er wollte nachdenken über das, was Alex ihm in den letzten Wochen erzählt hatte. Die Sonne kitzelte ihn an diesem Samstagmorgen früh aus dem Bett. So zog er mit seiner Fotoausrüstung in den Hofgarten. Er setzte sich auf eine Bank und öffnete Augen und Ohren für seine Umgebung. Das entspannte ihn, und für eine Weile trat die Krankheit in den Hintergrund. Sein ganzes Sein war darauf gerichtet, etwas zu erhaschen, das es wert war, beobachtet und fotografiert zu werden.

Oliver saß und lauschte. Das Stativ mit der Kamera stand vor ihm, die Fototasche neben ihm. Die Sonne tanzte in den Blättern der Bäume. Nur die Scherben im Gras und der Müll, der herumlag, ärgerten das Auge.

Er horchte auf, als Papageienkrächzen an seine Ohren drang. Das konnte nicht sein. Oliver, du siehst Gespenster am helllichten Tag, sagte er sich. Es ist zwar keine Geisterstunde, aber ein Papagei im Hofgarten – wer hat so was schon gesehen!?
Er lehnte sich zurück und traute seinen Augen nicht. Im Nachbarbaum saß er. Die Größe, der rote Schnabel und das schwarze Halsband, das im Nacken rosa wurde – unverkennbar ein Alexandersittich. „Ich glaub's nicht", murmelte er. Der Vogel, der ihn von Anfang an in seinen Bann gezogen hatte. Zum ersten Mal war er ihm im Vogelpark in der Nähe des Wohnorts seiner Großmutter, begegnet. Er griff nach dem Stativ mit der Kamera und richtete das Tele auf den Sittich. „Jaaa, gut so. Bleib sitzen, sei ein Guter", flüsterte er. Eine halbe Stunde saß er, beobachtete, fotografierte und redete mit sich und dem Vogel im Flüsterton. Er notierte Uhrzeit und Datum, damit er später Bild und Daten miteinander verbinden konnte. So hatte er wieder Material für einen Diavortrag

bei den Vogelfreunden, bei denen er Mitglied war. Oft ging er nicht zu den Treffen, denn er zog die Einsamkeit vor. Doch man bekam ab und zu lohnende Anregungen dort. Und das schätzte er an den Vogelfreunden.

Der Sittich schrie und hüpfte hin und her. Oliver fragte sich, ob wohl ein Weibchen in der Nähe war. Doch bevor sich dieses Rätsel löste, flog er davon.

„Boah." Oliver lehnte sich zurück.

„Haben Sie den gesehen?"

Oliver fuhr herum. Er wurde eines älteren Mannes ansichtig, der hinter einem Spektiv stand und ihn freundlich anlächelte.

„Sie meinen den Alexandersittich?"

„Genau. Also haben Sie ihn gesehen. – Das war'n Ding, wa?"

„Da haben Sie recht. Ich hab noch nie einen in Freiheit gesehen. Sie?"

Der Mann schüttelte den Kopf. „Ne, so was ist mir hier noch nicht untergekommen."

Oliver schaute ihn genauer an. Der Mann trug einen grünen Hut, eine bunt-gehäkelte Tasche über der Schulter und ein Spektiv in der Hand. Er mochte um die sechzig sein. „Von meiner Enkelin", erklärte er, als er merkte, wie Oliver die Tasche musterte. „Hat sie mir zum Geburtstag geschenkt."

„Oh, schön", beeilte Oliver sich zu sagen. „Ich dachte mir schon so was.

„Wissen Sie, ich komme oft um diese Uhrzeit hierher, wenn die Vögel ihr Morgenkonzert noch nicht beendet haben und der Tag noch nicht angelaufen ist. Dann sitze ich hier, lese meine Bibel und höre den Vögeln zu. Und für den Fall, dass sich mir was Besonderes bietet, habe ich mein Spektiv. – Sie scheinen auch kein Anfänger zu sein, wa?" Er zeigte auf Olivers Equipment.

„Nein, das ist mein Steckenpferd. Nur muss ich mich zurzeit mehr um meine Ausbildung kümmern." Oliver schwieg und strich sich gedankenverloren über die Arme. *Es drängte ihn zu fragen: „Und was tun Sie hier? Bibellesen?"*

„Joa. Wieso nicht?" *Der Mann schaute Oliver vergnügt an.* „Das ist für mich die beste Zeit. Meine Frau sagt zwar, dass sie das nicht verstehen könne. Entweder sollte ich Vögel beobachten oder die Bibel lesen. Aber hier bin ich in meinem Element. Und Gott hat schon verschiedene Male hier im Park zu mir gesprochen."

Oliver stellte sein Stativ zur Seite. „Er hat zu Ihnen gesprochen? Das müssen Sie mir erklären."

Der Mann setzte sich zu Oliver auf die Bank. „Sie glauben wahrscheinlich, dass ich nicht mehr richtig ticke, wa?"

Oliver sagte nichts dazu und streckte seine Beine aus.

„Nun", *begann der Mann von Neuem,* „ich höre zwar keine Stimme vom Himmel oder so was. Aber Gott redet durch die Bibel zu uns Menschen. Und da in der Bibel steht, dass wir ihn in der Natur erkennen können, ergänzt sich das."

„Aha." *Aus Olivers Blick sprach Skepsis.*

„Am liebsten sind mir Bibelstellen, in denen es um Vögel geht. Schließlich sind sie meine Leidenschaft." *Er strahlte.*

„Echt? Gibt's das? Bibelstellen mit Vögeln?"

„Jawoll! Es behagen mir zwar nicht alle, aber es hat doch ein paar Juwelen für mich dabei."

„Und wie gehen die? Die Juwelen, meine ich." *Oliver zwinkerte ihm zu.*

„Ach, ich denke an zwei Bibelstellen. Eine, die besagt, dass die, die auf den Herrn hoffen, Kraft bekommen wie ein Adler, der die Schwingen hebt und nach oben fliegt. Die andere sagt, dass kein Sperling vom Himmel fällt ohne das Wissen unseres Vaters im Himmel. Und genauso, wie er über jeden Sperling Bescheid weiß, weiß er auch über uns Bescheid. Er hat sogar die Haare auf unserem Kopf gezählt. Das steht auch dort. – Sie glauben gar nicht, was mir das bedeutet bei den paar Federn, die mir noch geblieben sind." *Er lächelte schräg, und*

Oliver grinste zurück. „Interessant. Ich hatte keine Ahnung, dass Vögel in der Bibel vorkommen."

„Doch, doch. Es gibt noch viel mehr Bibelstellen mit Vögeln. Aber das sind meine Lieblinge unter ihnen. – Junger Mann, darf ich fragen: Haben Sie eine Bibel?"

Oliver verneinte, und das brachte den Mann erst richtig in Fahrt. Während er den am Boden liegenden Beutel aufhob um sein Spektiv und die zugehörigen Habseligkeiten darin zu verstauen, sagte er: „Wenn Sie wollen, schenke ich Ihnen meine."

Oliver strich sich über die Arme. „Dann haben Sie ja keine mehr. Das kann ich nicht annehmen."

„Kein Problem, junger Mann. Ich habe mehrere Bibeln zuhause und wechsle immer wieder. Da brauchen Sie keine Bedenken zu haben, dass Sie mich in irgendeiner Weise berauben."

„Hmmm, wenn das so ist … Wenn Ihnen das nichts ausmacht …"

Der Mann kramte in der Häkeltasche und reichte Oliver das Buch.

„Donnerwetter", entfuhr es Oliver, „eine Minibibel!"

„Jau", sagte der Mann fröhlich, „das ist auch eine kleine Schrift. Bald brauche ich eine Lupe dafür." Er grinste. „Von daher können Sie sie meinetwegen behalten."

Oliver schlug die Bibel auf. „Aber da steht Ihr Name drin. Das kann ich nicht …"

„Papperlapapp! Sehen Sie es als Widmung. Wenn Sie wollen, schreib ich Ihnen meine Telefonnummer dazu. Dann können Sie mich anrufen, wenn Sie Fragen haben. Und über Besuch freue ich mich auch. Erst recht, wenn es sich um einen Vogelfreund handelt. Würde mich schon interessieren, was Sie an Bildern so haben." Er holte einen Kugelschreiber aus der Häkeltasche. „Geben Sie mal her."

Oliver reichte ihm die Bibel, und der Mann fragte: „Wie heißen Sie noch? Hab ich das vergessen, oder haben wir uns noch nicht vorgestellt? Ich bin Wilhelm."

„Hab's gelesen", schmunzelte Oliver, „ich heiße Oliver."
„Angenehm. Also sind wir beim Du, ja?" Er schrieb auf die
erste leere Seite der Bibel:

„Für Oliver, den ich im Hofgarten zu Düsseldorf getroffen
habe. Möge das Lesen dieses Buches für Dich zum Segen werden.

Die auf den HERRN harren, kriegen neue Kraft, dass sie auffahren mit Flügeln wie Adler, dass sie laufen und nicht matt
werden, dass sie wandeln und nicht müde werden. Jesaja
40,31

Es fällt kein Sperling auf die Erde ohne euren Vater. Nun aber
sind auch eure Haare auf dem Haupte alle gezählt. Darum
fürchtet euch nicht; ihr seid besser als viele Sperlinge.
Matthäus 10,29 b – 31

Wilhelm Funke"

Nachdem er unter der Anschrift noch seine Telefonnummer
notiert hatte, gab er Oliver die Bibel zurück. „Ich hoffe, du
kannst meine Schnörkelschrift lesen. Hab dir meine beiden
Lieblings-Bibelstellen aufgeschrieben. Und falls du sie nach-
lesen willst, wundere dich nicht. Ich hab sie so aufgeschrieben, wie ich sie vor Jahren auswendig lernte. Das hier ist eine
andere Übersetzung. Da kommt es vor, dass sich der Wortlaut
einer Bibelstelle ändert."
„Na, dann versuche ich mal mein Glück. Und wenn ich nicht
zurechtkomme, melde ich mich." Oliver dachte an Alex, den er
auch noch fragen konnte.

***

Die Schrift in der Bibel war in der Tat sehr klein. Aber das büßte ihren Reiz nicht ein, die sie auf Oliver ausübte, seit er sich wieder in seiner Wohnung in der Nähe des Hofgartens befand. Er hatte sich vorgenommen, an diesem Wochenende das Thema auf Herz und Nieren zu prüfen. Unter der Woche fehlte ihm die Zeit und am Wochenende bei seinem Vater die Muße. Nun war die Fototasche aufgeräumt, und er setzte sich auf die Couch um zu lesen.

Erst blätterte er gedankenverloren in dem Buch herum, das ihm Herr Funke – ach, er hieß ja Wilhelm – geschenkt hatte. Der Altersunterschied machte es Oliver schwer, ihn – selbst in Gedanken – du zu nennen. Beim Blättern fiel ihm ein Kärtchen entgegen. Es war nicht beschrieben, und auf der Vorderseite stand ein Spruch: „Bete, als ob alles von Gott abhinge und arbeite, als ob alles vom Menschen abhinge. – Kardinal Spellmann".
„Hmmm", murmelte er. Ob das das vollendete Zusammenspiel von Gott und Mensch ist?

Oliver schlug die Bibel vorne auf und las noch mal Wilhelms Widmung. Er hatte zwar die Bibelstellen dazugeschrieben, doch wie konnte er sie aufstöbern? – Wozu gibt es ein Inhaltsverzeichnis? Dort finde ich bestimmt Jesaja und Matthäus. Und einen Überblick bekomme ich auch.
Er musste nicht lange suchen. Jesaja entdeckte er im Alten Testament und schlug die Seite auf. Die Kapitel waren gut sichtbar. Das ließ sich gut an. Als er auf das vierzigste Kapitel stieß, sah er, dass es in mehrere Abschnitte unterteilt war. Hier und da war etwas bunt angestrichen. So erspähte er ohne lange zu suchen, den einunddreißigsten Vers. Der letzte Vers im Kapitel war dick rot unterstrichen: „Aber alle, die auf den Herrn vertrauen, bekommen immer wieder neue Kraft, es wachsen ihnen Flügel wie dem Adler. Sie gehen und werden nicht müde, sie laufen und brechen nicht zusammen."

Oliver blätterte nach vorne um zu vergleichen, wie Wilhelm es geschrieben hatte. Es war nicht zu übersehen, dass es sich um verschiedene Übersetzungen handelte, wie er es ausgedrückt hatte. Verständlicher war Wilhelms Version. Wobei das Wort „harren" in Olivers Vokabular eher nicht vorkam. Und „auffahren" genauso, doch es war klar, was gemeint war.

Oliver las vom Anfang des Abschnittes an: „Ihr Israeliten, Nachkommen Jakobs ..." Das ist doch gar nicht an mich gerichtet, was da steht!, dachte er. Und doch weckte der Text auf einmal sein Interesse. Er las weiter: „Warum klagt ihr: ‚Der Herr kümmert sich nicht um uns; unser Gott lässt es zu, dass uns Unrecht geschieht'?" Genau das frage ich mich schon lange, schoss es ihm durch den Kopf. Die altbekannte Frage, die in seinem Herzen bohrte: Wie kann Gott zulassen, dass ein zehn Jahre alter Junge seine Mutter verliert? Er kümmert sich doch gar nicht um mich.
Gebannt las er weiter: „Habt ihr denn nicht gehört? Habt ihr nicht begriffen? Der Herr, unser Gott, hat die Erde geschaffen, und er regiert sie für alle Zeiten. Er wird nicht müde, seine Kraft lässt nicht nach; seine Weisheit ist tief und unerschöpflich." Was ist das für eine Weisheit, Gott?, fragte er in seinem Innern. Doch er wollte noch nicht aufgeben. Er beabsichtigte, an diesem Wochenende zu einer Lösung zu kommen; so oder so. „Gott, wenn es dich gibt, dann zeig dich mir", brach es aus ihm heraus. Oliver vergrub den Kopf in seinen Händen, seine Finger fanden ihre Stelle ... Doch er zwang sich aufzuhören und weiterzulesen: „Er gibt den Müden Kraft, und die Schwachen macht er stark." Oliver fühlte sich verstanden. Auch er war müde und schwach. „Gott, bist du da?" Es war wie eine Antwort, als er weiterlas: „Selbst junge Leute werden kraftlos, die Stärksten erlahmen."
„Hey, Gott, ich glaube, du siehst mich. Du siehst sogar, dass ich jung bin." Und dann kam Wilhelms Vers: „Aber alle, die auf den Herrn vertrauen, bekommen immer wieder neue Kraft,

es wachsen ihnen Flügel wie dem Adler. Sie gehen und werden nicht müde, sie laufen und brechen nicht zusammen."

Oliver lehnte sich zurück. Das musste er verarbeiten. Es war, als hörte er Gott sagen: Vertrau mir. Ich will dich stärken. Er kratzte wieder. Seine Finger scharrten auf der Kopfhaut und durchwühlten die Haare. „Gott, aber warum nimmst du mir die Kraft, wenn du mich stärken willst?"
Als ob Alex' Worte sich in sein Gedächtnis eingegraben hätten, kam es ihm in den Sinn: Weil du sonst nicht nach mir fragen würdest. Wie willst du meine Kraft erfahren, wenn ich dir deine nicht nehme? Dann lebst du doch in deiner eigenen Kraft.
Plötzlich kam eine nie erlebte Ruhe über ihn. Er spürte, dass er auf der richtigen Fährte war und konnte sich doch nicht erklären, wie er darauf kam. Konnte Alex ihm weiterhelfen? Oder Wilhelm? – Alex kannte ihn schon. Bei ihm musste er nicht alles wieder von vorne aufrollen.

***

„Alex, du glaubst nicht, was mir vor einer Woche passiert ist!"
Alex, der bis dahin mit dem Umrühren seines Tees beschäftigt war, sah auf. „Ja? Was denn?"
„Erst begegnet mir ein Alexandersittich in Düsseldorf und dann ..."
„Ein was???" Alex schaute irritiert drein.
„Ein Alexandersittich. Hast du noch nie einen gesehen?"
„Nee." Alex fing an zu grinsen. „Dass es einen Vogel mit meinem Namen gibt, hätte ich nicht gedacht. Wie sieht er denn aus? Ich hoffe, er hat wenigstens Klasse!?"
„Dafür kann ich die Hand ins Feuer legen. Er ist eine echte Schönheit!"
„Und? Wie sieht er aus? Nun mach schon; das interessiert mich wirklich."

„Aaalso: Es ist ein Edelpapagei und wird bis zu einem halben Meter groß. Männchen und Weibchen sind beide grün. Das Männchen hat ein schwarzes Halsband, das im Nacken rosa wird. Das Weibchen hat kein Halsband. Und beide haben einen knallroten Schnabel und blaugrüne Schwanzfedern, die unten gelb auslaufen. Die Augen sind gelb und die Füße graugrün. Auf der Schulter haben sie einen braunroten Fleck. – Reicht das?"

„Wow! Du bist ein Spezialist, stimmt's?"

Oliver wiegte seinen Kopf hin und her. „Na, ob es zum Spezialisten reicht, weiß ich nicht. Aber ich kenn mich aus. – Doch darauf wollte ich nicht hinaus."

„So? Auf was denn?" Alex langte nach einem der Kekse, die auf dem Tisch standen.

„Ich habe eine Bibel geschenkt bekommen."

„Was hast du?" Alex verschluckte sich an seinem Keks und hustete, dass sein Gesicht rot anlief. Als er sich beruhigt hatte, sagte er: „Hast du noch mehr solche Geschichten auf Lager?"

„Das ist die Wahrheit! Da schau!" Oliver zog die Bibel aus der Tasche und legte sie auf den Tisch.

Alex schüttelte den Kopf. „Potz Blitz! Hätte ich nicht erwartet!"

„Ich auch nicht. Aber es war so. Ein älterer Mann, der auch den Alexandersittich entdeckt hatte, schenkte sie mir."

„Wie kam er dazu, dir eine Bibel zu schenken?"

„Er hat mir erzählt, dass er oft zum Bibellesen in den Hofgarten kommt. Er hat sich angewöhnt, auch sein Spektiv mitzunehmen um Vögel zu beobachten. Und als er mir das mit dem Bibellesen erzählte, schrillte es in mir. Denn gerade deshalb war ich ja in Düsseldorf geblieben, weil ich mir über das Thema Gedanken machen wollte. Ich hakte nach, und er ist voll darauf angesprungen. Er war nicht zu bremsen."

„Potz Blitz", sagte Alex wieder. Er nahm die Bibel in die Hand und blätterte darin. „Der hat ganz schön da drin gearbeitet ..."

„Nicht wahr? Er hat eine Menge unterstrichen. Und vorne hat er mir zwei Bibelstellen mit Vögeln reingeschrieben. Seine Lieblingsverse."

Alex schlug die Bibel am Anfang auf und las aufmerksam, was Wilhelm Funke geschrieben hatte. „Glückwunsch, Oliver! Hast du schon drin gelesen?"

„Als ich zuhause war, hab ich gleich die Stelle mit dem Adler gesucht."

„Potz Blitz!"

„Du widerholst dich." Oliver grinste.

„Ja, ich bin wirklich geplättet." Nach einer Weile fügte er hinzu: „Und wie bist du zurechtgekommen?"

„Darüber wollte ich mit dir reden."

„Nur zu. Du machst es spannend. Willst du noch Tee oder lieber was Kaltes?"

Oliver griff sich einen Keks. „Auf Teepunsch hätte ich Lust. Aber den kann ich mir holen. Du bist ja nicht meine Bedienung!" Er stand auf um sich am Tresen bei der Küche das Gewünschte geben zu lassen. Als er zurückkam, fragte er: „Zuerst musst du mir mal erzählen, wie Gott zu uns Menschen redet. Wilchelm hat gesagt, Gott würde mit ihm reden."

„Tja, zuallererst", erklärte Alex in aller Ruhe, „spricht Gott durch die Bibel zu uns. Es kommt vor, dass er uns durch bestimmte Ereignisse etwas sagen will. Manchmal hilft er uns durch andere Menschen auf die Sprünge, zum Beispiel in einer Predigt oder durch einen Freund. Oder durch Gedanken oder einen Traum. Gott hat eine Fülle von Möglichkeiten, uns etwas mitzuteilen."

„Durch Gedanken, sagst du?"

„Ja, wieso?" Alex sah ihn an, und Oliver konnte darin lesen wie in einem Buch. Er spürte, dass er sich auf diesen Menschen verlassen konnte.

„Weil ich den Eindruck hatte, dass Gott bei oder besser nach dem Bibellesen zu mir geredet hat. Und ich dachte, meine Fantasie spielt mir einen Streich."

„Im Ernst? Erzähl!"

„Nun, ich hab den Abschnitt durchgelesen, Jesaja 40 ab Vers 27, das mit dem Adler halt. Da steht, dass Gott den Menschen Kraft geben will. Und ich habe mir eine ähnliche Frage gestellt wie die, die wir erörtert haben mit dem Trost. Warum nimmt Gott unsere Kraft, wenn er uns stärken will? Und mir war, als wenn Gott in meine Gedanken hinein sagt: ,Wie willst du meine Kraft erfahren, wenn ich dir deine nicht nehme? Dann lebst du doch in deiner eigenen Kraft.'"

„Wahnsinn! Du hast mit Gott geredet?"

„Na ja, in Gedanken halt so ..."

Alex beugte sich verwundert vor. „Weißt du, was du getan hast?"

Oliver sah ihn verständnislos an. „Was denn?"

„Du hast gebetet."

„Gebetet?" Oliver schüttelte ungläubig den Kopf.

„Ja, gebetet. Beten ist reden mit Gott und Hören. Da gibt es sogar ein Kinderlied, das so geht."

Nun war Oliver völlig perplex. „Aber ich hab doch gar nicht die Hände gefaltet oder so."

„Musst du auch nicht. Behalte das bei und rede mit Gott. Es wird dir gut tun. Und vielleicht wagst du es sogar, ihm dein Leben anzuvertrauen. So wie der Adler sich der Luft anvertraut." Alex zwinkerte Oliver zu.

„Na, ich glaube, der Vergleich hinkt, oder? Ein Adler hat Flügel ...!"

„Das schon. Das ist bei vielen Vergleichen der Fall. Und doch steht dieser in der Bibel. Und ich kann mir vorstellen, dass er dir noch einiges zu sagen haben wird."

„Hmmm ..., dann werde ich noch eine Weile darüber nachdenken."

***

Als Oliver an diesem Abend nach Hause kam, fand er keine Ruhe. Er setzte sich aufs Bett und versorgte seine Haut. Danach löschte er das Licht. Doch er wälzte sich von einer Seite zur anderen. Alex' Worte schwangen in seiner Seele weiter: ‚Vielleicht wagst du es, Gott dein Leben anzuvertrauen!?' Sie hallten in seinem Kopf wider, und seine Finger strichen über die frisch eingecremten Arme. Nein, ich werde nicht kratzen, sagte er sich. Die Salbe geht zur Neige, die Haut hat alles, was sie braucht. – Er ahnte, dass ihn etwas anderes beunruhigte. ‚Vielleicht wagst du es, Gott dein Leben anzuvertrauen!? Wagst du es? Jetzt? Oliver?' – Die Fragen drehten sich in seinem Kopf und gaben keine Ruhe. Er setzte sich „Was ist das, was mich zurückhält?", fragte er in die Stille seines Zimmers hinein. Ein Vogel erfuhr erst, ob seine Flügel trugen, indem er sie ausprobierte. Schwimmen lernte man nur, wenn man ins Wasser zu sprang!

„Gott, ich wag's", flüsterte er, „auch auf die Gefahr hin, dass es dich nicht gibt und ich einem Irrtum aufsitze." Doch plötzlich schoss ihm ein Gedanke durch den Kopf, der ihn aus dem Gleichgewicht brachte: Du glaubst doch nicht, dass du auf dem Niveau leben kannst, dass Gott was mit dir anfangen kann! Du bist ein Versager, warst du schon in der Schule. – Oliver brach der Schweiß aus, und er begann wieder seine Arme zu bearbeiten, bis er sich sagte: Okay, Gott, wenn du nichts mit mir anfangen kannst, lass es mich wissen. Solltest du ein Irrtum sein, werde ich es herausfinden. Aber wenn du mich nicht gebrauchen kannst, habe ich es wenigstens versucht. – Er spürte, dass es noch nicht ganz die Lösung war, die er sich erhofft hatte. Doch dem Problem vollends auf die Schliche zu kommen, dazu fehlte ihm die Kraft. Die Nacht war fortgeschritten, und er sank in einen unruhigen Schlaf. Er träumte von Adlern, die im Flug abstürzten, weil ihnen die Kraft ausging, und wachte am nächsten Morgen mit aufgekratzten Armbeugen auf.

Nach dem Frühstück hängte er sich ans Telefon und fragte sich, ob Alex nicht etwa im Gottesdienst sei. Er versuchte es trotzdem und erreichte Alex sogar, bevor der das Haus verließ. Oliver verabredete sich mit ihm für den Nachmittag im Idarwald.

„Sag mal, kann Gott eigentlich was mit mir anfangen?", eröffnete Oliver das Gespräch. Sie liefen durch den Wald, die Blätter fielen von den Bäumen; Alex ging neben ihm her, seine Hände auf dem Rücken gefaltet.

„Wie kommst du darauf?" Das Laub unter ihren Schritten raschelte, und Oliver erzählte von der vergangenen Nacht. Alex legte Oliver die Hände auf die Schultern: „Oliver! Ich find's toll, dass du in dieser Offenheit mit mir redest. Ich find's toll, dass du dich auf Gott einlassen willst. Aber wenn es danach ginge, mit wem er was anfangen kann, müsste er alles, was Beine hat, in den Gulli kicken."

„Wieso denn das?"

Alex zog eine kleine Bibel aus seiner Jackentasche. „Komm, wir setzen uns auf den Baumstamm hier, ich les dir was vor." Er setzte sich und schlug die Bibel auf. „Hier steht: ,Denn es ist kein Unterschied: Alle haben gesündigt und erreichen nicht die Herrlichkeit Gottes.'"

Oliver, der sich neben seinen Freund gesetzt hatte, schaute ihn verständnislos an. „Und warum soll ich mich dann auf ihn einlassen?"

„Weil er unsere einzige Rettung ist. Kein Mensch kann vor ihm bestehen, weil Gott heilig ist und er mit Sünde keine Gemeinschaft haben kann. Bei Licht betrachtet hätte jeder Mensch den Tod verdient, weil er ein Sünder ist."

„So ein Schurke bin ich auch wieder nicht! Ich habe nicht die Ehe gebrochen, ich habe niemanden umgebracht ..."

„Alle haben gesündigt und die Herrlichkeit Gottes verspielt. Steht da. Und woanders steht: Wenn wir ein Gebot übertreten

haben, sind wir des Gesetzes in seiner Gesamtheit schuldig. Das musst du dir mal auf der Zunge zergehen lassen."

„Aber dann macht das mit dem Glauben ja gar keinen Sinn!"

„Doch, denn genau dafür ist ja Jesus gestorben."

„Das kapier ich nicht." Oliver starrte zu Boden.

„Gott liebt uns Menschen ohne Ende und sehnt sich danach, mit uns Gemeinschaft zu haben. Aber weil jede Sünde vor ihm so schwer wiegt, dass sie den Tod verdient hat – dazu gibt es auch Bibelstellen. Wenn sie dich interessieren, such ich sie dir raus. – musste Gott einen Weg finden, dass wir Menschen wieder Zugang zu ihm haben können. Aus diesem Grund ließ er sich etwas einfallen. Das heißt, er schickte seinen Sohn Jesus Christus auf die Erde um die Sünde der Menschheit zu sühnen. Er gab sein Leben aus freiem Willen. Er konnte das tun, weil er der Einzige war, der ohne Sünde gelebt hat. Und weil er Gottes Sohn ist, hat er sogar den Tod besiegt und ist nach drei Tagen auferstanden. Seither kann jeder, der dieses Opfer für sich in Anspruch nimmt, Vergebung für seine Sünden erlangen."

Oliver kratzte mit einem Stöckchen auf dem Boden. „Das heißt, ich brauche nur zu sagen: ‚Hey, Gott, hier bin ich. Ich will die Vergebung in Anspruch nehmen.‘ Und schon funktioniert es?"

Alex lächelte. „So ähnlich. Du musst einsehen, dass du vor Gott nicht bestehen kannst, wie du bist. Sprich: dass du ein Sünder bist und Vergebung benötigst. Denn Menschen, die meinen, sie seien schon recht, brauchen keine Vergebung. Oder?"

„Hmmm, so hab ich das noch nicht gesehen." Das Stöckchen hinterließ Kreise auf dem Waldboden. Oliver richtete sich auf. „Ich glaube, du hast recht. Ich will es probieren. Ich weiß, ich bin bei Weitem nicht, wie Gott es verlangt. Nenne es Sünde." Plötzlich stand ihm ein Heer kleiner und großer Lügen vor Augen, mit denen er sich bis jetzt durchs Leben gemogelt hatte. Die Flunkereien in der Schule um besser dazustehen oder die Leugnung der Hausaufgaben vor Merle ... Vieles, über das seit Jahren Gras gewachsen zu sein schien, zog an ihm vorbei. Er sog die Luft scharf ein. „Oh Gott", murmelte er, „ich wusste nicht ..."

Sein Freund wandte sich ihm zu. „Oliver?"

Oliver sah ihn an. „Ich glaube, Gott hat mir gerade eine Reihe Patzer gezeigt."

„Du kannst es ihm bekennen. Er will dir vergeben." Wieder legte er Oliver eine Hand auf die Schulter. „Willst du es jetzt tun?"

„Ich glaube, ja", sagte Oliver langsam.

„Okay. Wir können hier miteinander beten. Wenn du willst, fang ich an, und dann kannst du ihm anvertrauen, was dir auf der Seele liegt. Erzähl ihm, was du als Sünde erkannt hast und dass es dir leid tut – vorausgesetzt es ist so..."

„Ich bereue es ehrlich", unterbrach Oliver ihn.

„Dann vergibt er dir auch. Er hat es in der Bibel, seinem Wort, versprochen." Er faltete die Hände, und Oliver tat es ihm gleich. Dann begann Alex: „Großer Gott, ich sitze hier mit Oliver, der sieht, wo er versagt hat und dass er so, wie er ist, nicht vor dir bestehen kann. Ich befehle ihn dir an. Erbarme dich über ihn. Danke, dass wir immer und in jeder Situation zu dir kommen dürfen. Deine Liebe zu uns ist einfach eine Wucht. Amen."

„Gott", begann Oliver zögernd, „du kennst mich. Wir haben heute Nacht miteinander gesprochen. Du hast mir meine Sünden gezeigt. Ich bekenne dir die Lieblosigkeiten meinem Bruder gegenüber", er machte eine Pause, „Merle, meinem Vater und meiner Mutter gegenüber", seine Stimme brach, „die mich so geliebt hat ..." Weinen schüttelte ihn, als er daran dachte. Als er sich gefangen hatte, fuhr er fort: „Und wie oft ich gelogen habe um mich aus der Affäre zu ziehen ... du weißt es. Es tut mir leid. Gott, ich glaube, es gibt noch einen Haufen Dinge, die in meinem Leben nicht in Ordnung sind. Ich möchte deine Vergebung in Anspruch nehmen. Ich weiß, dass ich dir nicht genügen kann. Aber wenn es stimmt, was ich von Alex erfuhr, will ich es versuchen. Vielleicht kannst du auch mit jemandem wie mir etwas anfangen. Danke, dass du mir die Möglichkeit gibst, Vergebung zu empfangen. Amen."

Alex schloss sich an: „Herr Jesus, danke, dass du dein Leben für uns geopfert hast. Für Oliver und mich und so viele andere Menschen. Danke, dass du keinen verstößt, der zu dir kommt. Amen."

Oliver sah auf, und Alex strahlte ihn an. „Potz Blitz, ich hab einen Bruder bekommen! Bruder Oliver!" Er lachte und stand auf. Oliver stand ebenfalls auf und wurde von seinem Freund in die Arme geschlossen. „Bruder Alex", grinste er, „bin ich jetzt bekehrt?"

Alex ließ ihn los. „Yepp, jetzt bist du Christ."

„Echt? Vorher war ich keiner?"

„Christ heißt ‚Nachfolger Christi'. Warst du das vorher?"

„So gesehen hast du recht. Ich hab das früher von der Taufe her gesehen ..."

„Das ist noch ein anderes Thema. Darüber unterhalten wir uns mal bei einer anderen Gelegenheit. Jetzt freu ich mich erst mal, dass du dich bekehrt hast. Und merk dir: Das mit der Vergebung, das kannst du immer machen. Wieder und wieder, wenn du was verbockt hast. Gott hat dich nie satt."

„Echt? Kann ich jetzt so viel Mist bauen, wie ich will?"

„Na ja, ein Freibrief zum Sündigen ist es mit Sicherheit nicht. Aber ich vermute, dass du das auch nicht willst, oder? Schließlich hat es deinen Herrn das Leben gekostet! Auch wenn er auferstanden ist, ist das Opfer, das er brachte, von solchem Wert, dass du auch eine Art Verpflichtung eingegangen bist; oder wie siehst du das?"

„Ja, da hast du auch wieder recht." Oliver schlug seinem Freund auf die Schulter. „Danke, Alex, dass du mir so geholfen hast. Ich hätte nicht gedacht, dass Bekehrung so was Fröhliches ist. Mein Herz könnte davonfliegen. So kenn‘ ich mich gar nicht."

Sie nahmen sich nochmals in den Arm, bevor sie sich trenn-
ten. Jeder beschwingt vor Freude.

***

KAPITEL 6

März 1995

Durch das Rollo fiel ein Streifen Grau auf Magdas Gesicht. Sie blinzelte verschlafen, Oliver neben ihr schlief noch. Sie würde es schon merken, wenn er aufwachte. Er würde zu kratzen anfangen, sich eincremen und zu ihr rüberrutschen. Sie kannte das. Am Abend brauchte er seinen Schlaf, deshalb fand sie sich morgens in der Pflicht. *Wie konnte ich der Illusion erliegen,* fragte sie sich, *dass Sex am Morgen Sonne in den Tag bringt? In der Regel trifft das ja auch zu. Doch wenn wir in den Gottesdienst wollen, bringt es nur Stress und Streit ...*

Sie hörte, wie Oliver begann sich zu kratzen. Die Cremedose klapperte, trockene Haut wurde bestrichen, erst mit der bloßen Hand um Besonderheiten ausfindig zu machen, dann mit Creme. Es hörte sich an, als ob jemand mit einem Messer über Papier strich. Oliver legte sich wieder hin und rollte auf ihre Seite, hob die Bettdecke an und schlüpfte zu ihr. Magda rieb sich die Augen und murmelte verschlafen: „Morgen, Motterich." Der Kosename war eine Farce, seit sie einsehen musste, dass Olivers Schläge keine Ausrutscher waren, sondern ein Problem von ihm ...
„Morgen, Motte." Er nahm sie in den Arm und begann sie zu streicheln. Sie ließ es geschehen. Und als er mehr wollte, war sie vom Schlaf noch zu müde um ihn abzuweisen. *Vielleicht wird es doch ein Morgen im Frieden!?,* hoffte sie.

Als sie aufstanden, hörte Magda schon vor der Kinderzimmertür Enrica wie ein Wasserfall auf Abigail einreden. Diese hatte sich die Bettdecke über die Ohren gezogen und nölte: „Rica, lass mich in Ruhe!"

„Hallo, ihr beiden", begrüßte Magda sie, „klasse, dass ihr wach seid." Sie machte Enricas Gitterstäbe aus dem Kinderbett, ließ sie raus und legte Abigails Kleidung zurecht. „Gehst du schon mal ins Bad, Abby?"

„Will erst mit Papi kuscheln."

„Dann geh kuscheln. Ich richt' solange die Kleinen.

Gedeon schlief, während Magda Rica windelte und anzog. Sie ging zu ihm, kraulte ihn und flüsterte auf ihn ein: „Geddi, aufwachen! Es ist Zeit! Wir müssen in die Gemeinde." Nach einigem Zureden gelang es ihr, auch ihn zu wecken. Seine Augenlider flatterten, bevor er sie öffnete. Als er die Mutter sah, strahlte er und streckte seine Speckärmchen nach ihr aus.

„Guten Morgen, mein Freundlicher", sagte sie und ließ ihn auf ihren Schoß klettern. Er schmiegte sich an sie. „Noch ganz schlafwarm bist du." *Und schwer für dein Alter,* dachte sie. *Ich muss aufpassen, dass du mir nicht aus den Fugen gerätst.* Rica kam angekrabbelt und zog sich ebenfalls an Magdas Knien in die Höhe.

„Na, willst auch rauf, Rica?" Sie setzte die Kleine auf ihr anderes Knie. Sie umfasste die beiden wie einen Schatz, drückte jedem einen Kuss auf die Wange und sagte: „Möttchen, wir müssen los. Schau, Geddi, die Rica ist schon fertig. Da müssen wir mithalten, oder?" Enrica wurde zu Boden gelassen, und Magda machte sich daran, ihren Mittleren ebenfalls umzuziehen.

Sie entsorgte eben Gedeons Nachtwindel, als die Tür aufgestoßen wurde und Abby hereinkam.

„Na, aufgehört mit schmusen?", fragte Magda.

„Papi hat gesagt, ich soll mich anziehen."

Magda schaute ihre Tochter an. Einen Anflug von Traurigkeit sah sie in ihrem Gesicht. Sie zog die Tochter an sich: „Abby, meine Große, dann ziehst du dich einfach an. Dann müssen wir nicht so zum Gottesdienst hetzen. Wie findest du das?"

Ein Lächeln flog über Abby's Gesicht, und Magda wandte sich wieder Gedeon zu, der noch blank und bloß da lag. Sie hörte, wie Oliver nach ihr rief. Seiner Stimme entnahm sie Missmut. Aber sie konnte sich täuschen. Trotzdem blinkten im hinteren Teil ihres Gehirns rote Lämpchen. Im Eiltempo schmierte sie die Creme auf Gedeons Po und verschloss die Windel. Den halb angezogenen Jungen setzte sie auf den Boden, um im Schlafzimmer nach dem Rechten zu sehen.

„Gibt es bald Frühstück?", begrüßte er sie, als sie ins Schlafzimmer kam. Sie runzelte die Stirn. „Äh – ich bin dabei, die Kinder zu richten.

„Weißt du eigentlich, wie viel Uhr es ist!?"

Sie sah auf den Wecker und erschrak. „Oh nein! In einer halben Stunde müssen wir ja schon gehen! Ich muss die Zeit vergessen haben."

„Ja, und angezogen bist du auch noch nicht." Olivers Blick blieb an ihrem Schlafanzug hängen. Der Ton wollte ihr den Mut nehmen. Doch sie zwang sich, ihn zu bitten: „Oli, könntest Du vielleicht das Frühstück machen? Dann könnte ich mich in der Zeit anziehen."

„Wo denkst du hin!? Das reicht nie und nimmer! Für Frühstück ist es zu spät."

In ihr zog sich etwas zusammen. *Er hat keine Ahnung, dass das Frühstück das Fundament bildet für den ganzen Tag*, schoss es ihr durch den Kopf. Doch um nicht als Besserwisserin dazustehen, sagte sie nur: „Aber die Kinder brauchen doch was."

„Die verhungern nicht." Sie spürte, wie er seine Aggression zu unterdrücken suchte.

„Aber Oli", ihr kamen die Tränen, „dann bringen sie so viel Unruhe in den Gottesdienst. Da kann ich mich nicht konzentrieren."

„Ist das mein Problem, wenn du rumtrödelst?"

Es wäre von Vorteil, in der Zeit, die wir mit Streiten verbringen, wenigstens eine Kleinigkeit zu essen. Statt es auszusprechen, ließ sie sich zu einer Verteidigung hinreißen, obwohl sie wusste, dass ihn das noch mehr auf die Palme bringen würde. „Ich habe nicht rumgetrödelt. Ich habe die Kinder fertig gemacht, während du ..."

„Während ich ...???" Seine Haltung war die eines Panthers vor dem Sprung.

Sie sah auf die Uhr und verlor die Beherrschung: „Während du im Bett warst und deinen Allerwertesten breitgedrückt hast."

Sie wollte an ihm vorbei das Zimmer verlassen, doch er war schneller. Seine Hand flog in ihr Gesicht, direkt auf den Mund. Magda schmeckte Blut, merkte, wie ihre Lippe anschwoll.

Sie hielt die Hand vor den Mund und rutschte unter seinen Armen durch um ins Bad zu gelangen. „Du Aas, du Ungeheuer!", schrie sie. Hals über Kopf rannte sie vorbei an Abigail, die in der Tür stand und Augen und Mund aufriss. Sie schloss sich im Bad ein. *Welch ein Glücksfall, dass ich gestern Abend meine Klamotten hier reingelegt habe! Jetzt muss ich nur schauen, dass er die Tür nicht aufkriegt.* Sie hörte, wie er seinen Geldbeutel holte um mit einem Geldstück die Badtüre aufzumachen. *Das soll ihm nicht gelingen!* Sie drückte die Verriegelung so fest sie konnte in Richtung „geschlossen". *Eigentlich hirnrissig*, ging es ihr durch den Kopf, *davon wird es auch nicht „geschlossener".* Aber ihre Finger gehorchten dem Kopf nicht. Sie drückte und drückte.

„Wie stellst du dir das vor?", hörte sie Oliver von der anderen Seite der Tür, „Soll ich auch noch die Kinder anziehen, oder was?"

„Das ist mir so was von wurscht. Ich geh nicht hier raus, bevor ihr weg seid." *Und die Kinder? Willst du sie ihm wirklich überlassen?,* fragte eine Stimme in ihrem Kopf. Eine andere antwortete: *Ich kann nicht raus und das Risiko eingehen, dass er nochmal zuschlägt. Er hat ihnen nie was getan. Er wird ihnen auch jetzt nichts tun.* Gewissheit hatte sie keine. Aber die Angst hielt sie in ihren Klauen, sodass sie nicht wagte, die Tür zu öffnen. Ihre Hände umklammerten den Verriegelungsknopf, als wäre Oliver mit seinem Geldstück auf der anderen Seite der Tür stärker als sie.

Gedeons Händchen patschten gegen die Tür. „Mama, Mama." Magda rannen die Tränen über die Wangen. „Geddi, ich kann jetzt nicht aufmachen."
Ihr Weinen lockte Abigail an. „Mama, was is'? Warum hat dich der Papa gehauen?"
Die Frage zerriss ihr Herz. „Abby, wir sind sehr spät dran. Und ..." *Jetzt nur nichts sagen, was ihn noch mehr aufbringt. Sonst richtet sich sein Zorn womöglich gegen die Kinder. Magda, überleg dir gut, was du sagst!* Sie runzelte die Stirn, ihr Kopf wollte zerspringen. – „Geh und zieh dich an, dass Papa dich mit in die Gemeinde nehmen kann."
„Nein, wenn du nicht mitgehst, geh ich auch nicht."
Sie hörte Oliver schreien: „Wenn du glaubst, dass ich mit den Dreien allein in den Gottesdienst gehe, hast du dich geschnitten. Ich geh Vögel beobachten.
Vögel beobachten! Sie schöpfte Hoffnung. Das barg die Chance, dass er lange wegblieb! *Lass dir bloß nichts anmerken!,* riet ihr die Stimme im Innern. *Sonst kommt er womöglich in einer halben Stunde wieder heim!* Sie musste erfahren, wo er hinwollte. Die Kinder weinten vor der Badezimmertür. Irgendwas musste sie sagen. Ihre Stimme schwankte vor Weinen und Aufregung: „Wo willst du denn hingehen? Bei dem Wetter kiegst du doch keinen Vogel zu Gesicht."

„Hast du eine Ahnung. Ich geh ins Altmühltal. Dort gibt's immer was zu sehen."

Altmühltal. Das ist eine Ecke weg. Gut! „Und die Kinder?", jammerte sie.

„Die darfst du bespaßen. Tschüss dann." Kurz darauf hörte sie die Wohnungstür ins Schloss fallen. Sie lehnte sich gegen die Tür und blickte ins Leere. Doch die Kinder auf der anderen Seite holten sie mit ihrem Geschrei in die Wirklichkeit zurück. Magdas Finger zitterten beim Öffnen. Als die Kinder merkten, dass die Tür aufging, drängten sie ins Bad. *Alle drei!,* dachte sie. Sie ließ sich auf dem Badvorleger nieder und barg ihr Gesicht in den Haaren der Kleinen. *Wie gut sie riechen! Oh Gott, hab Dank für sie. Danke, dass Oliver ihnen nichts getan hat.* Sie erschrak. *Was geschieht, wenn Oliver zurückkommt?* Sie musste abschließen, für alle Fälle. Erst dann konnte sie entspannen. Sie stand auf und verriegelte die Tür erneut. „Jetzt ist alles gut", murmelte sie und setzte sich zu ihren Dreien. Sollte Oliver kommen, sie würde es hören.

Abigail streichelte ihr Gesicht. Ihre Finger berührten die aufgeplatzte Lippe der Mutter. Abby's Augen weiteten sich. „Mama, was hat Papa mit dir gemacht?"

Magda schüttelte wortlos den Kopf. Wieder kamen die Tränen, die sie so hasste. Und Kopfweh bekam sie auch noch. „Das weißt du doch, Abby", flüsterte sie. „Lass uns einfach hier zusammen sein. Und nachher gehen wir raus." Sie seufzte. Die Kinder drängten sich an sie, und sie dachte: *Ich hoffe, die Sonne kommt raus. Schließlich ist März!*

Oliver blieb weg. Eine Verschnaufpause. Als sich die Wohnungstür eine halbe Stunde lang nicht geöffnet hatte, wagte sie die Badezimmertür zu entriegeln und die Garderobe ihrer Kinder zu vervollständigen.

Ihre Bewegungen beim Frühstück machen waren die einer alten Frau. Der Brotlaib schien doppelt so schwer wie sonst. Ihre Finger fühlten sich an wie Eisstäbe. *Irgendwas muss sich ändern! So kann es nicht bleiben. Auch wenn Oliver den Tag über wegbleibt und sich wie üblich entschuldigt. Irgendwas muss ich tun.*

Mechanisch holte sie Marmelade, Honig und Butter aus dem Kühlschrank. *Ich brauche Hilfe. Doch wo gibt welche? – Meine Hilfe kommt von dem Herrn, der Himmel und Erde gemacht hat,* antwortete wieder die Stimme in ihr. *Aber wie sieht sie aus? Will er mir sagen, dass ich Hilfe suchen muss? Schon Jahre bete ich dafür, und es tut sich nichts.*

Nachdenklich stellte sie alles auf den Tisch. Dann holte sie die Kinder zum Frühstück. Die beiden Kleinen schienen alles schon vergessen zu haben. Sie verspeisten das Brot, das sie in Häppchen geschnitten hatte, mit Appetit. Vor allem Gedeons Esslust war wie immer ungebremst. Abigail sah die Mutter immer wieder mit großen Augen von der anderen Seite des Tisches aus an. Kummer sprach aus ihrem Blick. „Mama, hast du keinen Hunger? Du hast gar keinen Teller!"

Magda erschrak. „Oh, hab ich ganz vergessen. Ich mach mir gleich Kaffee, okay?" *Ich muss Hilfe suchen!* Sie stand auf und ging zum Küchenschrank. Was wollte sie noch? Sie lehnte die Stirn gegen das kühle Glas des Hängeschranks. *Irgendwas wollte ich hier!*

„Mama, bringst du mir Kaba mit?" Abigails Bitte erinnerte sie: *Klar! Ich wollte Teller und Tasse holen!*

***

Magda klingelte an der Tür der Ballettschule. Ihr Atem dampfte. *Mistwetter – und das im März!* Sie hatte Verspätung. Das kam ihr entgegen. So konnte sie sichergehen, dass die anderen keine Fragen stellten. *Ein* Glück, *dass überm Eingang nur eine trübe Funzel hängt, so sehen die anderen nicht, wie ich aussehe.* Sie fuhr mit der Zunge ihre geschwollene Lippe entlang und blinzelte. *Stark bleiben, Magda! Wenn du heulst, verrätst du dich, und das steigert das Interesse an dir.*

Rita Radke öffnete. „Hallo Mag..." Sie wollte die junge Frau, die ihr mittlerweile ans Herz gewachsen war, umarmen. Stattdessen fuhr ihre Hand zum Mund, und ihre Augen weiteten sich vor Schreck. „Wie siehst du denn aus?", flüsterte sie.

Magda winkte ab. „Ist schon okay", sagte sie, „Mach dir keine Gedanken." Die Stimme versagte ihr, und Tränen traten ihr nun doch in die Augen.

„Was, okay!? Nichts ist okay! Hat dich jemand überfallen auf dem Weg?"

Magda schüttelte den Kopf und presste die Lippen aufeinander, so gut das mit dem Schwulst ging. Das Aufgeplatzte tat verdammt weh. Sie lehnte gegen den Türrahmen, Tränen flossen zwischen ihren zusammengekniffenen Lidern hervor und bahnten sich den Weg ihre Wangen hinab. *Memme!,* schalt sie sich, aber sie konnte nicht anders. Energisch wischte sie mit einem Taschentuch ihr Gesicht ab und verschmierte die Wimperntusche, was sie noch mehr ärgerte.

„Komm erst mal rein, Magda. Setz dich in meinen Umkleideraum. Tanzen kannst Du so eh nicht." Rita nahm sie am Arm und geleitete sie in ihr Reich. Hier begutachtete sie Magda genauer. „Brauchst du einen Arzt?"

Wieder schüttelte Magda den Kopf. *Die Hilfe des großen Seelenarztes hätte ich gern,* dachte sie, *die kannst du mir nicht geben. Den muss ich selber fragen.*

„Du kannst dich auf die Liege legen, wenn dir das lieber ist. – Ich muss zu den anderen. Wenn du Hilfe brauchst, melde dich. Ich schau ab und zu rein zu dir, okay?"

Die Tür schloss sich hinter der Ballettlehrerin, und Magda war allein. Sie setzte sich auf den Stuhl neben der Liege und erhob ihr Gesicht zur Decke. Hier konnte sie weinen. *Gott, warum??? Was hast du dir gedacht? Muss ich das alles aushalten?* Abigail aus der Bibel schob sich in ihr Bewusstsein. *Nein, Davonlaufen ist keine Lösung. Es muss einen Ausweg geben. Nur welchen? Nur welchen???* Sie stand auf und schleppte sich zum Waschbecken. Der Spiegel darüber zeigte ihr vom Weinen rotes Gesicht mit Wimperntuschespuren. *Und die Lippe! Wie du aussiehst!* Sie öffnete den Wasserhahn und kühlte das Gesicht mit dem Wasser, das sie mit den Händen auffing. *Wenn nur das Rote und das Geschwollene weggeht. Das wäre die halbe Miete!* Sie kühlte und tupfte anschließend mit Ritas Handtuch alles trocken. Einen Hauch von Linderung spürte sie, aber die dicke Lippe blieb.

Schminkzeug! Das müsste ich doch eingepackt haben!

Sie lief zu ihrem Beutel mit den Ballettschuhen und durchforstete den Inhalt. Einen Lippenstift fand sie, mehr hatte sie nicht eingepackt. Und Lippenstift traute sie sich nicht aufzutragen. *Bringt wohl eh nichts. Da ist es am besten, ich nehme den Fettstift aus der Jacke, bevor mir die Lippen noch mehr aufplatzen.*

Nachdem sie ihre Lippen versorgt hatte, legte sie sich auf die Liege um zu entspannen, nachzudenken und zu beten. *Ich muss runterkommen, sonst heul ich nachher Rita die Ohren voll. Die will sowieso wissen, was ist. – Was soll, was kann ich ihr erzählen? Sie kennt Jesus nicht. Ich vermute, sie wird mir raten, Oliver zu verlassen. Kann ich das als Rat von Gott auffassen?* Sie beschloss, Rita das Allernötigste zu erzählen und war ein wenig eingedöst, als die Tür sich öffnete. Rita schaute kurz herein und freute sich, ihren Schützling so vorzufinden und ging deshalb gleich wieder.

Magda dagegen war, als ihre Lehrerin hereingeschaut hatte, hellwach geworden, und ihre Gedanken begannen zu kreisen: *Hätte ich verhindern können, dass Oliver mich schlug?* Sie wusste keine Antwort. *Ja, ich hab bestimmt manches provoziert. Aber ist das ein Grund, mich zu schlagen? – Nein, so darfst du nicht denken! Du musst überlegen, wie du jetzt in richtiger Weise damit umgehst!*

Die Tür öffnete sich. Sie schreckte hoch. „Huch, ist die Ballettstunde schon vorbei? Du warst doch eben hier, oder?"

„Ich hab dich eine Stunde in Ruhe gelassen, Magda, und beunruhigte mich, weil ich so lange nicht nach dir geschaut habe. Und jetzt sind alle im Umkleideraum." Rita setzte sich, und auch wenn sie lächelte, entdeckte Magda Sorge in ihrem Gesicht: „Geht es dir besser?"

Magda nickte. „Hab mich ein bisschen ausgeruht. Jetzt geht es wieder."

„Siehst auch besser aus als vorhin. Du hast mir einen schönen Schrecken eingejagt. Magda, Magda. Was ist eigentlich passiert?"

Magda schwieg.

Nach einer Weile fragte Rita behutsam: „Hat Oliver dich geschlagen?"

Magda nickte und drehte das Gesicht zur Wand, damit Rita nicht die Qual darin und die Tränen sah, die erneut unaufhaltsam flossen. Der Schmerz schüttelte ihren Körper im Weinkrampf, und sie schlug die Hände vor die Augen.

„Willst du darüber reden?"

Magda schüttelte den Kopf. „Kann nicht", brachte sie hervor. Rita streichelte sie. „Da muss man doch was tun", murmelte sie, mehr zu sich als zu der Frau an ihrer Seite.

Nachdem Magda sich leidlich beruhigt und noch einmal das Gesicht mit Wasser gekühlt hatte, fragte Rita: „Willst du heim oder noch zu mir kommen?"

„Geht schon, Rita. Zuhause warten sie auf mich. Ich muss einfach schauen, wie ich damit fertig werde."

„Hast du einen Plan?"

„Nee, bedaure."

Rita schloss Magda zum Abschied in die Arme. „Wenn du mich brauchst, bin ich da. Und wenn du irgendwo unterkommen musst, find' ich ein Plätzchen für dich, okay?"

„Okay. Ich hoffe, ich brauch's nicht."

Rita schloss die Biedermeiertür ab. Als sich ihre Wege trennten, drehte sie sich nach einer Weile um und sah Magda nachdenklich hinterher, die ihrem Fahrrad zustrebte.

***

Zwei Tage später war die Wunde verheilt. Nur ein kleiner Knuppel war noch innerhalb der Lippe zu spüren. Von außen war alles wieder okay. *Ein Bild für meine Befindlichkeit,* dachte Magda, während sie die Badewanne putzte. Es klingelte – sie trocknete die Hände notdürftig ab und öffnete. Rita stand vor der Tür.

„Rita! Was machst du denn hier?"

Diese sah auf Magdas hochgeschobene Ärmel und das Handtuch, das sie über die Schulter geworfen hatte und sagte: „Ich sehe, du bist bei der Arbeit. Ich mach's kurz. Hab ein Buch für dich gefunden. Lies es mal." Sie drückte Magda das Buch in die Hand und trat auch schon wieder den Heimweg an. Magda stand da, schaute abwechselnd auf die davoneilende Rita und das Buch. „Warum schlägst du mich?" stand da ...

Der nächste freie Augenblick gehörte dem Buch. Sie fand ein Plätzchen auf der Toilette in der Kommode hinter den Klopapierrollen. Dort war es gut und sicher aufgehoben. Das Buch riet Frauen, die geschlagen wurden, dringend, auszuziehen. Wenn ein Mann einmal geschlagen hätte, würde er es immer wieder tun. *Ja, weiß ich. Aber hat Gott nicht Möglichkeiten, die wir Menschen nicht haben? Es muss doch für Leute, die mit Gott leben, noch eine andere Möglichkeit geben, als auszuziehen!*

Mit der Zeit formte sich beim Lesen des Buches der Gedanke in ihr: *Ich werde Hilfe holen! Ohne Hilfe bin ich verloren!*

***

Lieber Alex, ...

Konstanz, 28.10.1995

es tut mir leid, ich habe mich eine Ewigkeit nicht mehr bei dir gemeldet. Verschiedene Male nahm ich Anlauf, dir zu schreiben, und ständig kam irgendwas dazwischen. Du weißt ja, die Familie ... Ich wünsche dir und Judy, dass Ihr immer wieder Zeit füreinander findet. So manches Mal denke ich daran, wie du mir von der Bibelschule in Amerika von ihr schriebst. Und dass du dir vorstellen konntest, sie zu heiraten. Und nun seid ihr schon zwei Jahre verheiratet! Donnerwetter, wie die Zeit verfliegt! Ich wünschte, du wärst hier, und wir könnten uns unterhalten wie damals, als du noch hier warst.

Ich hoffe, es geht dir gut. Deine Rundbriefe sind sehr informativ, und ich bete oft für dich, Judy und deine Arbeit. Klasse zu lesen, wie du Gott erfährst.

Zu meinem Leidwesen scheint er sich aber lieber um dich als um mich zu kümmern. Vielleicht liegt das daran, weil Du ein „vollzeitlicher Diener" von ihm bist? (Du weißt, dass Du nicht alle meine Äußerungen auf die Goldwaage legen darfst. Aber so kommt es mir von Zeit zu Zeit vor. Und ich weiß, dass ich

Dir schreiben kann, wie es mir ums Herz ist. Und das tut gut.)
Mir ist, als ob sich mal wieder alles gegen mich verschworen
hat. Meine Haut ist zurzeit eine Katastrophe. Und das wun-
dert mich nicht. Denn das Zusammenleben mit Magda wird
immer mehr zu einem Problem, leider. Drei Mal in der Woche ist sie im Ballett. Das führt dazu, dass der Haushalt ein
einziges Tohuwabohu ist. Bei den Kindern habe ich bis jetzt
noch nichts zu beanstanden. Gott sei Dank. Trotzdem macht
es mir Schwierigkeiten, dass sie so oft ihr eigenes Programm
ausstrahlt und keine Zeit für die Familie hat.

Du weißt, es ist nicht meine Art, mich zu beschweren, geschweige denn meine Frau schlecht zu machen. Aber das
musste ich einmal loswerden. Ich weiß: Es werden wieder andere Tage kommen. Nur braucht man von Zeit zu Zeit jemanden, der einem zuhört.

Damit der Brief nicht nur Negatives enthält, schreibe ich Dir
noch was Positives. Ich habe mich mal wieder etwas gebildet,
was Vögel anbelangt. Wie Du weißt, fasziniert mich der Vo-
gelflug und das Drumherum sehr, auch wenn ich nicht mehr
so viel Zeit habe wie als Junggeselle. – Dieser Tage stieß ich
auf den Flügelschlag des Kolibri. Stell Dir vor: Er bewegt seine Flügel bis zu 80x/sec.! Ist das nicht ein Phänomen? – Solche Fakten begeistern mich immer wieder, auch wenn jedes
Kind weiß, dass sich kleine Vögel schneller bewegen als große. Und wenn es mir noch vergönnt ist, einen Vogel zu sehen,
von dem ich einiges weiß, ist es um mich geschehen. So ging
es mir z. B. vor einigen Wochen, als wir mit den Kindern im
Vogelpark waren. Magda langweilte das Ganze, und die Kinder benahmen sich wie die Wilden, sodass sie eh nicht vor
dem Kolibrikäfig ausgeharrt hätten. So trennten wir uns, und
Magda ging mit den Kindern weiter und zeigte ihnen die anderen Vögel. Normalerweise hänge ich am Alexandersittich
fest, das weißt du. Diesmal widmete ich mich dem Kolibri.

Eine Augenweide, diese Vögel ...! Ich könnte schwärmen und staune immer wieder über die Kreativität Gottes. Aber ich will dich nicht weiter zulabern. Genug frohlockt!

In diesem Sinn grüße ich Dich herzlich
bis ans andere Ende der Welt

Dein Oli

KAPITEL 7

„Mama, kannst du heute Abend zum Babysitten kommen?"
Magdas Stimme zitterte, im Hintergrund hörte Frau Ackelbein Abigail und die Kleinen. Doch Magdas Stimme ließ sie aufhorchen. „Magda, was ist los? Du klingst so aufgewühlt."
Sie hörte, wie ihre Tochter durchatmete. Dann sagte Magda: „Oliver hat mich geschlagen. Jetzt ist er ..."
„Was!???" Sophia Ackelbein griff nach dem nächstbesten Stuhl. *So was hab ich mir in den schlimmsten Momenten nicht vorgestellt!* Zacharias' Wutausbrüche glichen zwar Naturkatastrophen. Aber geschlagen hatte er sie nie. *Gott sei Dank!* – Ihre Gedanken begannen zu galoppieren. Doch sie musste jetzt Ruhe bewahren. *Magda braucht mich!* – Auch sie atmete durch. Dann setzte sie sorgfältig ein Wort ans andere: „Brauchst du Hilfe, Magda? Mädchen!? – Mensch, wenn ich mir überlege ..."
„Es würde mir helfen, wenn du heute Abend kommen könntest." Magda seufzte. „Ich habe mir Gedanken gemacht. Oliver ist im Moment weg. Ist vielleicht gut. Sonst würde noch ein Unglück hier passieren. Vermute ich."
„Mensch, Magda-Mädchen, klar komm ich. Was willst du tun?"
„Ich muss mir Hilfe suchen. Das kann nicht so bleiben."
„Sag nur, das ist nicht das erste Mal!"
„Ja, leider ... Ich dachte, ich weih die Veerkamps ein. Holger und Cordula sind in Ordnung. Und ich könnte mir vorstellen, dass sie eine Idee haben oder Oliver dazu bringen, eine Therapie zu machen." Eine lange Pause folgte, bis Magda zwischen Tränen und Beherrschung weitersprach: „Mama, ich kann nicht mehr ... nicht mehr ertragen." Der Rest ging in Weinen unter.

„Ich komm auf der Stelle. Ich hol die Kinder, dass du Ruhe hast. Und du kannst heute Abend trotzdem mit Oliver ...“ Magda schnupfte. „Weißt du was? Ich komm zu dir und bring die Kinder mit. Dann musst du nicht fahren. Und die Kinder haben mich, wenn sie mich brauchen. Oli schreib ich einen Zettel, wo er mich findet. Bei euch kann er sich nicht gehenlassen.“

Sophia Ackelbein atmete auf. „Hast du das Auto?“

„Ja, er ist mit dem Firmenauto weggefahren.“

„Gute Idee. Also, bis gleich.“

***

Als Magda zu ihren Eltern kam, streckte Frau Ackelbein die Arme nach ihr aus. Sie strich mit Tränen in den Augen über die Geschwulst an Magdas Lippe: „Was der Kerl sich einbildet ...!“ Doch sie besann sich auf die Kinder und bot ihnen die Spielsachen an, die sie bereitgestellt hatte. So konnte Magda sich im Wohnzimmer entspannen.

Sie legte sich aufs Sofa und schlief. Ihre Träume glichen einem Wirrwarr, das sie nicht geordnet bekam. Als sie aufwachte, stand ihr der Abend vor Augen. Sie wusste nicht, ob sie sich ängstigen oder aufatmen sollte. Wie viel hing von Olivers Laune ab. – Die Tränen wollten wieder kommen. Doch sie senkte die Schleuse ihrer Augenlider um sie zu bremsen. „Herr Jesus“, flüsterte sie, „ich befehle dir den Abend an. Du weißt, was für mich davon abhängt. Bitte schenk, dass Oliver sich beruhigt, und gib Holger und Cordula Weisheit.“ – Eine seltsame Ruhe legte sich über sie. Mit Verwunderung nahm sie sie wahr und auch, dass der Regen aufgehört hatte.

Gegen sechs ergriff die Besorgnis erneut Besitz von ihr. *Ob Oliver kommt? Ob ich Cordula und Holger absagen muss? Ob er sich beruhigt hat?* Die letzte Frage bereitete ihr am meisten Kopfzerbrechen. Sie ging ins Esszimmer, wo ihre Mutter die Kinder versammelt hatte. Vater saß dabei und trank Kaffee. Magda sog den Duft ein, als ob sie ihr Herz damit füllen wollte. „Ich rieche Kaffee! Krieg ich was?"

Zehn vor sieben legte Magda die Kleinen in das Bett, das einmal ihres gewesen war. Richtig bei der Sache war sie nicht. Mit halbem Ohr hörte sie, während sie mit den Kindern flüsterte, dass Oliver gekommen war. Wie der Wind streichelte sie ihnen die Wangen und sprach ein Gebet. Gedeon und Enrica fielen die Augen zu. Sie löschte das Licht und verharrte einen Augenblick, bevor sie das Zimmer verließ. Unten im Treppenhaus stellte Vater Oliver zur Rede. Ihre Hand krampfte sich um die Klinke. *Hoffentlich eskaliert das nicht wieder!* Als von den Kindern kein Laut mehr kam, öffnete sie mit Bedacht die Tür und huschte nach draußen.

„… Magda geschlagen", drang die Stimme des Vaters durchs Treppenhaus. „Was denkst du dir dabei?", donnerte er.
Sie hielt den Atem an. Oliver antwortete irgendetwas, was sie nicht verstand. Die Entfernung war zu groß.
„Ich will hoffen, dass das ein Einzelfall bleibt", polterte der Vater, „das ist doch kein Umgang mit der Ehefrau!"
Damit war für ihn das Gespräch beendet, wie es schien, und die beiden kamen die Treppe herauf.

Sie trafen oben aufeinander, als Magda auf dem Weg zum Esszimmer war.
„Hallo", begrüßte Oliver sie. Er war außer Atem vom Treppensteigen und wusste nicht, wohin er schauen sollte.
„Hallo", grüßte sie leicht unterkühlt zurück. *Ein Glück, dass Vater da ist,* dachte sie. Das machte ihr Mut, sodass sie Olivers Blick festhalten konnte.

„Tut mir leid wegen heute Morgen", räumte er ein, wohlwissend, dass Magdas Vater ihn mit Argusaugen überwachte.

Magda wollte schon wieder Nachsicht üben, rief sich aber zur Ordnung: *Das sagt er immerfort und schlägt doch wieder. Verlier nicht das Ziel aus den Augen: Heute Abend wollen wir zu Holger und Cordula!* Sie holte tief Luft: „Ist in Ordnung. – Nein, ist nicht in Ordnung. Es ist in Ordnung, dass du sagst, dass es dir leid tut. Aber das heute Morgen war nicht in Ordnung." Sie fühlte an ihre Lippe.

Oliver blinzelte. „Was soll das?"

„Oliver, es muss sich was ändern. So kann das nicht bleiben."

Zacharias Ackelbein war ins Esszimmer gegangen um die beiden allein zu lassen.

„Und was schlägst du vor?"

„Wir gehen heute Abend zu Cordula und Holger."

Oliver fixierte sie mit schmalen Augen. „Willst du mich vor Gericht ziehen, oder was?"

„Darum geht es nicht. Ich merke, dass wir zu zweit nicht weiterkommen. Du sagst jedes Mal, dass es dir leid tut und schlägst dann doch wieder. Das will ich nicht mehr."

Oliver hängte die Jacke auf und begann seine Arme zu bearbeiten. Er schwitzte und schnaufte. „Und die Kinder?"

„Bleiben heute Nacht hier. Dann kann es dauern, wie lange es will."

Oliver kratzte sich aufs Heftigste. Sein blondes Haar klebte an der Stirn, und die Linie seiner Lippen war kaum noch zu sehen. „Okay, wenn du meinst", sagte er, fahren wir um halb acht."

Sie aßen Magdas Eltern zuliebe noch eine Kleinigkeit. Abby wich nicht von Magdas Seite, bis sie ins Auto stiegen.

„Papa, nicht wieder schlagen, ja?" Sie ließ keine Ruhe, bis er es ihr versprach.

***

Magda saß neben Oliver im Auto, die Nerven zum Zerreißen gepannt. *Wie es wohl werden wird?* Sie wagte nicht, die Gedanken in Worte zu kleiden. Auch Oliver schwieg. Doch als er von der Richtung abwich, in der Veerkamps wohnten, und stattdessen den Wagen zur Stadt hinaus lenkte, erschrak sie: „Wo fährst du hin!? Wir wollen doch zu Cordula und Holger!"

„Ich weiß. Aber ich muss erst mit dir reden."

„Mit mir reden? Das kannst du doch!"

„Nicht, wenn ich den Verkehr im Auge behalten muss."

Beim Kloster Hegne bog er zum Campingplatz ab und stieg aus. Magda starrte ihn an: „Und jetzt?"

„Jetzt laufen wir."

„Aber Holger und Cordula warten doch!"

„Dann tun sie das eben." Er nahm den Weg die Bahnschienen entlang. Magda beeilte sich, an seine Seite zu kommen. Nieseltropfen benetzten ihr Gesicht, und sie spürte, wie die Kälte von ihr Besitz ergriff. Der Pfad war mit Steinen und Pfützen übersät. Ein Bild ihrer Seele. Wenigstens ging es geradeaus. Das war schon was.

„Du hast also Veerkamps erzählt, welches Scheusal ich bin", eröffnete Oliver das Gespräch.

„Nein, hab ich nicht."

„Sondern?"

„Ich sagte, was passiert ist und dass ..."

„Also doch!"

„Nun lass mich bitte ausreden!"

Als Oliver schwieg, fuhr sie fort: „Ich sagte, was passiert ist und dass wir Hilfe brauchen."

Oliver stürmte den Weg entlang, dass Magda sich anstrengen musste mitzuhalten. Nach einer Weile blieb er stehen,

als wenn er gegen eine Wand gelaufen wäre, und stieß hervor: „Und jetzt soll ich den Kopf gewaschen bekommen!?"
Magda wäre fast an ihm vorbeigerannt und konnte eben noch rechtzeitig anhalten. „Nee", sagte sie außer Atem, „ich sah heute Morgen die ganze Ausweglosigkeit unserer Lage und dass wir unser Problem nicht zu zweit lösen können."
„Und so verpetzt du mich mir nichts, dir nichts!"
„Nein, Oli." Ihre Stimme schwankte. „Ich weiß nicht, wie ich es erklären soll. Ich dachte, die beiden sind unsere Freunde ..."
„Und dann schenkst du ihnen mal reinen Wein ein!?"
„Mensch, Oli, jetzt lass mich doch erklären."
Ein Zug rauschte an ihnen vorbei und gab Magda die Gelegenheit, ihre Worte mit Bedacht zu wählen: „Es geht mir nicht darum, über dich zu lästern. Ich erhoffe mir, uns, Hilfe von ihnen. Vielleicht haben sie einen Rat für uns, dass so was wie heute Morgen nicht wieder vorkommt." Sie fuhr sich mit der Zunge über die Geschwulst an ihrer Lippe.
„Na, da bin ich gespannt", antwortete Oliver. Auf seinem Gesicht wetterleuchtete es. Mit Widerwillen trat er den Rückweg zum Auto an.

***

„Tut uns leid, dass wir uns verspätet haben", beeilte Magda sich zu sagen, als Cordula ihnen öffnete. Mehr von der Fahrt traute sie sich nicht zu enthüllen.
Cordula schaute auf die Uhr. „Ja, wir haben uns gefragt, ob ihr doch nicht kommt. – Aber jetzt seid ihr da!" Sie umarmte die Freundin um ihren Worten Nachdruck zu verleihen. Die blauen Augen weiteten sich, als ihr Blick Magdas dicke Lippe streifte.

„Kommt rein, kommt rein", hörten sie Holger aus dem Wohnzimmer rufen.

Der herzliche Empfang nahm die Anspannung aus den Gesichtern der Ankommenden. Sie traten ein und fühlten sich zuhause bei den Freunden. Trotzdem rutschte Magda an die Vorderkante der Couch, und Oliver begann sogleich, sich ausgiebig zu kratzen. Die Kratzerei war von solcher Heftigkeit, dass Magda auf ihrem Sitzplatz auf und ab schaukelte. Sie wusste, dass sich Erregung bei ihm so ausdrückte und ließ sich deshalb nichts anmerken. In ihrem Innern aber rollte sie mit den Augen.

Cordula brachte Sprudel und setzte sich neben ihren Mann.
„Ihr habt gestritten heute Morgen", begann Holger.
Da niemand antwortete, fuhr er fort: „Ich hab euch vermisst im Gottesdienst."
Magda stützte das Gesicht in die Hände. *Nein, ich sag jetzt nichts! Jetzt muss Oliver mal ran!*
„Oliver", sagte Holger, „kannst du, willst du was dazu sagen? Magda sagte, du hättest sie geschlagen. Stimmt das?"
„Soll das ein Verhör sein oder sind wir beim Psychiater oder was?"

Die Tür ging auf, Tina kam im Schlafanzug rein. Sie rieb sich die Augen. „Mama, ich kann nicht schlafen."
„Komm, trink einen Schluck, dann geht's wieder. Ich bring dich."
Als die Kleine versorgt war, brachte Cordula Tina zurück ins Kinderzimmer, und das Gespräch konnte weitergehen.

„Ja", bestätigte Oliver, „ich hab sie geschlagen. Das war der Grund, warum ich nicht zum Gottesdienst kam. Ich war zu aufgewühlt und hätte eh nichts mitbekommen."
„Wie kam das?", wollte Holger wissen.
„Ihr habt keine Ahnung, welche Trödelsuse Magda ist. Vor allem morgens, wenn wir in die Gemeinde wollen. Und da ich schlechte Laune hatte, käste mich alles an. Als ich Mag-

da dann mit der Lage konfrontierte, wusste sie nichts anderes, als sich zu verteidigen und pampig zu werden."

Magda umfasste mit einer Hand die andere, die sie zur Faust geballt hatte und drückte, bis ihr sämtliche Knochen wehtaten.

Oliver fuhr fort: „Das hat mir den Rest gegeben, und ich konnte mich nicht mehr beherrschen."

„Tut es dir leid, was passiert ist?", fragte Holger.

„Natürlich tut es mir leid. Ich bin ja kein Schläger. Doch Magda will mich ja an den Pranger stellen."

„Oliver, hier geht es nicht darum, jemanden an den Pranger zu stellen. Ihr braucht Hilfe!", betonte Cordula, die in aller Stille eingetreten war. „Schau sie dir an. So kann das nicht weitergehen!"

„Magda könnte viel mehr schaffen, wenn sie auf mich hören würde. Aber es muss alles nach ihrem Kopf gehen!"

„Die liebe kleine Magda – quadratisch, praktisch, gut. So hättest du's gern, stimmt's?" Magdas Worte befanden sich an der Frostgrenze.

Oliver wollte aufbrausen, doch Holger nahm den Faden wieder auf: „Ich glaube, hier geht es erst mal um Vergebung. Und zwar gegenseitig. Und dann können wir schauen, wie ihr in Zukunft damit umgeht." Nach einer Pause fuhr er fort: „Seid ihr bereit, einander zu vergeben?"

„Wenn damit das Problem aus der Welt geschafft wäre, ja", sagte Magda. „Aber das ist es nicht. Es kommt ja immer wieder vor. Und jedes Mal tut es ihm leid. Und mir ist es leid. So hab ich mir eine Ehe nicht vorgestellt."

„Du willst dir ja nichts sagen lassen", warf Oliver ein.

„Würdest du dir an meiner Stelle was sagen lassen? Von jemandem wie dir? Der dich schlägt? Und in die Gemeinde rennt und dort tut, als könne er kein Wässerchen trüben?"

„Du hast es herausgefordert!"

„Was hab ich?" Magdas Stimme überschlug sich.

„Jetzt mal cool", meldete sich Cordula wieder zu Wort. „Dass Gewalt keine Lösung ist, sollte dir klar sein, Oliver. Die Kinder kriegen das ja auch mit. Und du willst doch nicht, dass sie sich daran ein Vorbild nehmen, oder?"

Oliver krempelte seine Ärmel hoch um sich besser kratzen zu können. „Du hast ja recht." Unlust sprach aus seinen Worten. „Doch wenn man so provoziert wird, dass ..."

Nun schaltete Magda sich wieder ein: „Es gibt kein Pardon für Schläge. Das wäre ein Grund, auszuziehen. Wenn ich nur wüsste, wohin. Und wie ich die Kleinen durchbringen soll ..."

„Ich glaube, wir kommen heute zu keinem Ergebnis", sagte Cordula. „Vielleicht ist es am besten, wir beten miteinander, und ihr sucht mal die psychologische Beratungsstelle auf. Ich fürchte, wir sind hier überfordert, Holger. – Wir können euch begleiten und für euch beten. Aber ihr braucht fachkundige Hilfe."

„Psychologische Beratungsstelle!?" In Olivers Kopf schrillten die Alarmglocken. „Also blemblem bin ich auch wieder nicht, dass ich das bräuchte!"

Magda sank in sich zusammen. *Genauso habe ich mir das vorgestellt! Es ist aussichtslos.*

Das Gespräch ging noch eine Weile hin und her, bis sie zum Abschluss des Abends doch noch miteinander beteten. Die Löcher in der Fassade des Friedens waren gestopft. Und in Magda breitete sich leises Unwohlsein aus.

***

Wie lange ist es her, dass wir zu zweit frühstückten, dachte Magda. *Eine Kuriosität ...* – Sie schaute aus dem Fenster, hinter dem Dunkelheit die Welt verhüllte. Lediglich die Uhr zeigte, dass der Tag begonnen hatte. *Sieben.*

Magda stützte die Ellbogen auf den Tisch und hielt ihre Kaffeetasse vor sich. Sie schloss die Augen und sog den Duft ein, den sie so liebte. Mit einem Mal merkte sie, dass Oliver gar nichts sagte. Mit Erstaunen und Angst sah sie ihn an: „Was ist los? Du sagst gar nichts!"

„Was soll ich sagen? Gestern Abend hängt mir nach."

„Bist du mir böse?"

„Na, Begeisterungsstürme toben nicht nicht gerade in mir darüber, dass du mich bei Veerkamps verpfiffen hast."

Magda atmete tief durch. „Ich könnte dir jetzt zum hundertsten Mal sagen, dass es mir nicht ums Verpfeifen ging, sondern dass wir Hilfe brauchen. Aber du bist der Meinung, dass wir keine Hilfe brauchen. Deshalb halte ich jetzt meine Klappe."

„Und? Haben uns Veerkamps geholfen? Hat das Gespräch was gebracht!?"

„Nein, natürlich nicht", murmelte sie und trank ihren Kaffee aus. Sie stand auf und räumte den Tisch ab. Oliver ging ins Bad, um sich für den Tag zu richten.

Als die Wohnungstür hinter ihm ins Schloss gefallen war, rutschte sie aufs Sofa und dachte nach. Sie seufzte, als sie den gestrigen Streit noch einmal an sich vorbeiziehen ließ. Heulkrämpfe überfielen sie und schüttelten sie wie Stromstöße. *Scheiß Selbstmitleid! Wenn ich nur wüsste, was ich tun soll. Ein Glück, dass keiner sieht, wie ich hier rumheule!*

Mit der Zeit versiegten die Tränen, und Magda entsorgte die durchweichten Taschentücher. *Irgendwas muss ich tun. – Ob ich auf eigene Faust zur Psychologischen Beratungsstelle gehe?*
Vergebung – das Wort vom Abend vorher schlich sich in ihre Gedanken – *was genau damit gemeint ist? Wie macht man das??? Muss ich mich von meinem Mann schlagen lassen? Ist das der Wille Gottes dass ich so leiden muss? – Klar, steht*

in der Bibel, dass wir leiden müssen. Aber doch nicht unter Gläubigen! – Oder, Gott? – Ein Ehepartner, der an den Herrn glaubt, sollte einem doch in Liebe zugetan sein. – Wieso ist das bei uns nicht der Fall, Jesus? – Und wenn ich ihm vergebe und er mich wieder schlägt? Wie soll ich damit umgehen?

Ihre Gedanken wirbelten wie Wäsche in der Maschine und fanden keinen Halt. Ratlos zog sie Schuhe und Jacke an, um die Kinder in Petershausen bei ihren Eltern abzuholen und entschied: *Ich werde mich bei der Psychologischen Beratungsstelle melden, sobald ich eine Möglichkeit sehe!*

***

Lieber Alex, ...

Konstanz, 27.04.95

Schon vier Wochen ist es her, dass ich dir schrieb. Hier stürzt alles über mich herein. Und ich muss mal wieder was bei dir loswerden. Ich habe ja niemanden außer Gott und dir. Und Gott scheint mir gerade ferner als Brasilien und du.

Letztes Mal habe ich ja angedeutet, dass es mit Magda nicht gerade ein Kinderspiel ist. Inzwischen hat es nicht mehr viel Sinn, um die Dinge herumzureden. Deshalb packe ich aus.

Es fällt mir schwer, es zuzugeben. Aber Magda provoziert mich ab und zu ziemlich. Und zwar dermaßen, dass ich mich manchmal nicht mehr beherrschen kann. Und jetzt hat sie sich bei Holger und Cordula über mich beklagt. Es kommt mir wie eine Verleumdung vor.

Holger und Cordula sind unsere Freunde, wie du weißt. Wir waren schon miteinander im Urlaub. Aus diesem Grund verstehe ich Magdas Handeln erst recht nicht. Ich bin auch der Überzeugung, dass die beiden eine gewisse Reife haben. Holger predigt ab und zu. Aber dass Magda ihnen von unseren Streitereien erzählt, finde ich das Hinterletzte. Wie stehe ich jetzt da vor ihnen!?

Und jetzt wollen sie mir, bzw. uns auch noch überstülpen, dass wir eine psychologische Beratungsstelle aufsuchen. So ein Schmarrn! Die schwafeln sowieso nur rum. Das brauch ich nicht. Ich muss mich besser beherrschen. Und dazu brauch ich keine psychologische Beratung.

Vielleicht könntest du im Hinblick darauf für uns beten, dass ich das schaffe. Darüber würde ich mich, weiß Gott, freuen. Ich glaube, das würde uns sehr helfen.

Ansonsten hoffe ich, dass es euch gut geht und ihr von solcherlei Problemen, wie Magda und ich sie gerade haben, verschont bleibt. Ich habe jetzt im Wesentlichen über uns geschrieben. Das soll nicht zur Gewohnheit werden! Auf mein Wort: Es interessiert mich, wie es dir geht. Und ich bin gespannt auf deinen nächsten Brief, was du zu berichten hast.

Dein Oli

KAPITEL 8

Mai 1995

Gedeons Wangen glühten, als er sah, dass seine Mutter Nudeln kochte. Nudeln! Mit Tomatensauce. Er hüpfte wie ein Springball in der Küche um Magda herum, und sie dachte: *Manometer, wie beweglich er für seine Figur ist. Das ist sein Vorteil!* Ihre Gefühle allerdings widersprachen ihren Gedanken: Seit einiger Zeit beobachtete sie ihren Sohn mit Besorgnis. Sein Appetit war größer als Abigails. Das machte ihr Sorgen. Bei alledem war er weder ein Faulpelz noch fett. *Noch nicht! Gedeon könnte auch ein guter Kostverwerter sein.*

Sie trug die Schüssel mit den Nudeln ins Esszimmer, gefolgt von Gedeon. „Na, Geddi, Hunger?"
„Jaaa!" Sein Gesicht strahlte.
„Gut, ich hol mal die Mädchen. Willst du solange die Teller auf dem Tisch verteilen?"
„Au ja." Mit Eifer nahm er die Teller mit dem Besteck darauf in Empfang, die seine Mutter ihm darbot.
„Aber nichts runterschmeißen, ja?"
Gedeon schüttelte den Kopf und fuhr mit seinem Werk fort.

Das Tischgebet war soeben gesprochen, als es klingelte. Magda stand auf um an die Sprechanlage zu gehen.
„Mamaaaa", Gedeons Geheul hörte sich an wie eine Sirene.
„Was ist? Ich komm doch wieder. Ich muss nur sehen, wer kommt."
Gedeon wimmerte weiter. Magda atmete durch und ging.

Es war ihre Schwester Lilli. „Tut mir leid, dass ich gerade zur Mittagszeit bei dir reinschneie. Ich war im Stoffladen und erinnerte mich daran, dass du sagtest, du könntest Klettband gebrauchen."

Magda staunte. „Dass du daran denkst!" Sie umarmte Lilli. „Was täte ich ohne dich? Macht's dir was aus, wenn ich Rica füttere?"

„Ach was! Ich muss auch gleich gehen. Chris und Gela müssten jeden Moment von der Schule kommen ..."

Das Telefon klingelte. Magda verdrehte die Augen. „Was noch alles?"

„Immer mit der Ruhe, Magda. Du gehst ans Telefon, und ich bleib bei den Kindern und füttere Rica. Okay?"

Magda atmete auf und griff nach dem Hörer. „Bender?"

„Ah, hallo Rita!" Gluthitze und Eiseskälte bemächtigten sich ihrer. *Das Buch! Sie will bestimmt wissen, ob ich schon reingeschaut habe.* Sie zerrte am Telefonkabel um den Raum zu verlassen. „Du, ich habe gerade Besuch. Aber ich versuch' ..." Das Kabel reichte bis in den Flur. „... mit dem Telefon rauszugehen."

Da sie die Tür nicht schließen konnte wegen des Kabels, bemühte sie sich, leise zu reden. Sie sagte Rita, dass sie in das Buch hineingeschaut hätte und dass ihnen geraten wurde, zur Psychologischen Beratungsstelle zu gehen. Oliver sei aber der Meinung, er brauche keine Hilfe. Dazwischen hörte sie, wie Gedeon rief, er wolle noch mal, und Lilli antwortete irgendwas. Magda war hin- und hergerissen zwischen Telefon und Wohnzimmer.

Als sie wieder ins Wohnzimmer kam, merkte sie, wie Lilli sie beobachtete. Magda bemühte sich, wie immer zu sein, aber ihre Schwester ließ die Augen nicht von ihr.

Nach dem Essen hängte sich Gedeon an Magdas Bein. „Geddi, lass los. Du siehst, dass wir den Tisch abräumen. Wenn du mir am Rockzipfel hängst, werd' ich nie fertig!"

„Hast doch gar kein Rock an", kicherte Gedeon.

„So sagt man halt. – Spielst du mit Rica, bis wir abgeräumt haben?"

„Immer ich! Warum nicht Abby?"

„Abby kann auch mitspielen. Das musst du nicht allein. Mach ruhig, ich komm gleich und mach Rica eine neue Windel."

Als sie zu zweit waren, fragte Lilli mit unterdrückter Stimme: „Was ist los, Magda? Wer braucht psychologische Hilfe? – Tut mir leid, ich hab ein paar Wörter aufgeschnappt, und jetzt ist Chaos in meinem Kopf."

Magda seufzte. „Okay, jetzt erfährst du es halt auch. Vater und Mutter wissen es, Rita weiß es – ich kann und will die Maskerade nicht mehr weitermachen."

Während Magda sprach, hatte Lilli den Eindruck, dass die linke Oberlippe ihrer Schwester etwas dicker war als sonst. Was sie nicht zu denken wagte, stolperte im Flüsterton aus Lillis Mund: „Schlägt ... Oliver dich???"

Magda sah zu Boden und nickte leicht. Sie nahm ihre Brille ab um sie unter den Wasserhahn zu halten. Tränen liefen ihr übers Gesicht. Nach einer Weile sagte sie: „Tut mir leid, dass ich hier rumflenne. Ich weiß nicht, wie ich damit umgehen soll. Wir werden wohl psychologische Hilfe brauchen. Das Problem ist, dass Oliver meint, er bräuchte so was nicht ..." Sie tupfte sich übers Gesicht und setzte die Brille wieder auf. „Ich muss wie eine Vogelscheuche aussehen!"

„Das ist jetzt Nebensache!" Lilli nahm sie ohne Umstände in den Arm, und Magda barg ihr Gesicht an der Schulter ihrer Schwester.

***

Sie saß im Vorraum der Psychologischen Beratungsstelle. Ein Raum, in dem trotz des Sonnentages das Deckenlicht angeschaltet war. Magda fröstelte und kramte in ihrer Handtasche. Nach was, wusste sie selbst nicht. Sie fand ein Hustenbonbon und steckte es in den Mund. *Gut, etwas zu tun zu haben!* Sie sah auf die Uhr. Vor fünf Minuten hatte sie da sein müssen. *Für was, wenn ich doch später drankomme?!* Sie kramte weiter. Ein Taschenspiegel, längst verloren geglaubt. Sie schaute hinein. *Die Lippen könnten Farbe gebrauchen. S*o machte sie sich auf die Suche nach einem Lippenstift und fand auch einen. Gerade, als sie anfangen wollte, ihn aufzutragen, öffnete sich eine Tür, und sie wurde ins Zimmer gebeten.

Ein untersetzter Herr hieß sie, auf einem Sessel Platz zu nehmen. Er setzte sich ebenfalls. Zwischen ihnen stand ein Tischchen mit einer Glasplatte. Magda sah sich um. An den Wänden des Raumes befanden sich Regale, die Unmengen von Büchern bargen. Lediglich die Ecke, in der sie saßen und wo der Schreibtisch stand, war frei davon. Das Bild einer Blumenwiese hing an der Wand, die den Sonnentag draußen zu verstärken schien, der durch das einzige Fenster hereinlachte.

Der Mann reichte ihr die Hand und stellte sich als Herr Meier vor. Sein Alter schätzte sie auf Anfang fünfzig.

Herr Meier lehnte sich zurück. „Nun, Frau Bender, was führt Sie zu mir?" Er sah sie interessiert an.
Magda strich über die Handtasche auf ihrem Schoß und begann mit dem Finger Männchen darauf zu malen. „Tja ..." *Ich kann nicht mit der Tür ins Haus fallen! Vielleicht ist es besser, ich erwähne erst meine Sorgen um Gedeon ...* „Wissen Sie, mein Sohn ... Gedeon ..."

Herr Meier sah auf das Blatt, das Magda zuvor ausgefüllt der Frau am Eingang abgegeben hatte. Er schob seine Brille hoch. „Sie haben drei Kinder, sehe ich."

„Ja, Abigail, Gedeon und Enrica. Abigail ist fünf, Gedeon wird bald drei, und die Kleine ist eineinhalb."

„Und wegen Gedeon sind Sie hier."

Sie nickte. „Ja, unter anderem. Aber mit ihm will ich mal anfangen. - Ich mache mir Sorgen um ihn. Er isst so viel. Und er ist so anhänglich wie mein Schatten. Ich meine, seine große Schwester, Abigail, hing auch an mir. Aber Gedeon ..."

Magda hatte Schwierigkeiten, weiterzusprechen.

„... viel mehr?"

Magda nickte.

„Wie äußert sich das?" Herr Meier schrieb auf sein Blatt.

„Er hängt mir den ganzen Tag am Rockzipfel. Ich kann kaum aufs Klo gehen, ohne dass er mitwill. Das ist doch nicht normal – in diesem Alter!?"

„Haben Sie eine Idee, woher das kommen könnte? Hat Gedeon irgendwelche Erfahrungen, dass sie mal nicht nach Hause gekommen wären oder Ähnliches?"

Magda schüttelte den Kopf. „Nicht, dass ich wüsste. – Ich frage mich allerdings, ob es vielleicht mit seinem Vater zu tun hat."

„Mit Ihrem Mann?"

„Ja." Sie wagte nicht, Herrn Meier anzusehen und hörte nur das Kratzen seines Füllers auf dem Papier.

„Was ist mit Ihrem Mann, dass Sie diese Vermutung haben?", forschte er behutsam.

„Er ... er ..." Sie konnte nicht weiterreden. Ein Kloß saß in ihrem Hals. Ihre Hände durchforsteten wie im Fieber die Handtasche nach Taschentüchern, aber sie waren zu langsam. Die Augen tropften schon wieder, die Brillengläser beschlugen.

Herr Meier hielt ihr ein Taschentuch hin.

„Oh, vielen Dank. Vielen, vielen Dank!" Sie putzte sich die Nase und wischte sich über die Augen. *Ein Glück, dass ich nicht geschminkt bin. Das würde gerade noch fehlen: ein verschmiertes Gesicht!* Sie legte die Brille auf das Tischchen.
„Nehmen Sie noch eins. Ich lass die Packung hier liegen."
„Oh, das ist gut. Vielen, vielen Dank nochmals." Magda griff nach Taschentuch und Brille und machte sich an die Arbeit.
„Was ist mit Ihrem Mann? Was bringt Sie zum Weinen? Können Sie es in Worte fassen?"
„Ich will es versuchen", presste sie hervor und versuchte sich zu sammeln. Doch jedesmal, wenn sie anfangen wollte, sagte etwas in ihr: *Du darfst deinem Mann nicht am Zeug flicken!* Eine zweite Stimme in ihr antwortete: *Aber es muss raus! Deshalb bist du hier!* Sie schloss die Augen. Herr Meier schwieg. Sie rechnete es ihm hoch an, dass er sie nicht drängte. Das machte ihr Mut, sodass sie am Ende herausbrachte: „Wir streiten viel."
„Sie streiten viel?"
„Ja." Sie nickte, und die zweite Stimme in ihr meldete sich sogleich wieder zu Wort: *Das ist nicht alles! Du musst es sagen! – Ich kann nicht!!,* schrie ihre Seele.
„Um was geht es bei diesen Zwistigkeiten? Ist es immer dasselbe?"
Magda atmete auf. „Meistens geht es ums Ballett und um den Haushalt."
Herr Meier sah sie fragend an.
„Ja, ich gehe drei Mal in der Woche zum Ballett. Und mein Mann regt sich darüber auf, dass ich den Haushalt nicht im Griff habe ..."

Sie erzählte, wie die Streitereien abliefen und dass sie fürchtete, dass Gedeon so an ihr hing, weil sie wieder und wieder stattfanden. Dass Oliver sie schlug, brachte sie nicht über die Lippen. *Noch nicht,* dachte sie, *ich werde bestimmt noch ein paarmal herkommen. Da kann ich es immer noch zur Sprache bringen, wenn ich besser drauf bin.*

„Frau Bender, ich empfehle Ihnen eine Familientherapie. Ich könnte mir vorstellen, dass Sie das weiterbringt. Sie können sich das vom Hausarzt verschreiben lassen", schloss Herr Meier das Gespräch. „Es gibt verschiedene Stellen, bei denen Sie das machen können. Suchen Sie sich eine aus und melden sich dort um die Termine zu vereinbaren. Die Liste mit den Adressen finden Sie draußen auf dem Schränkchen."

Daraufhin streckte Herr Meier ihr die Hand entgegen und entließ sie: „Ich wünsche Ihnen und Ihrer Familie alles Gute, auch für die Familientherapie. Sie wird Ihnen bestimmt helfen."
Magdas Blick sprach Bände: *Ob das klappt???*
„Glauben Sie mir. Fassen Sie Mut, Frau Bender. Der Weg lohnt sich."

Als sie draußen war, lehnte sie sich gegen die Hauswand und ließ sich die Sonne aufs Gesicht scheinen. *Wende dein Gesicht der Sonne zu, so treten die Schatten hinter dich,* kam ihr in den Sinn. Der Spruch aus ihrer Jugend hatte sie gelehrt, dass dies nicht nur den Sonnenstern an sich betraf.
Den Zettel mit den Adressen hatte sie eingesteckt. *Heute Abend rede ich mit Oliver. Er wird es begrüßen, dass ich ihn nicht in Verruf gebracht habe. Und vielleicht ist er ja bereit, eine Familientherapie zu machen. Das hört sich zumindest nicht nach Ehetherapie an. Obwohl ich glaube, dass es das Beste wäre. Aber vielleicht kommen die Schläge auch bei der Familientherapie zur Sprache. Dann hört er von einem Fachmann, dass er Hilfe braucht.*

***

Lieber Alex, ...

ich hoffe, Du verzeihst mir, dass ich in Verzug geriet mit meiner Antwort. Trotz Verspätung danke ich Dir für Deine Grüße zu Weihnachten. Danke auch für Eure Gebete. Sie bedeuten mir viel!

Inzwischen ist über ein Vierteljahr ins Land gegangen. Der Frühling scheint endlich zu kommen. Ich habe dieses Schmuddelwetter satt. Und Du wirst es auch nicht vermissen, was?

Tja, wie geht es uns? Wie geht es weiter? – Wir haben in der Zwischenzeit mit einer Familientherapie begonnen. Magda sagte, das müsste sein, weil Gedeon auffällig ist, ihrer Meinung nach. – Er ist anhänglich und isst wie ein kleiner Scheunendrescher. Ich finde, er braucht das für sein Wachstum. Magda meint, er würde seinen Kummer, weil wir so oft streiten, in sich reinfressen. Das glaube ich nicht, auch wenn die Therapeutin mit in Magdas Horn bläst. Die reden ja alle so. Leider ...

 Die Tussi, zu der wir gehen, ist genau so, wie ich mir eine Psychologin vorstelle. Als wir das erste Mal da waren, riss sie die Augen auf und musterte uns von oben bis unten. Sie trägt eine Brille und schreibt alles auf. Ich sagte mir gleich: Pass auf, Oli, jede Aussage kann gegen Dich verwendet werden! Sie hat ihr feuerrotes Haar irgendwie zusammengesteckt. Da hab ich Rot gesehen ...! Von daher halten sich meine Erwartungen in Grenzen.

Wir haben nur noch zwei Mal vor uns. Und ich bin froh darum. Gebracht hat es meiner Einschätzung nach nichts, außer dass wir dort sitzen und einander mit Worten beeindrucken.

Letztes Mal war es etwas interessanter. Es wurde klar, dass Magda mich für den Allerschlimmsten hält, und sie heulte mal wieder rum, wie so oft ... Das kann ich ganz und gar nicht ab.

Bei der Aufregung leidet meine Haut. Ich hinterlasse überall meine Schuppenspuren ... Eklig ist das! Trägt natürlich dazu bei, dass ich mich selber wie der letzte Dreck fühle. Fördert nicht gerade meine Selbstachtung ...

Ach, Alex, ich labere Dich mit meinen Problemen voll. Ich weiß, Du willst hören, wie es uns geht und betest für uns. Trotzdem ...! – Deine Berichte regen meine Fantasie an, wenn ich lese, welche Reisen Ihr unternehmt, mit welchen Leuten Ihr zu tun habt, wo Gemeinden entstehen. Ich finde es auch gut zu erfahren, was Euch Sorgen macht, mit welchen Herausforderungen Ihr zu kämpfen habt. Das Leben ist spannend wie ein Krimi, denke ich manchmal. Wenn es nur nicht so anstrengen würde, nicht wahr?

Ich wünsche Euch für Eure nächste Reise viel Kraft und Gottes Segen.

Dein Oli

KAPITEL 9

Ostern 1998

Oliver ließ sie mit einer Israel-Reise aus allen Wolken fallen und hatte ihr erst vor einem Monat davon erzählt. Kurzfristig genug um sie zu überraschen und langfristig genug um sich darauf vorbereiten zu können. Magda staunte, an was ihr Mann alles gedacht hatte. Sie musste sich nicht einmal darum kümmern, wo die Kinder während der Reise bleiben sollten. Oliver hatte ihre Mutter gefragt, und sie hatte zugestimmt. Magda schaute ihren Mann von der Seite an und war auf eine Weise stolz auf ihn, die sie sich nicht erklären konnte. *Manometer! Hätte ich ihm nicht zugetraut, dass er eine ganze Reise plant,* dachte sie, *sonst hat er das immer mir überlassen!* Es lag in der Natur der Sache, weil sie vom Fach war. Aber es war eine Ewigkeit her, dass sie im Reisebüro gearbeitet hatte.

Gestern Abend waren sie in Tel Aviv angekommen, ein Bus voller Leute aus Deutschland, die Israel kennenlernen wollten. Müde von der Reise hatten sie ihre Zimmerschlüssel in Empfang genommen, sich frisch gemacht und waren zum Abendessen gegangen. Danach gab es die Möglichkeit, miteinander zu singen und ihren Reiseführer aus Israel kennenzulernen.

Sie saßen im Frühstücksraum eines kleinen Hotels. An den Wänden waren Tische aufgestellt, auf denen sie Köstlichkeiten aus Tausendundeiner Nacht fanden, selbstverständlich koscher. Magda konnte sich nicht sattsehen. Sie stand mit dem Teller in der Hand vor dem Gemüse und überlegte, was sie als Erstes probieren sollte, als sich eine Frau in ihrem Alter neben sie stellte. Die Haare der Frau erregten

Magdas Aufmerksamkeit. Sie waren rabenschwarz und wie von Meisterhand aufgesteckt. Und als Magda mit den Leckereien zu ihrem Platz zurückkehrte, sah sie, dass die Frau zur Reisegruppe gehörte. Ihre Blicke kreuzten sich. Magda bremste ab und ließ fast ihren Teller fallen. „Nanette?"

„Ja?" Das Gesicht der Frau war ein einziges Fragezeichen.

„Kennst du mich nicht mehr? Wir sind zusammen zur Jungschar gegangen."

Jetzt dämmerte es Nanette. „Ja-a, da war so eine Zierliche. – Glaubst du es: Ich hab deinen Namen vergessen!" Ihre Augen bettelten um Nachsicht.

„Keine Ursache. Wir haben uns seit Jahr und Tag nicht mehr gesehen. Bestimmt über zwanzig Jahre! Ich bin Magda."

„Natürlich! Tut mir leid, ich bin schon ein Weilchen weg von Konstanz ... Konstanz war es, nicht wahr?"

„Ja, und wo wohnst du jetzt?"

„Wir wohnen in einem Dorf in der Nähe von Hamburg. Ich bin x-mal umgezogen, sodass ich nur noch Vermutungen anstellen konnte, wo das war." Sie streichelte den Arm des Mannes neben sich, dem man ansah, dass er es genoss, sie zu beobachten. „Das ist Peter, mein Mann."

„Angenehm", begrüßte ihn Magda.

„Ebenfalls", erwiderte er mit einem Lächeln, das Fältchen um seine Augen zauberte.

„Wir müssen einander auf alle Fälle unsere Histörchen erzählen", wandte Magda sich wieder an Nanette, „wenn wir gegessen haben. Ich sollte langsam in die Pötte kommen, bevor der Bus ohne uns abfährt."

„Am besten, wir setzen uns im Bus zusammen. Ich bin gespannt, was du in der Zwischenzeit erlebt hast."

Magda schwebte zurück zu ihrem Platz. Sie erzählte Oliver so viel von der Begegnung mit Nanette, dass sie Mühe hatte, bis zur Abfahrt des Busses aufgegessen zu haben.

***

In ihrer Freude über ihr überraschendes Wiedersehen unternahmen Magda und Nanette viel gemeinsam. Sie schlenderten in Aschkalon über den Markt. Augen, Ohren und Nase der beiden erlebten ein Fest. Aus Lautsprechern dröhnte Musik, und es roch nach Tausendundeiner Nacht. Magda gingen die Augen über bei den intensiven Farben, die um die Wette leuchteten. Stimmengewirr vermischte sich mit den Stimmen der Händler, die Nahrungsmittel, Kultgegenstände, Wasserpfeifen, Kleider und Krimskrams anpriesen. Sie brüllten und jammerten, wenn sich jemand gegen ihre Waren entschied und rannten den Leuten nach. Ein Sammelsurium von Gewürzen lag neben Fisch und Weihrauch, Riesen-Fleischstücke hingen darüber, und alles miteinander verströmte in der morgenländischen Hitze einen schwer zu beschreibenden Geruch. *Die Besonderheit des Orients!*, dachte Magda. Ihre hellbraunen Haare, die ihr über die Schultern fielen und schlanke Figur erregten Aufsehen. Wenn sie anhielten um etwas zu betrachten, kam es vor, dass dunkelhäutige Männer mit schwarzen Augen und Haaren sie für mehrere Kamele kaufen wollten. Die Frauen lachten und gingen weiter.

Sie ließen keine Gelegenheit aus, miteinander über alles Mögliche zu plaudern. Das forderte Olivers Eifersucht heraus, obwohl er sah, dass das Humbug war. Er musste es zur Sprache bringen. Eines Abends beim Zubettgehen fragte er: „Ist es mir eigentlich auch mal erlaubt, Zeit mit dir zu verbringen?"

„Ja, wieso nicht?" Magda hing ihre Jeans über die Stuhllehne und sah Oliver an.

„Weil du inzwischen mit Nanette ein Konglomerat bildest." Er riss die Strümpfe von seinen Füßen. „Ich kann ja verstehen, dass ihr euch viel zu erzählen habt. Aber ich komm' mir wie das fünfte Rad am Wagen vor. Und es würde mich nicht wundern, wenn es ihrem Mann auch so ginge ..."

„Hast du mit ihm mal drüber geredet?"

„Nee, den sieht man ja kaum. Der spricht die ganze Zeit irgendwelche Leute an und schreibt in sein Notizbuch. – Das mag seine Art sein, mit der Abwesenheit seiner Frau umzugehen. Meine ist es nicht."

„Aber Oli, die beiden planen eine eigene Reise. Dann muss er Kontakte knüpfen. Und dass ich so viel mit Nanette rede, ist doch nichts gegen dich!"

„Deshalb spreche ich's an. Ich wünsche mir, morgen mit dir zu verbringen. Ich habe den Urlaub für uns beide gebucht und nicht für Nanette und dich."

„Dann muss ich ihr Bescheid sagen. Wir wollten nämlich morgen zusammen ..."

„Wieso musst du ihr Bescheid sagen? Bist du ihr Rechenschaft schuldig?"

„Nein, das nicht. Aber wir haben ausgemacht, dass wir ..."

„Dann müsst ihr es eben verschieben oder ausfallen lassen."

„Aber wir sind nur noch zwei Tage in Jerusalem. Und dann fahren wir schon gleich nach dem Frühstück. Und Nanette wollte mir noch ..."

„Das kann sie auch wann anders."

„Nein, kann sie nicht. Es muss morgen sein. Denn nur morgen haben wir zur freien Verfügung, und sie hat einen Laden entdeckt, der auch Ballettsachen hat."

„Was ihr immer habt! Wir sind nicht zum Einkaufen nach Israel gekommen. Ich will hier Urlaub machen! Außerdem hast du genug Zeugs fürs Ballett. Das kostet bloß Geld und nimmt Platz im Koffer weg."

„Ist ja gut." Magda zog sich ihr Pyjama-Oberteil über und ging ins Bad.

„Beeil dich, es ist schon halb elf. Du weißt, dass ich nicht schlafen kann, wenn du so spät kommst."

Magda schloss die Tür hinter sich und verriegelte sie. Im Bad lehnte sie sich gegen die Wand und atmete erst mal tief durch. Dann trat sie ans Waschbecken und streckte ihrem Spiegelbild die Zunge heraus, bis es wehtat. *Gott, ich weiß nicht, wie lange ich das noch aushalte. Der macht mich fertig,* schrie ihre Seele. Sie griff nach ihrer Kulturtasche um sich abzuschminken. Das kühle Wasser auf Gesicht und Händen tat gut. Aber ihr Inneres kochte. Auch, als sie sich daraufhin neben ihren Mann ins Bett legte.

Nach einer Weile atmete Oliver wie ein Uhrwerk. Magda drehte sich entnervt von einer Seite auf die andere. *Wie kann ich mich von ihm immer wieder so vereinnahmen lassen? Ich muss raus um nachzudenken!* Mit verhaltenem Atem rutschte sie zwischen den Laken aus dem Bett und zog ihre Jeans an. Oliver lag in Morpheus' Armen. Das Pyjama-Oberteil mochte als T-Shirt durchgehen. Sie langte nach dem Tuch, das sie am Tag bei sich trug um es um ihre Schultern zu legen, wenn sie sich an heiligen Orten befanden. Die Israelis ließen nur Frauen mit bekleideten Schultern und Männer mit bedeckten Häuptern zu ihren Stätten. – Leise öffnete sie die Zimmertür, auf der Hut, Oliver nicht aufzuwecken. Der Schlüssel steckte. Mit Bedacht zog sie ihn ab. Sie wollte ja zurückkehren. Sie zog die Tür hinter sich zu und horchte. Immer noch kein Geräusch. Im Eiltempo schlich sie Richtung Treppenhaus.

Der Mann an der Rezeption, er mochte in ihrem Alter sein, sah auf, als sie kam und lächelte sie an. Sie lächelte zurück. „Emanuel" las sie auf seinem Namensschild. *Ein Mann wie Simson,* schoss es ihr durch den Kopf. Seine schwarze Lockenpracht fiel ihm in wilden Locken über die Schultern, und er verbrachte wohl viel Zeit im Fitnessstudio. Seine Augen beachtete sie besser nicht.
„What can I do for you?"
„I need a little walk."
„Oh nice! With me?"
„Oh no, no. I've to be alone."

Der Mann zuckte zurück, und sie eilte durch die Drehtür. Doch wohin sollte sie? Sie ließ ihre Blicke schweifen und entdeckte eine Bank in der Nähe des Eingangs. Dorthin setzte sie sich. Hier war tote Hose, eine abgelegene Gegend außerhalb Jerusalems. Hätte sie sich denken können, bei einem christlichen Reiseanbieter. Es gab nichts zu sehen, kaum Autos oder Menschen, die sie beobachten konnte. Aber dazu war sie ja auch nicht hier. Sie musste nachdenken. – Magda beugte sich vor und barg das Gesicht in ihren Händen. *Ich kann Oliver ja verstehen,* sagte sie sich, *dass er auch mal was von mir haben will. Es ist nicht fair, wenn ich die ganze Zeit mit Nanette verbringe. Aber es sollte eine Möglichkeit geben, ihr Bescheid zu sagen! Was hat er nur immer mit seinen Grabenkämpfen?* – Eine Bewegung neben ihr ließ sie die Augen öffnen. Emanuel, der Mann von der Rezeption, stand vor ihr. „Do you need someone to speak?"
„No, really, I wanna be alone."
Emanuel machte kehrt und ging ins Hotel zurück. Es schien eine bittere Pille für ihn zu sein, denn er donnerte die Faust gegen das Glas der Drehtür, sodass es wackelte. Gott sei Dank sprang das Glas nicht! Sie fühlte mehr und mehr Unbehagen auf dieser Bank. Ob es einen Garten oder Ähnliches gab, wo sie sich die Füße vertreten konnte? Sie stand auf und sah sich weiter um – nichts. Finsternis herrschte ums Haus. Frustriert machte sie sich auf den Rückweg ins Hotelzimmer. Emanuel, der sie kommen sah, drehte ihr demonstrativ den Rücken zu. Einerseits belustigte sie sein Verhalten, auf der anderen Seite tat er ihr leid. Sie hatte nicht geahnt, dass sie ihn dermaßen enttäuschte ...

Ebenso leise, wie sie gegangen war, schloss sie die Zimmertür auf. Doch darauf hätte sie verzichten können. Oliver saß im Bett, das Deckenlicht brannte.
„Wo warst du?", zischte er.
„Draußen. Ich konnte nicht schlafen. Und da dachte ich ..."

„Immer denkst du irgendwas! Nur nicht an mich. Jetzt zieh dich aus und komm endlich. Hast du eine Vorstellung, wie viel Uhr es ist und was für Horrorgeschichten ich mir ausgemalt habe?"

Magda senkte den Kopf und sagte mit erstickter Stimme: „Nein, hab ich nicht." *Er hat ja recht,* meldete sich die Stimme in ihrem Kopf, *fast hätte dieser Emanuel ... - Was hätte er eigentlich? Es war nicht meine Absicht, mit ihm ins Bett zu steigen. – Seine Absicht war es allem Anschein nach.* „Tut mir leid", kam es zerknirscht von ihren Lippen. „Ich brauchte Ruhe zum Nachdenken."

„Und die hattest du hier nicht?"

„Ich hasse es, neben einem schnarchenden Mann zu liegen und nicht schlafen zu können. Und anstatt nachzudenken, ärgere ich mich. Ich wollte Ruhe, verstehst du?"

„Und? Hattest du sie?"

„Mehr oder weniger. Ich saß unten auf der Bank vor dem Eingang. Wohlgefühlt hab ich mich nicht. So bin ich wieder hochgekommen." Sie rutschte ins Bett, und Oliver löschte das Licht. Emanuels Gesicht erschien ihr zwischen Tag und Traum. Sein Lächeln wurde zu einer Fratze, die sie im Schlaf verfolgte. Was war er für ein Mann?

***

Am nächsten Morgen kam Nanette zu ihnen an den Tisch. „Magda, tut mir leid, das wird nichts mit Einkaufen. Peter hat jemanden getroffen, der uns, was unsere Israelreise angeht, auf den neuesten Stand bringen könnte. Und er will, dass ich diese Person kennenlerne." Ihr Blick hätte einen Stein erweichen können. Doch das war unnötig, denn dieser fiel soeben mit einem Plumps von Magdas Herzen. Sie atmete auf. „Ist okay, Nanette. Oliver wollte eh, dass wir heute was miteinander machen."

„Da freut sich Peter aber! Gott sei Dank!" Mit federnden Schritten ging Nanette zu ihrem Mann.

Magdas Herz hüpfte vor Freude. *Nochmal gutgegangen! – Danke, Herr.*

Der Tag mit Oliver sprach die Tiefe ihrer Seele an. Die Gruppe besuchte Yad Vashem, die Holocaust-Gedenkstätte. Gemeinsam erlebten sie die verschiedenen Bereiche der Einrichtung. Im Denkmal für die Kinder wurden Name, Alter und Geburtsort vorgelesen, auf dem Boden leuchteten Kerzen, die an der Decke reflektiert wurden und dem Betrachter den Eindruck eines Sternenhimmels vermittelten, der sich über ihm ausspannte. Die Atmosphäre empfand Magda mit solcher Macht, dass ihr beim Verlassen des Raumes Tränen in den Augen standen. Auch Oliver bedrückte das Erlebte. Er legte den Arm um seine Frau, die sich an ihn schmiegte. Er sah sie an und entdeckte, dass sie blinzelte. „Was ist los, Motte?"

Magda schüttelte den Kopf. Sie ärgerte sich wieder einmal, dass sie sich nicht beherrschen konnte. Sie rückte von ihm ab, was er noch weniger verstand.

„Ich muss nachdenken", erklärte sie.

„Schon wieder? – Über was?", fragte er sanft.

Mensch, kapierst du nichts!? – Wie soll er verstehen, wenn du es ihm nicht erklärst?, stritten die beiden Stimmen in ihr. Ihr Stolz kämpfte gegen die zweite Stimme – und verlor. Sie suchte nach Worten, die nicht ihr ganzes Innerstes vor ihm bloßlegten und ihn dennoch zufrieden stellten. „Ach, weißt du", zwang sie sich zu sagen, „wenn ich mir überlege, diese Kinder und was ihnen angetan wurde ... von uns Deutschen ... Wenn ich überlege, wie viel Babys darunter waren ..."

Oliver legte den Arm um sie. „Ja, das habe ich mir auch überlegt."

Sie schwiegen gemeinsam.

***

„Nur noch heute", jammerte Magda, als sie im badewannenwarmen Wasser des Toten Meeres neben Nanette trieb, „dann geht's in den Herbst nach Hause ..."

„Ja, leider." Auch aus der Stimme der Freundin klang Bedauern. „Aber in einem halben Jahr kommen Peter und ich ja wieder her."

„Ach, habt ihr's gut. Wenn ich daran denke, dass morgen der Stress mit den Kindern wieder losgeht, will ich gar nicht heim."

„Du meinst, weil ihr bei Zeiten aufstehen müsst?"

„Genau. Und dann noch Oliver ..."

„Das geht nicht mit einem Augenzwinkern, oder?"

„Nee ..." Magda ließ den Blick zu ihrem Mann schweifen. Er saß im Schatten der Umkleidekabine und kratzte sich. Sie presste die Lippen aufeinander.

„Was hat er eigentlich für eine Krankheit?"

„Psoriasis. Dafür soll der Aufenthalt hier ja helfen. Ich habe gelesen, dass die Leute ins Wasser und in die Sonne sollen. Aber sag ihm das ...!"

Nanette schwieg eine Weile. Dann meinte sie: „Ich glaube, er lässt sich nicht gern was sagen, was?"

„Nee, nicht sehr. Aber wenn dir jeder irgendwelche Ratschläge gibt, die du befolgen sollst ... – In gewisser Weise kann ich das verstehen."

„Würde es ihm helfen, wenn er Kontakt bekäme zu Psoriatikern, die hier eine Kur machen?"

„Ich glaube schon. Nur ist es dafür jetzt zu spät. Zu unserem Leidwesen. Morgen fliegen wir ..." Mit einem Achselzucken wandte sie sich dem Ufer zu. Nanette hielt sie zurück: „Du, Magda, ich hab da noch eine Frage."

Magda stutzte: „Ja?"

„Kennst du eigentlich den Typen von der Rezeption des Hotels bei Jerusalem?"

„Nee, wie kommst du darauf?"

„Als ich letztens zum Abendessen wollte, bekam ich mit, wie du ihm einen Schlag gegen die Schulter verpasst hast."

„Ach das! Das wollte ich dir eh erzählen. Stell dir vor, an dem Abend vor Yad Vashem konnte ich nicht schlafen. Oliver hatte mich aufgeregt, und ich brauchte Zeit zum Nachdenken. So ging ich nach unten und wollte raus. Und Emanuel, so heißt er, glaubte, ich wollte mich mit ihm vergnügen. Als ich nicht auf ihn einging, war er beleidigt. Und seither drehte er mir, wenn ich in seine Nähe kam, den Rücken zu. Erst amüsierte mich das. Auf der anderen Seite tat er mir leid. Ich hätte nicht geglaubt, dass ich ihn dermaßen gekränkt habe …" Magda sah über die Salzkruste des Toten Meeres. „Du, ich muss jetzt raus aus der Brühe. Wir können uns draußen weiter unterhalten, oder?"

Nanette folgte ihr. „Ja, wir waren lange drin!"

„Oliver, geh ins Wasser. Es wird dir gut tun", rief Magda.

„Hast du eine Ahnung, wie das weh tut! Mir reicht schon die Salzluft! Und die Hitze! Also, wenn es anderen hilft – mir nicht!"

Nanette meinte: „Versuchen könntest du es! Erst ins Wasser und dann in die Sonne."

Das reizte ihn nun doch, und er stand auf. „Aber nur, weil du es sagst! Wenn ich nachher von Salz und Sonne aufgefressen bin, bist du schuld!"

„Kein Problem, Oliver. Das nehm ich auf mich." Als Oliver sich auf den Weg zum Wasser machte, rissen die beiden Frauen ihre Augen auf und grinsten von einem Ohr zum anderen.

„Donnerwetter – würde Oli jetzt sagen. Was eine reinrassige Schwarze ausrichten kann …! – Vielleicht hilft's, wenn ich mir die Haare auch schwarz färbe?" Magdas Augen lachten.

Sie lagen am Sand auf ihren Handtüchern und bedeckten die Gesichter mit Strohhüten. „Was ich dir noch sagen wollte, Nanette", begann Magda, „dieser Typ, Emanuel, geht mir seitdem nicht mehr aus dem Kopf. Der erscheint mir nachts im Traum. Und ich weiß nicht, wie ich ihn loskriege. Hast du eine Idee?"

„Hast du schon Gott darum gebeten, dass er dir hilft, das hinter dir zu lassen?"

„Ich könnte es versuchen."

„Tu das. Ich bete für dich. Ich weiß, wie das ist."

Überrascht schaute Magda unter ihrem Hut zu Nanette. Die rührte sich nicht, ihr Sonnenhut blieb unverrückt auf dem Gesicht. „Nanette?"

„Jaaa?"

Magda war es, als spürte sie Nanettes Lächeln. „Was weißt du, wie es ist?"

„Männergeschichten", sagte Nanette. „Jesus hat mich durchs Feuer gehen lassen, bevor ich ihn ganz in mein Leben ließ. Meine Haare ziehen manche Männer an wie ein Magnet. Ich bin x-mal reingerasselt. Hab mein Herz verbrannt und noch mehr. Es war die Hölle auf Erden."

„Oh Mann! – Das war vor Peter, oder?"

„Leider nein", hörte Magda es unter dem anderen Strohhut hervor, „Peter und ich hatten anfangs Riesenprobleme, denn wir sind wie Feuer und Eis. Ich packte das nicht und begann, abends auszugehen, vor allem am Wochenende."

„Aha ..."

„Wie gesagt, es war eine Katastrophe. Ich hab's auf die Spitze getrieben. Und Peter in den Alkohol."

„Wie – Peter in den Alkohol?" Magda starrte unter ihrem Hut hervor. Nanette hatte ihren auch gelüftet und lächelte wie über einen schlechten Scherz, als sich ihre Blicke trafen. „Ja, ich hab Peter in den Alkohol getrieben. Er betrank sich immer öfter. Bei der Arbeit bekam er Druck, und wenn er heimkam, sah es aus wie Kraut und Rüben, und ich war weg. Ich will damit nicht sagen, dass eine Frau unbedingt an den Herd gehört, vor allem, wenn keine Kinder da sind. Aber wir machten uns gegenseitig das Leben zur Last."

„Und wie hat sich das dann geändert?"

„Irgendwann ließ es sich nicht mehr leugnen, dass er Alkoholiker war. Es war nicht mehr auszuhalten, wenn er besoffen war; abgesehen von unserem Treppenhaus, das er manches Mal vollkotzte ... - Da drang ich darauf, dass er eine Entziehungskur machte."

„Und? Hat er gemacht?"

„Ja. Erst hat er sich zwar gesträubt, er brauche das nicht, und ich würde viel Lärm um nichts machen. Ich solle lieber sehen, dass ich mein Leben auf die Reihe bekäme und so weiter. Aber nach einer Weile willigte er ein."

„Wahnsinn!"

„Ja. Und das Beste: Er fand während dieser Zeit zum Glauben an Jesus. Ich dachte erst, das sei Spinnerei. Aber als er eine Weile zuhause war und immer noch clean, packte mich die Neugier und ich begann auch – wieder – in der Bibel zu lesen. Und das, was mir in meiner Kindheit als graue Theorie vorgekommen war, erlebte ich nun hautnah."

„Wahnsinn! Echt Wahnsinn!"

„Ja, das war's. Ich hätte nie gedacht, dass Jesus so einen Unterschied macht. Wir bekamen Frieden ins Herz und konnten unsere Probleme ganz anders angehen ..."

„Und wir glauben an Jesus und schaffen's trotzdem nicht ...", murmelte Magda und bedeckte ihr Gesicht, damit Nanette nicht sah, wie sie um ihre Beherrschung kämpfte.

Wassertropfen fielen auf ihre schwitzenden Körper. Die beiden sprangen auf. „Peeeter!", kreischten sie, als sie sahen, wer der Verursacher der Dusche war. Der lachte und schüttelte sich wie ein Hund. Er legte sein Handtuch neben sie und schlief auf der Stelle ein.

***

Lieber Alex ...

Dein Heimaturlaub war eine Labsal für meine Seele. Es war mir ein Privileg, Dich hier zu haben, auch wenn ich Dich mit vielen teilen musste ... Danke, dass Du mich teilhaben ließest an Euren Sorgen. Dass Ihr Euch Kinder wünscht und es bis jetzt nicht klappte ... Es bedeutet mir viel, dass Du mir das erzählt hast.

An Ostern waren Magda und ich in Israel für zwei Wochen. Wie Du weißt, schenkte ich es ihr zu Weihnachten und zum Geburtstag. In Israel traf sie wie ein Blitz aus heiterem Himmel ihre Freundin aus Kindertagen Nanette. Seither hängen die beiden ohne Unterlass zusammen. Manchmal komme ich mir wie das fünfte Rad am Wagen vor. Wenn Nanette keine Frau wäre, könnte mir bei Gott die Eifersucht hochkommen. Ein Vorteil ist, dass Nanette in Dingenskirchen wohnt. Sonst käme Magda zu nichts mehr. Wenn sie nicht im Ballett ist, scheint mir, telefoniert sie mit Nanette ...

Ich freue mich ja über ihr Glück. Aber von Zeit zu Zeit wird es mir zu viel. Ich sagte ein paarmal, dass mir ihre Dauertelefonie auf die Nerven geht. Aber es kommt mir vor, als beiße ich auf Granit. Da muss ich mir was einfallen lassen. Auf der anderen Seite habe ich den Eindruck, dass der Kontakt Magda gut tut. Nur, wenn der Kontakt zu mir und der Haushalt leidet – damit habe ich ein Problem! Die Familie scheint Nebensache für sie zu sein. Das macht mich fuchsig!

Wir werden sehen – vielleicht verläuft die ganze Sache mit der Zeit im Sand. Wer weiß?

*Heute habe ich den Newsletter des Vogelforums bekommen.
Finde ich 1 A, dass es das gibt. Da ist man auf dem neuesten
Stand und kann sich austauschen. Magda hat kein Interesse
am Computer oder solchen Dingen. Zwar hätte ich es gern,
wenn sie sich damit anfreunden würde, aber so kann ich jederzeit auf das Vogelforum zugreifen und muss es mir nicht
erkämpfen wie andere Leute. Trotzdem könnte sie sich ein
bisschen damit befassen. Meine Güte, der Computer ist das
Medium der Zukunft, und meine Frau verschließt sich davor!
– Kommt Zeit, kommt Rat.*

Ich grüße Dich herzlich vom schönen Bodensee.

Dein Oli

KAPITEL 10

Dezember 2001

Letztes Training vor Weihnachten und Silvester. Das musste sein, selbst wenn zuhause die Welt Kopf stand. – Magda zog sich um, um gleich darauf in den Ballettsaal zu huschen. Es war wie immer: Eine band ihre Haare zusammen, die andere wärmte sich im Umkleideraum auf. Lediglich sie bildete heute eine Ausnahme. Sie versuchte, sich zu beruhigen: *Alles normal, Magda, alles ganz normal! Tanze, tanze und vergiss, was war.*

Der Erfolg hielt sich in Grenzen. Sie tanzte mit Hingabe, aber ihre Blicke blieben mit steter Regelmäßigkeit an ihrem Spiegelbild hängen. Sie konnte die Traurigkeit nicht aus ihrem Blick verbannen, so sehr sie sich anstrengte. *Hoffentlich fällt es niemandem auf!*, dachte sie mit einem Anflug von Verzweiflung.

„Dégagée deriere" kommandierte Rita.

Magda machte die Drehung.

„Und Soutenu, Fondu, Balance"

Bei „Fondu" dachte Magda immer an Fondue, und unwillkürlich grinste sie ein wenig bei der Ausführung der Vorgaben. Es war so etwas wie ein Naturgesetz, dass sie dabei ans Essen dachte.

Essen! Der Streit von vorgestern holte sie ein. Er hing ihr immer noch nach, und sie bewunderte Leute, die so etwas mit Leichtigkeit wegstecken konnten .... *Wegen nichts und wieder nichts so ein Theater ..., nur weil ich mit Kochen noch nicht zu Ende war, als er nach seinem Feierabenschläfchen aufwachte ...!* - *S*ie schob die Gedanken zur Seite. *Konzentrier dich, Magda! Grübeln kannst du zuhause!*

Die Musik trug sie zurück in die Welt des Balletts, die Bewegungen erforderten ihr Augenmerk.

Rita kam zu ihr herüber. „Magda, nicht bummeln. Schau, du musst mit voller Kraft dein Bein reinknallen beim frappé, damit du schnell in die zweite Position kommst. Die Betonung liegt in der Rückführung in die Zweite." Rita zeigte es, und Magda gab ihr Bestes, das frappé mit Akkuratesse auszuführen. Begeisterung durchdrang sie, als es endlich klappte.
„Üben, üben", sagte Rita, „anders kommt ihr nicht weiter!"

Die Frauen schwitzten, und bald war die Luft im Spiegelsaal von Schweiß geschwängert. Die Scheiben liefen an. Hier war Magdas Rettungsanker vor dem Gedankenstrudel.

Nach der Ballettstunde zog sie sich um und bemühte sich, gute Laune vorzutäuschen. Trotz allem merkte Rita beim Abschied etwas: „Was ist los? Hast du Kummer?"
Magda winkte ab. „Ist schon okay", sagte sie, „Mach dir keine Gedanken." Ihr versagte die Stimme, und Tränen traten ihr trotz Gegenwehr in die Augen.
„Was, okay!? Nichts ist okay! Was ist los?"
Magda schüttelte den Kopf und presste die Lippen aufeinander. Sie zuckte die Schultern und seufzte: „Ach, ein blöder Streit mit Oliver."
Rita kniff ihre Augen zusammen: „Hat er dich wieder geschlagen?"
Erneut schüttelte Magda den Kopf. „Nein. Gott sei Dank, nein! Aber es macht mich so ..."
Rita umarmte sie. „Mensch, dieser Kerl ...! – Gut, dass wir das Ballett haben, nicht wahr? Ich hab mir auch schon manchen Kummer von der Seele getanzt."

Magda nickte und blinzelte die Tränen weg. „Ja, es hilft ein bisschen." Ihr Lächeln hatte Risse.

***

Zuhause fand sie die Wohnung leer. *Wie gut ist es, Viola zu haben*, dachte sie. Viola war Erzieherin geworden und zweiundzwanzig Jahre alt. Sie lebte in Bodman und hatte die Kinder heute zu sich eingeladen um Plätzchen zu backen. Magda freute sich, gerade heute Zeit zu haben, und die Kinder waren vor Freude durch die Wohnung getobt, als sie von Violaas Angebot hörten.

Magda machte sich eine Tasse Kaffee und setzte sich. Die Gedanken überrollten sie: *Ich halte das nicht mehr aus, diese Streitereien! Sie ziehen sich wie ein roter Faden durch unsere Ehe. Was mach ich nur? Soll ich im Ernst das Ballett aufgeben? – Ich kann nicht mehr kämpfen. Will Gott, dass ich aufhöre? – Und dann??? Irgendetwas brauche ich, sonst kriege ich einen Vogel! – Ich könnte arbeiten gehen. – Arbeit habe ich hier doch zur Genüge!* Die beiden Stimmen wieder. *Ich könnte anfangen, mich mit dem Computer zu befassen. Kein Reisebüro kommt heute ohne aus.* Sie seufzte. *Soll ich es versuchen? Eine Trine bin ich ja nicht gerade. Kurz vor meiner Schwangerschaft hat Eliane Computer gekauft. – Von Erfahrung kann keine Rede sein, aber einen Versuch könnte ich wagen.* Mit Zaudern setzte sie sich an Olivers PC. *Ah – der Einschaltknopf!* Sie drückte und wartete, was geschah. Das Bild baute sich auf. Was jetzt? Etwas schreiben? Nur, was? – Sie starrte auf die Bildchen auf dem Bildschirm. Vieles hatte mit Vögeln zu tun. Unter einem stand: „Internet". Darauf klickte sie. Und nun? – „Chat" entdeckte sie, und sie versuchte es damit. Es war wie ein Spiel. Sie hatte davon gehört, dass man sich hier unterhalten könne. Das weckte ihre Neugier. *Aha! – Ach ja: Man muss sich Nicknamen geben!*

Sie nannte sich Joan und tauchte das erste Mal ein in die Welt des WWW. Nach einer halben Stunde meldete sie sich ab, und es klappte sogar, den Rechner herunterzufahren.

Am Abend fragte sie Oliver, wie das wäre mit E-Mail. Der sah sie an wie eine himmlische Erscheinung. „Wie kommst du denn darauf?"
„Ich dachte, ich mach mich mal dran. Du sagst doch, ich soll mich damit befassen."
„Donnerwetter!" Er kratzte seine Arme. „Damit hätte ich im Traum nicht gerechnet!" Seine Augen leuchteten.

Nach dem Essen weihte er sie in die Grundlagen des Computers ein. Jetzt war er in seinem Element und nicht mehr zu bremsen. Die Fülle des Stoffs erschlug Magda. „Moment, Oli, du bist kein Düsenjäger und ich auch nicht. Immer der Reihe nach. – Ich bin Anfänger! Alles auf einmal ist zu viel für mich."
Sie erstellten eine E-Mail-Adresse für Magda, und Magda schrieb ihre erste elektronische Nachricht an Cordula. Diese antwortete auf der Stelle: „Siehst du, das klappt doch wie am Schnürchen! Liebe Grüße, Cordula". – „Das ist ja ein Traum! Jetzt kann ich mich per E-Mail mit ihr unterhalten.", frohlockte sie, „ich glaube, ich muss gleich Nanette nach ihrer E-Mail-Adresse fragen." Oliver rollte mit den Augen.
Den Rest des Abends verbrachte sie im Chatraum, während Oliver seine Vogelbilder aus Papier sortierte. „Das kommt mir gerade recht", sagte er, „so komm ich da auch mal wieder dazu ...!"

Magda bekam immer mehr Übung und genoss es, sich mit anderen Menschen über Internet zu unterhalten. Mehr und mehr Zeit verbrachte sie am Computer. *Hmmm,* dachte sie eines Tages, *vielleicht sollte ich doch mit dem Ballett aufhö-*

ren? Ich nehme an, dass ich in Sachen PC noch mehr Übung bekomme. – Nur, wo fange ich an, und wie setze ich es ein?

***

Januar 2002

Im neuen Jahr rief sie Rita an und sagte ihr, dass sie das Ballett vorerst an den Nagel hängen werde um eventuell zu arbeiten. Magda konnte sich das zwar noch nicht vorstellen, aber sie wollte es anstreben. Wie erwartet, nahm Rita die Nachricht mit Ach und Weh auf. Magda standen ebenfalls die Tränen in den Augen. *Ein Glück, dass sie mich nicht sehen kann!,* dachte sie. *Aber es muss sein. Ich kann diese Tretmühle von Klinsch mit Oliver nicht mehr ertragen.*

Eines Abends – Oliver war auf einer Schulung seiner Firma über Nacht weg – saß sie nach getaner Arbeit an Olivers Schreibtisch und chattete. Das war das Richtige zum Abhängen. Die Gespräche plänkelten vor sich hin, als sie eine PN, eine persönliche Nachricht, erhielt: „Hallo Joan, wie geht es dir?" Sie stammte von Hope1234. Hope hörte sich gut an. Hoffnung. Was hoffte er oder sie? Sie fragte nach. Es stellte sich heraus, dass es sich um einen Mann handelte, der sich ein bisschen Unterhaltung erhoffte. „Okay, kannst du haben", schrieb sie. Hope1234 war fünf Jahre älter als sie und geschieden. Er hatte ebenfalls drei Kinder, die bei seiner Ex-Frau wohnten, da er arbeiten musste. Die Kinder waren im gleichen Alter wie Abby, Gedeon und Rica, nur dass Hope1234 zwei Jungs und ein Mädchen hatte. „Das' ja'n Ding!", entfuhr es ihr.

Sie unterhielten sich eine halbe Stunde über dies und jenes. Als Magda von der Bildfläche verschwinden wollte, fragte Hope1234: „Verrätst du mir deinen richtigen Namen?"

Magda zögerte. Sie hatte gehört, dass man das nicht tun sollte. Aber sie hatten sich so gut unterhalten, dass sie antwortete: „Wenn du mir deinen auch verrätst?"

„Edgar", war die Antwort.

Edgar??? Der Name durchzuckte Magda wie ein Blitz. Alles stand ihr vor Augen: Edgars Krankheit, sein Tod, sein Leiden. – Sie schrieb zurück: „Oh, mein verstorbener Bruder hieß auch so. Ich heiße Magda."

„Dein verstorbener Bruder? An was ist er denn gestorben?"

„Er hatte eine Zementlunge, eine Berufskrankheit. Er war Maurer."

Sie trafen sich öfter im Chatraum. Manchmal verabredeten sie sich auf eine bestimmte Uhrzeit. Magda erzählte Oliver begeistert davon, dass sie einen Chatfreund gefunden hatte. Es störte ihn nicht. *Hauptsache, sie findet Freude am Computer,* dachte er. Magda freute sich auf die Treffen mit Edgar. Nach einer Weile tauschten sie ihre Telefonnummern aus. Doch es verging noch eine ganze Zeit, bis Edgar anrief. Seine Stimme gefiel Magda, und sie stellte sich vor, dass er in einem Chor im Bass sänge.

***

März 2002

Sie telefonierten nicht oft. Aber es wuchs Sympathie zwischen ihnen. Und Magda freute sich daran, einen Freund gefunden zu haben, mit dem sie unbefangen reden konnte.

Eines Samstagnachmittags rief Edgar an.

„Hallo, Edgar!" Magda strahlte.

„Und? Was machste gerade?"

„Putzen! Oliver ist mit den Kindern heute auf einem Jungs-chartag. Die suchten einen Fahrer und waren heilfroh, als Oli sich meldete."

„Und du bist nicht mit?"

„Nee, keine Lust. Ich mach die Wohnung sauber, bis sie kommen. Weißt du, seit ich mit dem Ballett aufgehört habe, geht mir die Hausarbeit nicht mehr so von der Hand ..."

„Wieso hast du aufgehört?"

„Es gab in einem fort Streit. Drei Mal die Woche drei Stun-den fürs Ballett waren Oli eine Ungeheuerlichkeit. Auch wenn mir damals die Arbeit besser von der Hand ging, weil ich beschwingter war, musste ich mir die Zeit einteilen. Und jetzt hab ich kein Ballett mehr und nur noch diese vier Wände um mich ..." Die Worte hingen im Raum.

Edgar antwortete nicht gleich. Schließlich sagte er: „Aber nicht, dass du mir zerbrichst!" Das hörte sich so ernst an, dass Magda loslachte. „Nein, nein, Edgar, da brauchst du keine Angst zu haben. Ich zerbrech' schon nicht."

„Ohne Scherz?" Sie hörte seine Zweifel.

„Ohne Scherz!"

„Na denn."

Einen Moment schwiegen sie. Dann ging ein Ruck durch Magda, und sie sagte: „Du musst nicht denken, ich will Oli-ver anschwärzen oder dass du dir irgendwelche Hoffnun-gen machst, weil ich dir das erzählt habe."

„Ist schon gut."

Kurz darauf verabschiedeten sie sich, und Magda legte auf.

Magda griff zum Staubtuch. Es führte kein Weg daran vor-bei, sie musste es hinter sich bringen. Ein paar Minuten später klingelte das Telefon erneut.

„Edgar!", rief sie, „Was ist los?"

Seine Stimme klang anders als vorher. „Ich wollte dir sagen ... - dass ich mir doch Hoffnungen gemacht habe."

„Scheiße", sagte Magda.

„Wieso Scheiße? Was ist daran ... - darüber freut man sich doch, oder?"

„Ddd ... das wollte ich nicht", stotterte Magda.

„Aber wieso denn nicht?"

„Ich sah in dir lediglich einen Freund, mit dem ich mich über alles unterhalten kann. Es tut mir leid, dass es so gekommen ist."

„Das muss dir nicht leid tun."

„Tut es aber. Denn ich habe keinerlei Ambitionen, mit dir was anzufangen."

„Okay." Magda hörte ihm seine Enttäuschung an, als er auflegte.

Sie setzte sich auf den nächstbesten Stuhl und dachte nach. *Scheiße, dass er sich in mich verliebt hat. – Gott, das wollte ich nicht! Bitte hilf ihm, darüber hinwegzukommen.*
Als sie aufstand um ihr Werk fortzusetzen, läutete das Telefon schon wieder. *Wer ist denn das? – Heute komm ich zu gar nichts! Und dann verliebt sich noch Edgar ...* „Bender", meldete sie sich.

Es war wieder Edgar. „Ich wollte dir noch sagen, dass du eine tolle Frau bist."

„Oh, vielen Dank, Edgar. Ist schon okay. Mach dir keine Gedanken."

Sie wandte sich wieder der Pflicht zu. Doch kaum hatte sie den Lappen in der Hand, bimmelte es noch einmal. Abermals war Edgar dran: „Du bist nett!"

„Edgar", betonte sie, „mach dir nicht ins Hemd. Es ist okay. Ich bin nicht sauer, dass du das gesagt hast." *Oh, Mensch, wie peinlich muss ihm das sein?!*

So ging es vier oder fünf Mal. Alle fünf bis zehn Minuten meldete sich Edgar um ihr Nettigkeiten zu sagen. Auf der einen Seite schmeichelte es Magda, auf der anderen Seite ging ihr die Anruferei auf die Nerven. *Wie kann ich ihm nur helfen?* – Sie fasste einen Entschluss und rief ihrerseits Edgar an.

„Magda, du?"
„Ja, ich. Ich wollte dir sagen, dass ich an dich denke."
„Danke!"

Vielleicht ist jetzt Ruhe? – Doch nach einer Viertelstunde wiederholte sich das Ganze. Edgar rief an, bis Oliver und die Kinder vom Jungschartag zurückkamen. Dann blieb das Telefon still.

In Magdas Herzen jedoch war es keineswegs still. Edgars Enthüllung und seine Anrufe hatten Unrast in ihre Seele gesät. Die Gedanken zogen sie in ihren Bann, und sie konnte sich nicht auf die Ausgelassenheit von Oliver und den Kindern einlassen. *Was denkt er bloß von mir? Wie wird es ihm gehen? Ob er heute Nacht schlafen kann?* Zu gut konnte sie sich noch an die Zeit erinnern, als sie Urs hinterhergelaufen war ...

***

Der Sonntag kam und ging. Das Telefon schwieg. *Gut,* dachte Magda, dennoch rumorte es in ihr. *Ich werde doch nicht ... - nein, das kann nicht sein.*
Am Montagmorgen, als Oliver und die Kinder aus dem Haus waren, hielt sie es nicht länger aus. Sie wählte Edgars Nummer. Er war zuhause! Magdas Herz setzte einen Schlag aus.
„Edgar. Du bist zuhause?"
„Ja, ich hab Spätschicht. Was ist?"

Die Worte sprudelten wie von selbst aus ihrem Mund. Sie wollte es nicht, aber sie kamen: „Du Edgar, ich glaub, mich hat's erwischt."

Edgars Sprachlosigkeit war mit Händen zu greifen. „Magda!" Er räusperte sich und krächzte ins Telefon: „Das ist ... - mir fehlen die Worte."

Lange sagte keiner einen Ton. Magdas Herz raste, die Zunge klebte ihr am Gaumen, ihr Hirn glich einem Tohuwabohu. *Magda, was machst du??? Du kannst doch nicht ...* „Edgar, ich glaub, ich muss Dir schreiben. Kannst du mir deine Postadresse geben?"

„Jawoll: Edgar Scholl, Auf der Klinge 9, 56422 Wirges Mogendorf."

„Wie heißt der Ort?"

„Wirges Mogendorf." Er sprach jetzt deutlich in den Hörer. Sie schrieb es auf. „Wo ist denn das?"

„Im Westerwald."

„Stimmt, schriebst du ja am Anfang. – Und wann beginnt deine Spätschicht? Was arbeitest du eigentlich?"

„Ich arbeite auf einer Werft als Schiffsbauer. Die Spätschicht fängt heute Nachmittag um zwei an."

„Ah, Schiffsbauer", murmelte sie. Verständlicher fügte sie hinzu: „Gefällt dir bestimmt, oder?"

„Ja, ich liebe meinen Beruf."

Magda lächelte. *Männer!* Jemand hatte mal gesagt, dass Männer sich über ihren Beruf definieren. In Edgar sah sie das bestätigt. *Ein richtiger Mann ...*

„Weiß dein Mann was?"

„Nein, wo denkst du hin?"

„Ich dachte nur ... - Aber auf eines musst du dich gefasst machen: Der Ton zwischen euch wird sich zuspitzen."

„Hmmm." Magda dachte an die Situationen, in denen sie Oliver schon gegen sich gehabt hatte. *Schlimmer als auf Seife zu beißen! – Ob ich das wirklich will?* „Hmmm", sagte sie noch einmal, „ich denke darüber nach. – Du Edgar, ich mach

Schluss. Ich hab viel Arbeit heute. Vielen Dank für alles! Ich hab dich lieb."

„Ich dich auch. Ich küss dich."

Sie hörte, wie er einen Kuss durch die Leitung schickte und küsste zurück.

Als sie aufgelegt hatte, stellte sie sich ans Fenster. Ein Spielball ihrer Gefühle, sie konnte keinen klaren Gedanken fassen und starrte in den heraufdämmernden Morgen.

***

Merle

April 2002

„Hallo, Oliver, hier ist Vater. Das Altenheim hat gerade angerufen, dass es Merle sehr schlecht geht. Und ich dachte, wir sollten sie zusammen besuchen, bevor wir endgültig von ihr Abschied nehmen müssen. Du weißt, dass sie immer wieder nach dir fragt. Die Sache mit deiner Haut setzte ihr schon immer zu. Ich fahre morgen Nachmittag hin. Wenn du mitkommen willst, ruf mich zurück. Wir könnten uns treffen und eventuell noch was zusammen essen. Tschüüüss!" Matthias Benders Stimme erfüllte den Flur, als Magda nach dem Einkaufen den Wiedergabeknopf des Anrufbeantworters drückte. Sie atmete durch. *Gott sei Dank, war es nicht Edgar!,* dachte sie. *Ich werde ihn anrufen und ihm sagen, was mir auf der Seele lastet. Und hoffentlich, hoffentlich versteht er mich! – Wenn die Kinder bei ihren Freunden sind, vielleicht über Mittag ...* – *Ihr Herz pochte.*

***

Oliver hängte seine Jacke an den Haken und streifte Magdas Wange mit seinen Lippen. „Hey, Motte! War was Besonderes heute?"

Magda sah nicht auf. Sie wusch Salat. „Nö, nichts Besonderes. – Äh, doch! Dein Vater hat angerufen. Es sieht aus, als ob es mit Merle zu Ende geht."

„Was!?" Oliver blieb in der Tür stehen. Etwas in seiner Stimme ließ Magda aufmerken. Er sah aus, als ob ihm ein Geist erschienen wäre. – Ich hätte nicht gedacht, dass ihn das so mitnimmt, splitterte es durch Magdas Kopf. Es war wohl doch mehr als der Französisch-Stress, der ihn mit Merle verband.

Sie trocknete die Hände ab und trat zu ihm. „Was ist, Oli?"

Er wandte sich ab und ging ins Wohnzimmer. „Nichts."

Magda wollte ihn an sich drücken und ihm sagen: Damit muss man rechnen in dem Alter. Aber ihr Mund blieb stumm. Und sie traute sich nicht, ihm hinterherzugehen.

Sie hörte ihn telefonieren und für den nächsten Tag Urlaub beantragen. Mit sich selbst im Zwiespalt widmete sie sich weiter der Vorbereitung des Abendessens.

***

Oliver hatte Urlaub bekommen, und nachdem die Kinder zur Schule waren, machte er sich auf. „Bis heute Abend, Motte. Ich glaube, es wird Vater und mir gut tun, wieder einen Tag zusammen zu verbringen."

„Ja, wird es bestimmt. Ich wünsch euch eine gute Zeit." Sie küsste ihn zum Abschied auf die Wange und nahm den Geruch seiner Salbe wahr. – Muss es immer diese Stinkcreme sein?, fragte sie sich. Sie wusste, dass Oliver nicht aus einer Vielfalt von Pflegeprodukten wählen konnte. Aber das Zeug roch, dass ihr ganz übel wurde ...

Nachdem sich die Tür hinter Oliver geschlossen hatte, setzte sie sich erst einmal hin. In der Küche herrschte tosendes Chaos, aber sie hatte ja Zeit heute. Es war ihr gelungen, die Kinder zum Mittagessen bei ihren Freunden unterzubringen. Magda fühlte sich auf der einen Seite, als ob sie ihre Kinder abschob um sich „zu vergnügen", wie Oliver das wahrscheinlich nennen würde. Auf der anderen Seite spürte sie den Drang, Edgar anzurufen und die Sache klarzustellen.

Sie machte sich eine Tasse Kaffee – schwarz, wie sie ihn liebte. Hoffentlich reichte die Wirkung noch bis nach dem Gespräch, um ihr Energie für die Hausarbeit zu geben. Sie runzelte dir Stirn. Der Gedanke daran verursachte ihr Kopfschmerzen.
Der Kaffee dampfte, als sie ihn zum Tisch trug. Magda hielt die Tasse direkt unter ihre Nase, um so viel Geruch wie möglich in sich aufzunehmen. Das musste sein!
Sie kramte den Kalender aus ihrer Handtasche. Darin hatte sie Edgars Nummer notiert. – Vielleicht hatte er wieder Spätschicht? Sonst würde sie es gegen Abend versuchen.
Es klappte. Edgar meldete sich mit warmem Timbre: „Hi, Magda! Gerade habe ich an dich gedacht."
„Ich denke Tag und Nacht an dich."
„Freut mich. Wie geht es dir?"
„Ach, ich mache mir Gedanken darüber," am besten, sie brachte es hinter sich, als zu erklären, dass Oli und die Kinder weg waren und warum ... „wie ich es dir sage ..."
„Wie du mir was sagst?"
Sie wand sich innerlich. Die Fenster der Vitrine zeigten ihr Spiegelbild. In ihren Augen sah sie einen Anflug von Furcht, als ob sie einer anderen Person gehörten. Was wird er von mir denken? „Ach, Edgar ..." Edgar wartete, und sie störte das Schweigen nicht. – Ich muss die Chance nutzen, dachte sie, sonst pack ich das nicht! „Edgar, ich hab noch mal über alles nachgedacht, über unser letztes Telefonat und was wir geredet haben."

„Ja?" Seine Stimme war in ihrem Ohr.

„Ich muss dir sagen, dass ich keine Beziehung zu dir haben kann."

„Aber wieso nicht? Du hast doch gesagt, dass es dich erwischt hat?"

„Ja, hab ich."

„Und das stimmt nicht?"

„Doch, es stimmt. Aber ich kann nicht."

„Aber warum denn nicht?"

„Es ist so: Ich bin Christ. Und ich nehme an, du bist keiner, oder?"

„Ich bin katholisch."

„Ja, das war ich früher auch. Aber mir geht es nicht um Konfession. Christ zu sein bedeutet für mich, dass ich ein persönliches Verhältnis zu Gott habe, dass ich das glaube, was in der Bibel steht und danach lebe. Zumindest versuche ich es." Sie nahm eine Strähne ihres Haares und wickelte sie um ihren Finger, bis die Fingerkuppe dunkelrot war. „Und ich vermute, du weißt, was die Bibel zum Thema Ehebruch sagt, oder?"

Edgar antwortete: „Du sollst nicht ehebrechen."

„Da steht noch mehr. Zum Beispiel, wenn ein Mann eine Frau ansieht, sie zu begehren, dass er in seinem Herzen Ehebruch mit ihr begangen hat."

Wieder schwiegen sie. Und auch jetzt kam ihr die Stille in keiner Weise unangenehm vor. – Das gibt's nicht, dachte sie, dass wir uns ohne Worte verstehen und es nicht sein darf!

„Dann musst du es wohl tun." Edgar klang traurig. „Ich wusste nicht, dass du so ... gläubig bist." Wie er das sagte! Es hörte sich an, als hätte jemand den Turm eines Kindes aus bunten Bauklötzen umgeworfen. Armer Junge, ging es ihr durch den Sinn. Edgar fuhr fort, einem plötzlichen Impuls folgend: „Aber, wenn du es nicht mehr aushältst, rufst du mich an, ja?"

Magda überlegte. „Ja, kann ich machen." Sie glaubte nicht, dass es geschehen würde, aber wenn sein Glück davon abhing ... - Und wieder kamen Worte aus ihrem Mund, die sie nicht sagen wollte: „Und wenn du es nicht mehr aushältst, kannst du mich auch anrufen, ja?"

„Ja." So einfach diese Antwort war, so lag doch seine Seele darin. Sie hörte es.

***

Oliver und sein Vater trafen sich auf dem Parkplatz vor dem Altenheim. Matthias Bender stieg aus, als das Auto seines Sohnes neben ihm zum Stehen kam. Sie umarmten sich und schlugen einander auf die Schulter.

„Gut siehst du aus, Oliver. Mit deiner Haut scheinst du gerade nicht kämpfen zu müssen, was?"

„Gott sei Dank, nein. Und dir scheint dein Ruhestand zu bekommen."

„Das halbe Jahr, die ich die Praxis nicht mehr habe, ist eine Labsal. Jetzt kann ich mir Zeit nehmen, die Bücher zu lesen, die ich lesen wollte. Auf der anderen Seite fühle ich mich ein wenig auf dem Abstellgleis." Er blickte auf das Pflegeheim. „Vielleicht hat sich Merle die letzten Jahre ähnlich gefühlt?"

„Hmmm, könnte ich mir auch vorstellen. Wenn der Sohn als Einziger der Familie im Ausland ist ..."

„Ja, und wir ebenfalls selten zu ihr reinschauen ..."

„Na, du hast sie öfter besucht!"

„Ich glaube, sie war trotzdem einsam ..."

Sie nahmen die Treppe. Merles Zimmer befand sich im ersten Stock. Sie hielten bei der Tür mit einem Messingschild, in das „Merle Nadler" graviert war. Matthias Bender klopfte und trat ein. Merle wartete. Das Kopfteil ihres Bettes befand sich in Schräglage, damit sie besser atmen konnte. Da saß sie mehr als sie lag, und als sie die beiden eintreten hörte, öffnete sie die Augen. Die Frau, die bei ihr war, flüsterte ihr ins Ohr und erhob sich. Sie begrüßte die beiden und meinte: „Ich freue mich, dass Sie kommen, Dr. Bender. Dann kann ich jetzt gehen." Sie lächelte und verschwand fast ohne ein Geräusch durch die Tür.

Vater und Sohn traten näher. Matthias Bender streichelte Merles Wange. „Hallo, Merle, schön, dich zu sehen."
Oliver schien es, als ob sie ihn eine Ewigkeit lang ansah, als ob sie den Anblick bis ins Tiefste verinnerlichen wollte. Dann schloss sie die Augen, und Matthias hauchte einen Kuss auf ihre Stirn. „Schau, ich hab Oliver mitgebracht."
Oliver kam ans Bett. Seine Finger strichen über ihre Hand, die so viel für ihn getan hatte. Sie hatte Essen zubereitet, gewaschen, gespült, gebügelt ... Und jetzt lag sie in diesem weißen Bett, ruhig, knochig, dünn, abgezehrt. Ein Ruck ging durch die Hand, und er bemerkte jetzt erst, dass Merle ihn ansah. Die Augen lagen tief in ihren Höhlen, und der Blick war von der gleichen Intensität wie der, der seinem Vater gegolten hatte.
„Hallo, Merle", brachte er heraus. Merles Finger bewegten sich hin und her, und ihre Augen strahlten. Oliver schluckte. Mutter hatte so gelitten, als sie ging. Für Merle war es auch kein Spaziergang, das sah man. Aber er hatte den Eindruck, dass sie Frieden darüber gefunden hatte, dass ihr Leben nun vollendet würde. Ob sie mit Gott im Reinen war? Er war versucht, es zu glauben. – Vater würde bestimmt nicht zulassen, dass er davon anfinge ...

Beide zogen sich einen Stuhl ans Bett und setzten sich. Merle sah von einem zum anderen. Ihre Freude über ihre Anwesenheit war nicht zu übersehen, auch wenn sie keinen Ton sagte. Ihre Blicke sprachen Bände.

„Merle, soll ich einen Abschnitt aus der Bibel vorlesen?" Oliver wusste um ihre Liebe zur Literatur. Merle schloss als Zeichen ihrer Zustimmung die Augen.
„Psalm dreiundzwanzig?"

Wieder war es wie ein Nicken mit den Lidern. Oliver kramte seine Lutherbibel aus seiner Jackentasche und wagte nicht, den Vater anzusehen. Matthias Bender verhielt sich ruhig. – Kommt das Nachspiel, wenn wir gegangen sind?, überlegte Oliver.

Er las: „Der HERR ist mein Hirte,
mir wird nichts mangeln.
Er weidet mich auf einer grünen Aue
und führet mich zum frischen Wasser.
Er erquicket meine Seele.
Er führet mich auf rechter Straße um seines Namens willen.
Und ob ich schon wanderte im finstern Tal,
fürchte ich kein Unglück;
denn du bist bei mir,
dein Stecken und Stab trösten mich.
Du bereitest vor mir einen Tisch
im Angesicht meiner Feinde.
Du salbest mein Haupt mit Öl
und schenkest mir voll ein.
Gutes und Barmherzigkeit werden mir folgen mein Leben lang, und ich werde bleiben im Hause des HERRN immerdar."

Schweigen hüllte sie ein, und Merle hatte die Augen zu. Es sah aus, als ob sie schliefe. Frieden lag auf ihrem Gesicht. Matthias Bender streichelte über ihre Wange, und sie schlug die Augen auf. „Danke", flüsterte sie und schloss sie wieder.

„Ich glaube, wir lassen dich schlafen."
Oliver gab seinem Vater recht. Leise zogen sie ihre Jacken an und drückten Merles Hand nochmals zum Abschied. Sie sah ihnen nach, bis sie die Tür hinter sich geschlossen hatten. Diesen Blick vergesse ich nie, dachte Oliver.

***

In der Nähe befand sich ein Cafè, das Vater und Sohn ansteuerten. Sie stellten fest, dass es offen hatte und Snacks aus dem Backofen anbot. Sie setzten sich; und jeder bestellte eine Pizzaschnitte und einen Tee zum Aufwärmen.

„Ah, welch ein Genuss", sagte Matthias Bender, als er vom Tee trank.

„Ja, gell, bei dieser Kälte!"

„Nicht nur das Wetter. Auch in mir drin. Abschiednehmen lässt mich frösteln. Und wenn Angehörige gehen, ist das was anderes, als wenn ein Patient stirbt. Na ja – Angehörige ..."

„So gut, wie ...!"

„Hast recht." Matthias Benders Augen schimmerten feucht. Beide hingen ihren Gedanken nach, bis die Pizzaschnitten gebracht wurden. Sie aßen mit Messer und Gabel, und Oliver meinte Merle zu hören, wie sie sagte: „Auch das schlichteste Mahl verdient, dass wir es ehren."

Plötzlich sagte Matthias Bender: „Ich hoffe, kommt Dirk kommt noch bei Zeiten."

Oliver stutzte. „Dirk?"

„Dirk Nadler, Merles Sohn. Die vom Altenheim haben ihn schon vorgestern angerufen, als sich ihr Zustand verschlechterte. Aber du weißt ja: Geschäfte, Geschäfte und keine Zeit für die Mutter."

„Hmmm." Oliver spielte mit seiner Serviette. „Melden sie sich deshalb zuerst bei dir?"

„Ja, weil Dirk sich die meiste Zeit im Ausland aufhält. Und natürlich, weil ich Arzt bin."

Oliver grinste. „Ja, das kann ich mir vorstellen. Dr. Bender hier, Dr. Bender da. Was?"

„So ähnlich."

Bald darauf machten sie sich auf den Rückweg. Sie umarmten sich noch einmal, bevor sie in ihre Autos stiegen. Oliver hatte noch einen weiten Heimweg vor sich im Gegensatz zu seinem Vater.

Er war eine halbe Stunde zuhause, als sein Vater anrief. „Merle ist vor einer Stunde gestorben. Das Heim rief gerade an."

„Oh!" Oliver erbleichte. „So schnell ..."

„Ja, so schnell. Doch stell dir vor: Dirk hat es noch geschafft. Es sieht aus, als ob sie auf ihn gewartet hätte ..."

„Die gute Merle", murmelte Oliver.

„Behalt sie im Herzen."

„Merle ist tot", sagte Oliver mit einem Kloß im Hals, als er auflegte. „So schnell ..."

„Damit musstest du doch rechnen, wenn sie sagen ...", erwiderte Magda.

„Schon, aber dass es in dieser Geschwindigkeit geht, dachte ich nicht."

Magda wandte sich ihrer Bügelwäsche zu. Ihre Erinnerungen an Merle beliefen sich auf einige wenige. Ja, Merle hatte die Organisation mit den Kuchen übernommen, als Oliver und sie heirateten ... Ein Stich fuhr ihr durchs Herz. Die Hochzeit! Mit dem Mann, den sie jetzt nicht mehr liebte. Sie hatte gedacht, es sei die Liebe ihres Lebens. Es passte alles zusammen, als sie aufeinander stießen. Dass Oli Christ war und wie sie sich in der Felsenkirche wieder trafen ... War das alles Zufall? – Gott, wo bist du?

„Magda?"

Verwirrt schaute sie auf. „Ja?"

„Hörst du mir überhaupt zu?"

„Tut mir leid. Ich war gerade in Gedanken. – Ja, ein Jammer, dass Merle so schnell ..."

„Ich fragte, ob du Valentin vom Vogelverein erreicht hast? Wir wollten uns doch heute Abend treffen. Und da ich nicht wusste, ob ich das nach Merle schaffe ..."

Magda schlug sich vor den Mund und riss die Augen auf. „Oh, Oliver, das hab ich ganz und gar vergessen!"

In Olivers Gesicht arbeitete es. Sie sah, wie sich seine Hand zur Faust ballte, und in ihr wollte sich wieder alles verkrampfen. Mit einem Ruck drehte er sich um. Seine Stimme bebte, als er hinausging: „Auf dich kann man sich nicht verlassen! Wenn ich wüsste, was du heute den ganzen Tag gemacht hast!" Er schleuderte die Tür hinter sich zu. Dann hörte sie, wie er das Treffen mit Valentin absagte.

***

Mai/Juni 2002

Mein Freund steckte seine Hand durchs Riegelloch, und
mein Innerstes wallte ihm entgegen.
Hoheslied 5,4

Das Telefon klingelte, als Magda am Bügeln war. *Wer ist das
schon wieder?* Sie schnitt eine Grimasse und stellte sie das
Bügeleisen zur Seite. Sie vermisste Edgar. Eine Woche war
es her, dass sie Schluss gemacht hatte. „Hallo?", fragte sie in
den Hörer.
„Hallo Magda!" Edgars Stimme in ihrem Ohr, ihrem Kopf,
ihrem Herzen.
„Edgar! Was ist los? Wir haben doch ausgemacht, dass ..."
„Ich musste dich hören."
Sie schwieg. Ihr Herz explodierte, sodass sie meinte, Edgar
müsse es hören. Ihr ganzes Inneres brandete zu ihm hin.
Die Stille zwischen ihnen redete, sie brauchten keine Worte.
„Edgar", flüsterte sie.
„Ja?" Sein Raunen klang heiser. „Ich brauch dich."
Du brauchst mich nicht. Hast eine Ewigkeit ohne mich gelebt.
Sie sagte: „Edgar, ich weiß nicht einmal, wie du aussiehst
und du weißt nicht, wie ich aussehe. Was soll das?"
„Ich schick dir ein Bild von mir. Schickst du mir auch eins?"
„Ich weiß nicht. Ich hab so was noch nie gemacht."
„Das schaffst du mit Leichtigkeit. Du hast doch bestimmt
ein Bild von dir auf dem Computer."
„Keine Ahnung. Ich geh nicht an Olivers Bilder."
„Kannst ja mal schauen, wa?"
„Ich weiß nicht. Jetzt muss ich erst weiterbügeln. Werde
drüber nachdenken."

Nachdem sie aufgelegt hatte, schleppte sich das Bügeln noch mehr hin. Edgars Stimme hallte in ihrem Kopf wider: *„Ich musste dich hören. Ich brauche dich."* Nein, du brauchst mich nicht. – *Er musste mich hören, sagte er, und seine Stimme war so nah. Das klang so ...* Sie schnappte nach Luft. *Gott, du weißt, wie ich diese Worte aufsauge. Gib mir Kraft zu widerstehen.* Jetzt hatte sie auch noch eine Falte in Olivers Hemd gebügelt. *Scheiße! Das hab ich davon!*

***

Magda traute sich nicht an Olivers Bilder. Deshalb zog sie, bevor sie das nächste Mal in die Stadt ging, ihren Lieblings-Body an und schminkte sich mit Sorgfalt. Dann ging sie zum Friseur, wofür es ohnehin an der Zeit war. Im Anschluss daran ließ sie Passbilder machen. Eins davon schickte sie an Edgars Adresse. Sie fand, dass es passabel aussah und war gespannt, was er dazu meinte.

Bald darauf meldete er sich. „Du gefällst mir, Magda."
„Danke", kokettierte sie. „Das ist mein Lieblingsbody, den ich anhabe."
„Ich glaube, du würdest mir auch ohne gefallen."
Sie grinste. *Männer!* „Das glaub' ich dir auf Anhieb. Bedaure, damit kann ich nicht dienen."
Edgar schwieg.
„Jetzt bist du dran, mir ein Bild zu schicken."
„Mal sehen, was ich auftreiben kann."
„Sag mal, Edgar ..."
„Jaaa?" Sie meinte wieder seinen Mund an ihrem Ohr zu spüren.
„Deine Stimme ist ein Ohrenschmaus. – Rauchst du?"
„Ja. – Stößt dich das ab?"
„Hmmm ... Kam mir halt so. – Wie viel rauchst du?"

„So zwei bis drei Schachteln pro Tag. Früher war es mehr, als wir noch keine Kinder hatten. Als die Kinder sich anmeldeten, haben wir aufgehört."

„Das heißt: deine Frau hat auch geraucht?"

„Ja, vor der Schwangerschaft ... - Ich hab auch mit eiserner Beharrlichkeit daran festgehalten – bis sie ausgezogen ist. Seither rauche ich wieder. Und jetzt ist viel Stress auf der Arbeit."

Armer Edgar, schoss es Magda durch den Kopf. „Das hat dich mitgenommen, als sie ausgezogen ist, was?"

„Ja, aber das ist vorbei. Ist jetzt vier Jahre her. Und ich hab Tino, meinen Ältesten. Der wohnt bei mir."

„Der ist zwölf, wie Abigail, oder?"

„Ja."

„Schön, dass du ihn noch hast, gell?"

„Ja, wir brauchen uns. Er mich so sehr wie ich ihn." Er machte eine Pause und fuhr dann fort: „Ich freu mich, dass ich dich kenne. Du bist eine wunderbare Frau."

„Danke, Edgar." Eigentlich wollte sie nichts mehr sagen. Doch die Worte schlüpften wie von selbst und auf Zehenspitzen über ihre Lippen, leise und schüchtern: „Ich lieb dich."

„Ich dich auch. Ich küsse dich überall."

„Ich küss dich auch. Mach's gut, du."

Ich küsse dich überall ... Sie schaute auf die Uhr und erschrak. Schon so lange saß sie auf der Bettkante und telefonierte mit Edgar. Es wurde Zeit, dass sie das Mittagessen für die Kinder auf den Tisch brachte, bis sie von der Schule kämen. Noch eine halbe Stunde!

***

Aber als ich meinem Freund aufgetan hatte, war er weg und fortgegangen. Meine Seele war außer sich, dass er sich abgewandt hatte. Ich suchte ihn, aber ich fand ihn nicht; ich rief, aber er antwortete mir nicht.

Hoheslied 5,6

Als sie das nächste Mal am Computer saß, rief sie den Chat auf. – Edgar? – Ihre Ahnung hatte sie nicht getrogen. Er schrieb: „Ich bin im Moment auf Arbeit und schicke dir per Mail ein Bild von mir." Im Nu öffnete sie das E-Mail-Programm und fand das Versprochene. Das Foto zeigte einen schwarzhaarigen Mann mit Bart, der schief in die Kamera lächelte. Spontan dachte sie an Räuber Hotzenplotz und dache: *Fehlt nur noch der Hut mit der Feder.* Sie grinste und stellte sich dieses Gesicht mit einer Zigarette im Mund vor. Was sie von dieser Vorstellung halten sollte, wusste sie allerdings nicht so richtig. *Meine Güte, mit Zigarette muss er aussehen wie ein Mafiosi!* Sie wechselte zurück zum Chat und bedankte sich.

„Und? Gefällt es dir?", fragte er.

Magda zögerte. *Was schreibe ich, damit ich ihn nicht beleidige?* – Ein Bibelvers kam ihr in den Sinn: „Seid klug wie die Schlangen ohne Falsch wie die Tauben." Mit Bedacht schrieb sie: „Fast wie Räuber Hotzenplotz. Fehlt nur noch der Hut." Ein Lächeln umspielte ihre Lippen. *Räuber Hotzenplotz.* Erinnerungen an ihre Kindergartenzeit erwachten.

Im Handumdrehen kam die Antwort: „Was gefällt dir daran nicht?"

Sie runzelte die Stirn. *Nimmt er mir den Vergleich krumm? Räuber Hotzenplotz ist doch ein netter Vergleich!* – Wieder schreckte sie vor einer Auskunft zurück. *Er will es wissen, Magda!,* hörte sie die Stimme in sich. *Schreib's! Wenn er eingeschnappt ist, ist er selber schuld. Er kann nichts für sein Aussehen. Es ist nichts gegen ihn als Person.* Zaudernd tippte sie: „Ich stellte Dich mir mit Zigarette im Mund vor." Sie wollte noch etwas hinzufügen, aber sie schickte es mal so ab. Sie konnte später immer noch was dazu schreiben.

Und sofort kam Edgars Erwiderung: „Also tschüss."

Sie riss die Augen auf und starrte sie auf den Bildschirm. *Was soll das?!* Sie schrieb: „Fasst du das jetzt als Beleidigung auf, oder was?"

Die Lösung ließ nicht auf sich warten: „Ja."

„Das gibt's doch nicht", entfuhr es ihr. *Nie hätte ich gedacht, dass Räuber Hotzenplotz seinen Zorn auf mich herabbeschwört!* Ihr Herz schlug, in ihren Händen machte sich Eiseskälte breit. Ihre Finger zitterten, als sie die Entgegnung im Chat-Formular eingab: „Aber ich wollte dich doch nicht angreifen!"

Von Edgar kam nichts mehr. Irgendwann sah sie, dass er sich abgemeldet hatte. Sie rief ihn an, er ging nicht ran. Mit fliegenden Fingern schrieb sie ihm eine E-Mail: „Lieber Edgar, es tut mir so leid, dass ich Dich verletzt habe. Glaub mir: Es war nicht so gemeint. Ich dachte, ich könnte Dir die Wahrheit sagen, weil wir uns so gut verstehen. Und ich dachte nicht, dass es Dir so viel ausmacht. Das wollte ich Dir sagen. Hoffe, ich falle nicht in Ungnade bei Dir! Tschüss, Deine Magda"

***

„Oli, ich muss mit dir reden." Magdas Herz machte einen Riesenlärm, als sie zu ihrem Mann ins Schlafzimmer trat. Er hatte eine Stunde seinen Samstagsmittagsschlaf gehalten, und sie hoffte, dass er so in der Lage war, sie anzuhören. *Ich muss mit ihm über Edgar reden, sonst platz' ich!*

Oliver rieb sich die Augen und blinzelte in den Nachmittag. „Hallo, Motte." Er lächelte sie entspannt an. *Ein gutes Zeichen,* urteilte sie und fasste Mut. Sie zog einen Stuhl heran und setzte sich. Oliver zog die Augenbrauen hoch. „Was los, Motte?"

„Ich muss dir was erzählen. Du weißt doch von Edgar, mit dem ich ab und zu chatte, oder?"

„Ja, und?"

Er hat so ein blindes Vertrauen in mich, das gibt's gar nicht!, dachte sie. „Du hast vielleicht mitgekriegt, dass ich in der letzten Zeit nicht ganz bei der Sache war."

„Ja, ein bisschen, als Merle starb und so." – Oliver wartete, was kam.

„Irgendwann wollte er ein Bild von mir, und ich schickte ihm ein Passbild. Ist ja auch schön, wenn man weiß, wie der andere aussieht." Sie machte eine Pause, und Oliver sagte nichts. So fuhr sie fort: „Und vor drei Wochen, als du mit den Kindern zum Jungschartag warst, sagte er mir, dass er sich Hoffnungen macht. Ich sagte ihm, dass ich nichts von ihm will und dachte, das Ganze sei gegessen. Er schickte mir gestern ein Bild von sich und fragte mich, wie ich es finde. Es machte mich nicht besonders an. Aber als ich ihm das schrieb, war er sauer. Und zwar so, dass er auf keine Mails mehr reagiert. Vielleicht ist es besser so. Aber es beschäftigt mich."

Oliver setzte sich auf. „Und jetzt?"

„Ich weiß nicht. Irgendwie mag ich ihn. Aber vielleicht ist es auch gut, wenn der Kontakt ab ist ..." Sie starrte ins Leere. Eine Ewigkeit sagte keiner ein Wort. Dann brach es aus Magda heraus: „Oli, ich glaub, ich hab mich in ihn verliebt."

Oliver war wie vor den Kopf gestoßen, und er blinzelte verwirrt. „Was?"

Magda setzte sich auf die Bettkante und stützte ihr Kinn in die Hände. „Ich weiß gar nicht, was ich sagen soll. Aber es fühlt sich so an. Ein Glück, dass es vorbei ist."

Oliver schlug die Bettdecke zurück und stand auf. Magda sah zu, wie er in seine Hosen hineinfuhr. „Jetzt hab ich dir weh getan", sagte sie kleinlaut.

„Kann man sagen."

„Aber was hätte ich denn tun sollen? Hätte ich nichts sagen sollen?"

„Weiß auch nicht." Er schnappte sich den Cremetopf und stapfte ins Bad.

***

Magdas Gedanken kreisten mit der Emsigkeit eines Uhrwerks um Edgar. Am Sonntag während der Predigt dachte sie ohne Unterlass: *Herr, bitte lass ihn nicht wegen mir explodieren.* Was das Thema der Predigt war, konnte sie hinterher beim besten Willen nicht sagen.

Am Montagmorgen, als Oliver bei der Arbeit und die Kinder in der Schule waren, setzte sie sich an den PC. Einesteils atmete sie auf, weil es aussah, als ob alles vorbei war; andererseits zitterte sie in der Erwartung, Edgar würde nochmal was von sich hören lassen. Sie öffnete das E-Mail-Programm und sah auf Anhieb, dass Hope1234 geschrieben hatte. Was sie las, ließ sie erstarren: „Ich bin total geil und will zwischen deinen Schenkeln liegen. Meine Zunge soll deine Scham berühren, bis deine Körpersäfte darüberfließen." Schrecken fuhr ihr in die Glieder, und angeekelt starrte sie auf den Bildschirm. Das hatte sie nicht erwartet. Ob das ein Ausdruck seines Ärgers war? Oder gar seines Begehrens? Ratlos schaltete sie den Computer aus. Das musste sie verdauen. *Ob ich je erfahre, was dahintersteckt?*

***

Das ist ja eine Katastrophe! Geht mir die E-Mail gar nicht mehr aus dem Kopf? Es war nun eine Woche her, dass Edgar ihr diese Zeilen schickte. Abends löschte sie sie, nichtsdestotrotz brannte sich der Inhalt in ihr Gedächtnis. *Scheiße!*, dachte sie.

Welch ein Glücksfall, dass ich mich nicht mehr gemeldet habe.
Kurz und schmerzlos. – Obwohl: So schmerzlos war es auch
wieder nicht. Aber besser, als wenn ich mich ganz auf ihn ein-
gelassen hätte. Nicht auszudenken!

Magda setzte sich vor den Bildschirm um nach ihren E-Mails
schauen. Jemand hatte ihr eine Nachricht hinterlegt, ohne
Absender. *Edgar?* Ihr Herz klopfte. *Was will er denn noch,*
nach diesem unerhörten Text!? Sie zögerte dem Link zu folgen. Am Ende siegte die Neugier. Es dauerte eine Weile, bis
sie die Nachricht lesen konnte. *Ein Liebesgedicht!* Magda
schüttelte den Kopf. *Von wem???* Es stand kein Absender
dabei. „Hmmm." Wort für Wort las sie:

"Wenn Engel mit den Flügeln schwingen (von Hava)

Wenn Engel mit den Flügeln schwingen,
leise und sanft von Liebe singen,
so glaube mir sie tun es nur für Dich,
denn sie wissen von mir: Ich liebe Dich!"

"So ein Kitsch", murmelte sie. *Ob es wirklich von Edgar ist?*
– Sie beschloss, das Gedicht zu ignorieren: *Wenn es von ihm*
ist, wird er vielleicht irgendwann danach fragen!

***

Nach zwei Wochen rief Edgar wieder an. Aber er fragte
nach keinem Gedicht. Stattdessen sprach er mit schwerer
Zunge. Er lallte zwar nicht gerade, aber ganz hasenrein kam
es ihr nicht vor. „Edgar?"
„Jaaa?"
„Hast du was getrunken?"
„Ja."

Die Antwort malte ihr einen Jungen vor Augen, der schuldbewusst zu Boden blickte. Eine Flut von Mitgefühl erfasste sie. Ihre Stimme wurde wie Samt. „Edgar, was hast du getrunken?"

„'n paar Bier, wissooo?"

„Wieso hast du das gemacht?"

Er schwieg.

„Edgar, warum??"

„Ich hallt das nich' aus ohne dich."

Nun war sie es, die schwieg. Sie schaute durch das Schlafzimmerfenster in die Nacht. Sie dachte an die Alkoholiker, die sie kannte. *Wie das bei ihnen anfing? Alles fängt irgendwie an ...* Ihr schmerzte das Herz, wenn sie daran dachte, dass es vielleicht Parallelen zwischen Edgar und ihnen gab.

„Edgar, du weißt doch, dass Alkohol keine Lösung ist?"

Wieder schwieg Edgar.

„Machst du das oft, dich betrinken?"

„Manchmal."

„Aber das kann's nicht sein! Das ist doch Mist, so viel Alkohol zu trinken!"

„Ich hab kein Problem damit. Kommt ja nich' offt vor."

„Mensch, Edgar, versprich mir, dass Du das nie wieder machst! Und wegen mir schon gar nicht!"

„Iss okee. Gute Nacht."

Magda stützte die Ellbogen auf den Fenstersims. *Oh Mann, der Mann!*, dachte sie. *Jetzt besäuft er sich wegen mir! – Wie viele Probleme er auf diese Weise zu lösen versucht?* Sie steckte das Bügeleisen aus, das sie für nichts eingesteckt hatte. *Ein Glück, dass Oliver noch ein paar Hemden im Schrank hat! Ich darf mich von Edgar nicht von meiner Arbeit abhalten lassen.*

Als sie neben Oliver im Bett lag, stand ihr Edgar vor Augen. *Herr, du siehst,* betete sie, *dass er sich betrunken hat. Wegen mir! Du weißt, wie das in mir bohrt und welche Ängste ich um ihn habe. Du kennst die Lösung. Ich habe keinen Plan. Du weißt, dass ich mich nicht mehr bei ihm melden sollte. Aber ich mache mir Sorgen. Du siehst die Wirklichkeit. Ich habe keinen Einblick. Aber wenn er ein Problem hat, dann mach ihn frei. Amen.*

Noch lange wälzte sie sich von einer Seite auf die andere, bis das Treibgut ihrer Träume ihre Seele erreichte. Sie sah sich auf der Erde sitzen, zusammen mit Oliver und Edgar. Es herrschte Hochstimmung, sie alle drei verstanden sich gut. Sie setzte sich von Oliver weg zwischen Edgars Beine. Er umschlang sie mit seinen Armen. Sie fühlte sich wohl und schmiegte sich an ihn. Eine kalte Nacht zog herauf, und es war Zeit aufzubrechen. Oliver war schon vorangegangen. Sie wollte sich von Edgar lösen. Doch es gelang ihr nicht, selbst als sie kämpfte wie eine Löwin, der man die Jungen geraubt hatte. Es war, als hielten sie Ketten. Sie bat Jesus um Hilfe. Erst dann konnte sie sich mit letzter Kraft befreien. Schweißgebadet wachte sie auf. *Herr, was bedeutet der Traum? Steht es so ernst um mich?* Überm Nachdenken schlief sie erneut ein.

***

Die Sache ließ ihr keine Ruhe. Den ganzen nächsten Tag grübelte sie über den vergangenen Abend und dass Edgar sich einen Rausch angetrunken hatte wegen ihr. *Na ja, einen Schwips, wenn man es genau nimmt. ich muss noch mal mit ihm reden,* beschloss sie. Sie dachte daran, wie Nanettes Peter sein Leben fast mit Alkohol ruiniert hatte ... *Wenn er heute Abend nüchtern ist, wird es ihm einleuchten.* – Sie wusste, dass es nicht gut war, den Kontakt zu ihm weiter zu pflegen. Theoretisch. Und Oliver hatte sie es auch versprochen. Aber sie konnte Edgar nicht so laufen lassen. *Ich würde mir nur Sorgen machen.*

Endlich kam der Sommer. So sehr sie sich über die Wärme freute, vermisste sie das Ballett, die Musik in Bewegung umzusetzen. Das verstärkte ihre Melancholie. Am Nachmittag, als sie beim Spülen Radio hörte, und ein Classic-Rock-Stück gespielt wurde, hielt sie es nicht mehr aus. Sie stellte das Radio lauter, schleuderte ihre Schuhe von den Füßen und tanzte. Sie tanzte ihre Seele heraus, bis das Stück zu Ende war und sie atemlos, aber glücklich ihre Schuhe einsammelte. Als sie aufschaute, sah sie Oliver im Türrahmen lehnen. Um seinen Mund spielte ein amüsiertes Lächeln. Sie fühlte Unbehagen unter seinem Blick.

„Verwechselst du jetzt die Küche mit dem Ballettsaal?"

Mist, huschte ein Gedanke durch ihr Hirn. Magda errötete. *Du hättest beim Tanzen nach oben schauen sollen. Dann wär dir jetzt nicht schwindelig. Man sollte halt die Regeln beachten. Kein Wunder, dass du so unsicher auf den Beinen warst. – Lass dir keinen Ärger anmerken!* Ihr lag manches auf der Zunge, was garantiert Olivers Missmut erregt hätte. Deshalb bemühte sie sich, so unbefangen wie möglich zu antworten: „Ach, mir war einfach nach Tanzen."

„Ah so!" Er wandte sich ab. „Ich bin dann im Büro, ja?"

„Ist okay." Sie senkte ihre Arme erneut in die Fluten des Spülbeckens. *In Zukunft achte ich auf mögliche Zuschauer ...*

Als sich nach dem Abendessen die Kinder in ihre Zimmer verzogen hatten und Oliver sich zu seinem Schläfchen niedergelegt hatte, rief sie Edgar an. Die Art und Weise, wie er sich meldete, gefiel ihr. Er sprach seinen Nachnamen „Scholl" so aus, dass sie den Eindruck hatte, es müsste nachhallen. Es schien ihn zu freuen, sie zu hören. „Hi", sagte er, wieder ganz nah."Wie geht es dir?"

„Das wollte ich dich fragen. Mir geht's gut. Aber um dich mache ich mir Sorgen."

„Sorgen? Um mich?"

Ihr war, als könne sie die Fragezeichen in seinem Gesicht sehen. „Ja, weil du dir gestern Abend einen angetrunken hast – wegen mir."

„Und warum musst du dir da Sorgen machen?"

„Ich finde es schlecht, Probleme in Alkohol ertränken zu wollen."

„Ja, hast recht", kam es kleinlaut durch die Leitung. Er zögerte einen Moment und fügte hinzu: „Ich mach's nich' mehr."

Das Bild des kleinen Jungen stand wieder vor ihr, und sie spürte, wie sie dahinschmolz. Aber es durfte nicht sein! Sie riss sich zusammen und sagte eine Spur zu scharf: „Edgar, du darfst so nicht weitermachen! Sonst wird das in einer Sackgasse enden."

„Hey, Magda", sagte er, „auf Ehr' und Gewissen: Ich hab' kein Problem mit Alkohol. Das war die Verzweiflung. Hatte mich nicht im Griff."

„Okay, okay." *Hoffen wir, dass es stimmt! Soll ich das Gespräch jetzt beenden? – Das käme blöd,* beschloss sie und fragte: „Und wie geht es dir?"

Nach einer Pause meinte er: „Weißt ja, Begeisterung ist was anderes. Aber ich freue mich, dass du dich noch mal meldest. Deine Stimme zu hören muntert mich auf."

„Ebenfalls", wisperte sie und hätte sich im nächsten Augenblick auf die Zunge beißen können. „Tschuldigung", schob sie nach, „das hätte ich nicht sagen sollen."

„Wieso nicht?"

„Weil es nicht sein darf, Edgar. Und wenn ich so was sage, fache ich das Feuer an, anstatt es zum Erlöschen zu bringen."

„Hey! Das ist kein Beinbruch."

Dieses „Hey" schloss sie in ihr Herz ein. Diese Sanftheit! Sie schloss die Augen und genoss den Augenblick. Doch sie hütete sich, ihm auch das noch zu sagen. „Für mich schon. – Edgar, wir müssen das Ganze stoppen. Ich hab dich nur

angerufen wegen gestern Abend. Es kann so nicht weitergehen."
Edgar schwieg. „In Ordnung", sagte er unversehens, „dann
mach's gut." Irgendwas polterte im Hintergrund. Magda
konnte es nicht einordnen. *Das ist nicht meine Aufgabe!*,
wies sie sich zurecht. „Ja, du auch." ... *mein Lieber*, dachte
sie, aber sie sagte es nicht. Trotzdem konnte sie nicht verhindern, dass ihre Stimme wie Seide klang.
„Ich küsse dich überall."
„Ich dich auch. Tschüss."
Nachdenklich legte sie auf. *Gut, dass ich nicht gestört wurde!*
– Ich küsse dich überall ...

***

„Aaah – Wochenende!" Oliver ließ sich auf seinen Stuhl im
Esszimmer fallen. „Was machen wir heute?"
Magda stellte die Kaffeekanne auf den Tisch. „Keine Ah-
nung. Was hast du denn vor?"
„Wieso muss immer ich mir was überlegen?"
„Ich hätte noch Wäsche zu waschen und die Böden zu put-
zen ..."
„Als ob du das nicht unter der Woche hinkriegen könntest.
Und dann wunderst du dich, wieso uns nichts mehr verbin-
det."
Deine Zwangsausflüge verbanden uns nie, dachte sie. *Als ob
es mir Spaß macht, mit dir spazieren zu stehen, während du
Vögel fotografierst ...!* Sie kräuselte die Stirn. „Na gut", seufz-
te sie, „und was sollen wir bitteschön machen?"
„Das hab ich gefragt. Wo sind eigentlich die Kinder?"
„Ich nehme an, im Bett. Ich hab zwar allen gesagt, dass das
Frühstück fertig ist, aber du kennst sie ja ..."
„Also, was schlägst du vor?"
„Wir könnten die Kinder mitentscheiden lassen."
„Wenn sie denn hier auftauchen ..."

„Ja." Sie schenkte den Kaffee in die Tassen.

„Wieso wärmst du eigentlich jeden Morgen den Kindern ihren Kakao, wenn sie erst kommen, wenn das Frühstück vorbei ist?"

„Weil ich will, dass sie sich bei mir wohlfühlen."

„Bei dir wohlfühlen! Dass ich nicht lache! Als ob das davon abhängt!"

Magda presste die Lippen aufeinander. *Auch davon hängt es ab,* überlegte sie, *nicht nur, aber auch!*

Gedeon schlurfte herein. Er rieb sich die Augen; als er seinen Kakao entdeckte, strahlten sie. „Mama!" Er schmatzte einen Gutenmorgenkuss auf ihre Wange. Seine Schwestern erschienen im Türrahmen, genauso verschlafen. Gedeon flitzte zu seinem Platz und schnappte sich ein Brötchen, und Magda verdrückte sich ein Grinsen.

Nach dem Tischgebet stellte sie Olivers Frage an alle: „Hat jemand einen Wunsch, was wir heute machen könnten?"

Schweigen war die Antwort. Jeder schmierte entweder sein Brötchen oder trank Kakao.

Magda zermarterte ihr Hirn. *Oliver hat ja recht. In der Regel verlasse ich mich auf ihn, was Aktionen am Wochenende angeht. Mir fehlen die Ideen.* Sie merkte wieder, wie wenig sie in Wirklichkeit mit ihrem Mann verband.

„Also, ich will ins Strandbad", meldete sich Abigail, „ich hab am Donnerstag in der Schule so geschwitzt, und heute soll es dreißig Grad geben."

„Ja, Freibad!", jubelte Rica. „Ich geh mit."

Als Oliver „dreißig Grad" und „Strandbad" hörte, stöhnte er: „Diese Hitze! – Da muss ich in den Wald. Ins Schwimmbad kriegt ihr mich nicht."

„Und du, Geddi?", fragte Magda mit verhaltenem Atem.

„Hmmm, wenn die Weiber ins Freibad gehen, geh ich mit Papa."

Magda vermutete, dass noch andere Gründe für ihn eine Rolle spielten. Eine Gazelle war er nicht gerade mit seinen Speckröllchen. Zwar hatten sich ihre Ängste vor einigen Jahren wegen seines Appetits zerschlagen, ebenso wie seine Anhänglichkeit. Aber Reste waren noch zu sehen. Sie atmete auf: *Ein Glücksfall, dass er mit Oliver geht! Dann muss ich schon nicht Vögel gucken.* „Okay." Sie wählte die Worte mit Bedacht. „Dann geh ich mit den Mädchen."

Oliver reagierte nicht.

Gott sei Dank, dachte sie, *gut gegangen.*

„Los, Geddi, beeil dich! Ich will im Wald sein, bevor die Hitze kommt!", dängelte Oliver.

„Wo geht ihr hin?", fragte Magda.

„Es dürfte die Marienschlucht oder das Wollmatinger Ried werden, wobei mir von der Temperatur her die Marienschlucht lieber wäre."

Magda packte die Badesachen zusammen, als Oliver und Gedeon sich aufmachten.

„Mach die Fenster zu und die Rolladen runter! Es muss keine Bruthitze sein, wenn ich zurückkomme!"

„Ja, ja." Ihre ganze Innenwelt probte den Aufstand, und sie rollte ihren Badeanzug ins Handtuch, als ob sie ihm die Luft abdrehen wollte. *Wenn du mich nur bevormunden kannst ...!* Sie spie süßliche Spucke ins Waschbecken. „Ist okay." *Nein, nichts ist okay,* widersprach ihr anderes Ich. *Er darf dich nicht so behandeln!* Sie öffnete den Mund, aber die Wohnungstür fiel schon ins Schloss.

Magda pfefferte Shampoo, Creme und Kamm in ihren Korb. Dann ließ sie die Rolläden herunter, bis weder Licht noch Luft mehr durch die Ritzen drang. Sie strich den Pflanzen über die Blätter. „Macht's gut, meine Lieben. Haltet durch, bis wieder Licht kommt. So, wie ich auch durchhalten muss ..."

Von Weitem hörten sie die Freibadgeräusche. Magdas Herz schlug jedes Mal Crescendo, wenn sie das Jauchzen der Kinder hörte. Das war es, was sie mit Sommer verband. Sie liebte das Stimmengewirr, das Plätschern und die Gerüche, sie brauchte die Verbindung zu der Welt da draußen. Deshalb fühlte sie sich auch, wenn Oliver die Wohnung dichtmachte, als ob ihr jemand die Kehle zudrückte ...

Die Mädchen rieben einander mit Sonnenmilch ein und verwöhnten ihre Mutter. Sie tankten Sonne, bis sie warm waren und gingen ins Wasser. Magda vertiefte sich in einen Roman, doch sie konnte sich nicht konzentrieren. Ihre Gedanken wanderten zu Edgar und ließen sich nicht abwimmeln. Sie legte das Buch beiseite und schloss die Augen. *Edgar ... Könnte er nur hier sein ... Mag er auch so die Sonne wie ich? Das würde ihn Oliver gegenüber auszeichnen ...*

Als sie heimkamen und Magda die Wohnungstür aufschloss, hörte sie das Telefon läuten. Oliver und Gedeon waren also noch nicht zuhause. Hastig ging sie ran: „Bender?"
„Ich bin's, Edgar."
„Hi", hauchte sie. Und sie staunte, wie weich sein „Hi" zurückkam. „Edgar!", flüsterte sie.
„Ja?"
„Was machst du mit mir?
Schweigen in der Leitung. Schließlich sagte er: „Du, ich wünsche mir so, dich zu sehen."
„Ich auch." Sie wollte fortfahren und ihm sagen, dass das nicht ginge, als sie hörte, wie die Mädchen kamen. „Du, die Kinder kommen. Ich mach mal Schluss. Wir hören uns." Damit legte sie auf.

Einige Minuten nach ihnen kamen die beiden „Männer", wie Magda sie manchmal nannte. Sie machte einen Salat, und Geddi erzählte von der Marienschlucht und Schwarzhalstauchern mit ihren roten Augen und goldenen Ohrbüscheln, die sie beobachtet hatten. Und obwohl sie das Erzählen und die Begeisterung ihres Sohnes genoss, fing ihr Ohr auf der Stelle das Klingeln des Telefons auf, und ihr Herz setzte einen Schlag aus. Oliver ging ran, nahm den Hörer vom Ohr und sah ihn verständnislos an.

Edgar!

Während des Abendessens glich ihre Gedankenwelt einem Tohuwabohu. Sie bemühte sich, am Gespräch teilzunehmen. Aber ihr fiel nichts ein, was sie hätte sagen können. Sie stocherte in ihrem Salat, bis Gedeon sie aufschreckte: „Mama, hörst du mir zu?"
„Ich? Nein, äh ja … Was hast du gesagt?"
„Sag mal, Mama, bist du auf Reisen?", schaltete sich Abigail ein.
„Ach, ich war in Gedanken. Weiß auch nicht, was im Moment ist." Sie mied Olivers Blick.

Kaum war das Geschirr abgeräumt und die Kinder in ihren Zimmern, rief sie Edgar an. „Hast du vor zwanzig Minuten angerufen?"
„Ja. Aber dein Mann war dran."
„Hmmm, du könntest ja nach mir fragen." Schon, als sie das sagte, erkannte sie ihre Naivität.
„Magda, wo denkst du hin!?"
„Ja, ich weiß …"
„Hast du's dir überlegt?"
„Was überlegt?"
„Ob wir uns treffen können."
„Was glaubst du, wie ich das hinkriegen soll? Ich hab' drei Kinder. Ich kann nicht einfach abhauen."
„Kannst du nicht einen Nachmittag weg?"
„Und wohin? Hier in Konstanz kenne ich zu viele Leute."

„Hör zu, Magda. In Romanshorn ist eine Werfft. Dort bin ich ab und zu. Hast du ein Handy?"

„Ja?" Sie begriff nicht.

„Wenn du mir deine Handynummer gibst, könnte ich dich ansmsen, wenn ich dort bin. Könnten wir uns dort treffen?"

Magda zögerte. „Also, ich hab keine Ahnung, wie ich das hinkriegen soll. Wir können es probieren ..." Sie suchte in ihrem Taschenkalender nach ihrer Handynummer und nannte sie ihm.

„Ich freu mich, Magda."

Sie fühlte sich wie ein Kind, das auf dem Dachboden nach etwas Verbotenem sucht.

„Was ist los?"

Magdas Zunge klebte am Gaumen. „Ich bin ganz durch den Wind. – Ich glaube, wenn wir uns sehen, wird's passieren."

„Das glaube ich auch. – Hast du Angst?"

„Ja", ihre Stimme zitterte wie ein Blatt, das von einem Lufthauch erfasst wird.

„Brauchst du nicht. Ich werde Acht geben. Und ich tu nichts, was du nicht möchtest."

„Das beruhigt mich." Ihre Knie schlotterten. „Ich glaub, ich mach mal Schluss."

„Aber nicht mit mir, ja? Ich küss dich, mein Schatz."

„Überall", ergänzte sie.

Sein Ja hing ein paar Sekunden in der Leitung, bevor er auflegte. Magda betrachtete den Hörer in ihren Händen. Was sollte sie denken, was fühlen? Die Sehnsucht wollte sie auffressen. Doch sie spürte, dass etwas sie von ihrem Vorhaben zurückhalten wollte.

***

Lieber Alex,

es tut mir leid, dass ich mich immer wieder bei Dir auszukotze. Aber ich hab niemanden, mit dem ich solche Dinge reden könnte. Mit Valentin vom Vogelverein hier habe ich zwar ein super Verhältnis. Aber er glaubt nicht an Gott.

Stell Dir vor: Magda hat sich anderweitig verliebt! Und auch noch ein Typ aus dem Internet! – Eigentlich bin ich froh, dass sie sich inzwischen für Computer interessiert. Das hat sie ja bislang gemieden. Was allerdings den Ausschlag dazu gab, kann ich nicht sagen. Vielleicht langweilte sie sich, als sie mit dem Ballett aufhörte ...? – Zwar ist sie jetzt mehr zuhause, ihre Arbeit hat sie trotzdem nicht auf der Reihe ... Na ja, wenn sie sich jetzt in Computersachen einarbeitet, will ich mal nichts sagen.

Nur, dass sie diesen Edgar aufgegabelt hat, gefällt mir gar nicht. Sie sagt zwar, dass der Kontakt beendet wäre. Aber sie verhält sich so komisch. – Vielleicht ist es nur, weil dieser Typ sie verwirrt hat. Ich beobachte das mal noch eine Weile. Und vielleicht nehme ich mir mal die Einzelverbindungsnachweise vor ...

Ich muss bekennen, dass mich das schon getroffen hat. Ich dachte, dass unserer Ehe keine Gefahr droht, weil wir an Jesus glauben. Aber, weiß Gott, spielen auch bei Christen von Zeit zu Zeit die Hormone verrückt. Wieso sollte das bei uns anders sein? Und trotzdem tut's weh. Ich finde ihre Ehrlichkeit ja gut, dass sie mich nicht im Handumdrehen hinters Licht geführt hat. Und trotzdem ... - Ich glaube, es macht mir mehr aus, als ich vor mir selber zugebe. Wenn ich anfange, darüber grübeln, melden sich sämtliche Stellen auf meiner Haut, die nicht in Ordnung sind und wollen bearbeitet werden ... Horror! Die Kruste auf meinem Kopf nimmt Ausmaße an, von denen du dir keine Vorstellung machst! Ich glaube, ich muss mal den Arzt drauf gucken lassen.

Als sie mir sagte, dass sie sich in diesen Typen verknallt hat, konnte ich's gar nicht glauben! Erst hatte ich eine Wahnsinns-Wut im Bauch. Aber die darf ich ihr nicht zeigen. Sonst treibe ich sie noch mehr von mir weg. Und was wäre mit mir, wenn sie nicht mehr da ist? Das wäre das Schlimmste. Denk mal an, da lebt man jahrelang miteinander und denkt, man hätte alles auf der Reihe. Streit hat jeder mal. Ich hab mich immer entschuldigt, wenn mir was passiert ist. Jedem passiert mal was. Und dann wird einem eine Keule übergezogen, dass einem Hören und Sehen vergeht.

Ich muss Milde walten lassen. Ich will ihr zeigen, dass ich sie liebe. Ich will ihr das nicht nachtragen, auch wenn ich genug Grund habe. Aber wenn ich einen Fehler mache, ist sie womöglich weg. – Auf der anderen Seite traue ich ihr das nicht zu – in der Realität. Träumen mag sie davon – was Horror genug ist. In die Tat umsetzen wird sie das, wie ich es ansehe, nicht. Davor hat sie Bammel. Was würden da die anderen Leute sagen!?

Ich muss es irgendwie verarbeiten. Deshalb schreibe ich Dir. Ich will beten, dass Magda wieder in die Spur kommt. Betest Du mit? Das würde mir viel bedeuten. – Denk mal an: Plötzlich habe ich Angst, dass meine Ehe den Bach runtergeht. Bitte bete für uns!

Oli

P. S. Tut mir leid, dass ich im Moment keinen Kopf habe für Deine Arbeit. Diese Sache belegt mein ganzes Denken. Trotzdem wünsche ich Dir Gottes Segen, auch bei Dir in Brasilien.

KAPITEL 12

Ich muss von Edgar loskommen!!! Ich muss ...! Nur wie???
Die Kinder waren auf einer Freizeit. Sie freute sich, Zeit für sich zu haben. Und vielleicht ließ sich das Feuer für Oliver wieder entfachen? Ihr war schleierhaft, wie das gehen sollte, aber sie wollte sich wenigstens Mühe geben. *Gott, segne dieses Bemühen,* betete sie halbherzig. *Du siehst, wie mir Edgar fehlt und ich mich nicht gegen ihn wehren kann. Herr, ich brauch ihn. – Nein, ich brauch ihn nicht! – Aber gib mir bitte die Fantasie, wie ich die Liebe zu Oliver wieder anzünden kann, ich hab keine. In mir ist nur Kälte.* Sie zog ihre Strickjacke um sich. Neuer Ärger stieg in ihr auf. *Warum sitze ich im Kalten, wenn draußen die Sonne scheint!? ...* In einem Anfall von Wut riss sie die Fenster auf und lehnte sich hinaus. *Aaaah – Wärme ...!* Sie schloss die Augen und sog die warme Luft ein. Sie breitete die Arme aus und kam sich vor wie im Theater. – Unsinn! Die Luftkur beruhigte sie. Ein Windhauch streichelte ihr Gesicht. „Danke, Gott", flüsterte sie.

Eine Weile noch stand sie am Fenster. Sie sah auf die Uhr. *Zeit, das Essen zu richten,* dachte sie. Lust hatte sie keine. Aber Oliver hatte keine Kantine bei der Arbeit und wollte deshalb warmes Essen zuhause. *Wir könnten mal wieder essen gehen,* ging es ihr durch den Kopf. *Aber in dieser Laune bin ich wohl kein Genuss für ihn ...*

Das Telefon klingelte. *Edgar!* Im Eiltempo nahm sie ab: „Bender?" Ihre Augen leuchteten. Ein Blick in den Spiegel bestätigte es.
„Hallo, Motte, ich bin's. Ich fahr jetzt los und bin in ungefähr einer halben Stunde da."

Sie sank in sich zusammen. „Ist okay." Sie bemühte sich, ihrer Stimme mehr Wohlwollen zu geben, als in ihr war. „Dann mach ich gleich was zum Essen."

Zuerst schloss sie die Fenster. Ihr Frust stieg. – Sie machte Nudeln mit Knoblauchsoße. Als die Nudeln gar waren, musste sie noch Sahne in die Soße geben. Nur Oliver war noch nicht da. Sie deckte den Tisch, stellte eine Kerze und Blumen dazu. – *Servietten?* – *Warum nicht? Fürs Ambiente!* Sie bereitete Milchshake aus den Kirschen, die sie am Mittag gekauft hatte. *Er wird sich freuen,* mutmaßte sie, und ein Lächeln flog ihr übers Gesicht. Doch Oliver kam nicht. Sie wählte die Nummer seines Handys – es war abgeschaltet. Ihre Nasenflügel bebten. *Jetzt Edgar anrufen, das wär's* ... Stattdessen zündete sie die Kerze an und schenkte die Gläser voll. – Kein Geräusch eines heimkehrenden Ehemanns an der Wohnungstür. Sie trank ein paar Schluck Kirschmilch, und ihr Blick kehrte zum Telefon zurück. Ihre Hand langte nach dem Hörer, und dem Zwang in ihrer Seele folgend wählte sie Edgars Nummer.
„Scholl?"
Seine Stimme! Sie atmete durch. „Ich bin's", seufzte sie.
„Magda! Schön, dich zu hören. Was ist los? Du klingst wie drei Tage Regenwetter."
„Ja, ich warte auf Oli, und er kommt nicht. Hab mir solche Mühe gemacht, weil ich dachte ..." Sie griff nach einem Löffel und warf ihn auf den Tisch. „Ach, vergiss es!"
„Hey, Magda!"
Sie hielt den Atem an. Dieses „Hey". Es kam ihr vor, als ob er die Hand unter ihr Kinn legte. Als ob er sagen wollte: Kopf hoch, Magda. Ich bin da. Mir kannst du alles erzählen. *Wie dieser Mann es versteht, mich zu ermutigen! Wenn nur Oliver ein bisschen davon hätte!*
„Mensch, Edgar, wenn ich dich höre ... Ich pack das nicht, warum ich deine Stimme so gern habe ..."

„Ja … geht mir auch so. Du hast eine Stimme voller Anmut. Irre, nicht wahr?"

„Ja …"

„Du, ich würd' gern jetzt mit dir schlafen."

Magda wusste nicht, was sie darauf antworten sollte.

„Magda?"

„Ja, ich bin noch da."

„Belästige ich dich?"

„Nein."

„Ich kann ja auch nichts dafür. Is' halt so."

„Ist okay." Sie hörte, wie sich der Schlüssel im Schloss drehte. „Oli kommt! Ich muss Schluss machen. Ich küss dich."

„Ich dich auch, mein Schatz, überall! Wir hören uns."

Wortlos legte sie auf.

***

Am nächsten Abend klingelte das Telefon wieder zwei Mal. Sie verstand es als Signal, dass Edgar zuhause war. *Mensch, was mach ich nur?* Ihr Herz klopfte zum Zerspringen, und sie wollte nichts anderes, als die geliebte Stimme hören. Ihr Verstand sagte ihr, dass sie mit dem Feuer spielte und die Flucht antreten sollte. *Doch wie geht das!???* Zu sehr schon hatten die Flammen von ihr Besitz ergriffen. Sie folgte dem Gesetz im Blut, das sie inzwischen gut kannte, und fischte ihr Handy aus der Tasche. Das Display bezeugte den Erhalt einer SMS. Sie hielt den Atem an. – Edgar.

Er schrieb: „Hab mich den ganzen Tag nach dir gesehnt. Bist du da?"

Sie schrieb zurück: „Ja", machte sich auf den Weg ins Schlafzimmer. Kurz darauf dudelte die Handymelodie los. Magda zuckte zusammen. *Ich muss es stumm schalten,* dachte sie. *Ein Glück, dass die Tür zu ist.* Sie ging ran. „Hi", hauchte sie.

„Hi! Es muntert mich auf, wie du dich meldest."

„Ebenso. Du hast mir gefehlt. Und ich könnte mich in den Hintern beißen dafür."

„Das überlass mir. Ja?"

Sie konnte ihn lächeln hören. Doch ihr war nicht nach Lächeln. Diese verdammte Sehnsucht raubte ihr den Verstand. Und Edgar fiel nichts anderes als Sex ein. Da war sie wieder: die Erinnerung an seine Mail vom Anfang …

Als ob Edgar ihre Gedanken lesen konnte, sagte er: „Magda! Ich hab Lust, mit dir zu schlafen."

Sie schwieg.

„Nicht, dass du glaubst, ich wäre nur auf Sex aus. Das wäre ein Irrtum …"

„Kommt mir aber fast so vor."

„Du täuschst dich. Dann mach's mal gut."

Sie hörte, wie er einhängte. Ihre Kehle war wie zugeschnürt. *Jetzt ärgert er sich wieder. Und das alles, weil ich nicht nachdenke, bevor ich rede! – Ich muss ihn zurückrufen. Ich halt das nicht aus, wenn die Beziehung so aufhört. – Wenn, dann will ich sie im Frieden beenden! – Geht das überhaupt?* – Sie wählte Edgars Nummer und klemmte sich den Hörer zwischen Schulter und Ohr. Als er sich meldete, lenkte sie ein: „Tut mir leid wegen eben. Das wollte ich nicht …"

„Ich auch nich'. Mir tut's leid, dass ich dich vor den Kopf gestoßen hab."

Magda schloss die Augen und atmete durch. „Das tröstet mich, dass du es mir nicht übel nimmst." *Du könntest jetzt im Frieden Schluss machen,* blitzte es durch ihr Gehirn. Edgar fuhr fort: „Weißt du: das sagt man nicht zu jedem. Ich meine, dass ich mit dir schlafen möchte. Oder? – Ich zumindest nicht."

„Ja, hast recht." Sie schwieg. *Mach Schluss!,* forderte die Stimme in ihrem Innern. Doch sie wollte nicht. Nicht jetzt! Im Flur näherten sich Schritte. „Du, da kommt jemand", flüsterte sie.

„Is' okay. Ich küss dich."

„Ebenfalls." Sie legte in dem Augenblick auf, als die Tür aufging. Sie atmete auf, als sie sah, dass die Tür den Blick auf sie verdeckte, und sie das Handy im Schrank zwischen Hosen und T-Shirts schieben konnte. Hinter der Tür kam Enrica zum Vorschein und schniefte: „Mami, der Geddi zieht mir immer den Haargummi raus."

Magda rollte die Augen. Sie hätte ausspucken mögen vor sich, und jetzt das noch. „Hab ich euch nicht gesagt, ihr sollt ins Bett gehen? Warum zankt ihr euch schon wieder?"

„Ich wollte mich umziehen, da kam Geddi in mein Zimmer rein und ärgerte mich."

Sie biss in den sauren Apfel und machte sich auf, den Streit zu schlichten.

***

Eine SMS- und Telefonflut nahm ihren Lauf. Und mit der Zeit kannten Magdas Finger den Weg auf der Tastatur auswendig, den sie nehmen mussten um an ihr Ziel zu gelangen. Wenn sie an Edgar dachte, überlief sie ein Schauer, den sie sich nicht erklären konnte. Egal, ob sie mit dem Auto unterwegs war oder zuhause arbeitete. Es schien ihr, als ob sie spürte, wenn Edgar an sie dachte. Oft überliefen sie diese Schauer ein paar Sekunden bevor er anrief.

Magda schleppte zwei Einkaufskisten zum Haus. Sie sah Olivers Firmenwagen, den weißen Passat, vor der Treppe stehen.

Oliver saß zusammengesunken am Schreibtisch. „Hallo, Motterich", begrüßte sie ihn, „einen Unglückstag gehabt, oder warum schaust du so finster drein?" Ihr Blick fiel auf ein Blatt Papier, das er ihr entgegenhielt. Sie nahm es entgegen und starrte darauf. „Was soll ich damit? Stimmt was nicht?" Sie erkannte den Briefkopf der Telefongesellschaft, über die sie mit ihrem Handy telefonierte. Diese Ausdrucke waren ihr vom Sortieren her vertraut. Denn die Post zu sortieren und abzuheften war ihre Aufgabe. Allerdings hatte sie bisher keine Zeit gefunden, sich die Schreiben näher anzuschauen.

Magda zwang sich, die Litanei unter dem Briefkopf genauer anzusehen. Wie eine Kamera zoomte ihr Auge die Zahlen heran, und sie erkannte Edgars Handynummer. Eine unter der anderen. – Der Schreck fuhr ihr in die Glieder, und sie lehnte sich gegen die Schreibtischkante.
„Kennst du die Nummern?", holte Oliver sie aus ihren Gedanken. „Das ist doch deine Handynummer die da oben drüber steht, oder?"
Sie nickte.
„Und?"
„Ja, das ist Edgars Nummer", räumte sie ein. Mit mehr Eifer fügte sie hinzu: „Das war, als wir noch Kontakt hatten. Du erinnerst dich doch, als ich dir erzählte, dass, als du und die Kinder auf dem Jungschartag waren, er mich auf Schritt und Tritt ... - Halt, nein, das kann nicht sein. Das muss von hier ausgegangen sein. – Ja, wir haben noch ein paarmal telefoniert hinterher ..."
„Ein paar Mal!?", echote Oliver. „Schau dir die Liste an! – Außerdem ist das keine zwei Monate her. Das kam heute mit der Post!"
Magda schluckte. In ihren Augen brannten Tränen. *Nur nicht heulen!,* dachte sie. *Sonst denkt er noch, ich will einen auf Mitleid machen!* Sie griff sich an die Schläfen und schloss die Augen. „Ja, wir haben wieder Kontakt." Sie spürte Kälte in sich aufsteigen und verschränkte die Arme vor der Brust. „Vielleicht ist es gut, dass du dahintergekommen bist", sagte sie langsam. „Ich hatte so ein schlechtes Gewissen und konnte doch nicht aufhören ..."

„Du konntest nicht aufhören ..." So kläglich Magdas Stimme soeben geklungen hatte, so rau war seine. Magda hatte ihn selten so aufgewühlt gesehen. Er stützte den Kopf in seine Hände. Sie gab einem Impuls nach und strich über seinen Rücken. Doch Oliver schüttelte die Geste ab.

„Oli, es tut mir leid." Sie presste die Worte an dem Kloß in ihrem Hals vorbei. Doch Oliver sah nicht die Qual in ihrem Gesicht. Er drehte ihr die Lehne des Schreibtischstuhls zu und stand auf. Seine Worte trafen sie wie Kieselsteine: „Mach Schluss mit diesem Typen! Dann reden wir." Er ging aus dem Zimmer und kratzte sich.

Magda kauerte auf dem Stuhl, den ihr Mann soeben verlassen hatte. Sie spürte noch seine Wärme, aber es stieß sie ab. Sie roch den Geruch seiner Salbe, und ihr wurde schlecht. Würde sie nicht so zittern, stünde sie jetzt auf um das Eingekaufte aufzuräumen. Ihr war, als befände sie sich zwischen Raum und Zeit. Sie saß und starrte ins Leere.

Wenn ich es jetzt nicht tue, pack' ich's nicht mehr!, redete sie sich ein. Ihre Finger flogen über die Tastatur des Handys und wählten Edgars Nummer.

„Hallo, Schatz", begrüßte er sie. „Was für eine Freude, dich zu hören." Doch er merkte im Bruchteil einer Sekunde, dass ihr nicht nach Austausch von Nettigkeiten war.

„Edgar, Oli ist dahintergekommen, dass wir noch Kontakt haben ..." Sie atmete tief.

„Ja?"

„Edgar, ich halt das nicht mehr aus. Wir müssen Schluss machen, du und ich. Ich hab solche Gewissensbisse, ich pack das nicht."

„Du meinst ..."

Magda bekam keinen Ton mehr heraus. Der Kloß in ihrem Hals versperrte sämtliche Ausgänge. Tränen liefen ihr ohne

zu fragen über die Wangen, und sie konnte sich nicht dagegen wehren.

„Magda?"

„Ja", presste sie heraus.

„Weinst du?"

„Ja."

„Warum?"

Edgars Stimme war so viel Wärme, dass es ihr die Sprache
verschlug. *Ganz anders als Oli,* blitzte ein Gedanke in ihr auf.
Magda schneuzte sich.

„Du weinst doch nicht wegen mir, Magda?"

„Doch", brachte sie hervor. Sie hielt sich ein Taschentuch an
die Augen, was überhaupt nichts brachte. Dabei fühlte sie
sich uralt und müde.

„Hey, Magda!"

Er ist so voller Optimismus! Obwohl es für ihn ein ähnlicher
Kraftakt sein muss wie wie für mich! Wie macht er das???

„Wegen mir hat noch niemand geweint ...."

Es hörte sich an, als hätte er das mehr zu sich als zu ihr
gesagt.

„Magda, das macht mich jetzt ... - Ich danke dir für alles.
Du hast mir mehr gegeben als irgendjemand vorher. Du bist
eine tolle Frau, das muss ich dir sagen."

„Edgar", flüsterte sie durch die Tränen hindurch.

„Is' gut, mein Schatz. Is' wohl besser so. Ich hätt's auch nicht
gewollt."

„Ich küss dich, Edgar", weinte sie, „überall."

„Ich dich auch. Mach's gut."

***

*Ich fang wieder mit dem Ballett an, ich muss ihn mir aus dem
Herzen reißen! Bei Urs half mir das Ballett auch. Die Sache
mit Edgar war Scheiße. Aber ich kann die Uhr nicht zurück-
drehen. Irgendwie muss ich da rauskommen!* So dachte sie,

als sie im Paradies einen Parkplatz suchte um zu sehen, ob Rita in der Ballettschule war. Sie war!

Rita blieb vor Verblüffung der Mund offenstehen. „Magda!", sagte sie, „Was führt dich zu mir?" Sie saß am Schreibtisch und machte Trainingspläne. „Setz dich." Dabei zeigte sie auf einen Stuhl, über dem einige Kleidungsstücke hingen.

„Rita, ich glaub, ich fang wieder an zu tanzen."

„Was ist los? Klappt es nicht mit den Bewerbungen?"

Magda senkte den Blick. „Ich hab Mist gebaut, Rita. Großen Mist."

„Ach was, Magda, du doch nicht!" Rita schüttelte den Kopf. „Du bist eine gute Frau, Magda. So viel Mist, wie du sagst, kannst du gar nicht anstellen. Dazu hast du viel zu viel Anstand."

Du bist eine gute Frau, Magda! Die Worte hallten in ihr wieder. Ihr war, als hörte sie Edgar. Sie schloss die Augen und rieb ihre Stirn. „Lass mich wieder anfangen, Rita. Ich glaub', ich brauch's."

Rita streichelte ihre Hand. „Na denn … Komm, wann immer du magst. Die Zeiten sind wie vor einem Jahr. Nur in den Sommerferien ist nichts. Das weißt du ja noch, oder?"

Magda nickte, und zum Abschied umarmten sie sich.

„Ich freu' mich, dass es dich gibt", sagte Magda beim Abschied. „Du bist wie eine Mutter zu mir."

„Danke." Rita staunte über das Kompliment, als sie ihrer jungen Freundin hinterherblickte.

***

Der zweite Donnerstag ohne Edgar! Magda räumte den Frühstückstisch ab und schob die Gedanken von sich. Doch die Sehnsucht wollte nichts davon wissen. – X-mal hatte sie den Hörer in der Hand gehabt und wählte dann doch nicht. *Es darf nicht sein!!!,* sagte sie sich immer wieder vor. Bis jetzt war sie stark geblieben.

Beim Klingeln des Telefons zuckte Magda wieder einmal zusammen. Sämtliche Antennen in ihr waren auf dieses Signal ausgerichtet. *Edgar? – Ob es ihm geht wie mir???*

Sie nahm ab und meldete sich. Ihre Mutter war dran.
„Hallo, Magda! Du hast doch letzte Woche gesagt, dass du zum Friseur gehen wolltest. – Warst du inzwischen?"
Magda verneinte.
„Dann könnten wir zusammen gehen! Bei mir ist's nämlich dringend nötig, und ich hätte heute Mittag Zeit. Aber Vater muss was bei Viktor erledigen, und ich hab kein Auto."
Hallo, Alltag, dachte sie. „Ja", sagte sie in Zeitlupe.
„Was ist? Geht's bei dir nicht? Ich zwing' dich nicht!"
„Neinein! – Ich war nur in Gedanken ..."
„Okay, dann bis heute Mittag."
„Ja, gehen wir gleich nach dem Mittagessen. So um zwei, dann kann ich die Kinder ins Strandbad schicken."

Kurz nach zwei Uhr hielt Magda in Petershausen vor dem Haus ihrer Eltern. Die Mutter stand schon auf dem Gehsteig trennte sich von Irmela Ihly, als sie Magda sah.

Sophia Ackelbein öffnete die Wagentür und stieg ein. „Hach, Kind, ist das gut, dass du konntest! Ich hätte meine liebe Not damit gehabt, noch länger zu warten mit den Haaren. Da schiebt man es bis zum letzten Drücker, und dann muss es sofort sein ..."
„Ja", erwiderte Magda und versuchte ihre Aufmerksamkeit auf den Verkehr zu lenken.
Sophia Ackelbein stutzte. „Was ist los mit dir? Du sprichst wie ein Stockfisch ..."
„Ach, vergiss es!" Magda kniff ihre Lippen zusammen. Damit setzte das Frühwarnsystem ihrer Mutter erst richtig ein. „Ist wieder was mit Oliver!?" Die Alarmglocken waren nicht zu überhören.

„Neinein", sagte Magda und presste den Mund zu einem Strich. Trotz Gegenwehr löste sich eine Träne aus einem Auge, die sie wegwischte, wie eine Fliege. „Nachher, Mutter." Sophia Ackelbein legte ihre Hand auf Magdas Knie. „In Ordnung, Magda. Wir gehen nachher in ein Café, wenn wir fertig sind. Dann können wir quatschen." Sie seufzte. „Hach, Kind, du machst mir Kummer ...!"

Eine Stunde verließen sie den Frisörladen.
„Was hältst du davon, wenn wir uns in die Eisdiele da vorne setzen? Da hat's ein paar Stühle in der Sonne ...", fragte die Mutter mit einem Eifer, der Magda an eine ABC-Schützin erinnerte.
„Ja, können wir machen."
Wieder musterte Sophia Ackelbein ihre Tochter von der Seite. Aber sie sagte nichts.

Magda stocherte in ihrem Eisbecher. Schließlich begann sie: „Ich weiß, du machst dir Sorgen. Aber es ist kein ernstes Problem." Die Tränen in ihren Augen straften sie Lügen. Die Mutter schwieg.
„Es ist so", fuhr Magda fort, „Ich hab einen Verehrer."
Sophia Ackelbein ließ den Eislöffel fallen und bedeckte mit der Hand ihren Mund.
„Schon einige Zeit ..." Magda drehte den gläsernen Kelch zwischen den Fingern. „Vor zwei Wochen haben wir den Kontakt abgebrochen. Und jetzt geht's mir so beschissen." Die Worte waren zu einem Flüstern geworden. Ihre Augen brannten.
„Weiß Oliver davon?"
Magda nickte. Wieder saß dieser Kloß in ihrem Hals, der sie am Sprechen hinderte.
„Und was sagt er?" Sophia streichelte die Finger ihrer Tochter.

„Nichts." Magda blickte ins Leere. „Klar, er kann den Namen Edgar nicht mehr hören, das kann ich ihm nicht ..."

„Edgar!?" Sophia schluckte.

„Ja ... - Und ich krieg ihn nicht aus meinem Hirn."

„Ach, Mädchen, Mädchen ... Was machst du bloß!?" Sie schüttelte den Kopf. „Erst schlägt dein Mann dich ..." Vor Schreck riss sie die Augen auf. „Er schlägt dich doch nicht auch wegen diesem ... Edgar!?" Der Name wollte ihr kaum über die Lippen.

Magda schüttelte den Kopf. „Nein, nein. Oli hat mich seit zehn Jahren nicht mehr geschlagen. Ich hoffe, das war's!" Nachdenklich fügte sie hinzu: „Es würde mich nicht wundern, wenn er jetzt wieder schlagen würde ... Aber er tut es nicht ..." Sie schob das geschmolzene Eis in den Mund.

„Also, Magda," die Mutter verlieh ihrer Stimme nun mehr Nachdruck, „grübeln darfst du darüber nicht, über diesen – Edgar. Du musst dich zwingen zur Tagesordnung überzugehen. Schon den Kindern zuliebe. Was würde das werden!?"

„Ja, wenn die Erinnerungen an das Dilemma mit Oli nicht wären ..."

„In diese Schuhe bist du selbst gestiegen. Jetzt musst du drin laufen!"

Nun war es an Magda zu schlucken. *Sie versteht mich nicht. Ob sie jemals einen anderen außer Vater liebte?*, überlegte sie.

***

Eine Wohltat, die Mutter in Petershausen abzusetzen und nach Litzelstetten weiterzufahren. Dort wartete noch das Dreckgeschirr, und die Wäsche konnte abgenommen werden. So konnte sie ihren Frust abarbeiten.

Sie schloss die Wohnungstür auf und sah ihr Handy, das sie zum Laden an die Strippe gehängt hatte, auf dem Tisch liegen. Sie steckte es aus und schaltete es ein. Eine SMS war angekommen. Der vertraute Schauer lief ihr über Arme und Beine. Sie spürte, von wem die Nachricht war. Edgar schrieb: „Ich vermisse dich."

Die Sehnsucht hielt sie wieder in ihren Fängen. *Edgar, Edgar, was mach ich ohne dich!?*

Und ohne dass sie nachdachte, antworteten ihre Finger: „Edgar! Was glaubst du, wie es mir geht!?"

Er war da! Denn er antwortete sofort mit einem Anruf. „Ich brauch dich, Schatz! Können wir uns treffen? Ich hab übers Wochenende in Romanshorn zu tun. Die Werft dort hat Probleme."

Magda keuchte. Das war die Gelegenheit, ihn zu sehen! Sie musste ihn treffen, dessen Stimme Musik in ihren Ohren war, wie sie noch keine gehört hatte. Wie ein Mädchen kam sie sich vor. Sie wollte wissen, mit wem sie es zu tun gehabt hatte die letzten beiden Jahre.

„Wo treffen wir uns, Magda?"

Magdas Gedanken arbeiteten wie im Fieber. Am liebsten würde sie in einer Menge Menschen untertauchen. In Konstanz bestünde die Gefahr, dass sie jemand erkennen und fragen könnte, wer ihr Begleiter sei.

„Ich weiß nicht, welchen Weg du kommst. Wie findest du Friedrichshafen?"

„Schatz, ich fahre direkt durch Konstanz! Aber das wirst du nicht wollen, oder?"

Das war Edgar! Die Rücksicht in Person. Nicht zu vergleichen mit Oliver!

„In Konstanz kennen mich zu viele Leute. Wie wär's mit Überlingen? – Ich weiß, das ist nicht der direkteste Weg. Aber da weiß ich ein Plätzchen, wo wir uns nicht verfehlen können."

„Okay, abgemacht. Ich meld' mich, wenn ich absehen kann, wann ich bei dir bin."

„Du, ich freu mich auf dich."

„Und ich erst! Bin so gespannt auf dich!"
Eine Weile schwiegen sie beide. – Edgar fuhr fort: „Ich pack'
jetzt meine Sachen. Ich bleib drei oder vier Tage in Romanshorn. Wir sehen uns."
„Ja, bis bald, mein Schatz", wisperte sie.
„Bis bald", Er schickte einen Kuss durchs Telefon. Magda
küsste zurück.

Magda verließ das Haus mit ihrem Ballettzeug. *Welch ein
Glücksfall, dass heute Training ist,* dachte sie. *Ich glaube,
Rita versteht es, wenn ich es ihr erkläre ...* Oliver rief noch
hinter ihr her: „Nimmst das Geschäftsauto, ja?"
„Okay", rief sie zurück.
Die Kinder und Oliver hatte sie mit Maultaschen versorgt
und war zur üblichen Ballettzeit weggegangen. Sie würde
Rita anrufen und absagen. Eine solche Gelegenheit kam nie
wieder.

Ihr Handy piepste. Edgar! Einen besseren Zeitpunkt hätte
er nicht treffen können.
Sie las: „Wo?"
Erst wollte sie das Auto erreichen, bevor sie ihm antwortete. Ihr Herz flog voraus.

Sie schrieb zurück: „Überlingen. An der Seepromenade ist
ein erhöhter Sitzplatz mit einer Bank um einen Baum. Dort
warte ich auf dich."
Magda dachte: Wenn ich nur schon dort wäre!
Zum Glück ging alle zwanzig Minuten eine Fähre von Staad
nach Meersburg. Sie musste sich beeilen, damit sie noch
rechtzeitig für die nächste ankam.

Die Fähre setzte sich mit einer Behäbigkeit in Bewegung,
die ihr wie eine Ewigkeit vorkam. Das zartrosa Neue Schloss
von Meersburg tauchte auf. Sie dachte an Anette von Dros-

te-Hülshoff, die dort eine Liaison hatte. Trotzdem sie hier zuhause war, zog es jedes Mal ihre Blicke auf sich, weil es wie eine Supernova in Erscheinung trat. Jetzt erschien es Magda wie ein Omen. Ihr Herz schlug wie im Blutrausch. Die Fähre schien zu bremsen, anstatt zu fahren; obwohl sie ahnte, dass Edgar noch eine gute halbe Stunde brauchen würde. Sie platzte vor Neugierde auf Edgar, den Mann ihrer Träume. Endlich würde sie ihn sehen. Ob sein Aussehen sie so verführte wie seine Stimme? Eine kleine Erinnerung besaß sie noch von dem Bild, das er ihr damals schickte. Das war vor zwei Jahren gewesen. Was war alles in dieser Zeit geschehen …? Oliver hatte das Bild irgendwann einmal entdeckt und gelöscht. – Während die Fähre über den See tuckerte, wählte sie Ritas Nummer und sagte ab. Wie erwartet, war es kein Problem.

Das Autoradio plärrte seine Lieder. Magda schaltete aus, als sie in Meersburg von der Fähre rollte. Ihre Nerven waren zum Zerreißen gespannt. Zum Glück war es ein Katzensprung von hier nach Überlingen. Dort angekommen, suchte sie einen Parkplatz. Die Gedanken von Edgar in Ketten gelegt. Sie fand leider erst oben, außerhalb der Innenstadt, eine Parklücke. Aber hier waren die Gebühren wenigstens nicht so hoch wie im Ort.

Magda liebte die Sträßchen von Überlingen. *Zu schade, dass ich so selten hier bin. Aber wäre das der Fall, würde ich mich nicht mit Edgar hier treffen! – Edgar!* Magda hielt inne. *Wo bin ich eigentlich? In dieser Ecke war ich noch nie!* Sie schaute sich um. Nichts kam ihr bekannt vor. *So ist es,* dachte sie, *wenn man zu sehr in Gedanken ist. Mein Gehirn ist wie Eintopf.* Wenn sie daran dachte, dass sie gleich Edgar treffen würde, brach ihr der Schweiß aus und ihr Herz klopfte Stakkato. Sie musste den Treffpunkt finden, und sie wusste nicht wohin. Sie beschloss, bergab zu gehen. *Da ist das Was-*

ser. Ich gehe am Ufer entlang. So lang ist die Seepromenade nicht. Und ist der Treffpunkt nicht in der einen Richtung, ist er in der anderen.

Den Baum mit der Bank drumherum zu finden, stellte sich als ein Kinderspiel heraus. Im Nu langte sie dort an und setzte sich. Magda lehnte sich gegen den Baumstamm und sog die Sonnenstrahlen in sich auf. Sie hielt ihr Gesicht dem Licht entgegen, die Wärme streichelte sie. „Wende dein Gesicht der Sonne zu, so treten die Schatten hinter dich." Der Spruch aus ihrer Jugendzeit tauchte aus der Versenkung auf. So saß sie eine Weile und wusste nicht, ob sie die Augen auf- oder zumachen sollte. Zu peinlich, wenn sie Edgar übersehen würde.

Ihre Handymelodie riss sie aus ihren Träumen. Sie kramte in der Tasche.
„Hallo?"
„Ja, ich bin's, Edgar."
„Schön, wo bist du? Ich bin an dem Baum."
„Bin gleich da."
„Okay. Bis gleich."
Sie wartete, und die Zeit dehnte sich ins Unendliche. *Hat er nicht gesagt, er wäre gleich da? Hmmm...* – Sie stützte den Kopf auf die Hand. *Was er unter „gleich" versteht?*

Wieder klingelte das Handy, sie fischte es aus dem Beutel.
„Hallo?"
Aufgelegt. Verständnislos schaute sie aufs Display. Sie ließ das Gerät zurück in die Tasche fallen und schaute sich um. Da unten schlenderte er und lächelte sie an, ein südländisch wirkender Typ mit Dreitagebart. Seine kobaltblauen Augen strahlten sogar auf die Distanz und brachten den Bodensee noch mehr zum Glitzern. Oder war es andersrum?

Magda sprang auf. Am liebsten wäre sie losgerannt. Aber die Treppen wollten erst überwunden werden. *Jetzt nur nicht stolpern!* Als sie endlich unten war, war Edgar schon da. Sie schlang ihren Arm um seine Hüfte, und er hielt sie fest. Arm in Arm gingen sie ein paar Schritte, als ob sie sich schon eine Ewigkeit kannten.

„Hi", sagte sie atemlos.
„Hi." Seine Bassstimme scheuchte die Schmetterlinge in ihrem Bauch auf. Er hielt sie von sich weg um sie anzusehen. Seine Augen erschienen ihr wie Seen, in denen sie unterzugehen drohte.
„Weißt du, dass deine Augen eine Besonderheit sind?"
„Nein." Er forschte in ihrem Gesicht. „Wirklich?"
„Ja. Hat dir das noch niemand gesagt?"
„Nein." Er sah sie von der Seite an. In seinem Blick nahm sie Bewunderung wahr. Er verwirrte sie. Selten hatte ein Mann sie so angesehen. Oliver schon gar nicht. Der sah nur ihre Fehler.

Sie suchten eine freie Bank am Ufer und setzten sich eng Seite an Seite. Der Abend brachte Frische über den See. Edgar legte seinen Arm um Magda, und sie schmiegte sich hinein. Eine Weile saßen sie so und genossen ihr Zusammensein. Das Knistern zwischen ihnen konnte man fast hören. Magda kam es vor, als ob jedes Wort den Zauber zerstören könnte. Unter dem Baum nebenan küsste sich ein Pärchen und konnte nicht genug voneinander kriegen. Sie wünschte, sich dem Mann neben sich genauso hingeben zu können, zu dürfen, wie diese Frau ... Sie traute sich kaum, sein Bein zu streicheln.
„Denkst du noch manchmal an mich?" riss Edgar sie aus ihren Gedanken.
„Manchmal? Oh Edgar, auf Schritt und Tritt!" Sie spürte wieder den Kloß im Hals, der sie am Sprechen hinderte.

„Wirklich?" Er streichelte sie mit dem Arm, mit dem er sie umfangen hielt.

„Und du?" wollte sie wissen.

„Jeden Augenblick. Und ich freu mich, dich jetzt zu sehen."

„Ich war so gespannt auf dich."

„Ehrlich? – Und? Zufrieden?"

Sie rückte von ihm ab um ihn zu mustern. Er schien sich zu pflegen, wenn auch das Gesicht etwas aufgeschwemmt war. Was sich dahinter verbarg, konnte sie nur ahnen. Die schwarzen Bartstoppeln verstärkten diesen Eindruck noch. Aber sie fühlte sich nicht abgestoßen.

„Joah", antwortete sie nach einer Sekunde Überlegen und lächelte ihre Unsicherheit fort.

„Hast du Lust, was zu essen?"

Sie verneinte.

„Wieso nicht? Ich hab Oliver und den Kindern was gemacht und bin dann gegangen."

„Hört, hört! – Was hast du gemacht?" Wieder dieser Blick, den sie nicht einordnen konnte. Edgar sah sie an, als ob sie eine Kuriosität sei. Seine Augen drangen in ihre Seele. Sein Blick elektrisierte sie.

„Maultaschen?" *Magda, beherrsch dich. Du bildest dir alles ein. – Nein, ich bilde es mir nicht ein. Ich seh doch, wie er mich anschaut.* Sie nestelte an ihrer Handtasche und fragte: „Gehen wir am Ufer entlang?"

„Abgemacht", willigte Edgar ein.

Edgar zog sie an sich und legte den Arm wieder um sie. Magda empfand tiefe Geborgenheit unter seiner Berührung.

Sie hielten bei einer Gruppe Menschen an, die sich um zwei Musikerinnen geschart hatte. Die russischen Weisen, die sie mit Balalaika und Gitarre zum Besten gaben, brachten Magdas Beine zum Kribbeln, und am liebsten hätte sie mitgetanzt. Aber das traute sie sich nicht wegen der Leute. Stattdessen stand sie still an Edgar gelehnt und sog die

Lieder und die Anwesenheit des Mannes, den sie liebte, in sich auf.

Die Kühle begann über den See zu kriechen. Bisweilen meinte sie, den Herbst zu riechen. Eine Bodega verhieß Wärme, und sie kehrten ein. Es gab eine Auswahl an Käse- und Brotsorten sowie Gegrilltes zum Wein. Sie entschieden sich für eine spanische Käseplatte und Brot. So konnte jeder von allem probieren.

Es war ein Schmaus für alle Sinne. Brot und Käse wurden auf Vesperbrettern gereicht, und der Wein verlockte, mehr zu trinken, als man wollte. Ihre Finger begegneten sich, wenn beide im selben Moment von den Leckereien holten. Zwischen zwei Bissen bemerkte Edgar: „Du sprichst wenig."
Magda sah auf. „Tu ich das?"
„Für eine Frau redest du echt wenig."
„Hmmm. Was erwartest du? Was soll ich sagen?"
„Weiß nicht. Was du heute gemacht hast, was du vorhast."
Magda lächelte und nahm einen Schluck aus ihrem Glas. „Ich hab mit dir telefoniert." Sie grinste. „Und dann hab ich mich den ganzen Tag auf dich gefreut. Ein Glück, dass ich für heute Maultaschen geplant hatte. Was anderes hätte ich nicht zustande gebracht in meiner Aufregung."
„Du warst aufgeregt? Wegen mir?" Edgar ließ sie nicht aus den Augen.
„Ja." Sie spielte mit ihrer Serviette. Sie spürte den Schweiß auf der Handfläche und hasste sich dafür.
Edgar nahm ihre Hand. Ihre Finger verknoteten sich ineinander, und Magda wünschte sich, für immer seine Hand zu halten. Seine Worte brandeten in ihr auf: „Magda, lass uns zusammenbleiben. Jetzt. Heute Abend." Seine Augen leuchteten in ihre Seele. Sein Daumen streichelte ihren Handrücken.

„Wie stellst du dir das vor, Edgar? Meine Familie wartet auf mich. Die denken, ich bin im Ballett!"

„Und wenn du sagst, du schläfst bei einer Freundin, weil ihr noch was trinken seid?"

In Magda arbeitete es. Sie merkte nicht, wie sie die Serviette in Krümel zerriss. Der Wein hatte ihre Sinne umnebelt. *Oder ist es Edgar?* „Ja, du hast recht. Es wäre eine Dummheit, jetzt Auto zu fahren mit dem Wein ... Darüber habe ich nicht nachgedacht ... Ich werde Oliver anrufen, bevor er Mensch und Vieh verrückt macht." Sie fingerte nach dem Handy um ihrem Mann den Sachverhalt zu erklären. Oliver schien es nicht einzusehen. „Nein, du brauchst mich nicht abzuholen. Ich komme morgen früh. Acht Uhr bin ich da." Sie drückte die Auflegetaste.

Edgar verschloss ihr den Mund mit einem Kuss. „Spitzenklasse, Liebes." Er sah ihr in die Augen, und die Welt begann sich zu drehen.

In der Nähe der Bodega entdeckten sie ein Hotel. „Sollen wir da übernachten?", fragte er.

Magda beäugte das Haus. „Hmmm, das lächelt mich an. – Joah, warum nicht?"

Sie fragten und bekamen im Handumdrehen die Schlüssel. Im Aufzug fiel Magda ein, dass sie keine Schlafsachen dabei hatte. Edgar lachte: „Ich verspreche dir: Du wirst nicht frieren! Ich lass dich nicht zur Ruhe kommen."

Sie kicherte, und der wohlbekannte Schauer lief über ihren Körper. Sie wollte ihm mit dem Ellbogen einen Seitenhieb verpassen, doch er fing ihn ab und zog sie an sich.

Wie sie in das Zimmer kam, konnte Magda im Nachhinein nicht sagen. War sie geflogen? Hatte Edgar sie auf Händen getragen? *Es fühlte sich so an.* Sie wusste nur, dass sie sich im Zickzackkurs zwischen Sehnsucht, Leidenschaft und der Angst, sich zu verlieren befand. Sie weinte und wollte sich darüber ärgern. Doch die Hand, die ihr Kinn umschlossen hielt, behandelte sie wie ein rohes Ei und war dennoch voller Kraft. Sie spürte Edgars Lippen auf ihrem Gesicht. Er küsste ihre Tränen fort. *Edgar, Edgar* ... Zittern überkam sie, und er tupfte mit einer Behutsamkeit ihr Gesicht trocken, die ihr noch mehr Tränen in die Augen trieb. Mit jeder Faser ihres Seins sog Magda seine Berührung auf. Sie schaute geradewegs in Edgars blaue Augen. Sein Kopf kam näher, und ihre Lippen trafen sich. Sie fühlte seine Zunge in ihrem Mund. Es bezauberte sie, ihn zu spüren. Sie schmeckte Pfefferminze, und alles um sie versank in einem Land schillernder Seifenblasen; sie befanden sich in ihrem Wolkenkuckucksheim, zu dem nur sie beide Zutritt hatten.

Sie wurden von Edgars Handy geweckt. Edgar küsste sie sanft und sprang im nächsten Augenblick aus dem Bett. „Wir müssen los, Liebes. Ich muss nach Romanshorn und du ..." Auf Anhieb war sie in der Wirklichkeit angekommen. *Ich muss das Auto heimbringen. Heim ... - Wo bin ich daheim?* Ihr Herz schrie: *Hier, bei Edgar!* Ihr Verstand sagte ihr: *In Litzelstetten wohnt deine Familie. Dein Mann, deine Kinder.* Ihr Gewissen hämmerte: *Magda, du hast drei Kinder. Drei unschuldige Kostbarkeiten. Was tust du ihnen an?* Mit einem Schlag verspürte sie Abscheu gegen sich selber. Im Mund spürte sie einen schalen Geschmack. Sie schlug die Hände vors Gesicht. „Was hab ich nur gemacht?!"
Edgar kam ums Bett herum und umarmte sie. „Liebes. Diese Nacht werde ich nie vergessen."
Sie nickte, doch in ihr tobte eine Hölle, der sie nicht entrinnen konnte.

Nach dem Frühstück brachte Edgar sie zum Auto – *Olivers Firmenwagen!* Wie Hiebe empfand sie die Gedanken an Mann und Kinder. *Dabei war die Nacht doch wirklich ein Juwel.* Erneut stritten die beiden Stimmen in ihrem Innern.

„Sehen wir uns wieder?" flüsterte Edgar beim Abschied. Er wickelte eine ihrer Haarsträhnen um seinen Finger. Die Geste ließ ihr den Kloß im Hals wiedererstehen. Sie senkte den Kopf und legte ihre Arme um ihn unter seiner Jacke. Sie hielten sich wie zwei Ertrinkende. Bis Edgar sich löste und ihr Kinn hob: „ Hey. Du weinst ja!"

„Ich weiß nicht, Edgar. Ich würde ... - Ich glaube, ich muss mich entscheiden. Bitte, lass mir Zeit."

„Is' okay, Liebes. Ich setz dich nicht unter Druck."

Mit einem Kuss, bei dem ihr Hören und Sehen verging, nahm er Abschied von ihr. „Du hast mir mehr gegeben, als mir je ein Mensch gegeben hat, Magda."

Dann war er fort. Sie wollte ihm nachlaufen, seinen Namen rufen. Aber der Kloß in ihrem Hals saß fest. Sie stand und schaute. Etwas zerbrach in ihr. Und dabei war sie so ruhig, dass sie sich wunderte.

***

Heimat

Heimat ist da, wo meine Wurzeln sind.
Ein Landstrich, eine Landschaft;
Immer nah genug, dorthin zurückzukehren,
Egal, wie weit ich weg bin.

Heimat ist da, wo meine Wurzeln sind.
Das gilt auch für mein Glauben und Denken;
Immer nah genug, dorthin zurückzukehren,
Egal, wohin ich mich entwickelt habe.

Heimat ist, was mir vertraut ist.
In fremden Augen werde ich keine Heimat finden können.
In ihnen bin ich exotisch und interessant, wo ich zuhause
sein will.
Wo ich nur zuhause sein will.

Heimat ist, was mir vertraut ist.
In vertrauten Augen werde ich keine Heimat finden können,
Wenn ich nicht die Wertschätzung erfahre, die ich brauche.
Die ich so dringend brauche.

Können vertraute Augen fremd werden?
Kann Vertrautes fremd sein?
Ich glaube, Ja.
Wenn diese Augen sich zu sicher sind.

Kann man sich fremde Augen vertraut machen?
Kann Fremde Heimat sein?
Vielleicht, mit Gottes Hilfe.
Wenn SEINE Augen mich begleiten.

Im HERRN will ich meine Heimat haben,
Mit SEINEN Augen vertraut sein.
Nur bei IHM erfahre ich wirkliche Geborgenheit,
Die eine Ewigkeit hält.

Harriet Miller

Seit ihrem Abschied liefen die Tränen unaufhaltsam über Magdas Gesicht. Es fühlte sich an wie eine offene Wunde an Frischluft. Dazu kam ihr Gewissensmartyrium. *Was bist du für ein Flittchen?* – Sie war froh, dass sie auf der Fähre nach Konstanz nicht aussteigen musste. So konnte sie dem Nass, das ihr ohne Umschweife aus dem Herzen in die Augen zu schießen schien, seinen Lauf lassen. *Wenn ich in Konstanz ankomme, muss ich mich beherrschen! Hoffentlich klappt das! Schließlich brauche ich klare Sicht beim Autofahren. Und Oliver muss nicht gleich merken, wie ich durch den Wind bin. Er sieht mir viel zu viel an der Nasenspitze an!*

Es gelang ihr mit Ach und Krach. Zuhause angekommen, atmete sie auf, dass Oliver auf der Stelle wegmusste. Die Kinder waren in der Schule, und Magda konnte sich in den Papierkram vergraben, den sie seit Wochen und Monate vor sich herschob. Auf diese Weise waren ihre Gedanken hoffentlich beschäftigt. Gleichzeitig ärgerte sie sich, dass sie es bei verrammelten Fenstern tun musste. Und das bei dieser Frechheit von Wonnewetter, das gerade das Gegenteil ihrer Innenwelt darstellte! Oliver hatte die Stoffjalousien heruntergelassen. Angenehmes Gelb flutete durch sie herein. Doch durch die Fenster drang kein Lüftchen. Oliver achtete sehr darauf, dass alles geschlossen war. Denn wenn er schwitzte, juckte der Schweiß auf der Haut. Ihr dagegen schnürte das verriegelte Fenster die Luft ab. – Die letzte Nacht schob sich immer wieder ohne zu fragen in ihr Gedächtnis … *Es war unsere Sternstunde. Wenn nur diese Gewissensqual nicht wäre!* Sie hätte ausspucken können vor sich selber.

Sie legte die Papiere zur Seite, schob die Rollos hoch und öffnete die Fenster. Die Sonnenstrahlen legten sich um ihre Schultern wie goldene Seide. Sie lehnte gegen den Fensterrahmen, schloss die Augen. *Warum kann ich nicht abschalten? Ich sollte doch viel mehr Wert darauf legen, was Gott über mich denkt! Nur: Wie geht das???* Es fuhr ihr durch und durch, wenn sie an Edgar dachte, den Mann, den sie von Herzen liebte und doch nicht haben konnte. Sie blinzelte eine Träne weg. „Zu viel steht zwischen uns", beschwor sie sich, „mein Glaube, meine Ehe, meine Kinder, mein ganzes bisheriges Denken." Die Ellbogen auf die Fensterbank gestützt, ballte sie ihre Hände zu Fäusten.

Sie stand noch eine Weile am Fenster. Sie breitete die Arme aus und versuchte, Wärme wie Farben für den Winter zu horten. Eine SMS kam an. Sie fingerte nach dem Handy und las: „Wie geht es Dir?"

„Meine Schuldgefühle brennen wie Feuer. Aber die Nacht mit Dir habe ich sehr genossen!"

„Du bist die beste Frau, die ich kenne. Du bist genau mein Geschmack."

In Magda breitete sich Zärtlichkeit aus. *Edgar! Welch ein Mann!* Sie wollte etwas erwidern, hörte den Wohnungschlüssel. *Oliver!* Keine Zeit mehr zu antworten. Sie beeilte sich, das Handy, als wäre nichts geschehen, neben den Papierstapel zu legen und ergriff die Zettelwirtschaft. Magda hörte, wie Oliver hereinkam und schaute auf. „Bist du schon wieder da?"

„Hab das Geschäftshandy vergessen. Raymond hat mich auf dem privaten angerufen und mich darauf aufmerksam gemacht." Er ging zum Schreibtisch, sein Blick streifte den Vorordner und Magdas Handy, das danebenlag. Er griff es sich und las, was Edgar ihr geschrieben hatte. Magdas Herz setzte einen Schlag aus. *Oh weh!*, schoss es ihr durch den Kopf.

„Von wem ist das?", fragte Oliver.

Tonlos kam es von ihren Lippen: „Edgar." *Was wird er jetzt tun?* Diese Frage brannte in ihr. *Mir das Handy an den Kopf werfen? Mich schlagen? Nach all der Zeit? – Wenn er das tut, geh ich zu Edgar!*

Oliver tippte eine Antwort: „Finde ich auch. Gruß, Oliver."

Magda war platt. Damit hatte sie nicht gerechnet. Mit allem Möglichen – nicht hiermit. Sie spürte Bewunderung für Oliver in sich aufsteigen und wäre doch am liebsten in einem Mauseloch verschwunden. Edgar tat ihr leid.

Doch damit war die Sache nicht ausgestanden. Oliver setzte sich in den Sessel. „Kannst du mir erklären, was das bedeutet?"

Sie nickte. Mit Fistelstimme und vielen Pausen erzählte sie ihm, dass sie sich am Abend vorher mit Edgar getroffen hatte. Alle Farbe war aus ihrem Gesicht gewichen. Auch jetzt blieb Oliver ruhig. Magda kam aus dem Staunen nicht heraus. Die Schuld stand wie ein Gebirge vor ihr, und ihr Herz fühlte sich an wie Stein.

„Dann warst du also letzte Nacht bei ihm."

„Ja", flüsterte sie kaum hörbar. Schweigen breitete sich aus, das mit Händen zu greifen war. Sie räusperte sich und fragte zaudernd: „Was wirst du jetzt tun?"

Als ob die Frage seine Psoriasis wieder in Gang gesetzt hatte, begann Oliver wie von Sinnen, seine Lieblingsstelle am Hinterkopf zu bearbeiten und stand auf: „Ich geh arbeiten. Das muss ich erst verdauen."

***

Der Tag hatte seine Kräfte überstiegen, Magda sah es ihm an. *Mein Tag war zwar auch nicht gerade eine Lust, aber das kommt davon, wenn man meint, man müsse bis zum Äußers-*

ten gehen … Die Kinder waren am Mittag von der Schule gekommen und hatten gefragt, warum sie so einen Frust schöbe. Sie grummelte irgendwas von „schlecht drauf heute". Geddi verzog sich am Ende zu seinen Freunden, Abby trug Zeitungen aus und Rica lernte Mathe. Sie zwang sich, sich wieder den Papierbergen zu stellen und versuchte, die Gedanken an die letzte Nacht zu verdrängen. Es gelang ihr nicht. Die Erinnerung an ihren Treuebruch ließ ihr Ich auf ein Minimum schrumpfen. Als Oliver dann heimkam, traute sie sich nicht, ihn mit einem Kuss zu begrüßen. Wenigstens das hatte sie der Form halber beibehalten, trotz aller Gefühle Edgar gegenüber. Aber jetzt war alles anders. Wie eine Kluft kam es ihr vor, die nicht zu überbrücken war. *Ob er überhaupt noch einen Kuss von mir will?* Seine gerunzelte Stirn bekräftigte ihre Zweifel. „Oli", zwängte sie hervor. Oliver ging an ihr vorbei, als habe er sie nicht gehört. Ungläubig ging sie ihm ins Schlafzimmer nach. *Ist das der Oliver, den ich heute Morgen wegen seiner phänomenalen Reaktion auf meine bodenlose Charakterlosigkeit so bewundert habe?* Sogleich antwortete die andere Stimme in ihr: *Wie soll er auch? Er ist nur ein Mensch! Was glaubst du eigentlich? Sein Job drückt ihn zu Boden, und dann so eine Nachricht am Morgen! Da muss er ja … Das gärt in einem!* „Oli, es tut mir leid", jammerte sie und setzte sich neben ihn aufs Bett. Er kratzte und rieb sich überall, wo seine Finger hinkamen. „Es tut mir leid, es tut mir leid … Ich kann es nicht mehr hören." Er griff nach der Cremedose und klatschte den Inhalt davon auf Arme und Beine. Sie sah die trockene, schuppige Haut, viele Stellen waren aufgesprungen und nässten. Der Anblick tat ihr weh. *Das hast du jetzt davon,* schoss es ihr wieder durch den Sinn.

„Das war die Kur schlechthin, die Du mir verpassen konntest heute Morgen", donnerte Oliver, „da ist es klar wie Kloßbrühe, dass alles schiefläuft. Und jetzt hab ich noch Schmerzen in der Hüfte wie ein Tier. Keine Ahnung, was das wieder ist. Auf jeden Fall seh' ich nur noch den Ausweg zum Arzt. Ob ich hinterher noch zu dem Konzert will, weiß ich noch nicht. Kannst mit den Kindern allein hinfahren. Auf mich legst du sowieso keinen Wert."

„Oli!" Ihr liefen die Tränen. „Bitte vergib mir. Ich wollte das nicht."

Oliver wog den Kopf hin und her und runzelte die Stirn. Die Sache fraß an ihm, aber er hatte jetzt keine Zeit, sich damit zu befassen. „Magda, ich muss zum Arzt. Die Hüfte tut weh, dass es kracht und knallt. In einer halben Stunde muss ich dort sein." Damit stand er auf und zog die Tür mit Nachdruck hinter sich zu.

Magda blieb auf seinem Bett sitzen. Das Schließen der Tür empfand sie wie ein Bild für das, was in Oliver vorging. Sie stand auf um weiterzuarbeiten. Es kam ihr vor, als ob sie mindestens dreimal so lange brauchte wie sonst.

Voller Energie kam Gedeon heim: „Mami, wann fängt das Konzert an? Pitty will mitkommen!"

Müde sagte sie: „Um acht, wie die meisten Konzerte."

Gedeon sah sie an wie ein Gespenst. „Was ist, Mami? Freust du dich nicht auf das Konzert? Das rockt doch, wenn Pitty mitgeht!"

„Ach, weißt du, Geddi, mir geht es heute nicht gut. Das hat nichts mit Pitty zu tun oder dir. Ich bin heute einfach neben der Spur."

„Was ist, Mami? Bist du krank?"

Ja, liebeskrank! Lahm sagte sie: „Weiß auch nicht."

Gedeon trollte sich und kümmerte sich um sein ferngesteuertes Auto, das er am Morgen in seine Einzelteile zerlegt hatte. Magda sah ihm nach. Mit seinen zwölf Jahren war er nicht mehr so ein Pummel wie als kleiner Junge. Darüber atmete sie auf und dankte Gott im Stillen.

***

Mit einem langen Gesicht kam Oliver vom Arzt zurück. Magdas Naturell hätte es entsprochen, gleich zu fragen, was der Arzt gesagt hatte. Aber Oliver schleuderte ihr schon beim Eintreten derartige Zornesblicke entgegen, dass sie sich am liebsten verkrochen hätte. So brachte sie im Eiltempo die Spaghetti mit Tomatensauce auf den Tisch. Das ging selbst in diesem Zustand mit Mühe und Not.

„Was hat der Arzt gesagt?", fragte Magda während des Essens wie nebenbei.

„Was soll er sagen!?", brummte Oliver. „Kann sein, dass es mit der Psoriasis zusammenhängt. Genaues weiß man nicht. Er hat Blut abgenommen, und jetzt heißt es abwarten."

Magda sah ihn verständnislos an. „Mit der Psoriasis!? Was hat die Hüfte mit Psoriasis zu tun?"

„Weiß ich doch nicht", schnaubte er und stand auf, als wäre er auf der Flucht. Der Stuhl fiel um, und er rannte aus der Küche hinaus. Die Kinder erstarrten.

„Was'n jetzt los?", fragte Gedeon nach einer Weile.

„Papi hat Schmerzen in der Hüfte", erklärte Magda und fügte halblebig hinzu, obwohl sie es besser wusste: „vielleicht hat er auch deshalb so schlechte Laune ..."

Da niemand weiter etwas sagte, hob Magda den Stuhl auf und ging hinter Oliver her. Im Schlafzimmer fand sie ihn, eine Packung Tabletten in der Hand.

„Was soll denn das? Das ist überhaupt nicht deine ..."

„Ob das meine Art ist oder nicht, ist mir scheißegal. Ich hab Horrorschmerzen, und der Doc meinte, ich soll Tabletten nehmen, bis feststeht, was ist. Ist das jetzt durch?"

Magda biss sich auf die Lippen und nickte. „Ich wollte dich nicht angreifen."

„Wollte dich nicht angreifen, tut mir leid. Mensch, Magda, spar dir deine Sprüche. Das hättest du dir im Voraus überlegen müssen."

„Aber darum geht es doch nicht."

„Doch, darum geht's!" Sein Kopf war puterrot.

„Okay, wenn Du willst. Aber ich wollte wirklich nicht mit Edgar schlafen.

„Du wolltest das nicht!?", wieherte er und warf die Schmerztablette ein. „Ich glaub's nicht! Geht man mit jemand ins Bett, wenn man es nicht will!?"

„Ich hatte Wein getrunken."

„Soso, Wein ... Und du bist ihm aus purem Zufall über den Weg gelaufen, stimmt's?"

„Nein, Oli, ich wollte sehen, mit wem ich es zu tun hatte. Ja, ich sehnte mich nach ihm, das stimmt. Aber ich wollte nicht ..."

„Du wolltest nicht! Dass ich nicht lache!" Seine Stimme triefte vor Sarkasmus.

„Doch, Oli, bitte glaub mir.

Oliver kniff die Augen zusammen. Seine Wut nahm von ihm Besitz, sie spürte es deutlich. Schließlich erklärte er: „Ich wüsste keine Frau, die solche Privilegien hat, wie du. Du hast den Bodensee vor der Tür, kannst den ganzen Tag tun und lassen was du willst, gehst dreimal in der Woche ins Ballett ... Und dann machst du so'n Scheiß! Ich könnt' gerade ..." Anstatt weiterzusprechen, setzte er seine Kratz- und Reibattacken gegen sich fort. Die Anspannung spitzte sich zu. Aber Magda wollte nicht, dass die Sache eskalierte. *Bleib ruhig!*, gebot sie sich. *Sonst passiert noch was. Nur nicht den Kopf verlieren. – Ob ich ihm die Hand auf die Schulter legen kann? Darf? – Einen Versuch wär's wert ...* Sie streckte die Hand aus. Oliver holte aus. Er schlug mit voller Kraft zu. Magdas Kopf flog zur Seite und die Brille zu Boden. Die Haare nahmen ihr für einen Augenblick die Sicht. Sie taumelte zum Bett und wäre um ein Haar über ihre Brille gestolpert. *Meine Brille! Hoffentlich, HOFFENTLICH ist sie nicht zu Bruch gegangen! – Jetzt nur nicht ausflippen!*, beschwor sie sich.

Im Zeitlupentempo griff Magda nach ihrer Sehhilfe, richtete sich auf und prüfte, ob alles in Ordnung war. – *Gott sei Dank! Kein Kratzer in den Gläsern.* Lediglich das Gestell zeigte den Ansatz einer Krümmung. – Sie stand da und wusste nicht, was sie denken sollte. Jetzt war es doch wieder vorgekommen. Nach über zehn Jahren. Ja, sie hatte Mist gebaut. Riesenmist! Aber war das eine Entschuldigung? Und auch noch ins Gesicht!

Ihre Gedanken spielten verrückt. Sie wusste nicht, was sie tun oder sagen sollte. Ihre Hand strich über ihre Wange – sie glühte. Oliver starrte sie mit offenem Mund an. In dem Augenblick kam Enrica herein. Wie angewurzelt blieb sie stehen. „Was ist denn hier los?", rief sie.
Oliver tönte: „Da fragst du am besten deine Mutter."
Magda verließ das Schlafzimmer. Was sollte sie Enrica erzählen? – *Soll ich sagen, dass Oliver mich geschlagen hat? Soll ich den Grund erzählen? Enrica ist erst neun! Würde sie es verstehen?*
Enrica folgte ihr, doch Magda schickte sie zu Gedeon ins Kinderzimmer. „Rici, es tut mir leid, ich kann dir im Moment keine Antwort geben. Es ist alles zum Davonlaufen. Papi und ich haben Monstermist gemacht."
„Wegen diesem Edgar?"
So sicher, wie zwei mal zwei vier ist, kriegt sie das mit, dachte Magda. *Wie sollte das vor ihr verborgen bleiben!?* „Ja, auch. Gehst mal zu Geddi. Macht was zusammen. Ich muss jetzt einfach mal zur Ruhe kommen."

Enrica war gegangen, und Oliver kam. Magda fühlte sich, als ob sie in Eiswasser gestoßen worden wäre. Sie wagte kaum zu atmen. „Ich hätte nie gedacht, dass das noch mal vorkommt", brach es aus ihr heraus. „Da komm nicht mit."
Oliver schien zur Besinnung zu kommen. „Schatz, es tut mir leid..."

„Schatz??? Leid???" schrie sie, „das glaubst du doch selbst nicht! Eine Niedertracht, wie du mich behandelst."

„Niedertracht???" brüllte er. „Und das letzte Nacht?"

„Ich sagte dir schon mehrmals, dass es mir leid tut. Ich weiß, dass ich das nie hätte tun dürfen. Aber du glaubst mir ja nicht."

„Das ist was anderes."

„Nein, das ist gar nichts anderes!" Magdas Stimme war tiefgefroren. „Und deine Haue rechtfertigt es auch nicht. Geh du nur zu dem Konzert. Aber du brauchst nicht zu glauben, dass ich mitkomme."

„Wenn ich nicht Herrn Bamberger versprochen hätte, ihn mitzunehmen, würde ich hier bleiben."

„Nee, geh nur. Wenn du zurückkommst, bin ich nicht mehr da. Das hast du davon, wenn du meinst, du müsstest mich rausekeln."

„Schatz", Oliver kam nochmals auf sie zu.

„Schaatz", äffte sie ihn nach, „wie kannst du mich erst schlagen und dann ‚Schatz' nennen?"

„Schatz, es tut mir leid. Das ist die Wahrheit. Bitte vergib mir."

Ihre Augen brannten. „Ja, das sagst du mit schöner Beständigkeit. Und dann haust du doch wieder. Und mir hast du auch nicht geglaubt. Nein, danke."

„Magda, wir müssen gehen. Lass es uns regeln."

„Ja, geh. Und geregelt ist es." Es klang nach Ende, und sie wusste es.

„Gib mir den Autoschlüssel" bat Oliver. Die Stimme versagte ihm, seine Schultern hingen nach unten, und in seinem Gesicht sah Magda Qual. Doch davon wollte sie sich nicht mehr erweichen lassen und trennte den Schlüssel von den anderen. Sie schauderte vor Wut. *Dieser Heuchler glaubt wohl, er kann mich hier festhalten. Edgar ist in Reichweite. Ich werde ihn in Romanshorn anrufen, und dann soll er mich abholen.*

Sie warf ihm den Schlüssel zu, und Oliver konnte ihn gerade noch auffangen. Er steckte ihn ein und hielt ihr wiederum die Hand hin: „Den Schlüssel für die Wohnung auch, bitte."

„Was meinst du, wer du bist? Willst du mich einkerkern, oder was?"

„Ich will nur verhindern, dass du gehst. Und wenn du es tust, sollst du bei Gott nicht mehr reinkommen."

Er machte einen Schritt auf sie zu um ihr den Schlüsselbund aus der Hosentasche zu ziehen. Er irrte sich in der Seite und forderte nun mit mehr Nachdruck: „Jetzt rück' ihn raus. Ich muss gehen. Wo hast Du ihn?"

„Das werde ich dir gerade auf die Nase binden, was glaubst du?"

Oliver versuchte, Magda zu durchsuchen, während sie sich mit Händen und Füßen wehrte. Er schnappte ihren Arm und versuchte ihn umzudrehen. Sie trat mit aller Kraft auf seinen Fuß. Doch als sie ihn von sich stoßen wollte, umklammerte er sie so fest, dass ihr die Luft wegblieb. Sie hätte platzen mögen vor Wut. Verachtung machte sich in ihr breit, als er den Schlüssel an sich nahm.

„Dass du das brauchst ...!" stieß Magda hervor. „Aber gegen Schwächere kann man gut den starken Mann markieren, was?"

Endlich ging er seine Schuhe anziehen. Richtung Kinderzimmer rief er: „Geddi, Rica, wir gehen."

Die beiden, die sich in Gedeons Zimmer verkrochen hatten, tauchten auf. Magda bemerkte, wie Gedeon versuchte, keinen der Eltern anzuschauen. Rica standen die Tränen in den Augen.

Meine kleine Rica, dachte Magda, *du blühst doch erst auf und musst so etwas miterleben. Wo du eh ein ernstes Kind bist.*
Die Gedanken ließen ihr einen Seufzer entwischen.

Ohne ein Wort zogen die Kinder ihre Schuhe an. Beim Abschied schmiegte sich Enrica an Magda und presste hervor: „Soll ich lieber bei dir bleiben?"

Magda strich ihr über die hellbraunen Haare. *Wie schön sie sich anfühlt,* dachte Magda. *Ich werde sie vermissen!* „Es lohnt sich, wenn du mitgehst. Dort kommst du auf andere Gedanken. Wetten, es wird eine Eins-A-Vorstellung? Weißt du noch, wie es letztes Jahr war bei dem Musical, das ihr aufgeführt habt? So ähnlich wird es diesmal auch, nur noch größer!"

„Aber wenn du nicht mehr da bist, wenn wir heimkommen?"

„Jetzt wart's mal ab, Rica. – Kannst dafür beten, wenn du willst, dass ich noch da bin. Ich kann's nicht mehr. Aber auf das Gebet von Kindern hört Gott besonders."

„Rica, können wir ...? Oder brauchst du eine Spezialeinladung?" Oliver stand mit Gedeon in der Tür. Es war ihm anzusehen, dass er nur unter Kraftaufwand die Beherrschung behielt.

„Ja, ja, ich komm'." Der Blick ihrer Tochter ging Magda durch Mark und Bein. Sie fühlte den Schmerz und die Angst Enricas. *Warum kann ich es ihr nicht sagen?* fragte sie sich. *Wie weit bin ich gekommen? – Aber es geht nicht!* Sie flüsterte: „Es tut mir leid Enrica, ich kann nicht hier bleiben. Ich kann es nicht. Nicht mehr." Da sah sie, dass Enrica die Türe geschlossen hatte.

Nun war sie allein, eine Deserteurin. Sie setzte sich hin und stützte ihren Kopf in die Hände. Sie konnte zu keinem Entschluss kommen, wie sie weiter verfahren sollte. Wie eine Eiswüste kam sie sich vor und hätte gern geweint. Doch sie hatte keine Tränen mehr, keine Gedanken, keine Gefühle; sie gefror in Müdigkeit.

Sie beugte sich über die Stuhllehne. - Lange saß sie so, er-
starrt, empfindungslos. Und da war die Sehnsucht nach Armen, die sie umfingen, sie streichelten und Händen, die sie
trösteten. Edgar. Zu ihm würde sie gehen. Auch wenn sie
es mit ihrem Glauben nicht vereinbaren konnte. *Ich muss
raus hier.* Der Gedanke brannte sich in ihr Hirn: *Raus hier,
nichts wie raus. Ich halt das nicht mehr aus mit diesem Mann.*
Das Gedachte ätzte sich durch ihren Körper und löste die
Erstarrung auf.

Magda stellte fest, dass Oliver auch ihr Handy mitgenommen hatte. Vor Wut und Enttäuschung fegte sie die Glas-
schüssel vom Tisch, die sie von ihm zum zehnten Hochzeits-
tag bekommen hatte. Sie zerschellte auf dem Küchenboden
und hinterließ einen Sprung in einer Fliese. Das war für
sie jetzt Nebensache. Sollte Oliver schauen, wie er damit
zurechtkam, wenn sie weg war! Die Quarkspeise war bis
in die hintersten Ecken der Küche gespritzt. Sie würde es
nicht aufputzen.
Magda holte das Telefon und wählte Edgars Handynummer.
Das Freizeichen ertönte, und sie zählte ... Nach dem elften
Klingeln legte sie auf. Sie wollte nicht begreifen, dass er gerade jetzt nicht dran ging, wo es drauf ankam. *Ob ich erst
packen soll?* Sie entschied sich, ihr Bündel zu schnüren und
es später noch mal zu versuchen. Wenn sie jetzt ihr Zeug
zusammenrichtete, könnte sie die Zeit sinnvoll nutzen.

Im Schlafzimmer holte sie die Koffer hervor. Sie wollte auf
keinen Fall zurückkommen. Auch nicht, wenn sie etwas
vergessen hatte! Sie verstaute, so viel sie konnte, in den
Koffern. *Erst mal Sommerkleider. Die brauche ich auf jeden Fall. Wintersachen kann ich mir in Wirges noch kaufen,
wenn es soweit ist. Von der warmen Kleidung nehme ich nur
meine Lieblingsstücke mit. Mein Ballettzeug darf ich nicht
vergessen! Hoffentlich finde ich in Wirges eine Ballettschule,*

die sich sehen lassen kann! Ich muss mich nach einer Stelle umsehen, wenn ich dort bin. Edgar auf der Tasche liegen will ich auf keinen Fall. Womöglich komme ich sonst vom Regen in die Traufe. Wir haben beide eine Katastrophe hinter uns mit unseren Ehepartnern. – Allerdings kann ich mir nicht vorstellen, dass Schwierigkeiten in der Erziehung der echte Grund für Edgars Trennung von Yasmin waren. Da muss mehr dahinterstecken. Vielleicht trinkt er doch manchmal zu viel? – Nicht zum ersten Mal fragte sie sich, wie er Yasmin behandelt hatte, und ob das der Grund war, weshalb sie Edgar verlassen hatte. – Magda wusste es nicht. Aber eins war ihr klar: Sie wollte keinem Mann mehr auf Gedeih und Verderb ausgeliefert sein! Sie musste Vorsorge treffen, um bei Bedarf ausziehen und selbst auf ihren Füßen stehen zu können! Wer wusste, mit welcher Geschwindigkeit Edgar sie auf die Straße setzte, wenn sie nicht miteinander auskamen? Zwar konnte sie sich das nicht vorstellen. Sie hatten so vieles gemeinsam. Wenn sie daran dachte, dass er ebenso sparsam zu sein schien wie sie. Sie erinnerte sich, wie er sich ab und zu über die Regierung aufregte, die das Geld mit beiden Händen zum Fenster hinauswarf. Oder über Yasmins Bruder, der, wie es schien, über seine Verhältnisse lebte ... Magda dachte auch an seine Gutmütigkeit, die ihr grenzenlos erschien und die Art und Weise, wie sie beide an ihrem Kontakt zueinander hingen, nicht Abschied nehmen konnten. Es hatte fast etwas Penetrantes. Aber so war sie ja auch. Genauso wie er. Auch er stammte aus einer Großfamilie mit sechs Geschwistern. Und er verunglimpfte Großfamilien nicht wie Oliver. Trotzdem konnte man nie wissen ... Sie kannten sich fast nur vom Telefon und dieser einen Nacht. Es lag immerhin im Bereich des Möglichen, dass er ihr was vorgemacht hatte. Zweifel beschlichen sie, ob das mit ihrem Glauben klappen würde. Das Fundament des Glaubens, das sie mit Oliver verband, würde bei Edgar fehlen. Sie würde erst mal nicht in eine Gemeinde gehen. Zu sehr quälte sie ihr Gewissen. Aber sie wollte es trotzdem wagen, zu Edgar zu ziehen! Sie würde zu ihm nach Romanshorn kommen, und wenn er seine Arbeit dort beendet hätte, würden sie zusammen nach Wirges gehen.

Die Koffer waren reisefertig. Sie besah ihr Werk. Eine Frage stand vor ihr auf: *Magda, was machst du hier? – Ich weiß es nicht,* musste sie sich eingestehen. *Ja, es ist ein Dilemma, dass ich gehe. Aber ich weiß keinen anderen Ausweg. Herr Jesus, hab' Erbarmen mit mir, wenn ich jetzt einen Fehler mache, und sieh es mir nach. Bitte.*
Sie wählte erneut Edgars Nummer. Auch diesmal nahm er nicht ab. Sie überlegte, wo er sein könnte. *Ob er sauer ist wegen Olivers SMS? Schließlich ist er nur ein Mensch, und alles wird auch er mir nicht durchgehen lassen, selbst wenn es mir so vorkommt ...*

Bei ihrem nächsten Versuch ließ sie es ohne Unterlass klingeln, bis Edgar sich meldete. Als er sie hörte, legte er gleich wieder auf. *Also ärgert er sich doch,* schoss es Magda durch den Kopf, *wieso musste das heute Morgen nur passieren? Mist!* Fassungslos starrte Magda auf den Hörer. Aber dann erinnerte sie sich, dass Edgar schon einmal aufgelegt hatte, als sie anrief. Jemand war bei ihm im Flur gestanden, was immer das bedeuten mochte. Sie entsann sich, wie sie damals dachte: *Jetzt hat er erkannt, dass es keinen Wert hat mit uns. Er hat getan, was meine Aufgabe gewesen wäre.* Später stellte sich heraus, dass sie im Irrtum war, und sie waren wieder durchgestartet. Doch das hier wog schwer! Sie musste wissen, ob sie ihm noch willkommen war! Nicht, dass sie hinterher in Romanshorn stand und er kein Interesse mehr an ihr hatte. Es stimmte, Romanshorn war nicht aus der Welt. Aber die Blamage, mit Sack und Pack zurückzukehren – nicht auszudenken! Beim bloßen Gedanken daran krampfte sich ihr Magen zusammen, dass ihr schlecht wurde. *Nein, ich darf nicht darüber nachdenken. Ich muss wissen, woran ich bin, auch wenn es eine harte Nuss ist. Es ist immer noch besser, den Tatsachen ins Auge zu sehen.*

Magda überwand ihre Angst vor einer Demütigung und wählte noch einmal. Jetzt war Edgar im Bruchteil einer Sekunde dran.

„Du, Magda. Ohne Scherz, es geht augenblicklich nicht. Ich bin im Moment auf einer Tour und im Begriff, mein Bier zu bezahlen. Ich ruf' dich zurück, ja?"

Oh, schoss es ihr durch den Kopf, hat er aus dem letzten Mal gelernt? Und sie sagte: „Ja, es drängt."

„Okay, tschüss, bis gleich."

Sie atmete auf: „Na, also. Klappt doch." In Bälde würde er anrufen, und sie wüsste Bescheid. Doch was, wenn es ein Vorwand war? *Wenn das der Bruch ist und er mich nicht mehr will, dann ist es nur daneben, wenn ich mich auf den Weg zu ihm mache. Ich müsste auf jeden Fall eine andere Bleibe finden. Hier verharren will ich mitnichten! Cordula ist im Urlaub mit ihrer Familie, und Nanettes Miniwohnung auf Rügen reicht gerade für sie beide.* Magda schlug sich mit der Hand gegen die Stirn und ächzte: „Was mach' ich nur? Was mach' ich nur?"

Rita fiel ihr ein. Die Ballettlehrerin hatte ihr damals Hilfe und Unterkunft angeboten. Das war vor zehn Jahren, als Magda mit einer dicken Lippe in die Ballettschule gekommen war. *Ein Gespür für solche Fälle hat sie,* dachte Magda. *Sie weiß, was dran ist! Doch ich will ihr nicht zur Last fallen. Sie ist zwar sechzig, und man merkt es ihr nicht an. Sie ist gepflegt und fit wie immer. Sogar ihre Haare sind immer noch eine Pracht.*

Die Zeit zog sich hin. *Wann ruft Edgar endlich zurück???*

Magda entschied sich, Nanette einzuweihen. Wusste sie einen Rat? Sie trennte zwar ganz Deutschland, doch das tat ihrer Freundschaft keinen Abbruch. Nanette wusste von der Sache mit Edgar, und ihr würde sie sagen, was geschehen war. Magda hoffte inständig, dass Edgar nicht just zu dem Zeitpunkt versuchen würde anzurufen, wenn sie mit Nanette telefonierte.

Peter meldete sich. Seine Frau sei nicht da. Sie würde sofort bei Magda melden, wenn sie käme.

Nun wanderte Magda in der Küche hin und her. Jetzt wartete sie auf zwei Anrufe. Das Telefon nochmals zu belegen, wäre Dummheit. Während sie überlegte, ob sie etwas vergessen hatte einzupacken, klingelte das Telefon. Ihr Herz hüpfte: *Edgar!* Doch als sie abnahm und Nanettes Stimme hörte, löste sich der Traum in Wohlgefallen auf.

Und als Magda Nanette erzählen wollte, was los war, fing sie an zu zittern, Tränen schossen ihr in die Augen. Jetzt, wo sie das Erlebte in Worte kleiden wollte. Aus Ärger über sich versuchte sie, Festigkeit in ihre Stimme zu legen. Der Versuch schlug fehl. Das befand sich außerhalb ihres Zugriffs. Zuviel hatte sich aufgestaut. Sie presste die Worte zwischen Schniefen und Schnäuzen ins Telefon: „Nanette, Oliver hat mich wieder geschlagen. Und ich werde jetzt zu Edgar gehen. Ich halt das nicht mehr aus."

„Er hat dich geschlagen!?"

„Ja, ich hab' schon mehrmals Andeutungen gemacht. Es war nicht das erste Mal."

„Sag nur, er hat dich die ganze Zeit über geschlagen ..."

„Nein, eigentlich dachte ich, es wäre vorbei. Aber jetzt schlägt er mich wieder. Mitten ins Gesicht. Nanette, es tut so weh." Magda weinte hemmungslos ins Telefon. Sie fühlte sich wie ein kleines Mädchen in einer eisigen Nacht. Sie zitterte vor Kälte in ihrem Innern trotz des Sommers. Die Beine schlotterten, ihre Arme auch, und sie biss die Zähne zusammen, damit sie nicht aufeinanderschlugen.

Eine ganze Weile herrschte Stille. Die Welt war stehen geblieben.

„Oh Mann, das ist ein ernstes Problem", hörte sie Nanette sagen, „Wenn ich dich jetzt nur in den Arm nehmen könnte. So fest es geht. Ich tu das in Gedanken und bete für dich, ja?"

„Danke, du Liebe. Ich kann es nicht mehr. In mir ist ein einziges Tohuwabohu. Ich versteh' nichts mehr. Außer, dass ich hier wegwill. Edgar hat gesagt, er ruft mich binnen kurzem zurück. Dann will ich hören, ob er mich in Romanshorn abholen kann. Die Koffer habe ich gepackt."

„Magda, du weißt, dass es nicht gut ist, wenn du das tust", wandte Nanette ein, und Magda wimmerte: „Was soll ich denn machen? Hier bleiben und warten, bis Oliver mich das nächste Mal schlägt?" Die Stimme versagte, und sie gab nur noch ein fiependes Schluchzen von sich.

„Mensch, Magda, kannst du nicht zu jemandem in deiner Nähe gehen und dort kurzfristig unterkommen? Hast du dich bei Cordula gemeldet? Die würde bestimmt ..."

„Cordula ist im Urlaub", sagte sie müde, "Sonst weiß niemand, dass Oliver mich schlägt." Wieder überwältigte sie die Verzweiflung, und Weinen schüttelte sie auf ihrem Küchenstuhl. „Eigentlich sollte man meinen", schluchzte sie, „dass man von einer Ohrfeige nicht stirbt."

„Ja", Nanette seufzte, „aber das Schlimme ist, dass es überhaupt geschehen ist, oder?" Nach einer Weile sagte sie: „Magda, überleg mal. Wen könntest du ins Vertrauen ziehen? Ist niemand in deiner Nähe, der dir weiterhelfen kann?"

„Nein, wer schon? Ich weiß hier niemanden, der mir einen Rat ... – Warte! Mir fällt jemand ein: Eine Freundin, die früher in unsere Gemeinde ging und weggezogen ist. Sie hat sogar eine Seelsorgeausbildung. Vielleicht ist sie zuhause. Aber sie hat halt keine Ahnung davon, was hier los ist."

„Wenn sie so eine Ausbildung hat, kann sie damit umgehen. Ist doch super, dass du so jemanden kennst. Du musst sie auf alle Fälle anrufen. Versprichst du mir das?"

Nach einer Weile sagte Magda: „Ja, mal sehen." Sie sah Silke selten. *Kann es sein,* fragte sich Magda, *dass sie einen Rat weiß? So Gott will, könnte ich bei ihr ein paar Tage ... – Nein, das kommt nicht in Frage!* Nanettes Stimme riss sie in die Gegenwart zurück: „Bitte, schieb den Anruf bei Silke auf keinen Fall hinaus!" Magda dachte: *Du hörst dich an wie meine Mutter.* Trotzdem tat es gut, dass Nanette sich um sie sorgte. Und Magda wusste, dass Nanette sie nicht in eine Form pressen wollte.

„Okay, ich versuch's", versprach sie. „Tschüss dann."

Magda legte auf. Sie würde Silke anrufen. Aber nicht jetzt. Denn vielleicht hatte Edgar in der Zwischenzeit versucht sie zu erreichen.

Sie drückte die Wahlwiederholungstaste. Während der Apparat wählte, merkte sie, dass sie sich verwählt hatte. Sie tippte „Auflegen" und wählte erneut. Diesmal fragte sie sich, ob sie die richtige Nummer erwischt hatte und startete einen neuen Versuch. *Ich bin so was von neben der Kappe, das gibt's nicht,* dachte sie. *Jetzt brauche ich auch noch mein Notizbuch für Edgars Handynummer!* Nachdem sie das Heft hervorgekramt hatte, tippte sie die Zahlen ein. Doch als sie das Freizeichen hörte, war sie so aufgeregt, dass ihr der Hörer aus den feuchtkalten Händen fiel.

Edgars Handy klingelte. Aber nach dem dritten Läuten hörte sie nur noch das Belegtzeichen. *Gibt's das, dass er mich aus der Leitung wirft?* Magda konnte es nicht glauben. *Steht jetzt fest, dass er nichts mehr mit mir zu tun haben will? Das hätte er doch sagen können!*

„Edgar", flüsterte sie, „bitte tu mir das nicht an. Wenn es stimmt, dass das Ende ist, so sag es. Du weißt, ich mag kein Rätselraten. Lass mich bitte nicht hängen."

Wenn er anruft, solange ich noch Zeit habe, ein Taxi zu rufen um zum Bahnhof zu kommen, werde ich zu ihm gehen. Aber wie es scheint, ist die Ära Edgar unwiederbringlich vorbei. Ihre Augen starrten ins Leere. Gott hielt wohl seine Hände darüber um zu verhindern, dass sie tat, was er nicht wollte ... Die Eiswüste dehnte sich aus. *Wie es Wüsten an sich haben,* dachte sie. Trauriger Unmut ergriff von ihr Besitz. Sie nahm den Zettel, auf dem sie vorher die Reisedaten notiert hatte und zerknüllte ihn, um ihn wieder zu entfalten und zu glätten.

Schweren Herzens suchte sie Silkes Nummer heraus und wählte. *Warum habe ich Nanette das versprochen?,* fragte sie sich. *Aber sie hat recht. Ich brauche jemanden, mit dem ich reden und der die Lage ohne Ansehen der Person beurteilen kann. Sonst mache ich womöglich noch den größten Blödsinn meines Lebens ...*
Silke meldete sich. *Wenigstens ist sie zuhause,* dachte Magda und kniff die Augen zusammen. Als wollte sie sagen: Gott, was soll das? Ich will weg und brauche niemanden, der mich hier festhält.
Silke wunderte sich über ihren Anruf. Magda erzählte stockend, was geschehen war und fragte, ob sie vorbeikommen könne. „Zu dir kommen kann ich nicht. Oliver hat den Autoschlüssel mitgenommen."
„Das geht im Moment nicht", sagte Silke. „Jochen ist weggefahren. Wann er kommt, weiß ich nicht. Aber wenn er da ist, kann ich kommen."
Magda atmete durch. Silke hatte Zeit für sie, wenn es auch dahingestellt blieb, wann sie kommen würde. Und unter Umständen konnte sie ihr helfen.

Magda legte auf und dachte: *Oh Mann, mein Kopf fühlt sich an wie ein aufgeblasener Luftballon.* Sie stand auf und wanderte in der Wohnung umher. *Das ist wie ein Gefängnis: Zwar kann ich hier raus, aber das war's. Ohne Auto habe ich den Bewegungsradius einer Ameise. Und wo soll ich hingehen??? Ins Frauenhaus?* – Als sie im Schlafzimmer bei den Koffern ankam, blieb sie stehen. *Soll ich wieder auspacken?*

Das Gepäck stehen lassen will ich nicht. Nachher kommt Silke und nach ihr Oli und die Kinder. Vor allem Enrica will ich den Anblick ersparen! – Mit der Behäbigkeit eines Amtsschimmels machte sie sich daran, ihre Utensilien zurück in den Schrank zu räumen. Es tat gut, etwas zu tun zu haben und lenkte ab.

Nachdem die Gepäckstücke geleert waren, ließ Magda sie in ihre Ecke plumpsen und trottete weiter. In der Küche wischte sie seufzend die Quarkspeise vom Boden auf und beseitigte die Glassplitter der Schüssel. Bei dem Sprung in der Fliese, den sie verursacht hatte, dachte sie: *Wie unsere Ehe – beide haben einen Sprung ... Und ich will nicht hier bleiben, ich will raus! Doch Gott hat wohl einen Riegel vorgeschoben.* Irgendwo im Hinterland ihres Herzens, spürte sie einen Hauch von Erleichterung, den sie sich nicht erklären konnte. War das die Antwort Gottes auf Enricas Gebet? – Was sollte sie Edgar sagen, falls er sich noch meldete? Auf der einen Seite wünschte sie nichts sehnlicher als das; auf der anderen Seite: Die Würfel waren gefallen.

Sie tigerte ins Wohnzimmer und setzte sich aufs Sofa. Auf dem Tisch lagen Zeitschriften und Bücher. Magda griff nach einer Zeitschrift und blätterte darin. Es kümmerte sie nicht, welcher Prominente gerade was machte, und die Witze versagten ebenfalls ihren Dienst. Viertel nach acht klingelte es, und Magda lief zur Sprechanlage.

Es war Silke, wie sie angenommen hatte. Sie drückte den Türöffner, machte die Wohnungstür auf und schlurfte zurück ins Wohnzimmer.

Nachdem Silke auf der Couch verschnauft hatte, erzählte Magda ihr die Geschichte in ihrer ganzen Breite, wie sie auf Edgar gestoßen war. „Weißt du, es ist wie eine Sucht. Ich kann dir gar nicht sagen, wie oft wir Schluss gemacht haben. Einer von uns beiden hat es nie ausgehalten, und es ging weiter ..." Sie knetete ihre Finger. „Und jetzt, wo ich ihn brauche, ruft er nicht zurück." Die Tränen kamen wieder. Magda suchte nach den Taschentüchern.

Silke blieb ruhig. Sie sprach mit Bedacht, betonte jedes Wort: „Du brauchst ihn?"

„Ja", brach es aus Magda heraus, und Weinen schüttelte sie. „Ich brauche ihn wie die Luft zum Atmen und weiß doch, dass es nicht sein darf. Ich sag mir ohne Unterlass, dass ich ihn eben nicht brauche. Aber es nützt nichts." Die Augen, mit denen sie Silke ansah, waren verquollen, und kein Taschentuch der Welt konnte etwas daran ändern.

„Was sagt Oliver zu der ganzen Sache?"

„Bis heute hab ich ihn bewundert, wie er damit umgegangen ist. Klar, hat er sich aufgeregt, das ist ja wohl normal. Ich kann ihm das nicht verdenken."

„Und geschlagen hat er dich all die Zeit nicht?"

„Nein! Es hätte mich nicht gewundert, wenn er's getan hätte. Und weil jetzt zehn Jahre her sind seit dem letzten Mal, dachte ich, wir hätten es geschafft. Das war wohl ein Satz mit X. – Soll ich das jetzt weiter aushalten?"

Silke stand auf und ging um den Wohnzimmertisch herum, um sich neben die Freundin zu setzen. Sie legte ihren Arm um das zitternde Bündel und strich ihr über den Rücken. „Und wie sieht dein Glaube im Moment aus?"

„Ich versuche, jeden Tag Stille Zeit zu machen, weil ich spüre, dass das meine einzige Verbindung zu Jesus ist. In der Gemeinde fühle ich mich außen vor, und die Predigten haben mir kaum mehr was zu sagen. Aber ich denke, wenn ich die Bibel lese und bete, gebe ich Gott die Möglichkeit zu mir zu reden. Meistens sagt mir das aber auch nichts, und ich bleibe in meiner Trostlosigkeit. Aber irgendwas drängt mich, ich weiß nicht was. Vielleicht brauche ich es, mein Herz vor ihm auszuschütten ..."

„Kriegt Oliver mit, dass du Stille Zeit machst?"

Magda drehte ihre Haare um den Finger und blickte zu Boden. „Ja, manchmal. Er macht er mich dann blöd an von wegen, warum ich noch Bibel lese und bete, wenn ich so einen Quatsch veranstalte."

„Und was sagst du dazu?"

„Nichts. Was soll ich sagen? Er versteht mich doch nicht." Sie schlug die Hände vors Gesicht, ein Schrei löste sich aus ihrer Seele: „Mein Gott!" Sie wunderte sich selbst über den Ausdruck. Aber sie konnte nicht anders. „Wenn er mich verstehen würde wie Edgar ...!"

„Magda, sag, könnt ihr eine Ehetherapie machen?"

Die Angesprochene richtete sich auf. „Wo denkst du hin? Mit Oliver doch nicht!"

„Ja, das dachte ich mir", sagte Silke langsam. „Männer meinen oft, dass sie das nicht brauchen." Nach einer Pause fuhr sie fort: „Versuchen würde ich's. Mehr als Nein sagen kann er nicht."

Magda sank das Herz. *Wie soll ich das, um alles in der Welt, anstellen?*

„Und wenn er Nein sagt", nahm Silke den Faden wieder auf, „dann kannst immer noch du eine Psychotherapie machen. Das will ich unterstreichen. Wenn Oliver nicht mitmacht, musst du für dich einen Weg finden, wie du mit dem Problem umgehen kannst."

„Psychotherapie ..." Magda malte mit dem Zeigefinger Strichmännchen auf ihre Jeans. „Du weißt, wie die Gemeinde darüber denkt, oder?"

„Du meinst, dass sie der Meinung sind, Psychologie sei des Teufels?"

„Ja, das wird uns immer erzählt, wenn die Sprache darauf kommt."

Silke wandte sich Magda vollends zu. „Weißt du: Ein Psychologe von Wert wird Deinen Glauben nicht niedermachen. Und am Anfang müsst ihr, sowohl der Therapeut als auch du, erst einmal sehen, ob ihr miteinander könnt. Die

Chemie muss stimmen zwischen euch. Und wenn er nichts von deinem Glauben hält, und das wirst du merken, kannst du immer noch sagen, dass das nichts für dich ist. Außerdem gibt es auch Psychologen, die Christen sind, ausgebildete Seelsorger."

„Ja, davon habe ich gehört. Nur: Wie finde ich einen? – So jemand wäre mir noch am liebsten."

„Ich weiß von Dr. Zeller in Friedrichshafen."

„Hmmm – Friedrichshafen – überm See drüben ... Da werd' ich 'ne Stunde brauchen, bis ich dort bin."

„Ja, das musst du dir überlegen, ob's Dir das wert ist."

„Müsste zu schaffen sein."

Edgar meldete sich den ganzen Abend nicht. Sein Schweigen hielt auch in den nächsten Wochen an. Für Magda war die Sache gegessen. Er hatte abgeschlossen. *Er hat das getan, was ich schon lange hätte tun sollen, und nie geschafft habe! Er ist besser als ich,* urteilte sie. *Welch ein Mensch! Wie ein Lamm, das alles mitmacht. Und jetzt ist er konsequent. Wie ich es sein sollte. – Magda, ist das dein Christsein!?*

***

Lieber Alex, ...

Konstanz, 14.09.03

es tut mir leid, dass ich mich wieder bei Dir auskotze. Aber im Moment steht mir das Wasser bis zum Hals. Magda hat sich mit diesem Edgar getroffen und nicht lange gefackelt, eine Nacht mit ihm zu verbringen. Und jetzt will sie noch eine Therapie machen. Diesmal eine Ehetherapie. Dabei geht es ihr nur darum, mich als Verbrecher hinzustellen und/oder sich ihre krummen Wege als gerade bescheinigen zu lassen.

Doch alles der Reihe nach:

Dieser Edgar hat sich manifestiert. Er wohnt weiters weg, deshalb dieser Telefonterror. Sonst würden sich die beiden unter Garantie öfter treffen. Bis jetzt weiß ich von einem Mal, dass sie sich getroffen haben. Da bin ich per Zufall dahintergekommen vor zwei Wochen. Magda hat klein beigegeben und zumindest dieses eine Mal zugegeben. Ob es noch andere Male gab, weiß ich nicht. Wenn sie zugibt, mit ihm geschlafen zu haben, wird es wohl stimmen. Und ich vermute, sie hat mich zumindest in Gedanken längst verlassen und braucht die Ehetherapie nur noch um später sagen zu können: Schaut her, es hat ja nichts gebracht.

Auf jeden Fall habe ich ganz cool reagiert, als dieser Typ Magda eine SMS schrieb, dass sie genau sein Geschmack sei. Diese SMS hab ich gefunden. (Nie hätte ich gedacht, dass ich die beiden einmal auf frischer Tat ertappe!) Und ich schrieb zurück, dass ich das auch finde und unterschrieb mit meinem Namen. Da hat sie geguckt, sag ich Dir! Das hättest Du sehen sollen.

Als sie mir erzählte, dass sie die Nacht mit ihm verbracht hat (wo sie mich am Abend vorher noch angelogen hat von wegen weggehen mit Ballettfreundinnen usw.), nagte das dermaßen an mir, dass wir abends Streit bekamen. Dazu kam, dass ich Schmerzen zum Davonlaufen in der Hüfte (zu denen im Kreuz, die mich ohnehin zur Genüge plagen) bekommen habe und der Arzt keine Ahnung hatte, was das sein soll. Er meinte, es wäre Arthritis und könne was mit meiner Pso zu tun haben und nahm Blut ab.

Auf jeden Fall jammerte sie mir an dem Abend was vor, wie leid es ihr tue und wagte es in der Tat, mich noch anzufassen, wo mir sowieso alles wehtat. Das provozierte mich so, dass mir die Hand ausrutschte. Ich gebe zu, das war richtig sch... von mir. Und es ist mir auch lange nicht mehr passiert. (Ich schrieb Dir mal von diversen Problemen in unserer Ehe. Und da schleppte Magda mich auch zu einer Psychologin. Du weißt es vielleicht noch: mit roten Haaren und so, und dass sie vom Glauben nichts hielt. Auf jeden Fall hatte ich mich seit dieser Zeit besser in der Gewalt, und es ist nicht mehr vorgekommen. Ist ja schon was, oder?)

Und jetzt will sie mich wieder so wohin schleppen! Aber da mach ich nicht mit. Da kann sie sich auf den Kopf stellen. Apropos Kopf: Nachdem mir da die Hand ausgerutscht ist, hat sie mir gedroht, mich zu verlassen. Ich nehme an, dass sie zu diesem Typen ziehen wollte. Aber das hat sie sich wohl aus dem Kopf geschlagen. Warum? Darüber schweigt die Höflichkeit der Dichterin.

Ach Alex, ich dachte, wir kämen nie in eine solche Situation, weil wir an Gott glauben. Dass Magda fremdgeht, hätte ich nie gedacht. Ja, ich habe sie geschlagen. Und das war Unrecht. Aber sie will mir nicht vergeben. Und das muss man doch. Oder? Als Christ sollte man vergeben! Und ich hab sie darum gebeten. Nur tut sie es nicht, so oft ich sie auch bitte und meine Schuld eingestehe. Wobei sie mich provoziert hat. Nur: Das sieht sie nicht. Und das macht mir zu schaffen.

Die ganze Sache macht mir so zu schaffen, dass meine Psoriasis wieder auflebt. Und die Schmerzen haben sich auf den Nackenbereich ausgebreitet. Zuerst dachte ich, es käme vom Bücken und Arbeiten an den Computern usw. Aber als es nicht wegging und zum Kreuz noch das Becken kam, ging ich doch zum Doc ... Jetzt kriege ich noch mehr Medikamente (Als ob es nicht genügt hätte ...!) Und ich vermute, dass meine Seelenverfassung zu der Verschlechterung der Gesundheit beiträgt.

Ach, Alex, es ist alles so eine Anstrengung. Und ich danke Dir, dass ich mich immer wieder bei Dir auskotzen darf. Schließlich kannst Du dich nicht wehren, was? Danke trotzdem für Dein Verständnis für mich, das Du mir signalisierst durch die persönlichen Zeilen, die Du an Deine Rundbriefe anhängst. Oder Deine Zusage, dass Du für uns betest. Mehr kannst Du nicht machen aus dieser Entfernung. Aber das bedeutet mir viel!

Jetzt habe ich einen Roman geschrieben, was? Aber ich fühle mich wie ein Häufchen Elend, sodass das sein musste.
Ich wünsche Dir/Euch für Eure Arbeit weiterhin viel Freude und Weisheit und Gottes Schutz für das Baby, das in Judy wächst. Es ist ein Wunder, dass Jesus Euch nach all den Jahren noch ein Kind schenkt, nicht wahr? – Das soll für mich das Zeichen sein, dass es für ihn keine Ausweglosigkeit gibt. Auch nicht in meiner Ehe, die so ein Schlamassel ist.

Herzliche Grüße

Oli

P. S. Und danke für Dein „Ohr"!

KAPITEL 14

„Lieber Edgar, ich wünsche Dir ein gutes Jahr 2004 und Gottes Segen. Magda." Sie legte das Handy zur Seite und schüttelte die Kissen auf. Ein halbes Jahr war es jetzt her, dass sie zu ihm ziehen wollte und Gott ihr einen Strich durch die Rechnung gemacht hatte. Sie wusste, es war gut so, doch die Sehnsucht hatte sich in ihr festgebissen wie eine Klette in einer Wolljacke. Es hatte kein Adieu gegeben, nur dieses Ende. Darüber kam sie kaum hinweg. Und jetzt, nach dem Jahreswechsel, war das Bedürfnis übermächtig geworden, ihm wenigstens ein gutes Neues Jahr zu wünschen.

Das Handy piepste: SMS. Ihr Herz blieb stehen. Er antwortete! „Liebe Magda, ich wünsche dir viel Erfolg im neuen Jahr. Edgar." – Erfolg? Wofür? Für ihren Haushalt? Die Kinder? Oliver??? Das Ballett? – Sie starrte auf das Display. *Liegt es daran, dass er mit Gottes Segen nichts anzufangen weiß, wenn er mir viel Erfolg wünscht? So ist es wohl, wenn man nicht an Gott glaubt ...* - Und sie ahnte, dass ihr Glaube sie mehr getrennt hätte, als sie dachte.

Sie antwortete nicht mehr auf die SMS. Das Ende ohne Adieu schwelte weiter in ihrem Herzen und bedrückte sie. Sie spürte, dass auch Edgar litt. Mehr, als er zum Ausdruck brachte. Magda erinnerte sich daran, wie er ihr einmal erzählt hatte, dass seine Kollegen nichts von den Schwierigkeiten in seiner Ehe mitbekommen hätten. Er habe ihnen nur erzählt, dass es ihm „nicht so auf dem Damm sei", als Yasmin ausgezogen war. *In welche Verlegeneit müssen Eheprobleme Männer bringen, dass sie alles in sich verschließen müssen? Frauen dagegen bequatschen das Nichtigste ...*

***

Osterurlaub 2004

Magda wälzte sich von einer Seite auf die andere. Diese Hotelbetten in Schottland waren nicht das Wahre. Dazu kam ihr Gemütszustand, der äußerst desolat war. Ihre Haut in Gesicht und Dekolleté war wund von innerer Zerrissenheit. Sie hatte zum x-ten Mal Schluss gemacht mit Edgar. Alles in ihr hungerte nach ihm. Und doch wusste sie, dass es nicht sein durfte. Sie setzte sich auf und legte sich wieder hin. Oliver neben ihr schien zu schlafen, und sie sprach ihn nicht an. Sie wollte ihre Ruhe. Die Musik des Pubs, in dem sie ihr Zimmer hatten, direkt vor ihrem Fenster, trug nicht dazu bei. Im Gegenteil: Es war ein Bild für ihren Seelenzustand – ein Höllenlärm, der Mark und Bein durchdrang. Nach einer Ewigkeit, wie sie den Eindruck hatte, schlief sie ein.

Sie befand sich auf der Düne eines Sandstrands. Hand in Hand mit Edgar lief sie zum Meer. Der Weg kam ihnen entgegen. Die Sonne brannte, und sie genossen das Kribbeln des Sandes zwischen ihren Zehen. Das Meer, gleich würden sie dort sein. Sie mussten nur noch den Dünengipfel überwinden. Sie liefen und liefen und merkten mit einem Mal, dass der Sand unter ihren Füßen wegrutschte. Sie hatten keinen Halt. Das Meer blieb unerreichbar. Die Hitze nahm überhand, und Durst begann sie zu plagen.

Sie wachte auf, ging auf Zehenspitzen ins Nebenzimmer um die Kinder und vor allem Oliver nicht zu wecken und trank ein paar Schluck Wasser. Ins Bett zurückgekehrt, lag sie ohne Bewegung, wie eine Mumie und dachte über den Traum nach. Gedanken des Kleinmuts begleiteten sie in den nächsten Traum.

Ein Irrgarten aus gestutzten Buchsbüschen überragte sie um mindestens einen halben Meter. Ihr Ziel war die Mitte des

Irrgartens. Dort war ein Rundhügel aufgeschichtet, von dem ein Höhlengang nach außen führte. Anfangs war sie mit Oliver hier unterwegs gewesen. Doch sie hatten sich verloren. Irgendwo musste Oliver sein. Aber wo? Sie rief und er antwortete. Sie fanden den Weg nicht zueinander. Sie suchte alle Wege, die sie sich vorstellen konnte. Jeder endete durch eine andere Hecke. Sie war dem Verzweifeln nah. Olivers Rufen hörte sie immer leiser.

Zu ihrer Verblüffung ertönte noch eine andere Stimme, eine Stimme, die sie kannte. Sie kam von dem Hügel. Sie hob ihren Blick zum Himmel. Da war sie, die Stimme. Dort drüben kam sie her: „Ich sehe dich, Magda. Mach' dir keine Sorgen. Ich bring' dich ans Ziel. Du musst jetzt rechts abbiegen und anschließend links. Dort wirst du Oliver treffen. Und dann lotse ich euch zu mir in die Mitte. Hab' keine Angst."

Sie tat, wie ihr geheißen. Sie traf Oliver, wie versprochen. Zusammen folgten sie den Anweisungen des Mannes in der Mitte des Irrgartens und erreichten ihr Ziel.

Wieder erwachte sie. Und sie dachte: *Wenn Jesus nicht durch diese Träume zu mir gesprochen hat ...* Über ihrem Nachdenken glitt sie in einen traumlosen Schlaf, dem Morgen entgegen.

Allerdings weckte sie in aller Frühe der Balzgesang zweier Auerhähne. Oliver hatte sie gestern schon darauf hingewiesen. Noch herrschte Dunkelheit. Oliver lag neben ihr und kratzte sich. Das ganze Bett wackelte und bewegte sich im Rhythmus seiner Bewegungen.

Oh Gott, schrie ihre Seele, *ich halte das nicht mehr aus. Wenn du willst, dass ich bei diesem Mann bleibe, brauche ich jetzt ein Wunder.*

Als ob Oliver ihr Schreien gehört hätte, setzte er sich und sagte: „Höchste Zeit, dass ich mein Spektiv nehme und gehe. Sonst kriege ich gerade noch den Abspann mit, wenn ich komme." Er stand auf, und Magda erkannte, dass er fertig angezogen war. Er drückte ihr einen Kuss ins Gesicht und verschwand.

Nun war sie allein mit ihren Gedanken, den Balzarien der Auerhähne, mit Gott.

„Gott, ich verstehe das nicht", flüsterte sie. „Wieso muss ich bei diesem Mann bleiben, dessen Gekratze mich um den Verstand bringt?"

Der Herr antwortete in ihre Gedanken hinein: „Ich will dir die Kraft geben."

„Herr, wie!???"

„Meine Kraft ist in den Schwachen mächtig."

Sie setzte sich auf. War es Realität, dass Jesus zu ihr gesprochen hatte? War so etwas möglich?

„Ich will meinen Geist in Euer Herz geben", antwortete die Stimme in ihr.

„Wahnsinn", sagte sie laut und schlug sich mit der Hand auf den Mund. Hatten die Kinder sie gehört? – Sie lauschte, doch sie vernahm nichts Verdächtiges. Magda atmete auf und knipste die Nachttischlampe an. Bei Licht betrachtet kam ihr das Zwiegespräch eben doch ein wenig merkwürdig vor. „Ich glaube, ich bin an einem Scheidepunkt angekommen."

Die nächsten Tage erwog sie in aller Gründlichkeit bei sich die Vor- und Nachteile, bei Oliver zu bleiben oder aufs Ganze zu gehen und zu Edgar zu ziehen. Sie stellte fest, dass sich beides die Waage hielt. Dabei machte sie sich klar, dass sie die Gegenwart Gottes nicht außer Acht lassen durfte. Und das war ohne Zweifel ein Pluspunkt für Oliver.

Magda seufzte, als sie sich eines Morgens dessen bewusst wurde. *Also gut, Gott,* sagte sie in Gedanken, *du hast mich rumgekriegt. Ich habe zwar keine Ahnung, wie das aussehen soll. Aber ich will bleiben.*

***

Zuhause angekommen, begriff sie, dass sie bei Oliver ohne Edgar eingehen würde wie eine Primel, sofern sie nicht auf sich achtete. Edgar hatte sie so oft aufgemuntert mit seinem „Hey", ihr immer wieder Mut zugesprochen, wenn sie keinen Ausweg sah. Oliver kannte nur Vorwürfe. So begann Magda eine Psychotherapie bei Dr. Zeller in Friedrichshafen. Zwar musste sie dazu jedes Mal über den See, aber sie spürte, dass seine Fürsorge ihr auf die Beine half. Sie hatte sogar das Gefühl, dass er für sie betete, wenn sie auf dem Heimweg war. Sie konnte es sich nicht erklären und traute sich erst viel später, ihn danach zu fragen. Dr. Zeller verneinte nicht.

Bei Dr. Zeller konnte sie weinen, ohne dass sie Angst haben musste, er würde sie missverstehen oder sie müsste sich zu irgendeiner Handlung veranlasst fühlen. Hier durfte sie ihren Tränen Freilauf lassen, sie hatten ihre Berechtigung, es gehörte dazu.

Zuhause war die Anspannung unverändert, die Sehnsucht nach Edgar ungebrochen und Olivers Argwohn gegenüber der Therapie noch derselbe. Hinzu kam seine Gesundheit, die sich weiter verschlechterte. Die Ärzte hatten ihre Diagnose auf Psoriasis Arthritis festgelegt.

Magda hängte sich ans Telefon. Die ganze Situation nahm ihr die Luft zum Atmen. Dr. Zeller verstand sie und machte ihr keine Vorwürfe, wenn sie bezüglich Edgar versagte. Aber sie merkte, dass sie es alleine nicht schaffte, einen Schlussstrich zu ihm zu ziehen. Sie brauchte Nanette. Wieder einmal. Wie oft war sie ihr eine Hilfe gewesen. Hatte doch auch sie ihre Erfahrungen ... Und es tat wohl, jemanden zu kennen, der wusste, wie es sich anfühlte.

„Magda, schreib ihm einen Brief, in dem du mit Nachdruck schreibst, dass du von nun an dich nicht mehr meldest und er unter keinen Umständen mehr in irgendeiner Weise bei dir auftauchen soll. Hörst du? Unter keinen Umständen! Sonst kriegst du keine Ruhe.“
„Aber Nanette, wie soll ich das machen? Das hab ich bis jetzt nie geschafft.“
„Mach‘ es, wie ich gesagt habe. Schreib‘ ihm: unter keinen Umständen, in keiner Art und Weise. Und ich will für dich beten.“
Magda dachte daran, wie Edgar immer wieder sagte: „Aber wenn du es nicht mehr aushältst, ruf‘ an?“ *Soll das alles vorbei sein?*
„Es muss, Magda, es muss“, sagte Nanette, als ob sie ihre Gedanken gehört hätte. „Ich bete für dich. Auf der Stelle.“

***

Lieber Edgar,

Konstanz, 18.07.04

jetzt habe ich mich ins Strandbad zurückgezogen an einen Ort, wo ich sowohl Sonne als auch Schatten habe. Meine Haut nimmt es mir übel, diese Zerreißprobe zwischen Dir und Oliver, sodass ich die Sonne nicht mehr genießen kann. Nicht nur die Luft ist wie Feuer. Es ist, als ob alles in mir und um mich herum brennt.

Ach, was rede ich um den heißen Brei herum. Edgar, es fällt mir unendlich schwer zu schreiben, was geschrieben werden muss. Aber ich habe keine andere Wahl.

In den letzten Wochen und Monaten wurde mir klar, dass ich so nicht weiterleben kann und darf. Ich bin es Dir und mir schuldig, und Oliver auch. Ich musste mich entscheiden und habe es getan.

Der Fairness halber will ich von vorne beginnen, damit Du meine Entscheidung nachvollziehen kannst. Ich vermute mal, dass Du es nicht glauben wirst, aber es ist so: Gott hat zu mir geredet auf verschiedene Weise. Er sprach teils zu mir im Traum, teils antwortete er ohne Umschweife auf meine Gebete. Sodass für mich kein Zweifel daran besteht, dass der Herr will, dass ich in dieser Ehe bleibe. Jesus verstand es sogar, mir Hoffnung zu machen, dass mit ihm an meiner Seite aus unserer Ehe noch etwas werden könne. Und ich habe keine Ahnung, wie das aussehen könnte. Aber allein die Tatsache, dass der, der mit dem Hauch seines Mundes Himmel und Erde aus dem Nichts erschaffen hat (die Bibel sagt: Er sprach, und es stand da), versprochen hat, bei mir zu sein, so will ich es ihm auch zutrauen, dass er in unserer Ehe noch Wunder tun kann. Ich kann mir vorstellen, dass das alles für Dich klingt wie böhmische Dörfer. Und glaub' mir, ich sitze mit Tränen hier unter diesem Baum (nur gut, dass ich mich in eine Ecke zurückgezogen habe, wo nicht viele Leute vorbeikommen!), während ich dies schreibe. Am liebsten würde ich sonst was tun als diese Zeilen zu schreiben. Aber es muss sein.

Und jetzt kommt das, was mir am allerschwersten fällt. Edgar, Du weißt selber, wie oft wir beide Schluss gemacht haben und es nicht gehalten hat. In diesem Punkt gleichen wir uns wie ein Ei dem anderen. Und mir stockt die Hand, wenn ich das schreibe: Bitte melde Dich unter keinen Umständen mehr bei mir. Ich verspreche Dir, dasselbe zu tun. Lieber Edgar, es zerreißt mir das Herz, das zu schreiben. Und ich wage nicht mir vorzustellen, wie es ist, Deine geliebte Stimme, die für mich die schönste der Welt ist, nie wieder zu hören, Dein „Hey", mit dem Du mich oft aufgemuntert hast. Dieses „Nie wieder", das ist das Schlimmste für mich. Wie mag es Dir erst gehen, wenn Du das hier liest? Ich wage nicht, es mir vorzustellen ...

Ich möchte Dir danken für all das, was Du mir geschenkt hast. Ich kann es nicht zählen. Es sind keine Dinge, aber alles, was ich im Herzen trage. Da ist die Nacht, die wir miteinander verbracht haben, die schönste meines Lebens. Da sind die Augen-Blicke, in denen sich unsere Seelen begegnet sind, und sei es nur am Telefon. Sie wiegen schwer für mich. Oh Edgar, es ist mir so schwer.

Vielleicht denkst Du jetzt: Laber nicht rum. Du hast geschrieben, dass Du Schluss machen willst, und nun tu es auch. Vielleicht denkst Du, jetzt sei jedes weitere Wort zu viel. Aber ich habe mir noch ein paar Gedanken gemacht, wie wir beide überleben könnten:
Wie Du von mir weißt – und ich weiß, Du bist aus gleichem Holz – kann ich es mir kaum vorstellen, ohne Deine geliebte Stimme zu leben. Vielleicht könnten wir es so halten: Wenn wir meinen, die Stimme des anderen zu brauchen und es keinen Weg drumherum gibt, dann ruf an, und ich werde Dir meine Stimme leihen. Sag kein Wort. Ich werde wissen, dass Du es bist, wie ich es immer gespürt habe, wenn Du anriefst. Ich werde „Hallo" sagen, bis Du Dich „sattgetrunken" hast und auflegst. Und andersrum werde ich es genauso machen. Wenn ich meine, Deine Stimme nicht entbehren zu können, werde ich Dich anrufen und keinen Ton sagen. Und ich möchte Dich bitten, mir ebenfalls Deine Stimme zu leihen.

Weiter sollst Du wissen, dass, wann immer ich den Mond am Himmel sehe, der Dich und mich bescheint, werde ich ein Gebet für Dich sprechen. Zwischen Dir und mir ist eine Riesenentfernung, aber den Mond sehen wir beide. Ich werde beten, dass Du Christus kennenlernst, denjenigen, der meinem Leben seinen tiefsten Sinn gibt, auch wenn ich eine Zeitlang aus dem falschen Brunnen getrunken habe. Das wirst Du jetzt vielleicht wieder nicht verstehen; aber wenn Du Ihn gefunden hast, wirst Du verstehen.

Ich gebe Dich hiermit frei für eine andere Frau, die Dich glücklicher macht, als ich es könnte, auch wenn sich alles in mir wehrt. Mögest Du sie finden. Du sollst wissen: Ich hätte Dich heiraten mögen.

Leb wohl, mein Schatz.
Magda

***

Magda hatte den Brief gleich aufgegeben, damit sie nicht in Versuchung käme, ihn doch nicht abzuschicken. Drei Tage später war sie nachmittags auf der Bank um Kontoauszüge abzuholen. Als sie den Stapel aus dem Automaten ließ, fuhr ein Stich in ihre Seele. Und sie wusste: *Jetzt hat er es gelesen.* Sie spürte Edgars grenzenlose Verzweiflung und Enttäuschung, und dennoch legte sich Gottes Friede wie ein Mantel über sie. Vor Erstaunen schüttelte sie den Kopf und trat den Heimweg an. Der Friede hielt an, und sie verstand: Es war gut so.

***

Der Sommer war über den See gezogen, Touristenströme waren gekommen und gegangen wie Zugvögel. Jetzt war der Herbst da und mit ihm das Grau, das bis in Magdas Seele reichte. Sie fühlte die Leere ohne Edgar und wusste doch, dass sie richtig gehandelt hatte. Gott hatte diesen Frieden trotz allem Grau nicht von ihr genommen. *„Irre", würde Edgar sagen, wenn er das mitkriegen würde. – Irre auch, wie sich dieses Wort in meinem Sprachschatz verankert hat, wo ich es vorher nie benutzte …*

Diese Gedanken gingen ihr durch den Kopf, als sie mit der Wäsche die vier Stockwerke erklomm. Der Aufzug war ausgefallen. Er war eben auch nicht mehr der Jüngste. Beim letzten Treppenabsatz hörte sie schon das Telefon klingeln. Und immer noch war ihr erster Gedanke: *Edgar!* Bis jetzt hatte er geschwiegen. *Gott sei Dank.* Auch wenn sie seine Stimme nicht zu knapp vermisste und alles, was dazugehörte. Und auch sie hatte bis jetzt Stärke bewiesen. *Bis jetzt!*

Atemlos meldete sie sich. „Bender?"
Schweigen am anderen Ende.
„Hallo?"
Immer noch Schweigen.
Vor ihrem Brief an Edgar hätte sie jetzt mit einem Stirnrunzeln aufgelegt. Jetzt erinnerte sie sich an ihre Zeilen, hob den Kopf und fragte weiter: „Hallo?". Magda spürte, dass er es war; er musste es sein. Und sie wollte ihm gern ihre Stimme leihen. Sie war versucht, seinen Namen zu sagen, es drängte sie sehr dazu. Aber was, wenn jemand anderes dran war? Wenn ihr Gefühl sie trog? Nein, diese Gefahr wollte sie nicht eingehen. Nicht auszudenken, was wäre, wenn er ihr antwortete. Es würde alles von vorne beginnen. Und das wollte sie weder sich noch ihm antun.
Nach dem zehnten „Hallo" legte er auf. Magda lehnte sich gegen die Wand und schloss die Augen.

Magda war froh, das gemeistert zu haben. Ihre Sehnsucht nach Edgar war nach wie vor da. Aber sie konnte sich in Arbeit und Ballett stürzen, und die Kinder hielten sie auf Trab. Der Anruf ging ihr nicht aus dem Kopf, doch sie wollte sich diese Option nur offenhalten für dann, wenn es nicht mehr anders ging. Drei Wochen später war auch sie soweit.

Magda wählte Edgars Nummer. Noch immer kannte sie sie auswendig. Und er war da! „Scholl?", hörte sie wie gewohnt seine Stimme, die sie aufsog wie ein trockener Schwamm das Wasser. Auch er lieh ihr seine Stimme. Sie dankte ihm ohne Worte und zitterte am ganzen Körper. Sie dachte: *Wenn du jetzt nur meinen Namen sagst, bin ich erledigt. Dann kann ich für nichts mehr garantieren.* Doch er hielt durch, und sie liebte ihn dafür.
Edgars Stimme erfüllte sie. Sehnsucht gestillt. Und doch war es, als wenn ein Fass angestochen wäre. Ihre Gefühle und Gedanken kreisten mehr denn je um Edgar. Gottes Friede war noch da, ja. Aber sie spürte, dass es ihr nicht gut tat, was sie getan hatte.

Edgar rief noch einige Male bei ihr an um ihre Stimme zu hören. Einmal hörte sie Musik wie in einem Restaurant im Hintergrund. Sie lieh ihm jedes Mal ihre Stimme. Aber sie rief ihn nicht wieder an. Sie wollte nicht weiter in ihrer Sehnsucht gefangen sein.

***

Schnee in den Herzen

Beim Mittagessen war die Sehnsucht wieder gekommen. Die Kinder standen schon vom Tisch auf, Magda hatte noch ihr Glas leerzutrinken. Ein Bild drängte sich ihr auf: Eine Menschenmenge und Edgar in einiger Entfernung. Komischerweise überragte er alle, obwohl er doch gar nicht besonders groß war. Ihre Blicke trafen sich, und es zog sie zueinander. – Diese Augen: Sie würde sie niemals vergessen!
Dann war die Sehnsucht über sie hergefallen, sodass ihr die Tränen kamen.

Sie raffte sich auf, stürzte sich in die Arbeit, räumte auf, putzte alle Zimmer. Die Kinder weigerten sich zu helfen und wollten wissen, was in sie gefahren war. „Die Festtage", sagte Magda, „bis dahin will ich alles fertig haben. Und schaut mal, wie eure Zimmer aussehen! Als ob eine Bombe eingeschlagen hätte ...!"
„Warum müsst ihr Erwachsenen am Jahresende immer alles geleckt haben. Das check' ich nicht!" sagte Gedeon, der sich seit Neuestem darin übte, cool zu sein. „Mama, du bist auf hundertachtzig! Komm' runter!"

Da flippte sie aus. Sie schrie ihn an, bis ihr die Stimme wegblieb. Danach ging sie einkaufen um sich abzureagieren. Sie rannte durch den Ort, als wenn ein Rudel Wölfe hinter ihr her wäre.

Magda atmete schwer. Die ganze Sache wuchs ihr über den Kopf.
Mechanisch verstaute sie das Eingekaufte – Milch in den Kühlschrank, Blumen in die Vase. Ja, ich bin wieder unten, dachte sie, und ich muss mich bei den Kindern entschuldigen. Sie strich eine Strähne, die ihr über die Brille gefallen war, weg.

Oliver kam von der Arbeit nach Hause. Er nahm sie in die Arme.

„Wie geht es Dir?" fragte er.

Sie zuckte die Schultern. „Na, wie schon?"

Sie roch seinen Schweiß und die Salbe, deren Geruch zu ihm gehörte wie die Schuppenflechte. Oliver roch so, seit sie ihn kannte.

Sie schluckte, versuchte ihre Gedanken zu bezwingen, und doch dachte sie: Wie das stinkt! Er stinkt – er kann nichts dafür – aber es ist so. – In der Anfangszeit nahm sie das nicht so wahr oder bemühte sich zumindest, es nicht zu beachten. Aber damals liebte sie Oliver auch und er sie; und es war noch alles ... Wir haben uns geliebt, das war das Wichtigste.

Oliver wandte sich um und ging duschen. – Diesen Gestank kriegst du auch nach hundert Jahren duschen nicht ab, dachte sie.

„Gestriegelt und gebügelt", wie sie es nannte, kam er aus dem Bad. Leider bringt die schönste Schönheit nichts, wenn man stinkt und seine Frau schlägt, ging es ihr durch den Kopf. Sie sah die Geringschätzung, die sie Oliver entgegenbrachte. Und doch war es ihr unmöglich, etwas dagegen zu tun.

Magda merkte, dass es ihm leid tat, wie er sie oft behandelte und dass er alles wieder gut machen wollte. Aber es bessert sich nicht, dachte sie. Ihre eigene Erfahrung und auch die anderer geschlagener Frauen bezeugten das. Vor der Hochzeit hatte sie Gott zugetraut, dass aus ihrer Ehe etwas Gutes werden könnte, auch wenn das Wetterleuchten am Horizont sie ängstigte. Sie dachte, die Schuppenflechte würde vielleicht besser werden, so, wie damals, als Oliver zum Glauben kam. Sie wollte ihre Zuversicht auf den Herrn setzen, dass er Oliver ändern konnte, sodass er sie nicht mehr schlug. Auch wenn es ihr schwerfiel, nach siebzehn Jahren Ehe und der Gewalt, die darin stattfand.

Als er sie an sich drückte, schnappte sie nach Luft.
„Was ist?" fragte er.
„Ach nichts. Ich krieg nur schlecht Luft."
„Du machst mir Sorgen, Motte", sagte er.
Magda fügte nichts hinzu. Motte ...! Sie schluckte.

Abends im Bett kam er zu ihr. Sie rang nach Atem.
„Hast du Asthma?" Er ließ von ihr und versuchte, seine Befürchtungen kleinzuhalten. Da aus Magda nichts weiter herauszubekommen war, machte er bedrückt das Licht aus und legte sich schlafen.
Diese Luftnot wird doch nicht psychisch sein, dachte sie. Dann betete sie: Gott, bitte gib mir Liebe für diesen Mann. In mir ist keine Liebe, nur Enge. Mir fehlt die Freiheit, ihn und die Kinder zu lieben und anzunehmen wie sie sind. Und selbst bin ich auch nicht besser. Ich lass' mich mit einem andern Mann ein und schrei die Kinder an, die dafür gar nichts können. Steh mir bitte bei, allein schaff' ich das nicht. Und hilf mir, von Edgar loszukommen.

Als sie die Augen öffnete, schien der Vollmond durchs Fenster. Sehnsucht überwältigte sie, und Magda ließ ihren Tränen freien Lauf. Ein Glück, dass Nacht ist, dachte sie. Doch sie dachte nicht daran, dass Oliver sie in seiner Besorgnis beobachtete. Ihm fiel das Glitzern auf ihren Wangen auf. „Motte, du weinst ja. Hast du Schmerzen?"
Magda schüttelte stumm den Kopf.
Wieder Edgar, dachte Oliver und drehte sich ärgerlich um.

Magda griff sich an die Stirn und fuhr mit den Fingern durch ihr Haar. Ja, die Sache mit Edgar und die Situation hier zuhause bedrückte sie, und doch merkte sie, wie ihre Atemzüge sich mit der Zeit beruhigten. Dieses Gebet hab ich gebraucht, dachte sie. Sie wusste: Es galt zu lernen, Oliver wieder lieben *zu lernen. Sonst würde sie es in dieser Ehe nicht mehr aushalten. Nicht nach Edgar.*

Nun drehte auch sie sich um und versuchte einzuschlafen. Edgar drängte sich ihr erneut in den Sinn. Sie spürte seine Sehnsucht. Er wartete darauf, dass sie sich wenigstens zu den Feiertagen meldete. Ihr Herz klopfte heftig. – Meine Gedanken müssen ihre Richtung ändern. Zitiert nicht Herr Zeller auch immer wieder den Bibelvers, wo es heißt, dass wir uns verändern sollen durch die Erneuerung unseres Sinnes? Sie stand leise auf um Oliver nicht zu wecken und tastete nach ihrer Brille. – Mist, jetzt ist sie runtergefallen! Sie lauschte. – Oliver atmete tief und ruhig. – Als sie das Gestell gefunden hatte, schlich sie ins Wohnzimmer um zu lesen. Sie würde sich nicht melden bei Edgar.

Sie hatte ein paar Zeilen gelesen, als Oliver in der Tür stand. „Was ist denn mit dir los???"
Magdas Gedanken waren Aufruhr und Rebellion. Jetzt steht er schon wieder da!!! Kaum wage ich aufzustehen, muss er mich gleich wieder ins Bett holen! Ich halt' das nicht aus! –An der Oberfläche bewahrte sie Ruhe. Nur nicht wieder Streit! Sonst bahnt sich die nächste Katastrophe an. Sie holte Atem. Besinn dich, Mädchen. Nicht aufmüpfig werden. Sonst wachen die Kinder auf, und dann hast du den Salat. Sie zögerte etwas und antwortete leichthin: „Ach, ich konnte nicht schlafen und dachte, ich lese noch ein bisschen."
„Was, mitten in der Nacht? Und nachher kommst du wieder ins Bett gepoltert? Nee, Mädchen, da mach' ich nicht mit. Morgen muss ich um sieben fit und auf dem Weg zu meinen Kunden sein. Neenee, komm mit, damit ich schlafen kann!"

Magda trottete hinter ihrem Mann her.
„Was du immer hast! Mitten in der Nacht Bücher lesen!"

Nun lag sie an seiner Seite und fragte sich: Wie lange noch???
– In ihrer Verzweiflung drückte sie das Gesicht ins Kopfkissen
um nicht loszuschreien. Als sie sich einigermaßen beruhigt
hatte, hörte sie Olivers regelmäßige Atemzüge neben sich. Er
schläft! So bekomme ich morgen früh schon keine Vorhaltun-
gen, dass er nicht schlafen konnte. Ihre Gedanken verflochten
sich ineinander, und sie merkte, wie auch bei ihr allmählich
der Schlaf gewann ...

***

Das Schrillen des Weckers riss sie aus ihren Träumen. Olivers
Bettdecke flog ihr ins Gesicht und nahm ihr für einen Moment
den Atem. Sie stank nach Oliver. Seine Schuppen fielen auf
sie herunter wie Schnee auf eine gefrorene Wiese. Er stand
auf und machte das Deckenlicht an. Erschrocken fuhr Magda
hoch.
„Wawa, was ist los?" murmelte sie. Ihr Herz raste.
„Was los ist? – Wenn du mir den Nachtschlaf raubst, werde
ich dich doch am Morgen wecken dürfen! Ich darf mich abar-
beiten, während du mit den Kindern spielst!"

Sie machte das Frühstück für sich und ihn, versuchte, das
Gute zu sehen. Man bringt mehr zustande, wenn der Tag früh
beginnt.
Als sie sich gegenüber saßen, gähnte er. „Kannst allein zu
Viktors Geburtstag gehen heute Abend. Ich brauche Schlaf.
Vor allem, wenn man in der Nacht vorher kein Auge zugetan
hat!"
„Okay", sagte sie und bemühte sich um Gelassenheit, „dann
geh' ich allein zu meinem Bruder. Unter Druck setzen lasse
ich mich von dir nicht."

„Bis nachher", rief Magda ins Wohnzimmer, wo sie Oliver
wähnte, als sie zu Viktor aufbrach. Als sie zum Auto kam,

fand sie Oliver am Steuer vor. Sie verstand die Welt nicht mehr. „Wie??? Kommst du doch mit?"

„Kommt darauf an."

„Ja … aber worauf denn?"

„Das sage ich dir unterwegs. Los, steig ein!"

Als sie neben ihm saß, jagte er Richtung Autobahn.

„Aber, wo fahren wir hin?"

„Wenn du mich diese Nacht schlafen lässt, fahren wir zu Viktor. Ansonsten suche ich die Richtung aus."

„Dada …, das kann nicht die Wahrheit sein! Glaubst du allen Ernstes, dass ich dich mit Absicht aufwecke?"

„Ja. Und jetzt sag mir, dass du mich diese Nacht schlafen lässt!"

„Das kann ich nicht. Wenn ich nicht schlafen kann, ziehe ich es vor aufzustehen, als mich stundenlang von einer Seite auf die andere zu wälzen."

„Du wirst mich schlafen lassen! Außerdem hast du noch fünfhundert Meter um dich zu entscheiden", hielt er ihr vor.

Eine Weile schwiegen sie. „Noch dreihundert Meter, dann fahr ich auf die Autobahn nach Stuttgart. Dann kann Viktor Wurzeln schlagen, wenn er auf dich wartet."

Die Stille verbarrikadierte sich zwischen ihnen. Magda dachte: Ich träum das nur, oder? Andererseits, überlegte sie, wirft das wieder das richtige Licht auf Oliver. Meine Familie kennt ihn ja schon ein bisschen. Und trotzdem: Ich muss Viktor vorwarnen, dass wir nicht kommen!

Als ob Oliver ihre Gedanken erraten hätte, befahl er: „Los, gib das Handy her, dass du keine Dummheiten machst. Außerdem ist deine Bedenkzeit zu Ende. Hier ist die Autobahn, falls du es noch nicht gemerkt hast."

Magdas Lippen bebten vor Hass und Abscheu. Doch er sah es nicht. Sein Blick klebte auf der Fahrbahn. Ohne ein Wort reichte sie ihm das Telefon, und er steckte es in die Jackentasche.

Rechte Tasche, registrierte Magda. Gut! So kann ich es wieder rausziehen. Das war das Einzige, was sie erfasste. Alles andere in ihrem Kopf war totales Chaos.

Oliver beeilte sich, ein Maximum an Entfernung zwischen sich und Konstanz zu bringen. Vor einer halben Stunde waren sie in Litzelstetten aufgebrochen.

„Bis zur nächsten Ausfahrt sind es etwa zwanzig Kilometer. Dann könnte ich wenden. Soll ich? Du weißt, was mich zum Umdrehen bewegen würde!" Frost kroch in Magda hoch. Ihr Körper versteifte sich, und sie presste die Lippen aufeinander.

Oliver donnerte an Rottweil vorbei. „So, liebe Magda, bis zur nächsten Ausfahrt sind es noch fünfzehn Kilometer."

Du wiederholst dich, ging es ihr durch den Kopf.

„Aber ob ich da rausfahre, kann ich dir nicht sagen. Das kommt auf dich an."

Mach, was du willst, dachte sie. *Machst du sowieso.*

Magda schloss die Augen, nachdem Oliver auch an der nächsten Ausfahrt vorbeigerauscht war. *Ich kann eh nichts ändern. Was wohl als Nächstes kommt? Nur um Viktor tut es mir leid.*

Eine plötzliche Kurve und das Abbremsen des Autos ließ sie die Lider wieder heben.

„Was soll das jetzt?" entfuhr es ihr.

„Da guckst du, was?"

„Wo sind wir überhaupt?" Sie schaute sich um. Dunkel hüllte den Parkplatz ein. Angst wollte sich ihrer bemächtigen. *Will er etwa ...??? Ihr Mann? Oliver?*

„Keine Ahnung, wo wir genau sind. Irgendwo zwischen Horb und Herrenberg, wenn dir das was sagt.

Ihre Angst stellte sich als Irrtum heraus. Oliver musste austreten. Während er sich erleichterte, fingerte sie nach dem

Handy, das Oliver im Lauf des Gesprächs in die Mittelkonsole gelegt hatte, weil es ihn in der Tasche störte. Sie erklärte Viktor in einer Abgeklärtheit, die sie selber erstaunte, dass sie nicht kämen. „Ich kann dir jetzt nicht sagen, warum. Später ..." Sie flüsterte mehr als sie sprach. Als sie Oliver zum Auto zurückkehren sah, legte sie ohne Gruß auf. Das bekümmerte sie, aber sie musste sich um sich selber kümmern. Wer wusste, was sie erwartete!?

Magda zitterte an Leib und Seele, als Oliver zu ihr ins Auto stieg, und das nicht nur wegen des Winters.
Es folgte ein Gespräch, das sich zog wie Kaugummi; und es ging um Edgar, Ballett und über die Notwendigkeit der Psychotherapie. Sie gewann die Gewissheit, dass Oliver ihr verbieten wollte, fachkundigen Rat in Anspruch zu nehmen. Sie dachte an ihre Verzweiflung über die Endgültigkeit des Bruchs mit Edgar vor einem halben Jahr. Damals ist meine Seele gestorben, dachte sie. Ihre Wutausbrüche gegenüber den Kindern standen ihr vor Augen.

„Ich werde dir das Geld für den Quacksalber nicht mehr geben." Seine Worte holten sie zurück in die Dunkelheit des Autos.
„Du hast doch keine Ahnung." Sie machte eine Denkpause. Danach fuhr sie fort: „Dann werde ich das Geld dafür selber verdienen. Darauf verzichten kann ich nicht."
„Ach, und warum, bitteschön?"
„Weil ich deine Erniedrigungen nicht mehr ertragen kann!" In ihren Augen brannte es, aber sie riss sich zusammen. Nur nicht losheulen!
„Och du armes, kleines Magdalenchen. Ich tue Buße in Sack und Asche."
„Jetzt reicht's!", schrie sie. „Du weißt, dass ich nicht das arme, kleine Magdalenchen bin. Für dich schon gar nicht!"

„Und ausziehen willst du wohl auch, wenn du eine Stelle suchst."

Magda wog den Kopf hin und her. In ihr war Eiseskälte. „Kann sein." Unabhängigkeit könnte ihr nützen. Sie dachte einen Moment nach, „Ich weiß nicht, was dich an einer Psychotherapie stört. Aber ich finde, du kannst das nicht beurteilen, wenn du es nicht einmal selber gesehen hast."

„Hm, stimmt eigentlich."

Olivers Antwort erstaunte Magda. Vielleicht gibt es doch Hoffnung? Obwohl ich ein Vakuum an Lust dazu habe! Aber vielleicht mache ich mir später schlimme Vorwürfe, wenn ich nicht mein Möglichstes versucht habe. Und so wagte sie sich noch ein Stückchen vor. „Wir könnten eine Ehetherapie machen. Dr. Zeller hat das mal angeregt."

Nun begehrte Oliver auf. „Ehetherapie! Tssshe ... dass ich nicht lache. Du bist diejenige, die eine Ehetherapie braucht. Ich nicht!"

Genauso habe ich es mir vorgestellt, dachte Magda. Sie wusste nicht, ob sie lachen oder weinen sollte. Doch sie hatte getan, was sie konnte, war sogar darüber hinausgegangen. „Okay", setzte sie an, „wenn für dich der Erhalt deiner Ehe keine Rolle spielt, brauche ich mich nicht beirren zu lassen. Entweder du kommst bei meinem nächsten Termin mit, oder ich ziehe aus."

Das saß. Selbst, als sie nach unendlichen Diskussionsrunden heimfuhren, rotierten Olivers Gedanken weiter. Es kann sein, dass Magda auszieht. Um Himmels willen! Magda zieht aus. Aber es ist doch noch gar nicht soweit. Trotzdem: Sie will ausziehen. Und die Kinder? Wie soll ich das schaffen? Magda zieht aus ... – Er war in seinen Gedanken gefangen und merkte nicht, wie er sich den Leitplanken näherte. Das Auto scheuerte kreischend daran entlang. Funken sprühten! Dann war es still.

***

Gespräche

Oliver trat an das Krankenhausbett und sah die Blässe in Magdas Gesicht. Sie tat ihm leid, wie sie da lag mit ihrem gebrochenen Bein. Magdas Oberschenkel war gebrochen, knapp über dem Knie. Es tat ihm leid, dass er der Verursacher war. Der große Bruch beschäftigte ihn; nicht nur der an Magdas Bein, auch der zwischen ihnen beiden. – Sollte ich der Verursacher auch dieses Bruchs sein?, überlegte er. – Er schob die Gedanken von sich. Magda war diejenige, die sich mit Edgar eingelassen hatte. Alles andere kam danach. – Auf Ehr' und Gewissen?, fragte eine Stimme in seinem Kopf. Gab es nicht schon früher Risse in eurer Beziehung, sodass Magda Hilfe bei der Familienberatungsstelle suchte? – Dies alles ging ihm durch den Sinn, als er an Magdas Bett trat. Sekundengedanken, wie dieser Unfall in Sekunden-Bruch-Teilen, den er, Gott sei Dank, glimpflich überstanden hatte, im Gegensatz zu seiner Frau.

„Hallo", murmelte er, als er das Bett erreichte.
„Hallo", erwiderte sie.
Er konnte ihre Mimik nicht deuten. „Wie geht es dir?" Er fühlte sich wie ein Dummkopf.
Sie zuckte die Achseln. „Wie soll's gehen?"
„Hast recht." Was sollte er sagen? „Gut, dass du allein im Zimmer bist."
„Ja", sagte sie.
Nach einer Weile brachte er hervor: „Was ich noch sagen wollte, ..."
„Ja?"
„Ich habe über unser Gespräch gestern nachgedacht, bevor das alles passiert ist."
„Ja?"

„Du machst es mir nicht leicht, Magda. – Ich denke, ich werde bei deinem nächsten Termin mitgehen. Ich muss dich sowieso fahren mit dem Bein ..."

Du machst es mir auch nicht gerade leicht, dachte Magda, sagte aber nichts um keinen Anlass für den nächsten Krieg zu geben. Mit Bedacht fragte sie: „Wie kommt's?"

Oliver hob die Schultern. „Einfach so."

„Diese Antwort sagt alles und nichts."

„Tja, so isses. Ich wollte sehen, was das ist, wo du hingehst."

Nun war es Magda, die die Mimik ihres Mannes nicht deuten konnte.

***

Februar 2005

Es war Wirklichkeit geworden: Oliver hatte Magda zu Dr. Zeller begleitet, was in eine Ehetherapie mündete. Magda konnte es kaum glauben, wenn sie darüber nachdachte. Es war kein Kinderspiel. Weder die Therapie war es, noch das alles an sich heranzulassen. Und Olivers Art brachte sie von Zeit zu Zeit zur Weißglut. Aber er war eingestiegen! Und das war ein Hoffnungszeichen. Wenn es nicht fruchtete, konnte sie immer noch gehen. Aber sie wollte zumindest versuchen, an ihrer Ehe zu arbeiten.

Heute Abend war es wieder soweit. Oliver rief sie aus dem Auto an: „Hallo, Magda, bin auf dem Heimweg. Es klappt, dass ich pünktlich bin. Kommst du gleich vors Haus, damit wir weiterfahren können?"

„Ja, ich will's versuchen. Ich schreibe noch diese Mail an Nanette fertig, und dann komm ich."

„Okay, bis dann."

Es dauerte länger als gedacht. Und als Oliver klingelte, schrieb sie gerade die letzten Zeilen. Sie schaute auf die Uhr: Es war sechs. Das musste Oliver sein. Und sie stand nicht unten auf der Straße. Sie rollte die Augen, schob die Mail zu den Entwürfen und fuhr den Computer herunter. Dann schaute sie an sich hinab. – Es war ein Unding, mit diesem Pulli aus dem Haus zu gehen. Sie nahm die Krücken, um sich in Windeseile umzuziehen. Mit den Stöcken war sie schneller, als wenn sie unter Zeitdruck durch die Gegend humpelte.

Da hörte sie Olivers Schlüssel im Türschloss.„Wo bleibst du denn? Du wolltest doch unten stehen!", knurrte er. „So sind wir nicht auf Zeit da. Das kannst du dir abschminken."

„Ich muss mir noch fix einen anderen Pullover anziehen", rief sie aus dem Schlafzimmer. Au weia – Schminken! Ich hab noch nicht in den Spiegel geguckt! – Ach was: Ich schau mir's im Auto an. Gut, dass der Spiegel dort beleuchtet ist ... – Hab ich alles? – Sie fühlte in den Jackentaschen. Das Schminkzeug fehlte. – Egal. Wenn was verschmiert ist, wisch' ich's mit einem Tempo weg.

„Wieso sagst du nichts? Ich rede mit dir!" Oliver holte sie aus ihren Gedanken. Er kam aus dem Wohnzimmer.

„Wawa... was sagst du?" Ihr Blick flackerte.

„Wir kommen zu spähät! Wir fahren eine gute Stunde nach Friedrichshafen! Die Fähre ist raus, und wenn du so weitermachst, können wir der nächsten auch noch hinterhergucken! Und um den See fahren wollte ich eigentlich nicht bei dem Verkehr."

Magda schwieg. Innerlich zog sie ihren Kopf ein und ärgerte sich. Gerne hätte sie die Zeit zurückgedreht. Aber das ging wohl schlecht. Was sollte sie dazu sagen?

„Und gebügelt hast du auch nicht. Was soll ich morgen anziehen?"

„Tut mir leid, ich kann's nicht ändern. Mein Bein tat so weh heute, dass ich lieber Dinge machte, bei denen ich nicht ste-

hen muss." Sie hinkte zur Tür. „Tschüss, ihr Süßen", rief sie im Gehen und zog die Wohnungstür hinter sich zu.

Sie fuhren und schwiegen. In Magdas Kopf herrschte Leere. *Wieso immer diese Hektik bei mir?* Sie atmete tief.
„Kannst du mir jetzt bitte sagen, was ich morgen anziehen soll?" Aus Olivers Stimme sprach Angriffslust. „Seit vier Tagen sage ich dir, dass ich frische Hemden brauche!"
„Jetzt mach mich halt fertig. Du hast noch fünf Hemden im Schrank. Dass ich Schmerzen habe, ist dir egal."
„Nein, ist es nicht. Man kann auch im Sitzen bügeln. Meine Mutter tat das auch."
„Ich bin aber nicht deine Mutter."
„Aber du könntest dir ein Beispiel an ihr nehmen."
Wieso muss er mir immer vorschreiben, wie ich was zu machen habe!?, fragte sie sich. *Es ist besser, nichts mehr dazu zu sagen.*

Olivers Hände krampften sich ums Lenkrad. Er runzelte die Stirn und starrte auf die Straße. *Wieso kann sie nicht auf mich hören? Wieso kann sie nicht ein Mal etwas anders machen, als sie es immer getan hat!?* – „Okay, die fünf Hemden", presste er hervor, „das sind alles Hemden, die ich nicht anziehe."
„Aber wieso das?"
„Das eine zieh ich nur zum Vögel Beobachten an, bei Eiseskälte. Das andere kannst du gleich wegtun. Da friert's mich, wenn's kalt ist, und wenn's warm ist, schwitz' ich drin."
„Welches denn?"
„Das Regenbogenhemd."
„Echt? – Und ich fragte mich die ganze Zeit, wieso du das nie anziehst. Es ist doch hautverträglich!"
„Apropos hautverträglich: Die andern drei kannst du auch wegtun. Die vertrage ich überhaupt nicht."
„Und wie soll ich das wissen, wenn du's nicht sagst?"

„Das hab ich dir gesagt. Aber du willst es nicht hören, scheint mir."

„Ich werde auch den Teufel tun und deine Hemden wegräumen. Das musst du selber machen. Riechen kann ich das nicht."

„Aber zuhören!"

Dr. Zeller empfing sie wie immer mit einem Lächeln. „Na, wie geht es Ihnen? Hat sich was geändert seit dem letzten Mal? Oder gibt es etwas, was Sie besprechen möchten?"

Oliver lehnte sich in seinem Korbsessel zurück und wartete darauf, dass Magda etwas zur aktuellen Lage sagte. Diese saß auf der Sofakante. Nein, diesmal sag ich nichts! Diesmal soll er anfangen. Immer bin ich die Böse, die ihn anklagt. Das will er doch! Sie verschränkte die Arme vor der Brust.

„Nun?" Dr. Zeller sah mit Wohlwollen von einem zum anderen.

Schließlich konnte Magda das Schweigen ihres Mannes nicht länger ertragen: „Heute hatte ich ziemliche Schmerzen im Bein. So tat ich lieber Dinge, bei denen ich nicht stehen musste."

„Sie schrieb Mails!", warf Oliver ein und kratzte sich am Hinterkopf.

„Als ob das nichts wäre!", fuhr sie ihn an. „Das muss auch sein. Und im Sitzen kann ich nicht bügeln. Sehen sie, und jetzt bekomme ich Vorwürfe. Und das nur, weil ich nicht gebügelt habe, wie er es wollte."

Dr. Zeller stützte sein Kinn mit der Hand ab und sah sie beide über die Brillengläser hinweg an. Sein Aussehen riss Magda nicht gerade vom Hocker, und sie hatte Schwierigkeiten, sein Alter zu bestimmen. Sie schätzte ihn auf gute zehn Jahre älter als sich. Und Oliver atmete auf, dass es keine Frau war, die ihnen gegenübersaß. Dr. Zellers Haare waren kurz und von viel Grau durchsetzt. In Oliver weckte dieses Aussehen mehr

Vertrauen als das der rothaarigen Zicke. Mit Dr. Zeller konnte man von Mann zu Mann reden.

„Nun, sehen wir uns das Problem mal aus der Nähe an", begann Dr. Zeller, „was macht Ihnen an dem Ganzen am meisten zu schaffen?"
Magda zögerte. „Dass mein Mann kein Verständnis für mich zu haben scheint."
„Ich denke, das Problem ist, dass sie nicht bereit ist, meine Ratschläge anzunehmen", schaltete Oliver sich ein. Er wollte schon fortfahren, als Dr. Zeller ihn unterbrach: „Moment! Erst gehen wir die Sache mit Ihrer Frau durch und dann mit Ihnen. Es kann sein, dass Sie beide nicht dieselbe Schwierigkeit haben, oder? Deshalb ist es von Vorteil, wenn wir jede Seite für sich betrachten. Und da Ihre Frau den Anfang gemacht hat ..."

Dr. Zeller schaffte es nicht, sich beide Seiten anzuhören. Magdas Gedanken gingen von einem Ansatzpunkt zum nächsten. Alles hing miteinander zusammen, oft brauchte sie Zeit zum Nachdenken oder Oliver fiel ihr ins Wort, ergänzte, widersprach ... Dr. Zeller hatte Mühe damit, die diversen Themenknäuel, die auftauchten, zu entwirren. Und er versprach am Ende der Sitzung, dass Oliver das nächste Mal als Erster drankäme. Er gab ihnen noch ein Kärtchen mit, mit dem sie „Reden üben" konnten. Immer, wenn sie einen Gordischen Knoten zu lösen hätten, ganz gleich, in welchem Bereich, und die Gefahr bestand, dass sie aneinander vorbeiredeten, sollten sie es hervorholen und zwischen sich stellen. Es war ein DIN-A-5-Blatt, in der Mitte gefaltet. Auf einer Seite stand „Zuhörer", auf der anderen Seite „Sprecher". Der Sprecher sollte das Wort „Ich" gebrauchen und nicht dem anderen sagen, was ihm Probleme machte. Er sollte eine konkrete Situation schildern und beim Thema bleiben. Der Zuhörer sollte so zuhören, dass er in der Lage wäre, das, was der andere gesagt hat, in kurzen Worten widerzugeben. Wenn er das getan hat, sollte der andere ihm sagen, ob er ihn verstanden hatte. Im Anschluss sollten Fragen geklärt werden, und der Zuhörer sollte dem Sprecher noch eine positive Rückmeldung geben. Dann könne man die Rollen tauschen.

Es war für beide keine Kleinigkeit, sich daran zu halten. Das sprachen sie bei ihrem nächsten Termin bei Dr. Zeller an, was ihnen prompt eine Übung bescherte.
Es blieb nicht bei der einen Übung mit dem Kärtchen. Und sie übten auch hauptsächlich in Dr. Zellers Praxis. Zuhause war so viel überlagert mit Einerlei; und sie mussten sich anstrengen, die eingefahrenen Gleise zu verlassen. Doch sie kamen weiter alle drei Wochen nach Friedrichshafen und nahmen ihren Termin wahr. Und komischerweise war Oliver es, der darauf achtete, dass diese Termine eingehalten wurden. Magda wunderte sich, und manchmal, wenn sie darüber nachdachte, spielte ein kleines Lächeln um ihre Mundwinkel.

***

Magda musste raus, sonst bekäme sie noch einen Koller. Mit dem Fahrrad ging es nicht, weil ihr Bein noch schmerzte. Aber wenn sie zuhause blieb, würde sie demnächst eine Dummheit machen. Sie schnappte ihr Handy und ging runter zum Wasser. Der See lag in stumpfem Blaugrüngrau vor ihr, ein Abbild ihrer Seele, samt dem Nebel, der über ihr hing.

Sie zog das Handy aus der Tasche und tippte ein paar Zahlen ein. „Nanette?"
„Magda! Deine Stimme ist mein Ohrenschmaus!"
„Du, ich muss mit dir reden. Ich bin jetzt rausgegangen, weil ich für nichts mehr garantieren kann."
„Hast du wieder Stress mit Oliver?"

„Nee, Oliver ist okay gerade. Und trotzdem überfällt mich die Sehnsucht nach Edgar, dass ich kaum Luft bekomme. Heute Nachmittag kämpfe ich besonders."

„Ach du, ich drück dich. Und wenn ich das weiß, bete ich jetzt gleich für dich."

„Vielen, vielen Dank, Nanette. Damit tust du mir einen Riesengefallen!"

„Kein Problem, das mach ich gern. Ich weiß, auch du bestürmst den Himmel. Du kannst Gott regelrecht die Tür einrennen mit deinem Problem, das weißt du, oder?"

„Es hilft mir, wenn du mich daran erinnerst." Magda grinste schräg in den Hörer.

„Ihm fällst du nie zur Last. Er freut sich, wenn du angerannt kommst."

„Wie ein Kind, das sich die Knie aufgeschrammt hat, was?"

„Genau! Er will verbinden, hat er gesagt. In der Bibel steht, dass er unser Arzt ist und uns tröstet wie eine Mutter. Ist das nicht wunderbar?"

„Doch!", sagte Magda.

„Und jetzt geb ich dir noch einen Tipp, wenn dich die Gedanken an Edgar einholen. Es gibt einen Bibelvers, den du dir immer wieder ins Gedächtnis rufen kannst. Es ist eine meiner Lieblings-Bibelstellen. In 2. Korinther 10,4 und 5 steht, dass wir im Gebet Gedanken gefangen nehmen können unter den Gehorsam Christi. Ich weiß nicht, ob du dir darunter etwas vorstellen kannst. Aber ich mach das oft, wenn mir solche Gedanken kommen – dann renne ich zu Jesus und sage: ‚Herr, du siehst, welcher Blödsinn mir durchs Hirn fliegt. Ich nehme sie hiermit gefangen unter deinen Gehorsam. Mach du damit, was du für richtig hältst."

„Und das funktioniert?"

„Das funktioniert! Es ist keine Formel. Aber wenn du ohne Falsch zu ihm kommst und ihm alles vor die Füße knallst in deiner Hilflosigkeit, wird er dir helfen. Er hat noch keins seiner Kinder im Stich gelassen, wenn sie aus ganzem Herzen zu ihm riefen. – *Ja, manchmal haben wir harte* Nüsse *zu knack-en. Aber selbst da steht er uns zur Seite, auch wenn wir ihn weder hören, spüren oder sehen."*

„Oh, Nanette, das war jetzt eine Labsal. Wie gut ist es, dich zu haben."

„Aber du hast doch noch Cordula, oder?"

„Irgendwie habe ich den Eindruck, dass du mich besser ver-stehst als sie."

„Wie gut kann dich erst Gott verstehen!"

„Das stimmt! Du, hab nochmals tausend Dank für das Ge-spräch!"

Nachdem Magda aufgelegt hatte, machte sie sich auf den Rückweg zum Dorf. Sie hatte damit gerechnet, dass es schwie-rig würde, aber dass sie nur mit Ach und Krach den Berg hoch-käme, hatte sie sich nicht vorgestellt. Ihr Bein brannte wie Feuer. Sie dankte Gott, dass die Kinder schon eine Weile ohne sie auskommen konnten und sie mal raus konnte, ohne sich ein Gewissen machen zu müssen. Jetzt spürte sie auch noch ein dringendes Bedürfnis! Und sie musste noch durchs Dorf, und das mit ihren Schmerzen. Die Erschöpfung, der Dorn im Fleisch und der Druck auf der Blase verstärkten ihren unsi-cheren Schritt. Sie atmete auf, als sie ihren Wohnblock er-reicht hatte. Doch, als ob der Beschwernisse noch nicht genug wären, stockte ihr hier erneut der Atem. Vor dem Haus parkte ein Auto, das aussah wie das von Edgar. Während sie näher kam, sah sie das Westerwälder Kennzeichen – Wirges. Ihre Augen weiteten sich, ihr Inneres wallte ihm entgegen; doch ihr platzte gleich die Blase. Sie konnte keine Sekunde mehr warten. „Oh Gott", flüsterte sie, „kann das sein?" Edgar hatte sie gesehen und schaltete das Licht ein und gleich wieder aus. Er hatte sie gesehen! Und sie konnte nicht! Sie konnte sich doch nicht hinter sein Auto setzen, geschweige denn ihm er-klären … Wenn sie es auf die Toilette schaffen wollte, durfte sie keinen Umweg riskieren. Was blieb ihr? Sie konnte nichts weiter, als zu tun, als hätte sie ihn nicht gesehen. Doch wie sollte sie das hinkriegen? In ihrer Verzweiflung sah sie an Edgars Auto vorbei, als wäre es nicht da. Beim Vorüberhumpeln starb sie schier vor Anspannung. Ballett war nichts dagegen! – Oh Gott, du siehst ..., stöhnte ihre Seele, bitte bring mich wenigstens heil hoch.

Sie schaffte es. Doch auf der Toilette war es mit der Beherrschung vorbei. Sie verriegelte die Tür, und während sie saß, weinte sie wie ein Klageweib. Es brachte nichts, wenn sie sich beeilte. Sie wusste: Edgar wäre längst weggefahren. Ihr Herz schmerzte bis zum Hals. Es schüttelte sie vor Schluchzen. Wie gern wäre sie zu ihm ins Auto gestiegen, hätte ihn umarmt und geküsst. Es wäre gewesen wie immer, wie in jener Nacht ... – Und dann???, ließ sich eine altbekannte Stimme in ihrem Innern vernehmen. Was dann? – Sie musste zugeben: Es wäre tatsächlich geworden wie in jener Nacht. Und danach wäre der Kater gekommen.

Ihre graublauen Augen schauten stumpf und leer in den Spiegel. Sie erinnerten Magda an die Oberfläche des Bodensees vorhin, als sie mit Nanette telefonierte. Sie fühlte sich tot. Ein Lied begann in ihr zu singen: „Ich bin mit Christus gestorben und begraben in seinen Tod ..." – War darin nicht auch von der Auferstehung die Rede? Doch wie sollte sie aus dieser Leichenstarre auferstehen, wenn sie sich so tot fühlte? So furchtbar tot? Fast musste sie lächeln. Toter als tot geht nicht. Und Christus war „richtig tot", bevor er auferstand, das war Fakt. Und wenn es für den Körper eine Auferstehung gab, gab es für sie vielleicht noch Hoffnung in dieser Situation, auch wenn es sich nicht so anfühlte.

Sie spürte Gottes Frieden wieder. Wie ein Seidentuch legte es sich auf ihre wunde Seele. Der Herr will verbinden, kam es ihr in den Sinn. Sie erkannte, wie Jesus selbst die Funktionen

ihres Körpers gebrauchte um sie auf seinem Weg zu halten.
Und ein weiteres Lied stieg in ihr auf:

> *„Seht, der ganzen Schöpfung Mächte*
> *Setzt Gott ein für seine Knechte,*
> *Dass er auf den Weg sie brächte,*
> *Auf dem er sie haben will.*
> *Und er ruft mit Donnergrollen*
> *Die sich widersetzen wollen,*
> *Dass sie ihm gehorchen sollen.*
> *Und das Meer wird wieder still."* [1]

***

---

[1] „Seht, der ganzen Schöpfung Mächte"
Text: Eckart zur Nieden
Melodie: Johannes Nitsch
© 1987 SCM Hänssler, 71087 Holzgerlingen

„Nun, wie geht es heute? Gibt es etwas Aktuelles, oder sollen wir dort weitermachen, wo wir das letzte Mal aufgehört haben?" Mit gewohnter Freundlichkeit bot Dr. Zeller Magda und Oliver Platz an. Beide schwiegen wie ein Grab. Magda hatte etwas auf dem Herzen, aber sie wollte nicht mit der Tür ins Haus fallen. Gestern beim Mittagessen hatte sie eine grausige Entdeckung gemacht ...

Da keiner der beiden etwas sagte, fragte Dr. Zeller, ob sie denn an ihrer Ehe festhalten wollten. Wie aus der Pistole geschossen, antwortete Oliver: „Ja, natürlich."
Für Magda war es eine delikate Frage. Sie zögerte, als die Blicke der beiden Männer auf ihr ruhten. Nach und nach setzte sie Wort an Wort: „Im Grunde, ja. Aber wenn die Gewalt kein Ende nimmt, will ich das nicht mehr."
Kein Mucks war zu hören.
„Haben Sie ein aktuelles Ereignis?", erkundigte sich Dr. Zeller.
Magda schluckte, sie spürte ihr Herz klopfen. Oliver lehnte sich zurück. „Gestern, beim Mittagessen ... Sie müssen wissen, mein Mann ... Wir essen am Abend warm. Also aß ich mit unseren beiden Jüngeren allein zu Mittag. Der Ärmel unseres Sohns rutschte hoch, und ich sah einen dunklen Fleck über seinem Handgelenk. Es sah aus, als ob er sich verbrannt hätte. Er verneinte, wollte mir aber um keinen Preis sagen, woher er das hätte. Hingefallen war er nicht, und gerauft hatte er sich auch mit niemandem. Mir ließ die Sache keine Ruhe, und als ich ihn gestern Abend ins Bett brachte, fragte ich ihn noch mal. Er wollte sich mir entwinden, doch ich hielt ihn fest. Am Ende meinte er: ,Papa hat mich getreten, weil ich nicht für ihn zur Post gehen woll-

te.'" Magda beugte sich vor und rieb sich die Stirn. Wieder herrschte Stille.

Dr. Zeller sah auf die Uhr. „Wir können das Thema heute natürlich nicht erschöpfend behandeln. Aber ich kann Ihnen anbieten, Herr Bender, dass Sie bei mir eine Therapie wegen Gewalt machen können, wenn Sie es denn wollen. Können Sie mir schon sagen, ob Sie mein Angebot annehmen möchten, oder brauchen Sie noch Zeit?
Irre, dachte Magda, *das geht ja ratz-fatz!*
Oliver verschränkte die Arme vor seiner Brust. „Nee, kann ich nicht."

Sie machten noch eine Übung mit dem Kärtchen, bis die Zeit um war. Dr. Zeller wies sie am Schluss noch einmal darauf hin: „Auf jeden Fall sollten Sie, wenn Sie mit dem Kärtchen üben, sich vor einem Gespräch klarmachen, *wer* hier etwas mitzuteilen hat. Dies ist der Sprecher. Und der Sprecher ist es, der das Kärtchen umdrehen darf. Der Zuhörer muss sich entschließen, seine Gedanken und Gefühle zurückzustellen um des Zieles willen. Nämlich genau das, was der andere gesagt hat, zu verstehen. Verstehen zu wollen. Dazu braucht es einen Entschluss."

Sie vereinbaren einen Folgetermin. „Herr Bender, wenn Sie die Therapie bei mir machen wollen, kommen Sie an diesem Tag allein. Ansonsten können wir es als Ehetherapie weiterlaufen lassen."
„Ääh ..." Magda fiel ein, dass sie zu diesem Zeitpunkt in Reha war.
„Das ist kein Problem", sagte Dr. Zeller, „dann lasse ich das im Kalender stehen für Ihre Therapie wegen Gewalt, Herr Bender. Wenn Sie mein Angebot nicht annehmen, sollten Sie mich anrufen, damit ich den Termin jemand anderem

geben kann. Sonst muss ich Ihnen die Zeit in Rechnung stellen."

Der Heimweg verlief in Schweigen. – Als sie fast über den See waren, hielt es Magda nicht länger aus. „Und?", fragte sie. „Wirst du es annehmen?"
Oliver zuckte die Achseln.
„Was hindert dich, das Angebot ..."
„Lass mich in Ruhe. Ich will jetzt nicht drüber reden!", fauchte er.
Magda verfiel ins Grübeln, keiner sagte mehr ein Wort. Zuhause angekommen, drängte Oliver ins Bett: „Magda, es ist spät, halb zehn; und ich bin totschlagkaputt. Meine Haut ist eine Katastrophe, und mir tut alles weh. Gehen wir schlafen!" Ihr war nicht nach Schlafen, aber sie hatte absolut keine Lust, jetzt noch mit Oliver rumzuzoffen. Deshalb tat sie, wie ihr geheißen, auch wenn die Kinder die Küche wieder auf Hochglanz gebracht hatten ... *Dazu ist morgen noch Zeit,* sagte sie sich, *und außerdem ist meine Reha in Sicht. Da kann ich ins Bett gehen, wann ich es will!*

***

Endlich war er da, der Tag der Abreise zur Reha. Nach Bad Urach auf der Schwäbischen Alb sollte es gehen. Sie wusste zwar, dass es dort einen Traum von Wasserfall gab; ob die Rehaklinik dort was taugte oder nicht – darüber tappte sie im Dunkeln. Sie hoffte, dass dies kein schlechtes Zeichen war.
Oliver hatte angeboten, sie zu fahren. Die Kinder waren in der Schule. Von ihnen hatte sie sich am Morgen verabschiedet. Über Olivers Angebot freute sie sich, so musste sie sich keine Gedanken um Bahnfahrt und Gepäck machen.

Magda wollte die Fahrt nutzen um mit Oliver nochmals über die Therapie zu reden, die Dr. Zeller angeboten hatte. Und vielleicht ergab sich daraus auch ein Gespräch mit Tiefgang? Doch die Bedingungen für eine solche Unterhaltung waren nicht die besten. Oliver behauptete, dass sie viel zu lang gebraucht hätte, bis sie endlich losgekommen wären. Deshalb versuchte sie die Wogen zu glätten, indem sie nicht auf seine Meckereien einging. Das forderte ihn erst recht heraus. „Nun sag was", ereiferte er sich, „es geht schließlich darum, dass wir immer zu spät wegkommen, weil du nicht in die Pötte kommst!"

„Erstens", begann Magda, „gehst nicht du in Reha, sondern ich. Zweitens: Hast du Dr. Zellers Worte noch im Ohr, wir sollten Wörter wie ‚immer' und ‚nie' vermeiden? Und drittens hab ich heute Morgen die Betten für euch überzogen und nicht für mich!" Der Gedanke daran, wie Olivers Bett nach diesen drei Wochen aussehen würde, wenn sie es nicht getan hätte, schüttelte sie.

Eine Weile fuhren sie schweigend dahin. Magda sah zum Fenster hinaus und ertappte sich, dass sie bei sämtlichen Erhellungen in der Landschaft den Bodensee im Kopf hatte. *Fehlt er mir jetzt schon? Was wird das werden?* – Nachdem sie eine Zeitlang so da saß, hatte sie den Eindruck, sie könne es wagen, das Thema Therapie anzusprechen. „Hast du dir schon überlegt, ob du auf Dr. Zellers Angebot eingehen willst?", fragte sie leichthin.

„Ja, hab ich."

„Und?"

„Erstens mag ich es nicht, wenn du mit konstanter Bosheit bohrst; und zweitens habe ich nicht die Absicht, es dir zu sagen."

„Aber ..." Sie schluckte. Darauf fiel ihr nichts mehr ein. *Es geht um unsere Ehe!,* hätte sie ihn am liebsten angeschrien. Aber sie zügelte sich und brachte schließlich heraus: „Ich finde das unfair, was du da abziehst."

„Warum?"

„Es gefällt dir wohl, mich in der Luft hängen zu lassen."

„Kann sein."

Mit der Zeit kam ihr die Galle hoch. Doch sie durfte sich nicht davon beeinflussen lassen, sonst wäre wohl alles verloren. Trotzdem konnte sie es nicht lassen, ihn darauf aufmerksam zu machen, dass er bei Dr. Zeller anrief, falls er nicht hingehen wollte.

„Das werde ich dann schon tun, keine Sorge", maulte er.

„Aber jetzt sag mal: Was hindert dich daran, das Angebot anzunehmen? Es fällt dir doch in keinster Weise ein Zacken aus der Krone!"

„Glaubst du! Meinst du, es verschönert meinen Tag, an den Pranger gestellt zu werden? Und jetzt Schluss damit!"

Das Thema regte ihn anscheinend sehr auf, denn er fuhr mit einer Geschwindigkeit, dass Magda es mit der Angst zu tun bekam. Bei jeder Kurve schlotterten ihr die Knie, doch sie wollte sich nichts anmerken lassen. *Wenn es nur nicht wieder einen Unfall gibt!,* dachte sie. Sie spannte die Muskeln in den Beinen an, was das Zittern noch verstärkte. Also versuchte sie sich zu entspannen und gab sich der Fahrt hin. Plötzlich schimpfte Oliver los: „Was glaubst du eigentlich, wer das alles waschen soll, die ganze Dreckwäsche?"

„Lieber Oliver", sagte sie sanft wie ein Lamm, „ihr seid vier Leute zuhause. Du bist ein erwachsener Mann, Abby ist sechzehn, und die zwei Kleinen haben jeweils zwei gesunde Hände. Das kriegt ihr schon hin."

„Du hättest es gestern abziehen und waschen können!"

„Hätte ich, aber hab ich nicht!"

„Du machst dir in dieser Reha einen schönen Lenz, und wir dürfen gucken, wie wir zurande kommen. Als wenn das mit Krankengymnastik nicht gegangen wäre."

„Nun mach' mal'n Punkt, Oli! Ich weiß nicht, was dir über die Leber gelaufen ist, dass du mich so behandelst!"

„Tssse, mir über die Leber gelaufen! Du spinnst. Bildest dir wohl ein, dass ich dich gleich noch umbringe, oder was!?"

Mein Gott, hat er meine Gedanken gelesen?! Jetzt nur nicht austicken! Immer mit der Ruhe, Magda! Sie schöpfte Atem und antwortete so ruhig sie konnte: „Wie kommst du denn darauf?"

„Das merkt man doch. Du tust, als ob ich einen Mord begangen hätte. Erzählst Dr. Zeller, dass ich dich misshandle, und jetzt willst du mich noch zwingen, diese Therapie zu machen, dass ich wieder „normal" werde!"

„Ich zwing dich gar nicht. Außerdem ..."

„Doch, tust du!"

Herr, steh mir bei. Wenn das nur kein Unglück gibt! Ich halt das nicht mehr aus mit diesem Mann!, dachte sie. *Anstatt den rettenden Strohhalm zu ergreifen oder mir wenigstens reinen Wein einzuschenken, kann er nichts anderes, als Vorwürfe machen. – Mir fällt ein Stein vom Herzen, wenn wir in Bad Urach sind!*

Bad Urach – 5 km, las sie. *Das geht ja noch. Nur noch fünf Kilometer! Dann hab ich den Kotzbrocken los. Ich will ihn nicht mehr sehen, ich hab's so satt!*

Oliver parkte vor der Tür der Rehaklinik. Magda stieg aus und öffnete den Kofferraum. Oliver blieb sitzen und kratzte sich. Sie stellte das Gepäck auf den Gehweg und humpelte zu den Gepäckwagen. Oliver stieg dann doch aus und half ihr, die Koffer und Taschen auf das Gefährt zu hieven.

„Brauchst mich nicht hinein zu begleiten", sagte sie. „Das schaffe ich auch noch. Und mach dir nicht die Mühe, mich zu besuchen. Ich will dich gar nicht sehen. Es reicht!" Ihre Stimme war schockgefrostet.

Oliver stutzte und zischte: „Okay", setzte sich ins Auto und fuhr ab.

Sie sah dem Wagen nach. In ihrem Kopf gähnte Leere. Sie wusste nicht mehr, was sie denken sollte. Es war das erste Mal, dass sie Oliver sagte, sie wolle ihn nicht sehen.

***

Oliver war heute früher nach Hause gefahren um Überstunden abzubauen. Fünf Nebeltage hatte er gebraucht zu verdauen, dass Magda ihn abserviert hatte. Er musste raus. Nachdenken. Es war Balsam auf seine Seele, dass heute die Sonne da war. – Nachdem er jedes der Kinder herbeizitiert hatte, damit sie ihr Geschirr der letzten drei Tage in die Spülmaschine räumten, packte er seinen Rucksack. Eine Wohltat, dass die Kinder nachher alle bis zum Abend bei Freunden waren. Er würde zur Alt-Bodman fahren und dort Vögel beobachten. Die Burg war ein Schatz. Den Schlupfwinkel im Wald und die Aussicht, die man dort hatte, liebte er.

Oliver betrat die Ruine durch das kleine Spitzbogenburgtor und gelangte nach einem Schlenker über die Treppenstufen zum Eingang des Wohnturms. Ein verwunschenes Märchenschloss, das die Pflanzen mehr und mehr überwucherten. Am Anfang, als Magda und er sich erst kurz kannten, waren sie das erste Mal hier hochgegangen. Für ihn war es damals wie ein Vermächtnis, als Magda ihn hierherführte. Die Umfassungsmauern waren zum Teil noch erhalten, und zwei Wehrtürme säumten den Verlauf des Berings. Um den Wohnturm herum im Osten führten Steintreppen hinauf zu einem Aussichtspunkt auf der Nordostecke des Turms, den er nun erklomm. Einen Hauch über dem Niveau der Baumwipfel sah er den Überlinger Teil des Bodensees.

Oliver setzte sich auf einen Felsblock und ließ den Blick über die Landschaft schweifen. Er konnte es immer noch nicht fassen, dass seine Frau ihn nicht mehr sehen wollte! Sein Leben war ihm entglitten, wie ein Kiesel aus der Hand. Dass Magda ihre Gesinnung von Grund auf geändert hatte, fraß ihn auf. - Er rieb sich die Schuppen aus dem Gesicht. *Und die Kinder!* – Sie begannen ihr eigenes Programm auszustrahlen, und er war als Vater nur noch wenig gefragt. *Wenig wert?* – Er spürte die Kälte der Mauer in seinem Rücken. – *Mit dem Rücken zur Wand ...*

Die Stille tat ihm gut. *Wie gut, dass heute kaum Leute unterwegs sind. Aber wundern tu ich mich trotzdem darüber bei dem blauen Himmel ... - Vielleicht liegt es daran, dass heute ein Arbeitstag ist. Und der Winter tut mit Sicherheit sein Übriges.*
Der Aufbau von Spektiv und Kamera aufs Stativ klappte gut. Das Metall erschien ihm heute besonders kalt. *Oder kommt es mir nur so vor, weil meine Seele friert?*, überlegte er. Der Ruf eines Steinadlers über ihm ließ ihn aufmerken. *Das ist mal was! Hast dich aus den Alpen verirrt?* – Er zog das Gerät heran um die Rarität festzuhalten. Sein Herz schlug im Laufschritt. Jetzt war er voll da. Der Adler schwebte über ihm, die Flügel weit ausgebreitet. Es war ein älterer Vogel. Das erkannte er am braunen Schwanz und den hellen Bändern darin. „Junge, Junge!", entfuhr es ihm. Seine Seele erhob sich.
Er dachte an den Adler in den Psalmen: „... der deinen Mund fröhlich macht und du wieder jung wirst wie ein Adler." Oliver fühlte sich wie ein Greis. Und von einem fröhlichen Mund konnte keine Rede sein. *Wie hat David das gemeint mit dem Jungwerden?*, überlegte er. *Ob er sich manchmal wie ein alter Mann fühlte, wie ich? – Wusste man damals, dass sich das Gefieder des Adlers in einem fort durcherneuert?* Er kratzte sich am Kopf und blieb an dem Vogel dran. Der erweiterte seine Kreise. Jetzt kam er tiefer. Er hatte wohl Beute entdeckt, an die er sich heranpirschen wollte, denn

er passte sich in Vollendung der Geländeform an. Dann war er verschwunden.

Oliver stellte die Gerätschaften zur Seite und grübelte. *Herr, kann ich nochmals jung werden? Kannst du meinen Mund wieder jubeln lassen, wie bei David? – Gott, wie geht das? Ob ich Antwort in der Bibel finde?* – Er kramte seine Senfkornbibel aus dem Rucksack. Gut, dass er die Bibelstelle kannte. Am Anfang, als er zum Glauben gekommen war, hatte er sämtliche Bibelverse, in denen Vögel vorkamen, auswendig gelernt. Es faszinierte ihn, wie das Buch von diesen Wonnegeschöpfen sprach.

Oliver staunte, wie lang der Psalm war. Er hatte ihn viel kürzer in Erinnerung. Es eilte nicht, und so machte er es sich bequem und fing laut an zu lesen: „Preise den HERRN, meine Seele, und all mein Inneres seinen heiligen Namen!" Na ja, zum Loben war ihm im Moment nicht. Aber er las weiter: „Preise den HERRN, meine Seele, und vergiss nicht alle seine Wohltaten." *Okay, Herr, du hast mich erwischt. Du willst also, dass ich mir überlege, was du mir bis jetzt Gutes getan hast. – Hmmm … Ob darin der Schlüssel für einen fröhlichen Mund liegt?*

„Dass ich Gott gefunden habe", murmelte er, „Ja, das war mein Glück. Das war das Erste, was er mir Gutes getan hat." *– Das Erste? Ist es nicht das Leben überhaupt?* – „Ja, dass ich am Leben bin, das war das Erste!"

Die Erinnerung holte ihn ein. Mutters Augen … *Welch ein Glück, sie gehabt zu haben, wenn es auch wie eine Seifenblase zerplatzte.*
„Mama! Danke, Herr, für Mama, wenn ich sie auch nur flüchtig erleben durfte." *Welche Aufmunterung wäre es für mich, wenn ich mich noch mal mit ihr unterhalten könnte.* Er spür-

te, sie fehlte ihm immer noch. Nicht mehr so existenziell wie am Anfang, als er sie verloren hatte. Und dennoch … *Sie hatte für alles Verständnis. Nach ihrem Tod kam Merle.* Er erinnerte sich an den Besuch, den er mit Vater bei ihr gemacht hatte, vor ihrem Tod. *Ja, auch für sie kannst du Gott danken. Torsten und ich kosteten sie viel Schweiß und vielleicht auch manchmal Tränen. Und sie war immer da. Eine Frau der Güte.*

„Danke auch für Merle", brummelte er.

Er hing weiter seinen Gedanken nach, wofür er Jesus noch danke sagen konnte. *Magda? – Ja, ich weiß, Gott, am Anfang war mein Herz voll Dankbarkeit für sie. Ich dachte, sie sei eine deiner Wohltaten. Und heute? Hat sie sich nicht als Kukucksei erwiesen? – Wie konnte ich mich so täuschen in ihr?*

„Sie regt mich auf bis dorthinaus, Jesus. Vor allem mit ihrem Gezicke wegen dieser Therapie. Soll ich mich in der Tat an den Pranger stellen lassen? Oder ist es noch dieser Edgar, der sie so sein lässt?" In seiner Stimme klang Unlust, und er rieb sich wieder das Gesicht.

Stille.

Herr???

Ein Gedanke schlich sich in sein Herz: *Was wäre, wenn du anfängst, mir für sie zu danken?*

Oliver rutschte auf dem Stein hin und her. „Herr, warst du das? Oder hab ich mir das nur eingebildet?", flüsterte er.

Stille umgab ihn. Die Spatzen in den Bäumen schienen zu schlafen.

Die Worte krochen aus seinem Mund: „Herr, auch wenn ich das alles nicht verstehe: Ich dank dir jetzt einfach mal für diese Frau. Ich liebe sie. Und sie??? – Doch, ich will dir für sie danken. Ich will!"

Er las weiter: „Der da vergibt alle deine Sünde, der da heilt alle deine Krankheiten." *Ja, die Krankheit … Sie hat sich sehr gebessert, seit ich dich kenne, auch wenn ich Schmerzen habe, Gott. Was würde ich ohne dich tun?* Ein Gefühl tiefer Dankbarkeit durchflutete ihn.

Und was stand da noch? „Der da vergibt alle deine Sünde ...“ Diesmal standen ihm die Situationen vor Augen, in denen er Magda geschlagen hatte. Und Gedeon. Er merkte, dass es nicht um sie ging, um ihr Fehlverhalten. Das hatten sie zu verantworten. Es ging um seine Sünde. *Aber Gott, das, was Magda getan hat, ist viel schlimmer! –*

Wirklich? Ist eine Sünde schlimmer als die andere? Er dachte an die Anfangszeit seines Glaubens zurück. Alex hatte ihm gesagt: Sünde ist Trennung von Gott. Und jede Sünde hat den Tod verdient. Deshalb musste Jesus sterben. Eine Lüge trennt genauso vom Herrn wie ein Mord – oder Ehebruch.

„Jesus, du hast mir vergeben. Das weiß ich. Bitte hilf mir, nicht ständig zu unterscheiden, was schlimmer ist. Lass mich sehen, dass du auch Magda vergeben hast“, flüsterte er. Dann sagte er laut, wie um seinen Worten Nachdruck zu verleihen: „Und danke, dass du mir vergeben hast. Meine Krankheit hast du zwar nicht geheilt, aber sie ist viel besser geworden. Dafür danke ich dir!“ Leiser fügte er hinzu: „Ob es jemals ganz gut werden wird? Jesus, was meinst du?“

Die Nacht dämmerte herauf. Er schlug die Bibel zu um seine Federfreunde noch ein wenig beim Schlafengehen zu beobachten. Dann packte er seine Sachen zusammen.

Zuhause rief er die Rehaklinik an und ließ sich auf Magdas Zimmer verbinden. „Zimmer 213“, notierte er auf einem Zettel. *Wozu schreib ich das eigentlich auf, wenn sie mich nicht sehen will?*, fragte er sich. *Aber vielleicht telefoniert sie mit mir? Diesen Edgar wird sie hoffentlich nicht anrufen! Aber ich muss wissen, ob ich noch eine Chance bei ihr habe.*

Magda meldete sich: „Bender?“

„Hallo, ich bin's.“

Ihre Stimme, die gerade noch so voller Wärme war, gefror unter Null: „Hallo."

„Redest du noch mit mir?", fragte er.

„Wenn's sein muss. Was willst du?"

„Dich fragen, ob du mir vergeben kannst."

„Wollen tu ich es nicht. Und ob ich es kann, weiß ich nicht." Oliver schluckte. *Ist das die Frau, die mich mal geliebt hat?* Sein Herz raste, als er fragte: „Hast du mich gar nicht mehr lieb?"

„Nein."

Die Kälte griff nach seinem Herzen. Hatte dieser Edgar ihre Liebe bis auf die Grundmauern zerstört? Mit erstickter Stimme fragte er nach: „Wirklich? Gar – nicht – mehr?"

„Sagen wir mal: Nicht wie meinen Mann, vielleicht wie einen Bruder, und selbst das ...."

Er atmete durch. *Dann besteht noch ein Fünkchen Hoffnung. Dann will ich versuchen zu retten, was zu retten ist. Besser, ich lass' das Thema ruhen und bete dafür.* – So fragte er: „Und, wie ist deine Reha bis jetzt? Was machst du? Tut es dir gut?"

„Ich mache mir einen Lenz der Glückseligkeit."

„Ach, hör auf. Das war nur, weil alles wie ein Berg vor mir stand."

„Das hättest du auch sagen können, anstatt mir Vorwürfe zu machen."

„Tut mir leid", sagte er.

„Tut mir leid, tut mir leid. Mir *ist* es leid. Wie oft hast du das gesagt?" Oliver hörte, wie sie gähnte und dann auflegte. Er sah den Hörer an und begann sich zu kratzen. Wie zwischen Hammer und Amboss kam er sich vor. Noch drei Mal versuchte er es. Sie ging nicht mehr ans Telefon.

***

Cordula hatte Magda Claudia Hörsters Roman „Auf dünnem Eis" mitgegeben. Die Problematik, die darin behandelt wurde, glich der ihren: Eine verheiratete Christin verliebt sich in einen anderen Mann. Magda erhoffte sich vom Lesen eine Perspektive, wie sie mit der Sache umgehen konnte. Noch beherrschte Edgar ihr Denken und Fühlen, begleitete sie auf Schritt und Tritt. Seit sie in Bad Urach war, grinste sie das Telefon an und raunte ihr zu: „Ruf ihn an, ruf ihn an!" Würde das Buch sie nicht so fesseln, und hätte sie sich nicht wie in einem Spiegel darin wiedergefunden, sie hätte Edgar angerufen!

Das Telefon klingelte. Noch immer setzte ihr Herz einen Schlag aus bei diesem Geräusch. Noch immer war ihr erster Gedanke: Edgar – wobei er doch nicht wusste, dass sie hier war! Es klingelte wieder. Sie hob ab und hoffte, dass es nicht Oliver war. Sie hatte Glück, ihre Mutter rief an. Magda lächelte. Sie erzählte von dem Streit, den Oliver und sie auf der Fahrt gehabt hatten. Dass sie immer noch nicht wisse, ob Oliver Dr. Zellers Angebot annehmen würde oder nicht und sie sich ziemlich in der Luft hängend vorkäme.
„Was wirst du tun?", fragte Frau Ackelbein.
„Vielleicht bleibe ich einfach hier und such' mir ein Zimmer, wenn er die Therapie nicht macht. Nur: Wie kriege ich das raus?"
„Hmmm – ich könnte ihn fragen, ob ich ihm die Wäsche machen soll. Wetten, dass er nicht Nein sagt? – Dann könnte ich zu dem Zeitpunkt in eure Wohnung, zu dem er bei der Therapie sein müsste – Schlüssel hab ich ja – und dann sehe ich, ob er da ist oder nicht."
„Eins A Idee! Und du sagst mir Bescheid?"
„Ja."
Magda gab ihr den Termin durch und meinte: „Ich glaube, ich muss raus, damit ich auf andere Gedanken komme. Ich geh sonst ein hier. Die Frischluft tut mir bestimmt gut."

„Ja, mach das", sagte die Mutter und verabschiedete sich.

Magda zog Jacke und Straßenschuhe an und langte nach ihren Krücken. So konnte sie sich Bad Urach näher ansehen. Bis jetzt hatte sie nur Minitouren gemacht. Am ersten Wochenende waren ihre Schmerzen noch nicht genug abgeklungen um ihren Radius zu vergrößern. Doch die letzte Woche brachte ihr zunehmende Besserung. Laufband und Wassergymnastik halfen am meisten, hatte sie den Eindruck.

Der Weg ins Städtchen war nicht weit. Es gefiel ihr. Die Fachwerkhäuser und das Schloss strahlten Beschaulichkeit aus. Es gab Häuser im Stil der Siebzigerjahre, von allem etwas. Die Leute hier sprachen einen derberen Dialekt als am Bodensee. Und sie mochte sie, die Leute und ihre Sprache, die sie von manchem Plausch an der Straßenecke aufschnappte. Es gab ihr ein Gefühl von Bodenständigkeit und Ehrlichkeit. *Ja, ich glaube, hier würde ich mich wohlfühlen. Auch wenn mir der Bodensee fehlen würde. Die Kulisse raubt einem den Atem,* dachte sie, *fast wie in der Schweiz. Ich nehme mir ein Zimmer oder eine kleine Wohnung. Soll Oliver bleiben, wo der Pfeffer wächst.* Es arbeitete in ihr. Auf der einen Seite hing ihr der Streit und das Telefonat mit Oliver nach und verursachte ein wahres Gewitter in ihrer Seele. Auf der anderen Seite meldete sich ihr Gewissen: *Das kannst du nicht machen! Du wirst es bitter bereuen, wenn du alles hinschmeißt.* Doch so leicht wollte sie nicht nachgeben: *Okay, ich warte, bis Mutter mir gesagt hat, ob Oliver den Termin wahrgenommen hat. Und wenn er nicht hingeht, kann ich mir immer noch ein Zimmer suchen.*

***

Trauer und Schmerz

Es war gut, dass Cordula ihr dieses Buch mitgegeben hatte. Magda fühlte sich darin sehr verstanden und las es in einem Rutsch zu Ende. Und sie entdeckte in der Bibliothek des Rehazentrums noch ein anderes Buch, dessen Titel ihre Seele berührte: „Über den Schmerz" von C. S. Lewis. Darin las sie jeden Tag. Man musste das Buch in Häppchen einteilen und jedes einzelne im Herzen hin und her bewegen. Doch Magda war bereit, ihrem Problem ins Auge zu sehen.

Schade, dass ich das Buch nicht mit nach Hause nehmen kann, dachte sie. Ich glaube, ich muss anfangen, Tagebuch zu schreiben.
So machte sie bei ihrem nächsten Ausflug ins Städtchen einen Abstecher in ein Schreibwarengeschäft und besorgte sich ein Notizbuch mit Ornamenten auf dem Einband.

Bad Urach, 10.05.05
Habe in der Reha ein Buch von C. S. Lewis gefunden: „Über den Schmerz". Vielleicht hilft mir das, mit dem meinen klarzukommen.
C. S. Lewis schreibt, dass er es vorgezogen hätte, das Buch unter Pseudonym zu schreiben. Denn wenn er sagen sollte, was er in Wahrheit über den Schmerz denkt, müsse er notgedrungen Dinge sagen, die sich derart tapfer anhören, dass es nur komisch wirken würde, wenn auch nur eine Menschenseele erführe, wer sie geschrieben hat.
Das zeigt mir solches Leid, dass ich den Eindruck habe, als hätte er meinen Schmerz gefühlt. C. S. Lewis schrieb das Buch, nachdem er seine Frau verlor – wie ich Edgar verlor und um ihn traure. Natürlich verlor ich Edgar nicht auf die Art und Weise wie C. S. Lewis seine Frau. Edgar ist am Leben, und ich bin es, die Schluss machte. Der Schmerz um den Verlust ist derselbe.

Ich staune, wenn ich von Lewis' atheistischer Vergangenheit lese. Er bringt diese Weltsicht auf den Nenner, dass einer gegen den anderen Jagd macht und alles im Nichts endet. Diese Meinung vieler Atheisten wirft die Frage auf: Wenn es nur halb so schlecht mit der Welt steht, wie in aller Welt Menschen je darauf verfallen konnten, dies einem weisen und guten Schöpfer zuzuschreiben. Er schreibt: „Die Menschen sind vielleicht Narren; aber so närrisch sind sie nicht. Die unvermittelte Herleitung von Schwarz aus Weiß, die Schlussfolgerung von einer bösen Blüte auf eine Wurzel voller Tugend, von einem sinnlosen Werk auf einen unendlich weisen Werker – das ist zu unglaublich." Das zeugt davon, dass er nachdachte und sich nicht mit Phrasen abspeisen ließ. Das Buch interessiert mich.

C. S. L. nimmt Bezug auf Bücher, die sagen, die Menschen des Mittelalters hätten sich die Erde als Scheibe gedacht und die Sterne nebenbei. Er entlarvt das als Lüge, weil schon Ptolemäus sagte, die Erde sei ein mathematischer Punkt ohne Ausdehnung verglichen mit der Entfernung der Fixsterne. – Ein Mann von Format! Selbst von sogenannten Gelehrten ließ er sich nichts vormachen. Das gefällt mir.

Bad Urach, 11.05.05
Ich staune, welches Ausmaß das Thema „Schmerz" annimmt. In der Form habe ich mich ihm nie genähert. C. S. L. macht sich nicht nur Gedanken über seinen kleinen Schmerz, den Verlust seiner Frau, sondern rollt die Sache vom Ursprung her auf. Das beeindruckt mich. Er schreibt z. B., dass die unter den Menschen geltenden Sittenlehren zwar voneinander abweichen (wobei das wohl nicht so sehr der Fall ist, wie oft behauptet wird), aber alle darin übereinstimmen, dass sie ein Verhalten vorschreiben, das ihren Anhängern nicht gelingt. Das sei ein Charakteristikum, das nicht außer Acht gelassen werden dürfe. C. S. L. folgert daraus, dass sich dadurch alle

Menschen verurteilt sähen. Und zwar nicht durch einen Sittenkodex Fremder, sondern ihrem eigenen. Und dass deshalb alle Menschen das Bewusstsein von Schuld kennen.

Ich habe mich so manches Mal gefragt, ob meine Schuldgefühle wegen des Ehebruchs lediglich daher rühren, weil ich Christ bin. Doch was C. S. L. da schreibt, leuchtet ein.

Er schreibt: „Auf jeder Stufe der religiösen Entwicklung ist es denkbar, dass der Mensch rebelliert – wenn auch nicht ohne Vergewaltigung seiner eigenen Natur, so doch ohne ins Absurde zu geraten."

Und ich habe immer gedacht: Ein richtiger Christ kann so etwas nicht – und habe damit mein Christsein infrage gestellt ...

Das zu lesen, lässt die Sonne in meine Seele scheinen.

Bad Urach, 12.05.05

Ich schließe C. S. L. mehr und mehr ins Herz. Wie er vieles auf den Punkt bringt, begeistert mich. Z. B. sagt er, wenn Gottes Weisheit unsere übersteigt, müsse sein Urteil über viele Dinge sich von unserem unterscheiden, nicht zuletzt das über Gut und Böse. Was uns gut scheint, müsse nicht automatisch in Seinen Augen auch gut sein. Und was uns böse scheint, nicht böse.

Dann hat vielleicht die Gewalt in meiner Ehe doch etwas, eine Winzigkeit von etwas Gutem? Könnte es dann sein, dass das, was mir bisher als ägyptische Finsternis erschien, sogar dazu dient, dass etwas Größeres, Kostbares daraus wachsen kann? – Hmmm ... Darüber muss ich nachdenken.

Bad Urach, 13.05.05

Heute musste ich lachen, als ich bei C. S. L. las: „Über Keuschheit, Wahrhaftigkeit und Selbstverleugnung dachte ich wie ein Pavian über klassische Musik."

Oh ja, so dachte ich auch mal. Und Hals über Kopf tappte ich in die Falle ...

Doch was hat das mit Schmerz zu tun? – Vielleicht das, dass wir uns selber so schaden wie ich in der Sache mit Edgar, wenn wir diese Dinge außer Acht lassen. – Und mein Christsein war bis Edgar von dem Verständnis geprägt: „Das darfst du nicht.", „Das macht man nicht.", „Als richtiger Christ tut man ..." Ich erkenne, dass in meinem Kopf Listen von Dingen existierten, denen sich ein „richtiger Christ" unterwirft, ohne darüber nachzudenken oder zu fragen. Und dem habe ich mich wohl in meinem Unterbewusstsein widersetzt. Und fiel auf die Nase ...

Heißt das, dass ich all diese „Regeln" über Bord werfen soll? – Das kann ich mir auch nicht vorstellen ...

Bad Urach, 14.05.05

Jetzt geht's zur Sache. C. S. L. bringt das Beispiel eines Bildes, das empfinden kann und, nachdem es radiert und gestichelt und zum zehntenmal neu angefangen worden ist. Es wünschte, eine bloße Skizze zu sein, die innerhalb einer Minute hingeworfen wäre. Auf die gleiche Weise könnten wir uns wünschen, Gott möge uns ein weniger großartiges und mühsames Schicksal bestimmt haben. Aber dann würden wir uns nicht mehr, sondern weniger Liebe wünschen.

Das muss ich erst einmal verdauen.

Wenn ich darüber nachdenke ... – Ja, so kann man es ausdrücken. Das Gleichnis des Bildes kann ich nachvollziehen. Und wenn der Vergleich stimmt, dass Christus all seine Liebe und Sorgfalt in unserem Zwergenleben zum Ausdruck bringen will – dann tut das hie und da weh. Und wie es schmerzen kann, wenn Gott seine Akkuratesse auf das Bild meines Lebens verwendet, wenn er da schnitzt und dort radiert ...

Es ist wie bei mancher Ballettübung, die für viele Tänzerinnen am Anfang Kummer und Tränen bedeutet.

Doch wenn ich dadurch dem Vollkommenen, dem Ziel, ein Stück näher komme ...

Bad Urach, 15.05.05

C. S. L. schreibt: „Liebe kann alle Schwächen vergeben und ihnen zum Trotz lieben, aber Liebe kann nicht aufhören zu wünschen, dass diese Schwächen verschwinden." und: "Von allen Mächten verzeiht die Liebe am meisten, aber sie entschuldigt am wenigsten; sie erfreut sich an wenig, aber sie verlangt alles."

Alles vergeben?? Auch Gewalt? – Gott, das kann ich nicht!

Allen Schwächen zum Trotz lieben? – Herr, wie geht das? Dazu brauche ich dich. Allein pack' ich das nicht. Allen Schwächen zum Trotz ...

"Aber sie kann nicht aufhören zu wünschen, dass diese Schwächen verschwinden" – so es denn Schwächen sind. Aber was ist es sonst?

Bad Urach, 18.05.05

Ich denke viel nach in dieser Zeit. Die Reha ist eine hervorragende Möglichkeit, meinem Problem ins Auge zu sehen. Am meisten macht mir immer noch dieses "Nie wieder" zu schaffen, das ich so teuer bezahlte. Nie wieder seine Stimme hören, in seine Augen blicken ... Manchmal glaube ich, ich werde verrückt bei dem Gedanken. Dann schreie ich Gott an: "Wie soll ich das aushalten?!"

Es fühlt sich an, als ob uns jemand mit einem Drahtseil zusammengebunden hätte. Aber ich bin doch mit Oliver verheiratet! Ich kapier das nicht. – Diese Tage habe ich das wieder und wieder Gott vorgehalten. Und es schleicht sich eine Überzeugung in meine Seele: Es könnte sein, dass wir in der Tat zusammengehören. Aber nicht, solange Oliver und ich verheiratet sind; weil Gott sich nicht widerspricht. Und da Scheidung nicht nach seinem Willen ist – vielleicht – sollte ich Oliver überleben – vielleicht im Alter ...? Und wenn, dann nur, wenn weder Edgar noch ich das eingefädelt haben. Wie sonst sollte ich wissen, ob es Jesu oder unser Wille ist, der uns zusammengeführt hat? – Denn dass Edgar und ich das wol-

len, das weiß ich. Doch was nützt es, wenn wir es erzwungen haben und unglücklich miteinander sind oder eine genauso von Problemen beladene Beziehung folgt? – Diesmal will ich sichergehen. – Wobei: Bei Oliver wiegte ich mich auch in Sicherheit.

Ich will diese Gedanken in mein Herz schließen. Wenn sie von Gott kommen, werden sie sich bewahrheiten. Wenn sie meinem Herzen entspringen, werden sie verwehen. Ich werde jedenfalls aufgrund dieser Überzeugung keinen Kontakt zu Edgar mehr aufnehmen. Es darf nicht von Menschen eingefädelt sein, wenn ich Gewissheit haben will, dass Gott die Beziehung zu Edgar, sollte sie jemals Gestalt gewinnen, mit Wohlwollen betrachtet. Und wenn Gott für mich ist – wer kann mir dann widersprechen?

Bad Urach, 22.05.05

Ich staune über den Frieden, die diese Überzeugung, von der ich vor ein paar Tagen schrieb, in mein Herz bringt. Es fühlt sich an wie eine Oase.

C. S. L.s Gedanken begleiten mich überallhin. Auf meinen Spaziergängen ins Städtchen bewege ich sie hin und her. Ich finde nicht immer eine Lösung. Aber ich merke, dass sich etwas in mir verändert.

Bad Urach, 24.05.05

"Das Problem, menschliches Leiden mit der Existenz eines liebenden Gottes in Einklang zu bringen, ist nur solange unlösbar, als wir mit dem Wort 'Liebe' eine triviale Bedeutung verbinden und die Welt so ansehen, als sei der Mensch ihr Mittelpunkt. Der Mensch ist nicht der Mittelpunkt. Gott existiert nicht um des Menschen willen. 'Du hast alle Dinge geschaffen, und zu Deiner Freude sind sie da und wurden erschaffen' (Apg. 4,11)."

Vor allem der erste Satz tröstet mich. Dem Wort "Liebe" eine triviale Bedeutung zugemessen – Das habe ich wohl. Viel zu trivial. Ich habe die Liebe vermenschlicht.

Bad Urach, 25.05.05
Oh Mann, das ist eine harte Nuss: "Nicht was wir hier und jetzt unser „Glück" nennen würden, ist das Ziel, das Gott vor allem ins Auge fasst. Aber wenn wir so sind, dass er uns ungehindert lieben kann, dann werden wir in der Tat glücklich sein."
Wenn ich das lese, ist mein Kopf voller Fragezeichen. Kann ich so werden, dass Gott mich ohne Hindernisse lieben kann? Wie kriege ich das hin? Liegt es am Gehorsam? Oder daran, dass nichts zwischen ihm und mir steht, es durch Vergebung ausgeräumt ist?
Fragen, die mich beschäftigen ...

Bad Urach, 26.05.05
Für C. S. L. zeigt sich der Unterschied zwischen Heidentum und dem Glauben an Jesus am deutlichsten in der Lehre des Aristoteles, dass Gott, selber ohne Bewegung, das Universum bewegt. Für das Christentum gilt 1. Joh.4.10: „Hierin besteht die Liebe, nicht dass wir Gott geliebt haben, sondern dass er uns geliebt hat, als wir noch Sünder waren"
Ist das die Antwort auf meine gestrigen Fragen? Dass Gott das Hindernis zwischen mir und ihm weggeräumt hat, als ich noch gar nichts von ihm wissen wollte? – Vorstellen könnte ich es mir.
Ich will es mal in mein Herz fallen lassen.

Bad Urach, 27.05.05
C. S. L. schreibt davon, welche Tugenden wir Menschen uns mit Vorliebe zuschreiben und wie viele Leichen jeder im Keller seiner Seele hat. Genau das habe ich an mir entdeckt. Das tut weh. Welches Glück zu wissen, wohin ich damit gehen kann!

Das ist wohl in Wirklichkeit der Unterschied zwischen Christen und Nichtchristen. Nicht, dass wir besser wären als jene, sondern, dass wir es besser haben, weil wir wissen, wohin wir können mit all dem Mist, den wir verbrochen haben, und würde er noch so zum Himmel stinken.

Herr, danke, dass ich alles bei dir abladen darf. Das Gute und das Schlechte. Das ist Balsam für meine Seele. Du siehst mein Unvermögen, so zu sein, wie es deinem Willen entspricht. Ich brauche deine Hilfe. Amen.

Bad Urach, 28.05.05
In ein paar Tagen muss ich nach Hause. Ein Denkprozess ist in Gang gekommen. Ich habe begonnen zu verarbeiten. Noch bin ich nicht am Ziel. Ich habe mich auf den Weg gemacht.

***

KAPITEL 16

Magda kam von der Wassergymnastik und schloss ihre Zimmertür auf. Das Telefon läutete ihr entgegen.

„Hallo Magda, hier ist Mama."

„Oh, hallo Mama! Freut mich, dich zu hören! Warst du schon bei uns? Heute war doch der Termin."

„Ja, um die Mittagszeit war ich dort."

„Und?"

„Die Kinder waren da, Oliver nicht. Sie sagten, er sei nach Friedrichshafen gefahren. Genaues wussten sie nicht."

„Dann hat er zumindest diese Therapie angefangen."

„Wirst du bleiben?"

„Das kann ich noch nicht sagen. Wir werden sehen, ob diese Therapie Erfolg hat, und ob er weitermacht. Es ist ein Anfang, ein Hoffnungsschimmer. Es zeigt mir im Moment, dass er willens ist, etwas zu ändern."

„Ja, das denk' ich auch. Wir werden sehen."

Es klopfte an der Tür. *Wer besucht mich? Ich will doch keinen Besuch!,* schoss es durch ihr Hirn. „Du Mutter, ich muss Schluss machen. Da klopft jemand."

Sie schüttelte den Kopf und bat den Anklopfer herein. Die Tür ging auf, ihr Blick fiel auf einen Strauß. *Fleurop? Oliver??? Der ist doch bei der Therapie!* Die Szene erinnerte sie an Abigails Geburt. Und in der Tat: Hinter dem Blumenstrauß kam Oliver zum Vorschein. Magda verschlug es die Sprache. Auf der einen Seite war dieses Mist-Gefühl der letzten Tage; und dann gab es die Worte von C. S. Lewis und die Nachricht ihrer Mutter. Magda war selber überrascht, dass sie sogar einen Anflug von Freude spürte, Oliver zu sehen, und noch mit solch einem Riesen-Blumengebinde. Sie setzte sich und riss die Augen auf über das, was da passierte.

„Oliver, du?"

„Tut mir leid, dass ich hereinplatze, wo du mich gar nicht sehen willst …"

„Wawas ist los? Hast du Fieber?" *Oder bereust du gar?*, fragte sie in ihrem Innern. „Wiwieso bringst du mir Blumen? Das ist nicht deine Art."

„Das ist nur ein Werbestrauß, aber ich habe ihn vor Dr. Zellers Praxis geschenkt bekommen, weil ich, wie sie sagten, der tausendste Mensch war, der an diesen Werbestand gekommen ist. Dabei wollte ich nur ein Schnittchen probieren. Und da stand ich mit dem Strauß und diesem Scheiß-Gefühl der letzten Tage und dachte: Den bringste Magda."

„Also hast du die Therapie begonnen", resümierte sie.

„Hättste was anderes gedacht?"

„Ich hätte dir alles zugetraut. – Warte, ich hol eine Blumenvase."

Als sie zurückkam, sagte sie: „Jetzt hab ich das Essen vergessen. Die räumen gleich ab!"

„Kein Problem. Wir können ja essen gehen, oder?"

„Willst du mich bestechen?", fragte sie, während sie die Blumen aus der Folie wickelte. „Gerbera!", raunte sie. „Wahnsinn! Die sehen aus wie die Sonne! In allen Farben!" Sie hielt den Strauß von sich weg, und ihre Augen leuchteten für einen Moment auf: „Danke, Oli!"

Er setzte sich. „Magda, wir müssen reden."

„Also doch Bestechung."

„Nenn‘ es wie du willst. Ich wollte dir eine Freude machen. Und ich will mit dir reden."

„Und, wie war die Therapie?"

Oliver schluckte. „Du bist ziemlich auf Konfrontation aus, was?"

„Du nicht?"

Er zeigte auf die Blumen.

„Okay, dann sprich."

„Erst mal wollte ich dir sagen, dass es mir im vollen Ernst leid tut."

„Was tut dir leid?"

„Alles, was geschehen ist. Dass ich dich geschlagen habe, wie ich dich oft behandle ..."

In Magda begehrte es auf. Diese Masche kannte sie. Und doch war es diesmal anders. Sie schwieg und wartete.

„Auch das, was mit Geddi passiert ist. Es tut mir so leid."

Das hört sich fast an, als ob er weint, dachte sie und sah in Olivers Gesicht. Dort wetterleuchtete es, und in seinen Augen glitzerten Tränen. Aber sie wollte sich nicht weichkochen lassen. Noch nicht und nicht in dieser Geschwindigkeit.

„Kannst du mir vergeben?"

„Oli", sagte sie in aller Ruhe und erinnerte sich an das, was sie bei Dr. Zeller gelernt hatte, „vergeben ist eine Sache, sich schützen eine andere. Und ich will das nicht mehr mitmachen. Ich will mich nicht mehr fertigmachen lassen von dir und womöglich noch eine gewischt bekommen. Kannst du das verstehen?"

Oliver nickte. „Aber ich hab doch jetzt mit der Therapie angefangen."

„Das stimmt." Sie merkte, dass sie ihr Gespräch neu gestalten konnten. Ungewohnt fühlte sich das an. Aber es bereitete ihr kein Kopfzerbrechen. „Und wie wars?"

„Er hat mich nicht fertiggemacht. Auch nicht verurteilt."

„Aha." Das kannte sie noch von der Zeit ihrer Einzeltherapie. „Das tut gut, gell?"

Als ob eine Last von ihm genommen wäre, schaute er Magda an. „Und du tust es auch nicht?"

„Ich tu's auch nicht. Wenngleich es mir schwer fällt. Das heißt nicht, dass ich es gutheiße. Und dass ich gewillt bin, mich dem weiter auszusetzen, heißt es auch nicht."

Oliver schwieg. „Das heißt also ..." Seine Worte hingen im Raum ...

„... dass ich bereit bin, zu dir nach Hause zurückzukehren, anstatt, wie ich es mir vorgenommen hatte, mir hier ein Zimmer zu suchen."

Oliver hielt den Atem an. *So weit ist sie!?*

„Ich werde mir das eine Weile anschauen. Wenn du mich noch einmal schlägst, bin ich weg. Über diese Konsequenz musst du dir im Klaren sein."

Oliver schluckte erneut. „Magda, weißt du, was für einen Druck du aufbaust?"

„Ja, weiß ich." *Dr. Zeller sagte, dass es ohne diesen Druck nicht geht. Und ich darf nicht davon abweichen, daran muss ich mich immer wieder erinnern!*

„Aber Magda, dem kann ich nicht standhalten."

„Du wirst es können müssen, wenn du mich behalten willst."

„Ich will, Magda, ich will. Aber willst du mir nicht auch vergeben?"

„Okay, ich will's versuchen. Nach einer Pause fügte sie hinzu: „Wir können ja beten, dass wir es schaffen. Du deine Herausforderung und ich meine. Was hältst du davon?"

Oliver fand diese Idee nicht übel, und sie neigten ihre Köpfe. Eine Weile herrschte Stille, bis Magda begann: „Herr Jesus, ich danke dir für Olivers Besuch, der wie ein Blitz hier eingeschlagen ist. Danke für das Gespräch, das du uns geschenkt hast. Auch das war eine Überraschung. Du siehst, wie es in unserer Ehe aussieht, meine Unfähigkeit, Oliver zu vergeben und dass ich überhaupt keine Lust mehr habe. Doch für dich gibt es keine Unmöglichkeit. Und ich bitte dich, uns zu helfen." *Soll ich Edgar erwähnen? Soll ich dafür beten, dass ich von ihm wegkomme?* – Sie beschloss, das lieber im Stillen zu tun.

Da Magda schwieg, setzte Oliver das Gebet fort: „Herr, ich bitte dich um Vergebung dafür, wie ich Magda, meine Frau behandelt habe." Er konnte nicht mehr weiterreden, und auch Magda spürte einen Kloß im Hals. Mit rauer Stimme sprach er weiter, und was Magda hörte, trieb ihr die Tränen in die Augen: „Herr, du hast sie mir gegeben, damit ich auf sie aufpassen soll, dass ich sie lieben und ehren soll. Was ich getan habe, war alles andere als lieben und ehren. Herr, vergib mir." Er nestelte nach einem Taschentuch, und Magda war froh, dass sie hier nicht allein saß und heulte.

Nach einigen Minuten wagte Magda es doch, ihr Anliegen vor Oliver zur Sprache zu bringen: „Herr Jesus, du siehst, wie ich immer noch an Edgar hänge, wie meine Gedanken und Gefühle nicht von ihm loskommen, obwohl wir schon so lange keinen Kontakt mehr haben. Du siehst, was ich getan habe. Du siehst die Nacht ..." Nach einer Weile fuhr sie fort: „Bitte vergib mir auch das. Du weißt, ich wollte das nicht; und doch bin ich da reingeschlittert." *Und doch war es alles, was du wolltest,* meldete sich der Mann in ihrem Ohr ohne zu fragen. Sie ließ sich davon nicht beirren und nahm den Gesprächsfaden zu Gott wieder auf: „... und hilf mir, von Edgar loszukommen. Amen."

„Herr", begann Oliver noch einmal, „ich bitte dich auch für Edgar." Magda traute ihren Ohren nicht. *Oliver betet für Edgar???* Sie hielt den Atem an. „Ich bitte dich, dass du ihm begegnest, dass er dich finden darf. Bitte schick ihm die richtigen Leute, die ihm den Weg zu dir zeigen können. Herr, und ich möchte ihm auch vergeben. Du weißt, wie schwer mir das fällt und wie ich ihn bisher hasste. Ich will das nicht mehr. Ich will es ihm nicht länger nachtragen. Mach du ihn heil und mach mich heil und Magda. Du siehst unseren Schaden. Bitte hilf uns. Amen."

Magda war nicht fähig, noch irgendetwas zu sagen. Sie saß auf dem Sofa in die Ecke gelehnt und ließ den Tränen ihren Lauf. Dass Oliver für Edgar betete, hätte sie nie für möglich gehalten. Oliver schwieg. Er hatte die Augen geöffnet und betrachtete seine Frau. Sie spürte, dass sie sie ansah. Doch das Wasser in ihren Augen verhinderte, dass sie sie öffnen konnte. Sie fingerte nach einem Taschentuch. Es störte sie nicht, dass Oliver sie weinen sah. Heulte er doch selbst.

„So was Blödes!", entfuhr es Oliver.
„Was ist?"
„Wir haben das Essen vergessen." Oliver grinste schräg.
„Tja, so was Blödes aber auch. – Wenn du willst, können wir jetzt noch ..."
Oliver sah auf seine Uhr. „Okay, dann müssen wir uns sputen. Die Kinder und die vielen Kilometer ..." Er gähnte.

Sie einigten sich darauf, dass Oliver zuhause anrief, damit die Kinder Bescheid wussten. Abby würde für sich und die Kleinen Abendbrot machen.
Nach einem Snack hielten sie sich zum Abschied noch lange umschlungen.
„Ich glaube, es war gut, dass du gekommen bist", sagte Magda.
„Du glaubst?"
„Es *war* gut!", berichtigte sie sich. Und nach Jahr und Tag fanden sich ihre Lippen wieder.

***

Wie wird es sein, nach Hause zu kommen?, fragte sich Magda ein paar Tage vor ihrer Heimreise. Sie saß in einem Café im Städtchen und freute sich, dem Gegackere der anderen Kurenden über ihre Wehwehchen entkommen zu sein. In der hintersten Ecke des Cafés hatte sie einen Tisch entdeckt mit einem Sitzplatz, von dem aus ihr die Welt da draußen zu Füßen lag. Ihr Gefühlszwiespalt verunsicherte sie. Ja, sie sehnte sich nach den Kindern. *Aber wie wird es mit Oliver gehen? Wird er mich weiterhin unter Druck setzen, mir vorschreiben, wann ich ins Bett zu gehen habe? Ich will das nicht! Ich will nicht mehr behandelt werden wie eine Zwölfjährige. Und ob die Therapie wegen Gewalt etwas bringt, wird man sehen.* Ja, die Entwicklung in ihrer Ehe gab ihr Hoffnung, aber die Hoffnung hatte die Größe einer Brosame. *Gott, ist das Kleinglaube oder Realismus? Manche Menschen verwechseln das. Sie meinen, sie seien Realisten und trauen dir in Wirklichkeit nur nichts zu.*

Ein bisschen Angst hatte sie davor, Edgar doch noch mal anzurufen. *Aber was würde das bringen? Es wäre alles wie gehabt. Ein Rausch der Selbstzerstörung. Das ganze Hin und Her, das uns kaputtgemacht hat, wäre alles wieder da. Nein, das will ich nicht mehr. Ich muss mir die Konsequenzen vor Augen halten, wenn mich die Sehnsucht zermürben will. Wie damals ...*

Magda kam anders heim, als sie gegangen war. Viel war geschehen in der Zwischenzeit. Die Kinder spürten das. An der Wohnungstür prangte ein Willkommensschild, auf dem jeder unterschrieben hatte, einschließlich Oliver. Magda blieben die Worte im Hals stecken. Und statt irgendetwas zu sagen, konnte sie nur jeden Einzelnen in die Arme schließen und drücken.

Abby hatte eine leckere Pizza gebacken. Und nachdem gegessen war, leerte Magda ihre Koffer. Bald fiel ihr die Broschüre über das Schloss in Bad Urach in die Hände, das sie für Lilli eingesteckt hatte. Denn sie wusste ja um Lillis und Ralfs Faible für Burgen und Schlösser. Allerdings hatte ihre Schwester viel ums Haus rum zu tun, sodass sie sich selten freimachen konnte. Und Ralf war ein Schaffer, wie seine Frau. *Ach,* dachte sie, *das bringst du gleich bei Lilli vorbei. Dann weiß sie, dass ich da bin, und ich hab das Heftchen los.*

„Bin noch auf einen Sprung bei Lilli und bring ihr was vorbei", rief sie im Hinausgehen. *Und ich bin gespannt, ob es mit der Steigung in der Straße jetzt besser klappt, wie damals, als Edgar vor dem Haus stand ...* Sie erinnerte sich an die Schmerzen, die sie gehabt hatte. Und in Bad Urach war sie zwar viel gelaufen, doch mehr in der Ebene.

Lilli und Ralf wohnten mit ihren drei Kindern in einem Haus, das Magda vorkam wie ein Schloss, aber es war nie vollendet worden. Immer gab es etwas zu sägen, zu hämmern, zu renovieren. Zumindest im Gegensatz zu ihrer Wohnung im Block ...

Ralfs Auto stand vor der Garage. Sie klingelte, aber nichts war zu hören. Das war eine Besonderheit; sonst waren immer irgendwelche Geräusche zu vernehmen. Magda horchte – es rührte sich nichts. Sie klingelte noch einmal. *Sind sie ausgeflogen? Klar, Lillis Auto fehlt. Vielleicht sind sie einkaufen gefahren?* Ein Schatten näherte sich der Haustür von innen. Es musste einer der Jungs sein oder Ralf. Gela besaß die eher zierliche Gestalt ihrer Mutter, die auch Magda eigen war. Ralf öffnete die Tür.
„Jawa... wie siehst du denn aus, Ralf?", entfuhr es ihr. Rotgeränderte Augen blickten sie an, ein Rasierer war noch keiner in seinem Gesicht gewesen, und Ralfs Haare standen in alle Richtungen. „Hab ich dich aus dem Bett geholt, oder was? Es ist mitten am Tag!"
Ralf bedeutete ihr hereinzukommen.
„Ich hab euch was mitgebracht von der Reha. Das wollte ich nur abgeben." Sie legte die Broschüre auf die Kommode im Flur. „Doch jetzt erzähl mal. Du siehst aus, als ob ..."
„Lilli ist vor drei Tagen ausgezogen", presste Ralf hervor. Seine Lippenspalte, die ihn immer ein wenig am Sprechen hinderte, zuckte nervös.
„Was???" Magda musste sich am Treppengeländer festhalten. Die Nachricht traf sie wie ein Hieb auf den Kopf. „Aber ..."

„... kaum zu glauben, gell?", ergänzte Ralf. „Aber leider wahr."

„Ja aber ... was ist passiert? – Ihr machtet mir immer den Eindruck von Glückspilzen. – Zumindest hab ich nichts ..."

„... gemerkt, gell? – Tja, so isses. Merken tut keiner was, bis ..." Er rieb sich die Stirn.

„Vor drei Tagen, sagst du."

Ralf nickte. „Hab seither kaum geschlafen und hab mir deshalb Urlaub genommen."

„Ja, und wo ist sie hin? Hast du eine Ahnung?"

„Nach Radolfzell zu einer Freundin, hat sie gesagt. Die hat wohl ein paar Zimmer frei. Und die Kinder hat sie gleich mitgenommen."

„Oh Mann, Ralf ...!" Magda nahm ihn in die Arme. „Du, auf mein Wort, das trifft mich ins Herz.", begann sie nach einer Weile. „Wie mag es dir erst gehen? Willst du reden? Magst mit zu uns kommen?"

„Hmmm – ist vielleicht von Vorteil. Sonst komm ich noch auf Dummheiten. Und eure Kinder kriegen's eh mit. Wieso nicht gleich?"

Wenn er sie nur nicht geschlagen hat!, dachte sie noch, als sie vom Unterdorf Richtung Dorffriedhofsweg aufbrachen. Bei diesem Gedanken verkrampfte sich alles in ihr. – *Eigentlich glaube ich es nicht. Ralf machte mir immer so einen guten Eindruck. Auf der anderen Seite – wer würde so von Oliver denken?* Sie schwieg, und Ralf begann zu reden.

„Du weißt ja, wie Lilli ist", begann er.

Ah, jetzt kommt die Anklage, dachte sie.

„Ich will sie nicht schlechtmachen. Aber manchmal streiten wir schon."

„Und daran ist Lilli schuld?"

„Das will ich nicht sagen. Wir haben beide Schuld."

„Und du siehst es als gordischen Knoten an, wenn man streitet?", fragte sie ohne Atem. Bis jetzt hatte Magda wie eine Heldin mit ihm Schritt gehalten, wie er so den Berg hinauf marschierte.

Er hielt an. „Geh ich dir zu schnell?"

„Ein wenig langsamer würde mir entgegenkommen. Ich hab zwar geübt in der Reha, aber ich glaube, übertreiben sollte ich es noch nicht."

Während sie nun mit gezügeltem Tempo weitergingen, fragte er: „Wie meinst du das? Es ist doch immer ein Dilemma, wenn man streitet, oder?"

„Es kommt darauf an, wie man streitet."

Ralf schwieg. Nach einer Weile meinte er: „Na, wie wir gestritten haben, war es nicht richtig. Sonst wäre sie nicht gegangen."

„Also ist sie im Streit gegangen und hat nicht jemand anderes."

„Nein, das glaube ich eigentlich nicht. Zumindest hab ich nichts gemerkt. Ja, Streit ... - Man kann viel kaputtmachen."

„Wie meinst du das?"

„Na ja, es ging darum, weil sie wieder arbeiten geht, wollte sie, dass ich mich mehr in den Haushalt einbringe. Aber weil ich von morgens sechs bis abends acht unterwegs bin, pack ich das nicht. Und wenn ich im Geschäft kürzer trete, bin ich meinen Job los. Das versteht sie nicht."

„Im Ernst? Ist das so ein Eiertanz bei dir im Geschäft?"

„Bei uns werden Arbeitsplätze abgebaut, ohne Rücksicht auf Verluste. Und wenn man sich ein Häusle leisten will, wie wir es haben ... Dabei machen wir viel selber."

Machtet ihr, verbesserte Magda ihn in Gedanken, *für dich ist Lilli immer noch da.* Sie behielt die Gedanken für sich. *Ich glaube, es würde ihm noch mehr weh tun, als es das ohnehin tut ...*

Ralf redete weiter: „Ich sagte ihr meine Gedanken, sie ließ nichts gelten. Nichts! Kein einziges Argument. Der Streit wurde laut und unsachlich. Lilli giftete nur noch rum. Die Situation nahm mich so gefangen, dass ich anstatt wie sonst meine Joggingschuhe zu schnappen und ein paar Wutrunden ums Dorf zu drehen, mich nicht mehr beherrschen konnte und ihr eine knallte. Voll auf den Mund! Stell dir das vor. Ich hab meine Frau geschlagen, meine eigene Frau! Wie soll ich das wieder gut machen? Das kriegt kein Mensch hin. Und jetzt isse weg."

Magda war stehen geblieben. In ihr tobte ein Sturm von Gefühlen. Ihr Kopf war voller Bilder: Lilli mit dicker Lippe oder Schlimmerem; ausgeschlagenen Zähnen, ganz zu schweigen von ihrer Seele ...! Die Erinnerung überwältigte sie. Ihr wollte schwindeln. „Was hast du gemacht?", brachte sie unter Keuchen hervor, das nicht vom Laufen kam. Sie merkte nicht, wie ihre Fassungslosigkeit ihn traf. Zu sehr war sie damit beschäftigt, ihren Seelenzustand auf die Reihe zu bringen. Als sie zu sich kam, war Ralf weggegangen. „Was hast du gemacht?", sagte sie wie zu sich selbst. Erst jetzt merkte sie, dass sie Ralfs Aufrichtigkeit mit Füßen getreten hatte. Sie wollte ihm nachlaufen. Doch wie konnte sie ihn einholen? Sie sah ihn davoneilen, seinem Haus zu. „Hey, Ralf!", rief sie ihm hinterher, doch er beschleunigte sein Tempo noch. „Hey, Ralf", flüsterte sie. *Hey!* Instinktiv hatte sie es ausgesprochen. *Edgar!* Sie biss die Lippen zusammen. – Wie durch einen Erdstoß kam Bewegung in sie. *Oliver! Vielleicht kann er mit Ralf reden – wenn er noch mit sich reden lässt ...!*

Magda lief so schnell sie konnte. Rennen war zu gefährlich, und das hastige Gehen verursachte Schmerzen. *Darauf darfst du jetzt keine Rücksicht nehmen, Magda,* ermahnte sie sich. *Es ist besser, keine Zeit zu verlieren. Bevor er sich noch was antut.*

Die Nachricht schlug zuhause ein wie eine Bombe. Die Kinder waren vor den Kopf gestoßen, und Oliver machte sich sofort auf den Weg zu Ralf.

***

Lieber Alex, ...

endlich komme ich mal dazu, Dir zu schreiben. Du wirst es nicht glauben, hier überschlägt sich alles. Ich habe den Eindruck, mein Leben ist zu einer Achterbahnfahrt geworden.

Ich weiß gar nicht, wo ich anfangen soll. Es ist so vieles, Gutes und Schlechtes. Vielleicht fange ich beim Naheliegenden an. Anders geht es nicht. Ich bin noch ganz und gar von der Rolle. Bekam gestern einen Anruf, dass mein Schwager sich das Leben genommen hat, nachdem seine Frau (Magdas Schwester) ausgezogen ist, weil er sie geschlagen hat. Magda erfuhr davon (vom Auszug ihrer Schwester und warum sie ausgezogen ist), an dem Tag, als sie von der Reha heimkam. Sie wollte ihnen was vorbeibringen und traf Ralf, so heißt er, allein und dem Zusammenbruch nahe an. Für Magda war es ein Schock, ähnlich wie für mich im Moment, sodass sie überreagierte, als sie erfuhr, warum Lilli (also ihre Schwester) ausgezogen ist. Wie Du weißt, war das ja auch Thema bei uns. Auf jeden Fall: Auf Magdas Überreaktion hin (Magda und Ralf waren auf dem Weg zu uns) machte Ralf auf dem Absatz kehrt und ging heim. Er muss sich in sein Auto gesetzt haben und ist gegen einen Baum gefahren.

Magda hat auf Anhieb kapiert, was sie angerichtet hat mit ihrer Überreaktion. Da sie nicht rennen konnte, hat sie mich hinter ihm her geschickt. Doch als ich zum Haus kam, war von Ralf weit und breit keine Spur.

Und jetzt fühle ich mich wie im Delirium. Ich stelle mir vor, dass ich es verhindert hätte, wenn ich mich mehr beeilt hätte. Und Magda macht sich auch Vorwürfe. Sie sitzt und heult oder guckt ins Leere. Da kommt mir der Termin morgen bei Dr. Zeller gerade gelegen. – Eigentlich wäre ich alleine dran, aber aufgrund der ganzen Sache nehme ich sie mit. Ich glaube, das ist gut.

Jetzt habe ich die Hälfte vorweggenommen. Ich erwähnte Dr. Zeller. Bei ihm machen wir seit einiger Zeit eine Ehetherapie, die übrigens besser ist, als ich mir das vorstellte. Ich muss zugeben: Nicht alle Psychologen sind Flaschen. Und dieser ist sogar gläubig. In unserer Gemeinde wird zwar der Psychologie sehr misstraut, wie Du weißt. Die einen bezeichnen Psychologie für Christen als Fallstrick. Das andere Lager: Christen bräuchten so etwas nicht. Dabei habe ich die Erfahrung gemacht, dass das einen Weg bahnen kann. Hätte ich nicht gedacht, dass ich einmal so denke. Ich behaupte inzwischen: Es kommt drauf an, was man draus macht. Ich glaube schon, dass es gesicherte Erkenntnisse gibt, die der Bibel nicht widersprechen und die auch wir nutzen können. Warum nicht? Man muss alles prüfen. Hat schon Paulus geschrieben, nicht wahr?

Durch die Ehetherapie hat sich bei uns eine Menge getan. Mehr, als ich zu hoffen oder zu denken wagte. Da bewahrheitet sich der Bibelvers, dass Gott über Bitten und Verstehen tut. Ich weiß, das klingt alles so überfromm. Aber Du bist Missionar und musst das aushalten.

Es fing mit einer Katastrophe an. (Nicht so eine wie das, was mit Ralf passiert ist. Aber für mich war es sehr schlimm.) Magda und ich hatten ja letzten Winter den Unfall, bei dem

Magda sich den Oberschenkel brach. Ich weiß nicht mehr, ob ich Dir das schrieb. Ist ja auch eine Weile her ... Auf jeden Fall kam sie dieses Frühjahr in Reha, und ich sollte die Kinder und den Haushalt neben meiner Arbeit, die schon Stress genug ist, im Alleingang bewältigen. Das war nicht zum Aushalten. Und wir stritten auf der Fahrt nach Bad Urach, dort fand die Reha statt, so schlimm, dass Magda mich nicht mehr sehen wollte. Ich bräuchte sie gar nicht besuchen, sagte sie. Das fand ich ziemlich überzogen, und es traf mich sehr. Gott stärkte mich, indem er mir einen Steinadler schickte, als ich auf dem Bodanrück war. Das brachte mich dazu, Psalm 103 zu lesen. (Wozu der Anblick eines Steinadlers gut sein kann, was?) Und das sprach so in meine Situation hinein, dass ich es wagte, Magda trotzdem zu besuchen. Und wir erlebten buchstäblich unser blaues Wunder, im positiven Sinn! Für Magda war ich wie eine himmlische Erscheinung, als ich da mit dem Strauß in ihr Zimmer kam, dass sie mich gar nicht rausschmeißen konnte. Und stell Dir vor: Wir hatten ein Gespräch erster Klasse und konnten sogar hinterher noch miteinander beten. Das war mehr, als ich erwartet hatte! Und wie es für mich aussieht, auch mehr, als Magda erwartet hatte. Dieser Abend in Bad Urach war der Durchbruch in unserer Ehekrise.

Und jetzt möchte ich mich noch sehr, sehr bedanken bei Dir und Judy, dass Ihr so für uns betet. Das merken wir echt! Und ich glaube, wir können immer noch ein bisschen Gebetsunterstützung gebrauchen. Sozusagen als „Starthilfe" für ein besseres Leben, wenn Du verstehst ...

Meine Haut hat sich kaum verbessert, genauso wie die Arthritis, die da noch dazukam. Ich denke, das wird weiter seinen Gang nehmen. Leider. Die schlimmsten Schmerzen habe ich morgens beim Aufstehen, wenn die Gelenke noch nicht „geschmiert" sind.

Auf jeden Fall bin ich froh über die Entwicklung in unserer Ehe! Und ich danke Gott. Ohne ihn hätten wir das nicht geschafft. Magda sagt dasselbe. Hoffen wir, dass wir die Sache mit Lilli und Ralf noch unter die Füße kriegen. Ich habe den Eindruck, dass es Magda noch mehr mitnimmt als mich. Selbstvorwürfe sind schon was Schlimmes ...!

In diesem Sinn grüße ich Dich mal wieder von Herzen.

Herzliche Grüße
Dein Oli

KAPITEL 17

Das Telefon klingelte. Magda stellte die Musik leiser und meldete sich.

„Hallo Magda, hier ist Rita vom Ballett."

„Rita! Mensch, von dir hab ich Ewigkeiten nichts mehr gehört!"

„Was soll ich erst sagen? Du hast es genauso weit zu mir wie ich zu dir. – Hör mal, weshalb ich anrufe. Wir haben mit der Modern Dance Group was einstudiert. Und stell dir vor: Die senden das im Fernsehen!"

„Was?!" entfuhr es Magda. „Du flunkerst."

„Nein, nein!" Magda konnte ihr Schmunzeln förmlich hören. „Ja, und wann ist das? Kann ich an Karten kommen? Oder wann kommt es im Fernsehen?"

„Nein, Karten kannst du keine bekommen. Es ist nur für Hocherlauchte. Der Landeschef von Baden-Württemberg gibt einen Empfang. Und der kennt unseren Bürgermeister, der wiederum mich kennt. Und jetzt sollen wir das Abendprogramm bestreiten. Der Auftritt ist heute. Morgen kommt es im Kultursender."

„Das darf ich mir nicht entgehen lassen. Wann kommt das denn?"

„Null Uhr fünfzehn. Meinst du, das kannst du gucken?"

Magdas Magen krampfte sich zusammen. *Null Uhr fünfzehn! Ob ich das durchbringe bei Oliver?* Ihre Stimme schwankte leicht, als sie sagte: „Ich werd's versuchen. Du weißt ja, Oliver ..."

„Ach! Das würde ich wirklich bedauern!"

„Ich werde sehen, was ich tun kann", murmelte Magda. Sie malte Männchen und überlegte, wie sie es anstellen könnte, Oliver dazu zu bringen, sie die Sendung schauen zu lassen. Die Verabschiedung von Rita hörte sie schon nicht mehr.

„Ich werd's versuchen müssen!" sagte sie sich immer wieder vor, „auch wenn er mir aufs Dach steigt. Ich will Rita mit den Mädchen im Fernsehen sehen!" Zwar fühlte sie sich nach Ralfs Tod wie ein räudiges Schaf, als ob sie es nicht verdient hätte, dafür zu kämpfen, diese Sendung anzusehen. Aber diese Chance kam nur einmal. *Was bringt es, wenn ich es mir versage? Davon wird Ralf nicht lebendig. – Wenn das der Preis für sein Leben* wäre, würde ich ihn gerne zahlen. Sehr gerne!

Sie stand auf und brühte sich Kaffee. Die CD war abgelaufen. Heute war die Bewährungsprobe von Dr. Zellers Gesprächstipps ...

Warum bringt mich so eine Sache jedes Mal wieder aus der Fassung?, fragte sie und verbrannte sich an dem Getränk den Mund.

***

An der Wohnungstür hielt er die Nase zum Schnuppern in die Luft. Sie hatte Pflaumenkuchen gebacken. Oliver beförderte mit galantem Schwung seine Jacke an den Haken.
„Hallo, Schatz!", begrüßte er Magda und drückte ihr einen Kuss auf die Wange.
Sie küsste zurück und zeigte auf den gedeckten Tisch: „Der Kuchen ist vor zehn Minuten fertig geworden. Kannst dich gleich hinsetzen. – Oder willst du erst eine Runde schlafen?"
„Bei dem Duft kann ich nicht schlafen. Da ess ich lieber was und streichle nachher mein Ränzlein auf dem Sofa." Er grinste. „Wo sind eigentlich die Kinder? Es ist so eine Stille hier."
„Da staunst du, was? Abby ist in der Fahrschule, Gedeon bei einem Freund und Rica ist noch auf dem Schulausflug. Die kommen erst um acht zurück. Also gibt es ein Dinner for two heute."

„Was ist los? Hast du was ausgefressen? Musst du mir was beichten?"

Sie wand sich: „Nein, nein. Ich hab zwar was mit dir zu besprechen, aber nichts zu beichten." Oliver sah die Unsicherheit in ihren Augen. Er wollte nachforschen, dann besann er sich und zog die Schuhe aus.

„Nun?", wandte er sich an Magda, als er am Tisch saß und zog eine Augenbraue in die Höhe.

Sie zögerte.

„Brauchen wir das Kärtchen von Dr. Zeller?"

„Das habe ich mir auch überlegt", gab Magda zu, „aber ich hoffe, wir kommen ohne aus."

„Wenn du meinst, wir brauchen es, dann hol's."

Sie stand auf um es zu holen, legte es aber nur neben sich auf den Tisch. So war es griffbereit, sollten sie es brauchen.

Oliver war ganz Ohr. Mit der Tasse in der Hand sah er sie an.

„Aaalso", begann sie, „Rita rief heute an. Sie hat, oder besser: die Modern Dance Group hat einen Fernsehauftritt."

„Was du nicht sagst!"

„Doch! Sie haben heute eine Vorführung, und morgen wird es gesendet."

„Schön. Und?"

„Ich würde es mir gerne anschauen."

„Wo ist das Problem?"

„Die Uhrzeit – es kommt erst null Uhr fünfzehn. Ich weiß, das ist mitten in der Nacht, aber ..."

Oliver atmete tief durch und begann sich zu kratzen. Ein Wirbelsturm von Gedanken und Gefühlen fegte durch ihn hindurch. Er erinnerte sich daran, wie oft sie schon dieses Thema hatten. Magda wollte als Frau behandelt und geschätzt werden. Dagegen sprachen seine Erfahrungen, wenn Magda ins Schlafzimmer gekommen war und ihn geweckt hatte. Doch wann war das zuletzt gewesen? – Er konnte den Herzenswunsch in ihren Augen sehen und hatte doch Vorbehalte.

Sie saß da und sah seinen Händen zu, die sich auf seinem Kopf hin- und herbewegten. Sie begann zu beten: *Herr Jesus, du weißt, welcher Kampf in ihm tobt. Aber Du kennst auch meinen Wunsch. Ich bitte dich, dass du uns hilfst, zu einer Lösung zu kommen, die für uns beide befriedigend ist.*

Er blickte auf. „Okay, versuchen wir's. Du weißt, was das für mich heißt, oder? Es fällt mir nicht leicht. Aber ich ahne, was es Dir bedeutet."

Magdas Mund blieb offen stehen. Sie konnte ihr Glück nicht fassen. „Wiwi – wirklich?" Sie schluckte.

Oliver nahm ihre Hand. „Versuchen wir's!" Dabei schaute er ihr in die Augen und drückte ihre Hand.

***

Der Gottesdienst war zu Ende. Die Jugendlichen hatten ein Tischtennis-Turnier für den Nachmittag angesetzt und wollten davor noch miteinander zu Mittag essen. Das mussten Oliver und Magda ausnutzen! Es drängte sie, sich die Füße zu vertreten und die würzige Herbstluft zu schnuppern. So fuhren sie auf die Insel Mainau hinaus und genossen die Sonne, die die Landschaft in Goldlicht tauchte. Der Nebel vom Morgen hatte sich verzogen, ebenso wie die Predigt es geschafft hatte, einem die Spinnweben von der Seele zu blasen.

Magda sog die Sonnenstrahlen mit jeder Faser ihres Körpers auf. Die Wärme auf der Haut grub sich als Wohlgefühl in ihre Seele. Sie nahm Olivers Hand und wusste: Es hat sich gelohnt, dass ich bei ihm geblieben bin. Auf einmal war es ihr wie eine Offenbarung: Der Herr war dabei, ihre Ehe zu heilen. Sie und Oliver heil zu machen. Er hatte Oliver in die Lage versetzt, sie nicht ständig beherrschen und kontrollieren zu müssen. Sie wusste, dass dies erst der Anfang war. Aber der Weg gewann Gestalt vor ihren Augen.

Sie dachte an Edgar und wunderte sich über ihre Seelenruhe. Die Erinnerung daran, wie sie es früher jedes Mal gespürt hatte, wenn Edgar an sie gedacht hatte, war noch da. Und sie begriff: Edgar hatte abgeschaltet. Er war nicht mehr online. Sie spürte es, wie damals seine Gedanken an sie. Sie nahm es mit einer Gelassenheit wahr, die sie erstaunte. Sie wusste, es war gut. Wieder einmal erlebte sie hier Jesu Wirken. Wenn es gut war, würde es auch für sie gut werden. Gut für Edgar, und gut für Oliver. Alles zu seiner Zeit.

Sie seufzte mit verhaltenem Atem und wandte ihre Aufmerksamkeit ihrer Umgebung zu. Der Farbenrausch in den Bäumen begeisterte sie immer mehr. In ihr machte sich Dank an Gott breit, der jedes Jahr aufs Neue die Natur in verschwenderischer Pracht versinken ließ. „Wie kann das sein, Oliver – so viel Schönheit, nur um zu vergehen?"
„Wirst du jetzt zur Philosophin, oder was?" Oliver legte den Arm um seine Frau.
„Ja, vielleicht. Ich hab wieder über vieles nachgedacht."
„Ach? Über was denn?"
„Mir ist, als wenn jemand das Licht angeschaltet hätte und ich sah, was Gott in der Vergangenheit alles in uns und an uns getan hat. – Danke, dass ich Rita gestern Abend im Fernsehen gucken durfte und der Morgen heute trotzdem im Frieden verlaufen ist. Das ist ein Wunder für mich."
„Da hast du Recht, für mich auch. Und wenn ich an Lilli und Ralf denke, fällt mir ein Stein vom Herzen, dass wir die Kurve noch gekriegt haben. Wenn ich mir das vorstelle ..."

Magda blickte ihn von der Seite an. „Ja", sagte sie und schaute in den Himmel, „ich auch."

***